D1694314

Bolen Göttinnen in jeder Frau

SPHINX

Jean Shinoda
Bolen

Göttinnen
in jeder
Frau

Psychologie
einer
neuen
Weiblichkeit

Aus dem Amerikanischen von
Odette Brändli und Evi Glauser

Die Originalausgabe erschien unter dem Titel
Goddesses in Everywoman
bei Harper & Row. New York
© Jean Shinoda Bolen 1984

Die Deutsche Bibliothek – CIP-Einheitsaufnahme
Bolen, Jean Shinoda:
Göttinnen in jeder Frau : Psychologie einer neuen Weiblichkeit
/ Jean Shinoda Bolen. [Aus dem Amerikan. von Odette Brändli
und Evi Glauser]. – 1. Aufl. – München : Hugendubel, 1996
Einheitssacht.: Goddesses in every woman <dt.>
ISBN 3-89631-176-X

1. Auflage im Heinrich Hugendubel Verlag 1996
Die ersten sechs Auflagen erschienen im Sphinx Verlag, Basel.
© der deutschen Ausgabe Heinrich Hugendubel Verlag, München 1996
Alle Rechte vorbehalten

Lektorat: Barbara Imgrund, München
Umschlaggestaltung: Zembsch' Werkstatt, München
Produktion: Tillmann Roeder, München
Satz: Sphinx, Basel
Druck und Bindung: Clausen und Bosse, Leck
Printed in Germany

ISBN 3-89631-176-X

Inhaltsverzeichnis

Vorwort

Ich möchte Sie einladen, dieses Buch zu lesen, und zwar ganz besonders dann, wenn Sie vielleicht zu jenen Menschen gehören, die eine Abneigung gegen das Thema empfinden, wie es mir ursprünglich auch erging. Wie sollten denn auch mythologische Göttinnen einer patriarchalischen Vergangenheit uns helfen können, Tatbestände der Gegenwart zu analysieren oder eine egalitäre Zukunft aufzubauen?

Da wir ja am ehesten jene Bücher kaufen, die uns von Freunden und Freundinnen empfohlen werden, auf deren Urteil wir uns verlassen können, sah ich mich veranlaßt, dieses Manuskript zu lesen, weil ich die Autorin kenne.

Ich traf Frau Dr. Jean Shinoda Bolen, als sie sich gerade dafür einsetzte, eine Gruppe von Psychiaterinnen und Psychiatern für das Equal Rights Amendment (ERA), das heißt für den Verfassungszusatz für gleiche Rechte für Mann und Frau zu bilden; dabei handelte es sich um eine Anzahl von Frauen und Männern der *American Psychiatric Association*, die aufgrund ihrer Berufserfahrung zur Überzeugung gelangt waren, die gesetzlich verankerte Gleichberechtigung sei für die geistige Gesundheit der Frauen von ausschlaggebender Bedeutung. Aus diesem Grund unterstützten sie die Verabschiedung des Verfassungszusatzes für gleiche Rechte für Mann und Frau.

Jede Gruppe ist das Ergebnis eines hohen Energieaufwands; doch Jean war eindeutig eine aktive und begeisterte Organisatorin dieser Gruppe. Sie stellte sich eine solche Gruppe nicht nur im

7

Geist vor und beflügelte die Vorstellungskraft ihrer Kolleginnen und Kollegen, sondern es gelang ihr auch, aus vielbeschäftigten und völlig verschiedenartigen Menschen eine in sich geschlossene, nationale Organisation zu schmieden. Dabei achtete sie darauf, zwischen verschiedenen Generationen, Rassen und Berufen eine Brücke zu schlagen, sorgfältig recherchierte und wichtige Informationen zusammenzutragen und sogar den hartnäckigsten Widersacher mit Würde und einem neuen Aspekt des Verständnisses zurückzulassen.

Wer Jean in Aktion beobachtete, konnte keinerlei Zweifel hegen, daß sie eine praktische und sachkundige Organisatorin im Hier und Jetzt ist, eine sanfte Revolutionärin, deren heilsame Ruhe und akzeptierende Haltung Zeugnis von der besseren Welt ablegen, die eine feministische Revolution herbeiführen könnte. Jean trug dazu bei, ein Zentrum des Wandels innerhalb einer der angesehensten und einflußreichsten Berufsorganisationen der Vereinigten Staaten zu schaffen: All dies als Frau, und zwar als Frau, die – in einem Beruf, in dem 89 Prozent Männer tätig sind, ein noch höherer Prozentsatz weißer Hautfarbe ist – einer Minderheit angehört, ganz abgesehen davon, daß diese Berufssparte noch oft von den patriarchalischen Theorien Freuds beherrscht wird. Wenn die Geschichte der *American Psychiatric Association* einmal geschrieben sein wird, und vielleicht die Geschichte der sozialen Verantwortung der Psychiater im allgemeinen, dann werden meiner Meinung nach die Taten dieser kleinen Frau mit der leisen Stimme eine wichtige Kraft darstellen.

Als ich die ersten Kapitel von *Göttinnen in jeder Frau* las, konnte ich durch jeden Satz dieser klaren, unprätentiösen Prosa hindurch Jeans vertrauenerweckende Stimme hören, doch konnte ich mich des Eindrucks nicht ganz erwehren, daß der nun folgenden Göttin eine Art romantischer oder hemmender Prädestination anhaften würde. Gerade weil Jung und andere, die solche Archetypen dem kollektiven Unbewußten zuordneten, in eine männlich/weiblich- oder Entweder/oder-Polarität abglitten – und auf diese Weise sowohl Männer als auch Frauen an der Ganzheit hinderten und den Frauen zwangsläufig das weniger angesehene

8

Ende des Spektrums zuwiesen – fragte ich mich, wie diese Archetypen wohl von anderen verwendet werden könnten, oder in welcher Weise wir Frauen dazu ermutigt werden könnten, diese Archetypen nachzuahmen und somit ihre Begrenzungen zu akzeptieren.

Es waren die Erläuterungen zu den einzelnen Göttinnen, die schließlich nicht nur meine Zweifel zerstreuten sondern mir zudem neue Wege des Verständnisses eröffneten.

Einerseits gibt es sieben komplexe Archetypen, die untersucht und auf verschiedene Arten miteinander kombiniert werden können, wobei jeder Göttinnen-Archetyp in sich selbst eine Myriade von Varianten aufweist. Diese Archetypen führen uns über die einfältige Dichotomie von Jungfrau/Hure, Mutter/Geliebte, unter der die Frauen in einer patriarchalischen Gesellschaft zu leiden haben, hinaus. Es trifft zwar zu, daß es Göttinnen gibt, die ihre Identität vollständig aus ihrer Beziehung zu einem mächtigen Mann beziehen – schließlich lebten sie, genau wie wir, in einem Patriarchat –, doch zeigen sie auch ihre Macht, sei es indirekt oder offen. Zudem gibt es auch Modelle einer vielgestaltigen Autonomie, die von Sexualität und Intellektualität bis zu Politik und Spiritualität reichen kann. Erstaunlicherweise gibt es sogar Beispiele von Frauen, die einander retten und die sich zusammenschließen.

Andererseits können diese komplexen Archetypen miteinander kombiniert und je nach den Erfordernissen der Situation, in der sich eine Frau befindet, oder je nach den Bedürfnissen des nicht entwickelten Teils ihrer selbst aktiviert werden. Wenn ein kurzer Einblick in die Lebensbedingungen eines weiblichen Rollenmodells einen solchen Einfluß auf das Leben von Frauen haben kann, um wieviel tiefer könnte dann der Einfluß sein, der sich ergibt, wenn ein bestimmter Archetyp in einer Frau aktiviert und geweckt wird?

Im übrigen gibt es keinerlei Anweisung, wonach wir uns auf eine Göttin oder sogar mehrere Göttinnen ausrichten oder beschränken müßten. Zusammen bilden sie das ganze Spektrum menschlicher Eigenschaften. In der Tat ging denn auch jede dieser Göttinnen aus der Aufsplitterung der einen Göttin, der Großen

Göttin hervor, aus dem ganzen weiblichen Menschenwesen, das einmal in vorpatriarchalischen Zeiten gelebt hatte – wenigstens in der Religion und in der Phantasie. Vielleicht war, damals wie auch heute, die Vision von der Ganzheit der erste Schritt zu ihrer Verwirklichung.

Diese archetypischen Göttinnen sind einerseits hilfreiche Kürzel, um viele Verhaltensmuster und Persönlichkeitszüge zu beschreiben und somit zu analysieren. Andererseits können sie uns helfen, uns die Stärke und Eigenschaften, die wir brauchen, im Geist vorzustellen und somit wachzurufen. Wie Alice Walker, Poetin und Romanschriftstellerin, in *Die Farbe Lila* auf so bewegende Art deutlich macht, stellen wir uns Gott vor und statten ihn oder sie mit denjenigen Eigenschaften aus, die wir zum Überleben und zum seelischen Wachstum benötigen.

Der größte Wert dieses Buches liegt darin, daß er uns Augenblicke der Erkenntnis verschafft. Die Autorin bezeichnet sie als Aha-Erlebnisse; damit ist jene Sekunde der Selbsterkenntnis gemeint, in der wir verstehen und verinnerlichen, in der wir erkennen, was wir erfahren haben, in der wir wegen dieser Wahrheit Vertrauen verspüren und dann einen Schritt weiter geführt werden, zum Verständnis des «Ja, dies ist der Grund».

Jede Leserin und jeder Leser wird etwas anderes lernen, wobei dieses Aha-Erlebnis unser höchst persönliches sein muß. Mein erstes Aha-Erlebnis trat ein, als ich über Artemis las, die sich mit anderen Frauen zusammenschloß und ihre Mutter rettete, obwohl sie nicht wie sie sein wollte. Ich fühlte mich bestätigt und war stolz, als Beispiel für diesen Archetyp zitiert zu werden, der in einer patriarchalischen Gesellschaft nur selten vorkommt. Ich wußte jedoch auch, daß ich weder die Furchtlosigkeit gegenüber Konflikten noch die tatsächliche Selbständigkeit der Göttin Artemis entwickelt hatte. Persephone widerspiegelt Gefühle, die die meisten von uns als Teenager erfahren. Ihre Stärke oder Schwäche löste ein weiteres Aha-Erlebnis bei mir aus: Diese mir nur allzu vertraute Eigenschaft, wonach wir darauf warten, daß jemand anderer seine Vorstellungen und Erwartungen auf uns projiziert, unabhängig davon, ob es sich dabei um diejenigen eines Mannes oder um die

10

der Gesellschaft handelt und ferner dieses «Ausprobieren» von vielen Identitäten. Weitere Aha-Erlebnisse waren: das ständige Lesen sowie die Gewohnheit, im Kopf zu leben, was für Athene typisch ist; das schwebende und rezeptive Bewußtsein von Hera, Demeter und Persephone, und die Tatsache, daß Aphrodite kreative Arbeit sehr schätzte und der Intensität und Spontaneität einer Beziehung mehr Wert beimaß als deren Beständigkeit.

Andere Göttinnen erweisen sich als lehrreich in bezug auf Eigenschaften, die uns fehlen und die wir entwickeln müssen oder die wir bei Menschen um uns herum beobachten und nicht verstehen. So zum Beispiel lernte ich von Hestias kontemplativer Art, die Hausarbeiten zu erledigen, daß sie, sofern sie auf symbolischere und spirituellere Weise betrachtet werden, Prioritäten bestimmen und ordnen können. Ich beneidete Athene und Artemis um ihr fokussiertes Bewußtsein und verstand nun die vielen Männer besser, die gelernt haben, viele Dinge an der Peripherie des Blickwinkels nicht zu «beachten» oder zu beleuchten. Am Beispiel dieser zwei selbständigen Göttinnen lernte ich, daß Konflikte und Feindseligkeiten unter Umständen nötig, ja sogar positiv sein können und nicht persönlich genommen werden sollten.

Dank ihrer feinfühligen Analyse versteht es die Autorin, die Archetypen aus ihrem patriarchalischen Rahmen der bloßen Heldentaten herauszulösen und sie uns als überlebensgroße, aber glaubhafte, reale Frauen zurückzugeben.

Von nun an denke ich vielleicht, wenn ich mich zum Beispiel nach einem jener magischen, spontanen Gespräche sehne, in dem das Ganze weit mehr als die Summe seiner Teile wird und jede(r) Gesprächspartner(in) wie in der Musik improvisiert, an die Eigenschaften Aphrodites. Wenn ich das Bedürfnis verspüre, mich in mein Zuhause und in die Kontemplation zurückzuziehen, könnte mir Hestia den Weg weisen. Fehlt mir der Mut, mich einem Konflikt, der mich oder andere Frauen betrifft, zu stellen, ist es hilfreich, sich an Artemis zu erinnern.

Es ist nicht länger von Bedeutung, was zuerst kommt, die Wirklichkeit oder das Imaginieren der Wirklichkeit. So schreibt zum Beispiel Jean Houston in ihrem Buch *Der mögliche Mensch*:

11

«Ich habe mir einen Mythos stets als etwas vorgestellt, das nie war, sondern sich ständig ereignet.»

Sobald wir es geschafft haben, eine Gesellschaft zu haben, werden Götter und Göttinnen vielleicht ein und dasselbe sein. In der Zwischenzeit bietet dieses Buch neue Wege an, die wir einschlagen können: neue Wege des Sehens und des Werdens.

Vielleicht finden Sie einen Mythos, der die Wirklichkeit in Ihnen wachruft.

GLORIA STEINEM

Danksagung

An jedem Kapitel dieses Buches haben viele ungenannte Menschen mitgewirkt – Patientinnen, Freundinnen, Berufskolleginnen –, die für die verschiedenen Aspekte jedes Göttinnen-Archetyps als Beispiel dienten oder sie zu beleuchten halfen. Die meisten Beschreibungen sind deshalb Kompositionen verschiedener Aspekte vieler Frauen, die mir aufgrund mancherlei Umstände bekannt sind, hauptsächlich aufgrund meiner zwanzigjährigen psychiatrischen Erfahrungen. Es ist eine Ehre, das Vertrauen von Menschen zu besitzen, die mir ihre Tiefen enthüllen und mir somit helfen, ihre Psyche besser zu verstehen und dadurch die Psyche anderer Menschen, einschließlich meiner eigenen. Meine Patienten und Patientinnen sind meine besten Lehrer. Hier sei ihnen mein Dank ausgesprochen.

Auch meine Familie gewährte mir ihre tatkräftige Unterstützung, während ich mich in ihrer Mitte mit diesem Buch abmühte. Schon vor langer Zeit hatte ich mir, für den Fall, daß ich jemals schreiben würde, vorgenommen, dies zu tun, ohne mich von ihr zurückzuziehen oder eine Tür zwischen uns zu schließen. Ich wollte ihr weiterhin zur Verfügung stehen und in ihrer Nähe sein, wobei ich gleichzeitig auf ihre Rücksichtnahme angewiesen sein würde. Mein Ehemann Jim und meine Kinder Melody und Andy haben mich während der ganzen Dauer des Projekts auf meinem Weg begleitet. Abgesehen von seiner gefühlsmäßigen Zuwendung begutachtete Jim sachkundig hin und wieder meine Arbeit und ermutigte mich, meinen eigenen Instinkten zu trauen.

13

Herzlich bedanken möchte ich mich außerdem bei den vielen Menschen, die mich dazu ermutigten, *Göttinnen in jeder Frau* zu beenden, und zwar – nach dem Prinzip der Synchronizität – stets dann, wenn ich aufgeben wollte und daran erinnert werden mußte, daß dieses Buch eine Hilfe für andere Menschen sein könnte. Meine Aufgabe bestand darin durchzuhalten, bis das Buch fertig war. Ich wußte, nach seiner Publikation würde es ein Eigenleben führen und zu den Menschen gelangen, für die es bestimmt ist.

JEAN SHINODA BOLEN

Aus dem Samen wächst eine Wurzel, dann ein Sproß, aus dem Sproß die Keimblätter, dann der Stamm, um den Stamm die Zweige, an der Spitze die Blüten ... Wir können nicht sagen, daß der Samen das Wachstum verursacht oder die Erde. Wir können sagen, daß das Wachstumspotential im Samen angelegt ist, in den geheimnisvollen Kräften des Lebens, die, wenn ihnen die richtige Pflege zukommt, eine bestimmte Gestalt annehmen können.

M. C. Richards, CENTERING IN POTTERY, POETRY AND THE PERSON

Einführung

Göttinnen in jeder Frau

Eine jede Frau spielt in ihrer eigenen sich entfaltenden Lebensgeschichte die Hauptrolle. In meiner Eigenschaft als Psychiaterin habe ich Hunderte von persönlichen Geschichten gehört und konnte feststellen, daß jede dieser Geschichten mythische Dimensionen aufweist. Manche Frauen begeben sich zum Psychiater, wenn sie deprimiert sind oder nicht mehr weiterwissen, andere, wenn sie erkennen können, daß sie sich in einer festgefahrenen Situation befinden, die sie unbedingt verstehen und verändern müssen. So oder so scheint mir, daß Frauen die Hilfe eines Therapeuten oder einer Therapeutin in Anspruch nehmen, um lernen zu können, wie sie in ihrer eigenen Lebensgeschichte eine bessere Protagonistin oder Heldin werden. Zu diesem Zweck müssen Frauen immer wieder bewußt Entscheidungen treffen, die ihr Leben in der Folge bestimmen werden. Genau wie Frauen sich früher der machtvollen Auswirkungen kultureller Stereotypen nicht bewußt waren, sind sie sich heute unter Umständen auch der machtvollen, ihre Psyche beherrschenden Kräfte nicht bewußt, die ihre Handlungen und Gefühle beeinflussen. Diese psychischen Kräfte sind es, denen dieses Buch gewidmet ist, und zwar stelle ich sie in der Form griechischer Göttinnen dar.

Diese machtvollen inneren Verhaltensmuster – oder Archetypen – sind dafür verantwortlich, daß von Frau zu Frau wesentliche Unterschiede bestehen. So zum Beispiel sind manche Frauen auf Monogamie, Ehe oder Kinder angewiesen, um Erfüllung zu finden und empfinden Schmerz und Wut, wenn sie ihr Ziel nicht er-

17

reichen können. Für diese Frauen haben die traditionellen Rollen deshalb eine persönliche Bedeutung. Dieser Frauentyp unterscheidet sich stark von einem andern Typ von Frauen, der in erster Linie seine Unabhängigkeit schätzt und sich darauf konzentriert, Ziele zu erreichen, die für ihn persönlich wichtig sind. Sie stehen auch im Gegensatz zu einem dritten Typ von Frauen, der vor allem emotionale Intensität und neue Erfahrungen sucht und folglich von einer Beziehung oder kreativen Tätigkeit zu einer anderen wechselt. Ein vierter Typ von Frauen strebt nach Einsamkeit und wird sich darüber klar, daß Spiritualität ihm am meisten bedeutet. Was dem einen Frauentyp Erfüllung bringen mag, kann für den andern Typ völlig bedeutungslos sein, je nachdem welche «Göttin» aktiv ist.

Zudem sind viele «Göttinnen» in einer Frau wirksam. Je komplizierter die Psyche einer Frau, desto wahrscheinlicher ist es, daß viele «Göttinnen» in ihr aktiv sind, und was einem Aspekt Erfüllung bringt, mag für einen andern bedeutungslos sein.

Das Wissen um die «Göttinnen» gibt Frauen ein Mittel zum besseren Verständnis ihrer selbst und ihrer Beziehung zu Männern und Frauen, zu ihren Eltern, Geliebten und Kindern in die Hand. Diese Verhaltensmuster der verschiedenen Göttinnen vermitteln auch Erkenntnisse über das, was für manche Frauen motivierend (sogar zwingend), frustrierend oder zufriedenstellend ist und für andere nicht.

Das Wissen um die «Göttinnen» vermittelt auch Männern nützliche Informationen. Männer, die Frauen besser verstehen lernen wollen, können anhand dieser Göttinnen-Muster feststellen, daß es verschiedene Typen von Frauen gibt, und können zudem in Erfahrung bringen, was sie vom einzelnen Typ erwarten dürfen. Dank dieser Verhaltensmuster können Männer auch komplexe Frauen verstehen lernen oder Frauen, die widersprüchlich zu sein scheinen.

Das Wissen um diese «Göttinnen» vermittelt zudem Therapeuten und Therapeutinnen, die mit Frauen arbeiten, nützliche klinische Erkenntnisse in bezug auf die zwischenmenschlichen und interpsychischen Konflikte ihrer Patientinnen. Göttinnen-

Muster können als Erklärung für die unterschiedlichen Persönlichkeitsmerkmale herangezogen werden; sie liefern zusätzliche Informationen über das Potential an psychologischen Schwierigkeiten und psychiatrischen Symptomen. Und sie zeigen auf, welche seelischen Entwicklungsmöglichkeiten sich für Frauen mit einem bestimmten Göttinnen-Muster ergeben.

In diesem Buch wird eine neue Perspektive der Psychologie der Frau entworfen; sie stützt sich auf – bei den griechischen Göttinnen entlehnte – Frauenbilder, die seit über dreitausend Jahren in der menschlichen Vorstellungswelt lebendig geblieben sind. Diese Psychologie der Frau unterscheidet sich von sämtlichen Theorien, gemäß denen eine «normale» Frau als eine Frau definiert wird, welche einem ganz bestimmten «korrekten» Modell, einem spezifischen Persönlichkeitsmuster oder einer bestimmten psychologischen Struktur entspricht. Dabei handelt es sich um eine Theorie, die auf der Erkenntnis der *Vielfalt* normaler Variationen zwischen den Frauen beruht.

Vieles von dem, was ich über Frauen gelernt habe, wurde innerhalb eines beruflichen Kontexts in Erfahrung gebracht – in meiner Praxis als Psychiaterin und Jungsche Analytikerin, als Kontroll- und Lehranalytikerin, als klinische Professorin der Psychiatrie an der University of California und als Kontrollanalytikerin am C. G. Jung-Institut in San Francisco. Doch die Psychologie der Frau, die ich auf den folgenden Seiten darstelle und erläutere, beruht nicht nur auf beruflicher Erfahrung. Vieles von dem, was ich weiß, läßt sich aus der Tatsache ableiten, daß ich eine Frau bin, die Frauenrollen spielt – die Rolle der Tochter, der Ehefrau, der Mutter eines Sohnes und einer Tochter. Meine Erkenntnisse stammen unter anderem auch aus Gesprächen, die ich mit befreundeten Frauen und in Frauengruppen geführt habe. In beiden Situationen erkennen die Frauen ineinander Aspekte ihrer selbst – wir spiegeln uns in den Erfahrungen einer andern Frau und werden uns möglicherweise eines Aspektes unserer selbst bewußt, von dem wir vorher nichts wußten, oder wir werden uns darüber klar, was uns Frauen gemeinsam ist.

Meine Kenntnisse über die Psychologie der Frau entwickelten

sich ebenfalls aus meiner Erfahrung des Frauseins in einem ganz bestimmten Abschnitt der Geschichte. Im Jahr 1963 nahm ich meine psychiatrischen Praktika auf. Im selben Jahr führten zwei Ereignisse zu der Frauenbefreiungsbewegung der siebziger Jahre. Erst veröffentlichte Betty Friedan den *Weiblichkeitswahn*, in dem sie der Leere und Unzufriedenheit einer Generation von Frauen, die für und durch andere gelebt hatte, Ausdruck verlieh. Die Quelle dieses Unglücklichseins ist für Betty Friedan ein Identitätsproblem, dem ein «Unterbrechen oder Umgehen der geistigen Fortentwicklung» zugrunde liegt. Sie vertritt die Ansicht, daß dieses Problem durch unsere Kultur gefördert wird, die es Frauen nicht gestattet, «ihr grundlegendes Bedürfnis, geistig heranzuwachsen und die ihnen als Menschen innewohnenden Möglichkeiten auszuschöpfen, zu erkennen und zu befriedigen». Dadurch, daß sie gesellschaftliche Stereotypen, die Freudschen Dogmen und die Manipulation der Frau durch die Massenmedien an den Pranger stellte, präsentiert sie in ihrem Buch Gedanken, für die die Zeit reif geworden war – Gedanken, die zu einem Ausbruch unterdrückter Wut führten, sowie zur Entstehung der Frauenbefreiungsbewegung und später zur Bildung von NOW, der Nationalen Organisation für Frauen.[1]

Im selben Jahr, also immer noch 1963, veröffentlichte die Kommission von Präsident John F. Kennedy über den Status der Frauen ihren Bericht, der die Ungleichheiten im Wirtschaftssystem der Vereinigten Staaten dokumentierte: Frauen erhielten für gleiche Arbeit nicht denselben Lohn wie Männer; Frauen wurden nicht die gleichen Berufs- und Karrierechancen wie Männern eingeräumt. Diese schreiende Ungerechtigkeit war ein weiteres Beispiel für die Entwertung und Einschränkung der Rolle der Frau.

Ich nahm somit meine Tätigkeit auf dem Gebiet der Psychiatrie zu einem Zeitpunkt auf, als sich die Vereinigten Staaten auf der Schwelle zur Frauenbefreiungsbewegung befanden und erfuhr in den siebziger Jahren eine Erweiterung meines Bewußtseins. Ich wurde mir der ungleichen Behandlung und der Diskriminierung der Frauen bewußt und stellte fest, daß von Männern bestimmte gesellschaftliche Normen die Frauen dafür belohnten, wenn sie an stereotypen Rollen festhielten, oder sie bestraften, wenn sie sie ablehnten. Die Folge war, daß ich mich einer kleinen Gruppe von feministischen Kolleginnen der *Northern California Psychiatric Society* und der *American Psychiatric Association* anschloß.

Zweifacher Einblick in die Psychologie der Frau

Im selben Zeitraum, in dem ich mir eine feministische Betrachtungsweise aneignete, bildete ich mich gleichzeitig zur Analytikerin Jungscher Prägung aus. Nachdem ich 1966 mein Psychiatriepraktikum abgeschlossen hatte, schrieb ich mich am C. G. Jung-Institut in San Francisco für das Ausbildungsprogramm ein und erhielt 1976 mein Diplom als Analytikerin. Während dieser ganzen Zeit erweiterte ich meine Kenntnisse auf dem Gebiet der Psychologie der Frau und kombinierte feministische Erkenntnisse mit der archetypischen Psychologie C. G. Jungs.

Ich hatte den Eindruck, eine Brücke zwischen zwei Welten zu schlagen, als ich zwischen Jungschen Analytikern und Analytikerinnen und feministischen Psychiaterinnen hin- und herpendelte. Meine Jungschen Kollegen und Kolleginnen kümmerten sich nicht sonderlich um das, was auf gesellschaftlicher und politischer Ebene vor sich ging. Die meisten schienen sich kaum über die volle Bedeutung der Frauenbefreiungsbewegung im klaren zu sein. Und meine feministischen Freundinnen der Psychiatrie schienen, sofern sie sich mich überhaupt als Jungsche Analytikerin vorstellten, diesen Aspekt entweder als esoterisches oder mystisches Interesse meinerseits oder als anerkannte Spezialisierung zu betrachten, die nicht viel mit Frauenfragen zu tun hat. Doch mittlerweile habe ich durch das Hin- und Herwechseln zwischen den beiden Disziplinen herausgefunden, daß sich eine neue Tiefe des Verstehens auftut, wenn die beiden Betrachtungsweisen – die Jungsche und die feministische – miteinander kombiniert werden.

Die beiden vermitteln einen zweifachen Einblick in die Psychologie der Frau.

Dank der Jungschen Betrachtungsweise bin ich zu dem Schluß gekommen, daß Frauen von machtvollen inneren Kräften oder *Archetypen* beeinflußt werden, die durch griechische Göttinnen repräsentiert werden. Und dank der feministischen Betrachtungsweise ist mir klar geworden, wie durch äußere Kräfte oder *Stereotypen* – das heißt durch Rollen, die die Frauen nach den Erwartungen der Gesellschaft erfüllen sollten – einige Göttinnen-Muster verstärkt und andere unterdrückt werden. Ausgehend von diesen beiden Standpunkten betrachte ich jede Frau als «eine Frau, die dazwischensteht»: Von innen wirken die Göttinnen-Archetypen und von außen die gesellschaftlichen Stereotypen auf sie ein.

Sobald die Frau sich der Kräfte, die sie beeinflussen, gewahr wird, bekommt sie Zugang zur Macht, die Wissen vermittelt. Die «Göttinnen» sind machtvolle, unsichtbare Kräfte, die das Verhalten und die Gefühlswelt formen. Das Wissen um die «Göttinnen» in jeder Frau ist für die Bewußtseinserweiterung in bezug auf die Frauen Neuland. Weiß die Frau, welche «Göttinnen» als Kräfte in ihrer Psyche dominieren, so gewinnt sie Kenntnisse über sich selbst, nämlich über die Stärke gewisser Instinkte, über ihre Prioritäten und Fähigkeiten, über die Möglichkeiten, dank Entscheidungen, die von anderen unter Umständen nicht befürwortet werden, einen persönlichen Sinn zu finden.

Die Göttinnen-Verhaltensmuster beeinflussen auch die Beziehungen von Frauen zu Männern. Sie tragen dazu bei, daß einige der Schwierigkeiten, die gewisse Frauen mit gewissen Männern haben oder der Affinitäten, die gewisse Frauen zu gewissen Männern fühlen, leichter erklärt werden können. Wählen Frauen zum Beispiel Männer, die Macht und Erfolg im Leben haben? Verkrüppelte und kreative Männer? Kindische Männer? Welche «Göttin» stellt die unsichtbare Triebkraft dar, welche bewirkt, daß sich eine Frau von einem bestimmten Männertyp angezogen fühlt? Solche Muster beeinflussen Entscheidungen sowie die Stabilität einer Beziehung.

Auch die Beziehungsmuster tragen den Stempel von bestimmten Göttinnen. So gibt es Beziehungen nach dem Muster Vater-Tochter, Bruder-Schwester, Schwester-Schwester, Mutter-Sohn, Geliebter-Geliebte oder Mutter-Tochter – jedes Paar repräsentiert eine Konstellation, die einer bestimmten Göttin entspricht.

Jede Frau verfügt über Gaben, die ihr «von der Göttin gegeben» sind, deren sie sich bewußt werden sollte und die sie dankbar annehmen kann. Jede Frau hat auch Neigungen, die ihr «von der Göttin gegeben» sind, die sie erkennen und überwinden muß, um sich ändern zu können. Sie ist dazu gezwungen, ein von einem unterschwelligen Göttinnen-Archetyp bestimmtes Verhaltensmuster auszuleben, bis sie sich der Tatsache bewußt wird, daß ein solches Muster wirklich existiert und durch sie Erfüllung finden will.

Mythen als Instrument der Erkenntnis

Die erste wichtige Verknüpfung zwischen mythologischen Verhaltensmustern und der Psychologie der Frau vermittelte mir Erich Neumann, ein Analytiker Jungscher Richtung, in seinem Buch *Amor und Psyche*. Neumann benutzte die Mythologie als Mittel, um die Psychologie der Frau zu beschreiben. Mir schien Neumanns Kombination von Mythos und psychologischem Kommentar ein wirksames «Instrument der Erkenntnis» zu sein.

So zum Beispiel bestand im griechischen Mythos von Amor und Psyche die erste Aufgabe Psyches in der Aussonderung eines riesigen, durcheinandergemischten Haufens von Samen, wobei sie jede Samenart von den andern trennen mußte. Ihre erste Reaktion auf diese Aufgabenstellung wie auch auf die drei folgenden Aufgaben war Verzweiflung. Ich konnte feststellen, daß der Mythos auf viele meiner Patientinnen anwendbar war, die mit verschiedenen wichtigen Aufgaben zu kämpfen hatten. Bei einer Patientin handelte es sich um eine Studentin, die sich von der Aufgabe einer Semesterarbeit überfordert fühlte und nicht wußte, wie sie Ordnung in den Haufen Material bringen könnte. Eine andere Patientin war eine an Depressionen leidende junge Mutter, die herausfinden mußte, wie sie ihre Zeit eigentlich verbringen sollte, die ihre Prioritäten festsetzen und einen Weg finden mußte, um weiterhin malen zu können. Jede dieser Frauen hatte wie Psyche das Gefühl, sie müsse mehr tun, als sie leisten könne, obwohl beide Frauen ihre Aufgaben selbst bestimmt hatten. Beide Patientinnen faßten sich dank einem Mythos, der ihre Situation widerspiegelte, ein Herz: Der Mythos vermittelte ihnen eine Einsicht in die Art und Weise, wie sie auf neue Forderungen reagierten und verlieh ihrem Kampf eine größere Bedeutung.

Wenn eine Frau spürt, daß einem bestimmten Vorhaben eine mythische Dimension zukommt, werden durch dieses Wissen tiefe, kreative Zentren in ihr angesprochen und inspiriert. Mythen evozieren das Gefühl und die Phantasie und berühren Themen, die Bestandteil des kollektiven Erbes der Menschheit sind. Die griechischen Mythen – und all die andern Märchen und Mythen, die nach Tausenden von Jahren immer noch erzählt werden – bleiben aktuell und weisen immer noch eine persönliche Relevanz auf, weil in ihnen die Wahrheit gemeinsamer menschlicher Erfahrungen anklingt.

Wird ein Mythos interpretiert, so kann ein intellektuelles oder intuitives Verständnis daraus entstehen. Ein Mythos ist wie ein Traum, an den wir uns erinnern, auch wenn wir ihn nicht verstehen, weil ihm eine symbolische Bedeutung zukommt. Der Mythologe Joseph Campbell sagt: «Der Traum ist verpersönlichter Mythos, der Mythos entpersönlichter Traum.»[2]

Wird ein Traum korrekt interpretiert, hat der Träumer oder die Träumerin plötzlich eine Erkenntnis – ein Aha-Erlebnis –, da die Situation, auf die sich der Traum bezieht, ihm oder ihr unvermittelt klar wird. Die träumende Person erfaßt dieses Wissen intuitiv und vergißt es nicht mehr.

Wenn jemand auf die Interpretation eines Mythos mit einem Aha-Erlebnis reagiert, so deshalb, weil der betreffende Mythos symbolisch etwas anrührt, das für diese Person eine persönliche Bedeutung aufweist. Sie erfaßt nun etwas und erkennt eine Wahrheit. Diese tiefere Ebene des Verständnisses war es, die jeweils angesprochen wurde, wenn ich Vorlesungen hielt, bei denen ich Mythen wiedergab und anschließend interpretierte. Bei dieser Art des Lernens wird im Zuhörer eine Saite zum Klingen gebracht, und Theorien über die Psychologie der Frau werden entweder zum eigenen inneren Wissen oder aber zum Wissen über bedeutende Frauengestalten, auf die Männer und Frauen im Zuhörerkreis sich beziehen können.

Ende der sechziger und Anfang der siebziger Jahre habe ich in Seminaren über die Psychologie der Frau die Mythologie eingesetzt, und zwar zuerst am University of California Medical Center-Langley Porter Psychiatric Institute, dann an der University of California in Santa Cruz und am C. G. Jung-Institut in San Francisco. In den darauffolgenden fünfzehn Jahren vermochte ich dank meiner Vorlesungstätigkeit meine Gedanken weiterzuentwickeln, und ich konnte die Reaktionen der Zuhörer entgegennehmen, und zwar in Seattle, Minneapolis, Denver, Kansas City, Houston, Portland, Fort Wayne, Washington, D. C., Toronto, New York und in der San Francisco Bay Area, wo ich wohne. Wo auch immer ich meine Vorlesungen hielt, die Reaktion fiel überall gleich aus: Wenn ich Mythen zusammen mit klinischem Material, persönlichen Erfahrungen und Erkenntnissen der Frauenbefreiungsbewegung präsentierte, stellte sich ein neues und tieferes Verständnis ein.

Ich hatte mit dem Psyche-Mythos begonnen, einem Mythos, der Frauen entspricht, für die Beziehungen an erster Stelle stehen. Dann erzählte ich einen zweiten Mythos, einen Mythos, dessen Bedeutung ich persönlich herausgearbeitet hatte und der von Frauen handelt, die sich eher herausgefordert als überfordert fühlen, wenn sie Hindernisse überwinden oder Aufgaben lösen müssen, und die folglich sowohl in der Schule als auch draußen in der Welt gute Leistungen vollbringen können. Dieser Mythos erzählt von Atalanta, der Jägerin und schnellfüßigsten Sterblichen, die in beiden Rollen Erfolg hatte und Männer, die sie zu schlagen versuchten, besiegte. Sie war eine wunderschöne Frau, die mit Artemis, der griechischen Göttin der Jagd und des Mondes verglichen wurde.

Diese Art des natürlichen Lernens warf Fragen nach anderen Göttinnen auf und ich fing an, über deren mögliche Bedeutung nachzudenken, die sie repräsentieren. Und so hatte ich meine eigenen Aha-Erlebnisse. So zum Beispiel kam eines Tages eine eifersüchtige, rachsüchtige Frau in mein Büro, und ich erkannte in ihr die wütende, gedemütigte Hera, Göttin der Ehe und Gemahlin von Zeus. Die Liebesabenteuer ihres Gatten führten dazu, daß die Göttin immer wieder «die andere Frau» ausfindig machen und vernichten wollte.

Bei dieser Patientin handelte es sich um eine Frau, die eben entdeckt hatte, daß ihr Ehemann eine Affäre hatte. Von diesem Augenblick an war sie vom Gedanken an die andere Frau wie besessen. Sie hatte rachsüchtige Phantasien, spionierte der Frau nach und wurde dermaßen vom Gedanken an Vergeltung beherrscht, daß sie sich dem Wahnsinn nahe fühlte. Wie es für die Göttin Hera bezeichnend gewesen war, richtete sich auch die Wut dieser Patientin nicht gegen ihren Mann, der sie belogen hatte und ihr untreu gewesen war. Es half meiner Patientin sehr, als ihr klar wurde, daß die Untreue ihres Ehemannes eine Hera-Reaktion in ihr ausgelöst hatte. Sie verstand nun, weshalb sie sich von ihrer Wut «überwältigt» fühlte und wie destruktiv diese sich auf sie auswirkte. Sie vermochte einzusehen, daß sie ihren Ehemann auf sein Verhalten aufmerksam machen und sich und ihn mit ihren Eheproblemen konfrontieren mußte, anstatt sich in die rachsüchtige Hera zu verwandeln.

Kurz darauf äußerte sich eine Kollegin unerwarteterweise gegen den Verfassungszusatz für gleiche Rechte für Mann und Frau, den ich unterstützte. Mitten in meiner Wut und meinen Gefühlen der Verletztheit hatte ich jedoch plötzlich ein Aha-Erlebnis. Mir wurde klar, daß in dieser Situation der in der Psyche meiner Kollegin existierende Typus von Göttin mit dem meiner Psyche innewohnenden Göttinnentyps aufeinandergeprallt war: Ich hatte nämlich wie Artemis, die archetypische Große Schwester, die Beschützerin der Frauen, reagiert und gehandelt, während meine Opponentin sich wie Athene verhalten hatte, die Tochter, die als bereits erwachsene Frau dem Haupt ihres Vaters Zeus entsprungen war und in der Folge als Schutzgöttin der Helden, als Hüterin des Patriarchats, als «Vaterstochter» verehrt wurde.

Bei einer anderen Gelegenheit wiederum las ich gerade etwas über die Entführung von Patty Hearst. Mir wurde klar, daß hier der Mythos von Persephone, der Jungfrau, die entführt, vergewaltigt, und von Hades, dem Gott der Unterwelt, gefangengehalten wurde, erneut in den Schlagzeilen der Zeitungen zum Ausdruck gebracht wurde. Patty Hearst, eine behütete Tochter zweier wohlhabender, moderner Olympier, war damals Studentin an der University of California. Sie wurde entführt – vom Chef der Symbionese Liberation Army in die Unterwelt gebracht – in einem dunklen Zimmerchen eingeschlossen und wiederholt vergewaltigt.

Bald darauf fielen mir die «Göttinnen in jeder Frau» auf. Ich stellte fest, daß ich sowohl alltägliche Vorkommnisse als auch dramatischere Ereignisse besser verstehen konnte, sobald ich wußte, welche «Göttin» präsent war. Ein Beispiel: Welche Göttin mag wohl ihren Einfluß ausüben, wenn eine Frau die Mahlzeiten zubereitet und den Haushalt führt?

Ich merkte, daß diese Frage leicht mit einem einfachen Test zu beantworten ist: Was tut eine Frau in bezug auf die Mahlzeiten und was geschieht mit dem Haushalt, wenn der Ehemann für eine Woche fortgeht? Bereitet eine Hera-Frau (Abkürzung für: «diese bestimmte Göttin fungiert als Haupteinfluß») oder eine Aphrodite-Frau eine Mahlzeit für sich allein zu, so handelt es sich dabei höchstwahrscheinlich um eine traurige und düstere Angelegenheit, wie zum Beispiel Hüttenkäse aus dem Plastikbecher. Was auch immer eine solche Frau im Kühlschrank oder Küchenschrank vorfindet, genügt ihr für sich allein, was ganz im Gegensatz zu den kunstvollen, schmackhaften Mahlzeiten steht, die sie zubereitet, wenn ihr Mann zu Hause ist. Sie kocht die Mahlzeiten für ihn. Und natürlich kocht sie das, was er gern ißt, und nicht das, was ihr schmeckt, und zwar, weil sie als gute Ehefrau für gutes Essen zuständig ist (Hera), weil sie aufgrund ihres mütterlichen Wesens dazu bestimmt ist, für ihren Gatten zu sorgen (Demeter), weil sie tut, was ihm gefällt (Persephone) oder für ihn attraktiv zu sein versucht (Aprodite). Wird die Frau jedoch hauptsächlich von der Göttin Hestia beeinflußt, so wird sie, wenn sie allein ist, sich den Tisch schön decken und eine richtige Mahlzeit für sich allein kochen. Auch wird sie Haus oder Wohnung weiterhin pflegen. Sind es jedoch die anderen Göttinnen, die die Motivation für die Haushaltsführung liefern, vernachlässigt die Frau den Haushalt wohl eher und kümmert sich erst kurz vor der Rückkehr ihres Mannes erneut darum. Die Hestia-Frau hingegen wird sich frische Blumen besorgen-, die ihr abwesender Mann nie zu Gesicht bekommt. Ihre Wohnung oder ihr Haus ist ein Heim, weil sie dort lebt, und nicht weil sie es für einen anderen Menschen gestaltet.

Als nächstes drängte sich mir die Frage auf: «Würden andere Menschen ein Wissen um die Psychologie der Frau, im Licht von Mythen betrachtet, ebenfalls sinnvoll und nützlich finden können?» Die Antwort auf diese Frage erhielt ich, als ich Vorlesungen zum Thema «Göttinnen in jeder Frau» hielt. Die Zuhörer interessierten sich sehr dafür, die Mythologie als Instrument der Erkenntnis anzuwenden und waren von dieser Methode höchst fasziniert. Dies schien ihnen eine gute Art zu sein, um Frauen verstehen zu können, eine Methode, die an ihre Gefühle rührte. Die Menschen, mit denen ich diese Mythen teilte, sahen und hörten und fühlten, was ich ihnen erzählte; als ich die Mythen interpretierte, hatten die Zuhörer Aha-Erlebnisse. Sowohl Männer als auch Frauen erfuhren die Bedeutung der Mythen als persönliche Wahrheit; die Mythen bestätigten ihnen, was sie bereits wußten und was ihnen nun bewußt wurde.

Ich hielt auch Vorträge bei Konferenzen von Berufsverbänden und erörterte meine Ideen mit Psychiatern und Psychiaterinnen sowie Psychologen und Psychologinnen. Einzelne Kapitel dieses Buchs brachte ich zum ersten Mal vor der *International Association for Analytic Psychology*, vor der *American Academy of Psychoanalysis*, der *American Psychiatric Association*, dem *Women's Institute of the American Orthopsychatric Association* und der *Association für Transpersonal Psychology* vor. Meine Kolleginnen und Kollegen fanden, meine Vorgehensweise eigne sich für klinische Zwecke, und schätzten die Möglichkeit, dank dem Verständnis der «Göttinnen» zusätzliche Erkenntnisse über die

Charakterstruktur und psychiatrischen Symptome zu gewinnen. Für die meisten war es die erste Darstellung der Psychologie der Frau, die sie von einer Analytikerin Jungscher Richtung hörten. Nur meine Jungschen Kolleginnen und Kollegen waren sich darüber im klaren, daß ich neue Ideen über die Psychologie der Frau, die von einigen Konzepten Jungs abweichen, entwickelt hatte (und immer noch entwickle) sowie feministische Betrachtungsweisen mit der archetypischen Psychologie in Einklang brachte. Obwohl sich dieses Buch an eine breitgefächerte Leserschaft wendet, wird dem in Jungscher Psychologie geschulten Leser auffallen, daß eine auf weibliche Archetypen gestützte Psychologie der Frau die allgemeine Anwendbarkeit von Jungs Anima-Animus-Theorie (siehe drittes Kapitel «Die jungfräulichen Göttinnen») in Frage stellt. Viele Jungianer haben über griechische Götter und Göttinnen als Archetypen geschrieben. Ich bin ihnen für ihr Wissen und ihre Erkenntnisse zu Dank verpflichtet und zitiere ihre Werke (siehe Anmerkungen zu den einzelnen Kapiteln). Dadurch, daß ich jedoch sieben griechische Göttinnen ausgewählt und gemäß ihrer psychologischen Funktionsweise in drei spezifische Kategorien eingeordnet habe, habe ich eine neue Typologie sowie ein Mittel geschaffen, um innerseelische Konflikte zu verstehen. Innerhalb dieser Typologie habe ich das Konzept des Aphrodite-Bewußtseins als dritte Kategorie zu den Kategorien des fokussierten und des schwebenden Bewußtseins hinzugefügt, die bereits in der Jungschen Theorie beschrieben wurden (siehe elftes Kapitel «Die alchemistische Göttin»).

Es werden zwei weitere neue psychologische Konzepte vorgestellt, aber nicht weiter ausgeführt, da ihre Vertiefung den Rahmen dieses Buchs gesprengt hätte.

Erstens liefern die «Göttinnen» eine Erklärung für die Diskrepanz im Verhalten von Frauen im Vergleich zur Jungschen Theorie über die psychologischen Typen. Gemäß der Lehre Jungs funktioniert der Mensch nach dem Entweder-Oder-Prinzip: So ist er in seiner Einstellungsweise entweder extravertiert oder introvertiert, in seinen Wertungen entweder denkend oder fühlend und nimmt die Dinge entweder mittels der Intuition oder der Empfindung (durch die fünf Sinne) wahr. Zudem geht Jung davon aus, daß eine dieser vier Bewußtseinsfunktionen (Denken, Fühlen, Intuieren, Empfinden) die am stärksten differenzierte, ins Bewußtsein gehobene und gebrauchte Funktion ist; unabhängig davon, welches die Hauptfunktion ist, gilt, daß die ihr entgegengesetzte Funktion am wenigsten ins Bewußtsein gehoben und differenziert ist und am wenigsten zur Verfügung steht. Abweichungen von Jungs Modell des «Entweder/Oder» und des «am stärksten differenziert/am wenigsten ins Bewußtsein gehoben» sind von den Jungschen Psychologinnen June Singer und Mary Loomis dargestellt worden. Ich glaube, daß die Göttinnen-Archetypen eine Erklärung für die Ausnahmen bei Frauen liefern.

Wenn zum Beispiel eine Frau «einen andern Gang einlegt» und von einer Facette ihrer Persönlichkeit zu einer anderen hinüberwechselt, kann sie sozusagen von einem Göttinnen-Verhaltensmuster zu einem anderen hinüberwechseln: So kann sie zum Beispiel in der einen Situation die extrovertierte, logisch denkende Athene sein, welche alle Einzelheiten wahrnimmt, und in der anderen Situation die introvertierte Hestia, die Hüterin des Herdes, für die die Aussage «stille Wasser gründen tief» gilt. Dieser Wechsel erklärt, weshalb es einer facettenreichen Frau so schwerfällt zu bestimmen, welchem Jungschen Typus sie nun entspricht. So kann sich eine Frau zum Beispiel ästhetischer Details wohl bewußt sein (Aphrodite-Einfluß), jedoch nicht merken, daß der Herd noch eingeschaltet oder die Gasflasche beinahe leer ist (Einzelheiten, die einer Athene auf jeden Fall auffallen würden). Die dominierende «Göttin» bietet eine Erklärung dafür, weshalb eine einzige Bewußtseinsfunktion (in diesem Fall die Empfindung) paradoxerweise gleichzeitig differenziert und unbewußt sein kann (siehe vierzehntes Kapitel «Welche Göttin bekommt den Goldenen Apfel?»)

Zweitens wurde mir aufgrund klinischer Daten und Betrachtungsweisen klar, daß die Macht, mit der ein Göttinnen-Archetyp das Ich einer Frau überwältigt und psychiatrische Symptome verursacht, genau der Macht entspricht, die jener Göttin historisch gesehen zugeordnet wurde – wobei der Einfluß der Großen Göttin des alten Europa im Lauf der Zeiten bis zu den griechischen Göttinnen, die nur noch Tochter- oder Jungfrauen-Göttinnen waren, abnahm (siehe erstes Kapitel «Göttinnen als innere Bilder»).

In diesem Buch werden zwar Theorien und Informationen vorgelegt, die für Therapeutinnen und Therapeuten von Nutzen sind, doch ist es für jeden Menschen geschrieben, der sich um ein besseres Verständnis der Frau bemüht – insbesondere jener Frau, die ihm am nächsten steht, ihm am liebsten, aber auch am geheimnisvollsten ist – sowie für Frauen, damit sie die Göttinnen in sich selbst entdecken können.

1. Kapitel

Göttinnen als innere Bilder

Meiner Freundin Ann wurde ein zerbrechlicher Säugling in die Arme gelegt, ein sogenanntes «Blue Baby» mit einem angeborenen Herzfehler. Als Ann das kleine Mädchen in den Armen hielt und sein Gesicht betrachtete, fühlte sie sich auf der Gefühlsebene stark angesprochen. Zudem verspürte sie mitten in der Brust unter dem Brustbein (oder Sternum) einen tiefen Schmerz. In Sekundenschnelle war zwischen ihr und dem Baby eine innige Bindung entstanden. In der Folge besuchte Ann den Säugling in regelmäßigen Abständen, um den Kontakt solang wie möglich aufrechtzuerhalten. Das kleine Mädchen überlebte die Herzoperation, die an ihm vorgenommen wurde, jedoch nicht. Sein Leben hatte nur wenige Monate gedauert, bei Ann jedoch einen tiefen Eindruck hinterlassen. Das Baby hatte, als Ann es zum ersten Mal in den Armen hielt, an ein inneres, von Gefühlen durchdrungenes Bild gerührt, das in den Tiefen von Anns Psyche ruhte.

Anthony Stevens, Psychiater und Autor, untersuchte 1966 im Metera Babies Centre, ein Säuglingszentrum in der Nähe von Athen, das Problem frühkindlicher Bindungen. Seine Beobachtungen über das, was sich zwischen den Säuglingsschwestern und den kleinen Waisen ereignete, deckten sich mit Anns Erlebnis. Steven gelangte zum Ergebnis, daß jeweils zwischen einer bestimmten Säuglingsschwester und einem bestimmten Baby eine besondere Bindung entstand, weil beide eine starke Anziehung auf einander ausübten; dabei handelte es sich etwa um denselben Zustand wie beim Verliebtsein.

Stevens Beobachtungen strafen die Theorien Lügen, wonach Liebe stets auf persönlichen Vorteil bedacht sein soll («cupboard love theory») und wonach als gegeben vorausgesetzt wird, daß sich die Bindung zwischen Mutter und Kind nur allmählich aufgrund von Pflege und Ernährung entwickelt. Er kam zu dem Schluß, daß bei gut einem Drittel der Säuglinge eine Bindung zu einer jener Säuglingsschwestern herausgebildet wird, die sich vorher kaum oder gar nicht mit der üblichen Pflege des Säuglings befaßt hatten. War diese Bindung erst einmal entstanden, kümmerte sich die betreffende Säuglingsschwester ausnahmslos um den betreffenden Säugling, und zwar gewöhnlich deshalb, weil sie seine Anhänglichkeit erwiderte, aber auch, weil das Kind sich oft weigerte, sich von einer anderen Kinderschwester pflegen zu lassen, wenn «seine» Kinderschwester sich in der Nähe befand.[1]

Bei einigen Müttern entsteht eine sofortige Bindung zu ihrem Neugeborenen; sobald sie das süße, hilflose Baby, das sie eben zur Welt gebracht haben, in den Armen halten, quillt eine stark von Beschützerinstinkt geprägte Liebe und eine tiefe Zärtlichkeit in ihnen empor. Wir sagen, daß das Baby den Mutterarchetyp bei einem solchen Frauentypus konstelliert. Bei anderen frisch gebakkenen Müttern entwickelt sich die Mutterliebe hingegen nach und nach über einen Zeitraum von Monaten hinweg und wird manifest, wenn der Säugling acht oder neun Monate alt ist.

Wird der Mutterarchetyp in einer Frau nicht durch die Geburt ihres Kindes aktiviert, so ist sich die Frau meistens darüber im klaren, daß sie nicht dasselbe wie andere Mütter fühlt oder nicht das, was sie selbst einmal einem anderen Kind gegenüber gefühlt haben mag. Wird der Mutterarchetyp nicht aktiviert, entbehrt das Kind eine lebenswichtige Beziehung, die es nun dauernd herbeisehnt. (Die Rolle der archetypischen Mutter-Kind-Beziehung kann zwar, wie sich am Beispiel der Kinderschwestern im vorher erwähnten griechischen Waisenhaus zeigte, von einer anderen Frau erfüllt werden, die nicht die biologische Mutter des Kindes ist.) Die Sehnsucht nach dieser Beziehung, die sich nie ereignet hat, kann bis ins Erwachsenenalter fortbestehen. Eine neunundvierzigjährige Frau, die zusammen mit mir in einer Frauengruppe war, weinte als sie vom Tod ihrer Mutter erzählte, weil sie nun, nachdem ihre Mutter gestorben war, jegliche Hoffnung auf eine solche Beziehung fahrenlassen mußte.

Genau wie das «Muttersein» ein tief empfundener Wesenszustand ist, den ein Kind in einer Frau aktivieren kann, ist auch jedes Kind darauf «programmiert», «die Mutter» zu suchen. Sowohl bei der Mutter als auch beim Kind (und folglich bei allen Menschen) wird das Bild der Mutter mit mütterlichem Verhalten und mütterlichen Gefühlen in Verbindung gebracht. Dieses innere, in der Psyche wirkende Bild, das sowohl das Verhalten als auch die emotionalen Reaktionen eines Menschen unbewußt bestimmt, ist ein Archetyp.

Der Mutterarchetyp ist nur einer von vielen Archetypen – oder latenten, von innen her bestimmten Rollen –, die in einer Frau aktiviert werden können. Erkennen wir die verschiedenen Archetypen, vermögen wir auch klarer zu erkennen, was in uns und in anderen Menschen wirksam ist. In diesem Buch erläutere ich die in der Psyche der Frau aktiven Archetypen und lasse sie in der Gestalt griechischer Göttinnen auftreten. So zum Beispiel verkörpert die mütterliche Göttin Demeter den Mutter-Archetyp. Die weiteren Archetypen sind: Persephone (die Tochter), Hera (die Gattin), Aphrodite (die Geliebte), Artemis (die Schwester und Rivalin), Athene (die Strategin) und Hestia (die Göttin des Herdes). Die Göttinnen eignen sich jedoch nur dann zur Bezeichnung der Archetypen, wenn die Bilder mit den Gefühlen der Frau übereinstimmen, denn an und für sich haben Archetypen keine Namen.

Es war C. G. Jung, der das Konzept der Archetypen in die Psychologie einführte. Für ihn waren Archetypen im kollektiven Unbewußten enthaltene «Grundmuster instinktiven Verhaltens». Das kollektive Unbewußte ist jene Schicht des Unbewußten, die «nicht individueller, sondern allgemeiner Natur ist, das heißt, es hat im Gegensatz zur persönlichen Psyche Inhalte und Verhaltensweisen, welche überall und in allen Individuen *cum grano salis* die gleichen sind.»[2] Mythen und Märchen sind genau wie zahlreiche in Träumen auftauchende Bilder und Themen Ausdrucksformen von Archetypen. Aufgrund des Vorhandenseins gemeinsamer Archetypen-Muster in allen Menschen weisen die Mythologien vieler verschiedener Kulturen Ähnlichkeiten miteinander auf. Als präexistente Grundmuster beeinflussen die Archetypen unser Verhalten und unsere Reaktionen anderen Menschen gegenüber.

DIE GÖTTINNEN ALS ARCHETYPEN

Die meisten von uns haben irgendwann einmal in der Schule von den Göttern und Göttinnen des Olymps gehört und entsprechende Statuen und Malereien betrachtet. Auch die Römer verehrten diese Götter, die sie mit lateinischen Namen anriefen. Den griechischen Göttern und Göttinnen wurden höchst menschliche Wesensmerkmale zugesprochen: Ihr Verhalten, ihre gefühlsmäßigen Reaktionen, ihre verschiedenen Gestalten und ihre Mythologie weisen bestimmte Muster auf, die menschlichen Verhaltens- und Einstellungsweisen durchaus entsprechen. Diese Göttergestalten sind uns aber auch vertraut, weil sie archetypisch sind, das heißt, weil sie Seins- und Verhaltensweisen repräsentieren, die wir auch in dem uns allen gemeinsamen kollektiven Unbewußten erkennen.

Die berühmtesten dieser Göttergestalten waren die zwölf Olympier, das heißt die sechs Götter Zeus, Poseidon, Hades, Apollon, Ares, Hephaistos sowie die sechs Göttinnen Hestia, Demeter, Hera, Artemis, Athene und Aphrodite. Eine dieser zwölf Göttergestalten, nämlich die Göttin Hestia, wurde durch Dionysos (den Gott des Weins) ersetzt, was zur Folge hatte, daß die Götter mit nunmehr sieben Vertretern gegenüber den verbliebenen fünf Göttinnen in der Überzahl waren. Die Göttinnen-Archetypen, die ich in diesem Buch beschreibe, sind die sechs olympischen Göttinnen – Hestia, Demeter, Hera, Artemis, Athene und Aphrodite – sowie Persephone, deren Mythos untrennbar mit demjenigen der Göttin Demeter verknüpft ist.

Ich habe diese sieben Göttinnen in drei Kategorien eingeordnet, nämlich in die der jungfräulichen Göttinnen, die der verletzlichen Göttinnen und die der alchemistischen Göttin (oder Göttin der Wandlung). Schon im antiken Griechenland bildeten die jungfräulichen Göttinnen eine Kategorie für sich, die Bezeichnungen der beiden anderen Kategorien stammen hingegen von mir. Den Göttinnen einer jeden Kategorie sind ganz bestimmte Bewußtseinsweisen, bevorzugte Verhaltensweisen und Triebkräfte des Handelns eigen. Auch die Haltung anderern gegenüber, das Bedürfnis nach Bindung sowie die Bedeutung von Beziehungen sind von Kategorie zu Kategorie höchst unterschiedlich. Göttinnen aus allen drei Kategorien müssen irgendwann im Leben einer Frau zum Ausdruck kommen können – damit die Frau tiefer Liebe und sinnvoller Arbeit fähig ist sowie sinnlich und kreativ sein kann.

Die Göttinnen der ersten Kategorie, die Sie auf den folgenden Buchseiten kennenlernen werden, sind die jungfräulichen Göttinnen Artemis, Athene und Hestia. Artemis (von den Römern Diana genannt) wurde als Göttin der Jagd und des Mondes verehrt. Ihr Reich war die Wildnis. Mit ihrem Pfeil verfehlte sie nie ein Ziel; zudem trat sie als Beschützerin der Neugeborenen und der jungen Tiere der Wildnis auf. Athene (von den Römern als Minerva verehrt), die Göttin der Weisheit und der Künste der Frauen, die Schutzgöttin Athens und die Beschützerin zahlreicher Helden, wurde gewöhnlich mit einer Rüstung bekleidet dargestellt und war als die beste Strategin bekannt. Hestia, die Göttin des Herdes (die römische Vesta), war von den olympischen Göttinnen am wenigsten bekannt. Sie war im Feuer in der Mitte des Herdes in Tempeln und Häusern anwesend.

Die jungfräulichen Göttinnen repräsentieren den gewissen Frauen eigenen Sinn für Unabhängigkeit und Selbstgenügsamkeit. Im Gegensatz zu den anderen Göttinnen des Olymps verliebten sich diese drei Göttinnen nie. Gefühlsmäßige Bindungen vermochten sie nicht von dem abzulenken, was sie als wichtig erachteten. Somit wurden sie nie in die Rolle des Opfers gedrängt und litten auch nicht. Als Archetypen stehen sie stellvertretend für das Bedürfnis der Frau nach Autonomie sowie für die Fähigkeit, ihr

Bewußtsein auf das zu richten, was persönlich von Belang ist. Artemis und Athene vertreten Zielgerichtetheit und logisches Denken; sie zählen somit zu leistungsorientierten Archetypen. Hestia ist jener Archetyp, der seine Aufmerksamkeit nach innen, auf das spirituelle Zentrum der weiblichen Persönlichkeit lenkt. Diese drei Göttinnen sind weibliche Archetypen, welche ihre eigenen Ziele aktiv verfolgen. Sie erweitern unsere Vorstellung von weiblichen Eigenschaften um diejenigen der Kompetenz und Selbstgenügsamkeit.

Die Göttinnen der zweiten Kategorie – Hera, Demeter und Persephone – wurden von mir als verletzliche Göttinnen bezeichnet. Hera (die römische Juno), die Göttin der Ehe, war die Gemahlin von Zeus, dem obersten Herrscher über den Olymp. Demeter (die römische Ceres) war die Göttin der Kornfelder. Ihr wichtigster Mythos betont ihre Rolle als Mutter. Persephone (auf lateinisch Proserpina) war die Tochter der Göttin Demeter. Sie wurde von den Griechen auch Kore – «das Mädchen» – genannt.

Die drei verletzlichen Göttinnen verkörpern die traditionellen Frauenrollen von Ehefrau, Mutter und Tochter. Es handelt sich um beziehungsorientierte Göttinnen-Archetypen, deren Identität und Wohlbefinden von der Tatsache abhängig ist, daß sie eine sinnvolle Beziehung zu jemandem haben können. Sie geben dem Bedürfnis der Frau nach Beziehung und Bindung Ausdruck. Sie sind auf die anderen Gottheiten eingestellt und verletzlich. Diese drei Göttinnen wurden von Göttern vergewaltigt, entführt, unterworfen oder gedemütigt. Dabei litt jede auf die ihr eigene Art, wenn freundschaftliche Bande in die Brüche gingen oder verraten wurden, und entwickelte Symptome wie sie bei psychischen Störungen auftreten. Jede dieser Göttinnen machte aber auch eine Entwicklung durch und kann deshalb einer Frau Einsichten in das Wesen und die Muster ihrer eigenen Reaktionen auf einen emotionalen Verlust vermitteln; zudem erschließt sie das Potential, am Leiden, das jeder dieser drei Göttinnen inhärent ist, zu wachsen.

Aphrodite, die Göttin der Liebe und Schönheit (die eher unter dem römischen Namen Venus bekannt ist), bildet als alchemistische Göttin eine Kategorie für sich allein. Als schönste aller Göttinnen war sie absolut unwiderstehlich. Aus ihren zahlreichen Affären und Liaisons gingen viele Nachkommen hervor. Aphrodite erzeugte Liebe und Schönheit, erotische Anziehungskraft, Sinnlichkeit, Sexualität und neues Leben. Sie knüpfte Beziehungen nach ihrer eigenen Wahl und wurde nie in die Opferrolle gedrängt. So konnte sie genau wie eine jungfräuliche Göttin ihre Autonomie aufrechterhalten und verhielt sich in ihren Beziehungen wie eine verletzliche Göttin. Sie verfügte sowohl über ein fokussiertes als auch über ein rezeptives Bewußtsein, mit denen sie wechselweise auf die anderen eingehen konnte, was sowohl auf sie als auch auf die anderen eine Wirkung ausübte. Der Aphrodite-Archetyp bewirkt, daß Frauen in ihren Beziehungen eher nach Intensität als nach Dauer streben, daß sie kreativen Prozessen einen Wert beimessen und für Wandlung offen sind.

Der Stammbaum

Um besser einschätzen zu können, wer all diese Göttinnen gewesen sind und welche Art von Beziehungen sie zu anderen Göttern pflegten, wollen wir sie zuerst in ihrem mythologischen Kontext betrachten. Dabei sind wir Hesiod (etwa 700 v. Chr.) zu Dank verpflichtet, der als erster den Versuch unternahm, die mannigfaltigen Traditionen der Götterwelt sinnvoll zu ordnen. Sein Hauptwerk, die *Theogonie*, ist eine Dichtung über die Entstehung und Abstammung der Götter.[3]

Am Anfang herrschte, gemäß Hesiod, Chaos – dies war der Ausgangspunkt. Aus dem Chaos entstanden Gaia (die Erde), der dunkle Tartaros (die am weitesten hinunterreichenden Tiefen der Unterwelt) und Eros (die Liebe).

Gaia, die weibliche Erde, gebar einen Sohn, Uranos, auch als Himmel bekannt. Darauf paarte sie sich mit Uranos und brachte unter anderem die zwölf Titanen hervor – alte, uranfängliche Naturgewalten, die im antiken Griechenland verehrt wurden. In He-

siods Götterlehre waren die Titanen ein frühes Herrscherge-
schlecht, die Eltern und Großeltern der olympischen Götter.
Uranos, die erste patriarchalische Gestalt oder Vaterfigur der
griechischen Mythologie, ärgerte sich über die Kinder, die er mit
Gaia gezeugt hatte; deshalb vergrub er die Kinder, kaum waren sie
geboren, in Gaias Körper. Dies verursachte Gaia große Qual und
Angst, und sie bat ihre Titanen-Kinder, ihr zu helfen. Doch alle
hatten sie Angst einzugreifen, mit Ausnahme des jüngsten Sohnes, Kronos (die Römer nannten ihn Saturn). Er reagierte auf ihren Hilfeschrei und, bewaffnet mit der Sichel, die ihm Gaia gab
und einem von ihr entworfenen Plan, lauerte er seinem Vater auf.
Als Uranos sich näherte, um sich mit Gaia zu paaren, griff
Kronos nach der Sichel, hieb seinem Vater die Genitalien ab und
warf sie ins Meer. Daraufhin wurde Kronos der mächtigste Gott.
Er regierte mit den Titanen über das Universum und erschuf neue
Gottheiten, von denen viele Elemente der Natur verkörperten,
wie zum Beispiel Flüsse, Winde und den Regenbogen. Andere
wiederum waren Monstren, die das Böse oder Gefahren repräsentierten.
Kronos paarte sich mit seiner Titanenschwester Rhea. Dieser
Verbindung entsprang die erste Generation der olympischen Götter – Hestia, Demeter, Hera, Hades, Poseidon und Zeus.
Doch erneut versuchte ein patriarchalischer Erzeuger – diesmal war es Kronos – seine Kinder aus dem Weg zu räumen. Da
Kronos vorausgesagt worden war, sein eigener Sohn würde ihn
entthronen, war er selbstverständlich entschlossen, dies nicht geschehen zu lassen, und verschluckte jedes Kind unmittelbar nach
der Geburt, ohne auch nur mit einem Blick feststellen zu wollen,
ob es sich beim Neugeborenen um einen Sohn oder um eine Tochter handelte. Insgesamt verschlang er drei Töchter und zwei
Söhne.
Voller Gram angesichts des Schicksals ihrer Kinder wandte
sich Rhea, erneut schwanger, an Gaia und Uranos und bat sie, ihr
dabei behilflich zu sein, diesen letzten Sohn zu retten und Kronos
dafür zu bestrafen, daß er Uranos entmannt und ihre fünf Kinder
verschluckt hatte. Ihre Eltern rieten ihr, sich nach Kreta zu bege-

ben, sobald der Zeitpunkt der Geburt heranrücke und Kronos zu überlisten, indem sie einen Stein in Windeln wickle. Kronos verschluckte nun in seiner Hast den Stein in der Annahme, es handle sich um das Kind.

Bei diesem letzten Kind, das gerettet werden konnte, handelte es sich um Zeus, der in der Tat seinen Vater später entthronte und zum Herrscher über die Sterblichen und die Götter wurde. Er wuchs in einem Versteck heran und überlistete später seinen Vater dazu, seine Geschwister wieder zu erbrechen. Mit ihrer Hilfe focht Zeus in der Folge einen länger dauernden Kampf um die Oberherrschaft aus, der zur Niederlage Kronos' und der Titanen führte, die alle in den Verliesen des Tartaros eingekerkert wurden.

Nach ihrem Sieg warfen die drei Brüder – Zeus, Poseidon und Hades – das Los, um das Universum untereinander aufzuteilen. Zeus gewann den Himmel, Poseidon das Meer und Hades die Unterwelt. Obwohl Erde und Olymp ein von allen gemeinsam regiertes Territorium sein sollte, dehnte Zeus mit der Zeit seine Herrschaft auch über diese Gebiete aus. Die drei Schwestern – Hestia, Demeter und Hera – verfügten entsprechend dem patriarchalischen Charakter der griechischen Religion über keinerlei Eigentumsrechte.

Im Zuge seiner sexuellen Eroberungen zeugte Zeus die nächste Göttergeneration: Artemis und Apollon (der Gott der Sonne) waren die Kinder von Zeus und Leto, Athene war die Tochter von Zeus und Metis, Persephone die Tochter von Demeter und Zeus, Hermes (der Götterbote) der Sohn von Zeus und Maia während Ares (der Kriegsgott) und Hephaistos (der Schmiedegott) die Söhne seiner erhabenen Gemahlin Hera waren. Es gibt zwei Geschichten über den Ursprung von Aphrodite: Nach der einen ist sie die Tochter von Zeus und Dione, nach der anderen existierte sie bereits vor Zeus. Zeus zeugte Dionysos, als er eine Affäre mit einer Sterblichen, mit Semele, einging.

Am Ende des Buches finden Sie eine Übersicht über diese mythologischen Gestalten mit kurzen, biographischen Angaben; die Götter sind in alphabetischer Reihenfolge aufgeführt, damit

Sie sich im Who's who der griechischen Mythologie besser zurechtfinden.

GESCHICHTE UND MYTHOLOGIE

Die Mythologie, der diese griechischen Göttinnen und Götter entsprungen sind, entstand aufgrund historischer Ereignisse. Es handelt sich um eine patriarchalisch gefärbte Mythologie, die ein Loblied auf Zeus und die Helden singt, um eine Mythologie, die die Unterjochung von Völkern mit matriarchalischer Religion durch Invasoren widerspiegelt, die Kriegsgötter verehrten und patriarchalisch orientierte Theologien hatten.

Marija Gimbutas, Professorin für Europäische Archäologie an der University of California, Los Angeles, beschreibt das vorgeschichtliche Europa, die erste Zivilisation Europas.[4] Vor mindestens 5000 (vielleicht sogar vor 25000) Jahren, vor dem Aufkommen der patriarchalisch orientierten Religionen war das vorgeschichtliche Europa eine mutterzentrierte, seßhafte, friedliche, kunstliebende, der Erde und dem Meer verbundene Kultur, die die Große Göttin verehrte. Aufgrund von Beweismaterial, das dank Funden von Grabstätten erbracht werden konnte, lebte im vorgeschichtlichen Europa eine klassenlose, egalitäre Gesellschaft, die durch das Eindringen halbnomadischer indoeuropäischer Reitervölker aus dem hohen Norden und dem fernen Osten zerstört wurde. Die Invasoren waren vaterzentriert, mobil, kriegerisch, ideologisch am Himmel orientiert und standen der Kunst gleichgültig gegenüber.

Die Invasoren betrachteten sich selbst als ein den anderen Völkern überlegenes Volk, weil es ihnen gelang, die kulturell höher entwickelten, älteren Siedler, die die Große Göttin verehrten, zu unterwerfen. Die unter zahlreichen Namen – unter anderem als Astarte, Ishtar, Inanna, Nut, Isis, Ashtoreth, Au Set, Hathor, Nina, Nummu und Ningal – bekannte Große Göttin wurde vor dem Auftauchen der patriarchalischen Religionen «als unsterb-

42

lich, unveränderlich und allmächtig betrachtet» ... sie «hatte zwar Liebhaber, aber nur zu ihrem Vergnügen, nicht, um ihren Kindern einen Vater zu geben ... Der Begriff Vaterschaft war noch nicht in die religiöse Gedankenwelt aufgenommen worden», und es gab keine (männlichen) Götter.[5] Aufeinanderfolgende Wellen von Invasionen durch die Indo-Europäer führten zur allmählichen Entthronung der Großen Göttin. Der Beginn dieser Invasionswellen wird von verschiedenen Gelehrten in die Zeit zwischen 4500 und 2400 v. Chr. datiert. Die Göttinnen wurden nicht vollständig abgeschafft, sondern in die Religion der Invasoren integriert.

Die Invasoren zwangen den besiegten Völkern ihre patriarchalische Kultur und ihre Kriegsreligion auf. Die Große Göttin wurde die untertänige Gemahlin der Götter der Eroberer, und die Attribute oder die Macht, die ursprünglich einer weiblichen Gottheit zugeordnet worden waren, wurden ihr geraubt und einer männlichen Gottheit zugesprochen. Zum ersten Mal tauchte in den Mythen das Thema der Vergewaltigung auf; in anderen Mythen wurden Schlangen – das Symbol der Großen Göttin – durch männliche Helden erschlagen. Und wie aus der griechischen Mythologie hervorgeht, wurden die einst der Großen Göttin zugeordneten Attribute und Symbole sowie die ihr beigemessene Macht nun auf zahlreiche Göttinnen verteilt. Die Mythologin Jane Harrison hält fest, daß die Große Mutter-Göttin in zahlreiche weniger bedeutende Göttinnen aufgesplittert wurde, wobei eine jede mit Attributen ausgestattet wurde, die einst der Großen Mutter allein zugekommen waren: Hera wurde das Ritual der geheiligten Ehe zugesprochen, Demeter die Mysterien, Athene die Schlangen, Aphrodite die Tauben und Artemis die Funktion als «Herrin der wilden Dinge».[6]

Nach Merlin Sone, der Verfasserin von *When God Was a Woman*, wurde die von den indo-germanischen Eroberern in die Wege geleitete Entthronung der Großen Göttin durch die später auftretende hebräische, christliche und islamische Religion endgültig besiegelt. Der Vatergott wurde ins Zentrum gerückt. Die weiblichen Gottheiten traten, wie auch die Frauen in der Gesellschaft, zusehends in den Hintergrund. Stone hält fest: «Wir können uns fragen, in welchem Maß die Unterdrückung der Riten der Frauen in Wirklichkeit die Unterdrückung der Rechte der Frauen gewesen ist.»[7]

Historische Göttinnen und Archetypen

Die Große Göttin wurde als Schöpferin und Zerstörerin des Lebens verehrt, die für die Fruchtbarkeit und die zerstörende Gewalt der Natur verantwortlich war. Die Große Göttin existiert immer noch als Archetyp im kollektiven Unbewußten. Ich habe die Präsenz der furchtbaren Großen Göttin in meinen Patientinnen oft gespürt. Eine meiner Patientinnen, die gerade ein Kind zur Welt gebracht hatte, identifizierte sich mit dem furchterregenden Aspekt der Großen Göttin. Gwen war kurz nach der Geburt ihres Babys psychotisch geworden. In der Überzeugung, sie habe die Welt verschlungen, litt sie unter Halluzinationen und Depressionen. Voller Unrast schritt sie im Aufenthaltsraum der Klinik auf und ab und fühlte sich in ihrer Schuld und in ihrem Gram völlig erbärmlich. Jedesmal, wenn ich neben ihr herschritt, um ihr Gesellschaft zu leisten, sagte sie mir, sie habe «die Welt verschlungen und zerstört». Während ihrer Schwangerschaft hatte sie sich mit der Großen Göttin in deren positivem Aspekt als Schöpferin des Lebens identifiziert. Nun, nach der Entbindung, war sie davon überzeugt, sie sei die Große Göttin und habe folglich die Macht, das von ihr Erschaffene wieder zu zerstören, was sie auch getan habe. Ihre gefühlsmäßige Überzeugung war dermaßen stark, daß Gwen jeglichen Beweis dafür, daß die Welt immer noch existierte, überhaupt nicht zur Kenntnis nehmen konnte.

Der Archetyp der Großen Göttin lebt auch in seinem positiven Aspekt weiter. So zum Beispiel tritt die Große Göttin in ihrem Aspekt als Erhalterin des Lebens in der Vorstellung eines Menschen auf, der davon überzeugt ist, sein Leben hänge von der Fortdauer seiner Beziehung zu einer bestimmten Frau ab. In diesem

Fall wird die Frau fälschlicherweise als Große Göttin empfunden –
eine Wahnvorstellung, die recht häufig vorkommt. Wirkt sich der
Verlust dieser Beziehung so zerstörerisch aus, daß die betroffene
Person deswegen Selbstmord begeht, so hing ihr Leben im wahrsten Sinn des Wortes von dieser Beziehung ab.

Analog zur Macht, die der Großen Göttin zukam, als sie noch
verehrt wurde, übt auch der Archetyp der Großen Göttin im Vergleich zu allen anderen Archetypen die größte Macht aus, das
heißt, er kann irrationale Ängste auslösen und ein verzerrtes Bild
der Realität bewirken. Den griechischen Göttinnen wurde weniger Macht zugeschrieben als der Großen Göttin und folglich war
ihr Machtbereich enger. Jede Göttin war für ihr eigenes Reich verantwortlich und hatte ihre eigenen entsprechenden Machtbefugnisse. Auch in der Psyche der Frau ist der Machtbereich der griechischen Göttinnen im Vergleich zu demjenigen der Großen Göttin geringer: sie wirken weniger realitätsverzerrend und emotional
weniger überwältigend.

Von den sieben griechischen Göttinnen, die wesentliche und
allgemeine archetypische Muster der Psyche der Frau repräsentieren, weisen Aphrodite, Demeter und Hera in bezug auf die Deter-
mination des Verhaltens die größte Macht auf, und zwar deshalb,
weil diese drei Göttinnen enger mit der Großen Göttin verwandt
sind als die anderen vier. Aphrodite ist eine weniger mächtige Version der Großen Göttin in deren Funktion als Göttin der Fruchtbarkeit. Demeter ist eine weniger mächtige Version der Großen
Göttin in deren Funktion als Große Mutter und Hera ist eine weniger mächtige Version der Großen Göttin in deren Funktion als
Königin des Himmels. Wenn auch jeder dieser Göttinnen weniger
Macht als der Großen Göttin zukommt, so repräsentieren sie doch
alle drei innerpsychische instinktuelle Kräfte, die eine beinahe unwiderstehliche Anziehungskraft ausüben, wenn sie «ihr Recht verlangen», wie wir dies in den folgenden Kapiteln noch feststellen
können.

Frauen, in deren Psyche eine dieser drei Göttinnen wirksam
ist, müssen lernen, ihr zu widerstehen; tun sie blindlings, was
Aphrodite, Demeter oder Hera sie zu tun heißen, so kann dies

höchst nachteilige Auswirkungen auf ihr Leben haben. Diese Archetypen kümmern sich – genau wie die ihnen entsprechenden Göttinnen des antiken Griechenlands – nicht um das, was für die sterbliche Frau oder für ihre Beziehungen mit anderen Menschen am besten ist. Archetypen existieren außerhalb der Zeit und stehen den Gegebenheiten im Leben einer Frau oder ihren Bedürfnissen gleichgültig gegenüber.

Drei der vier restlichen Archetypen – Artemis, Athene und Persephone – waren «jungfräuliche» Göttinnen, die der Generation der Töchter angehörten. Diese drei Göttinnen waren noch um eine weitere Generation von der Großen Göttin entfernt. Als Archetypen sind sie demgemäß weniger überwältigend und beeinflussen hauptsächlich Charaktermuster.

Was Hestia anbelangt, die älteste und weiseste all dieser Göttinnen, der auch am meisten Ehre erwiesen wurde, so ging sie der Macht völlig aus dem Weg. Hestia repräsentiert eine spirituelle Komponente, und eine Frau tut gut daran, ihr Ehre zu erweisen.

GRIECHISCHE GÖTTINNEN UND DIE FRAU VON HEUTE

Die griechischen Göttinnen haben als Darstellungen von Frauen während mehr als dreitausend Jahren in der Vorstellungswelt des Menschen gelebt. Diese Göttinnen sind Modelle oder Paradigmen für das Wesen der Frau – wobei ihnen mehr Macht zukommt und sie breitergefächerte Verhaltensweisen aufweisen, als den Frauen im Lauf der Zeiten jemals zugebilligt wurden. Sie sind schön und stark. Sie sind durch das motiviert, was ihnen wichtig ist und – wie ich in diesem Buch darlege –, sie repräsentieren der Psyche inhärente Verhaltensmuster oder Archetypen, die den Lebensablauf einer Frau entscheidend beeinflussen können.

Diese Göttinnen unterscheiden sich denn auch ihrem Wesen nach voneinander. Jede Göttin weist sowohl positive als auch potentiell negative Züge auf. Ihre Mythen zeigen auf, was den Göttinnen wichtig ist und bringen metaphorisch zum Ausdruck, was eine Frau, die diesen Göttinnen ähnlich ist, tun könnte.

Ich bin zur Schlußfolgerung gelangt, daß sich die griechischen Göttinnen des Olymps – von denen eine jede einzigartig war und von denen einige sich antagonistisch zueinander verhielten – auch als Metaphern für die Vielschichtigkeit und das Konfliktpotential von Frauen mit einer komplexen und vielseitigen Psyche eignen. Potentiell sind diese Göttinnen in der Psyche jeder Frau vorhanden. Wenn mehrere Göttinnen in der Psyche einer Frau um die Vorherrschaft wetteifern, muß die Frau entscheiden, welchem Aspekt ihrer selbst sie Ausdruck verleihen möchte und zu welchem Zeitpunkt dies geschehen sollte. Unterläßt sie dies, wird sie erst in die eine und dann in die andere Richtung gezerrt werden.

Die griechischen Göttinnen lebten genau wie wir in einer vaterrechtlich organisierten Gesellschaft. Erde, Himmel, Meer und Unterwelt wurden von männlichen Gottheiten beherrscht. Jede unabhängige Göttin paßte sich auf die ihrem Wesen entsprechende Art dieser Realität an, indem sie sich entweder von den Männern fernhielt oder sich als ebenbürtiger Kumpel zu den Männern gesellte, oder indem sie sich in sich selbst zurückzog. Jede Göttin, die einer Beziehung einen Wert beimaß, war verletzlich und im Vergleich zu männlichen Gottheiten relativ schwach, weil diese ihr das, was sie anstrebte, vorenthalten und sie zudem überwältigen konnten. Somit repräsentieren die Göttinnen Verhaltensweisen, die das Leben innerhalb einer patrilinearen Kultur widerspiegeln.

2. Kapitel

Das Aktivieren der Göttinnen

Den Frauen im alten Griechenland war wohl bewußt, daß sie gemäß ihrer Berufung oder der Rolle, die ihnen im Leben zukam, unter der Herrschaft einer bestimmten Göttin standen, die sie verehrten: Weberinnen brauchten den Schutz von Athene, junge Mädchen waren dem Patronat von Artemis unterstellt, verheiratete Frauen verehrten Hera. Die Frauen verehrten die Göttinnen, auf deren Hilfe sie angewiesen waren, und brachten ihnen auf den entsprechenden Altären Opfergaben dar. Frauen, die in den Wehen lagen, beteten zu Artemis und riefen sie an, sie von ihren Schmerzen zu erlösen; die Frauen baten Hestia an ihren Herd, damit aus ihrem Haus ein Zuhause werde. Die Göttinnen waren mächtige Gottheiten, denen mittels Ritualen, Anrufungen, Geschenken und Opfergaben Ehre erwiesen wurde. Die Frauen gaben den Göttinnen auch deshalb das, was ihnen zustand, weil sie andernfalls befürchteten, sich göttlichen Zorn und Vergeltung zuzuziehen.

In der Psyche der Frau von heute existieren die Göttinnen als Archetypen und können – wie im antiken Griechenland – auf ihr Recht pochen und die Herrschaft über ihre Untertaninnen beanspruchen. Auch wenn die Frau nicht weiß, welcher Göttin sie unterworfen ist, kann es trotzdem sein, daß sie sich entweder während einer bestimmten Phase ihres Lebens oder ihr Leben lang einem bestimmten Archetyp «verschreibt».

So zum Beispiel kann es sein, daß eine Frau im Teenageralter nach Jungen verrückt war und sich schnell verliebte; es kann sein, daß sie bereits in jungen Jahren sexuelle Erfahrungen machte und somit dem Risiko einer unerwünschten Schwangerschaft ausgesetzt war – ohne zu wissen, daß sie unter dem Einfluß von Aphrodite, der Göttin der Liebe, stand, deren Bestreben nach Vereinigung und Fruchtbarkeit ein unreifes Mädchen plötzlich erfassen kann. Oder sie stand vielleicht unter dem Schutz von Artemis, die die Ehelosigkeit hochhielt und die Wildnis liebte – und war vielleicht ein pferdeverrückter Teenager oder eine begeisterte Pfadfinderin. Oder vielleicht war sie eine junge Athene, die sich in ihren Büchern vergrub oder sich an einem wissenschaftlichen Wettbewerb beteiligte, von der Göttin der Weisheit dazu angespornt, nach Anerkennung und guten Zeugnisnoten zu streben. Oder vielleicht entwickelte sich vom Augenblick an, da sie zum ersten Mal mit Puppen spielte, der Demeter-Aspekt in ihr, und sie träumte vom Tag, an dem sie selbst ein Kind haben könnte. Vielleicht war sie aber auch wie die jungfräuliche Persephone, streifte durch Wiesen und pflückte Blumen, eine junge Frau ohne Ziel, die auf etwas oder jemanden wartete, um sich «entführen» zu lassen.

All diese Göttinnen stellen in der Psyche der Frau potentielle Verhaltensmuster dar, doch werden in jeder einzelnen Frau einige dieser Verhaltensmuster aktiviert (mit Energie aufgeladen oder entwickelt) und andere nicht. Jung benutzte das Beispiel der Kristallbildung als Analogie, um den Unterschied zwischen (den allgemeinen) archetypischen Mustern und den (in der Psyche wirkenden) aktivierten Archetypen zu erklären: Ein Archetyp ist wie das unsichtbare Muster, wonach bestimmt wird, welche Form und Struktur ein Kristall bei seiner Bildung annehmen wird.[1] Sobald der Kristall anfängt, sich zu bilden, ist das erkennbare Muster einem aktivierten Archetyp analog.

Archetypen können auch mit den in Keimen oder Samen enthaltenen «vorgebildeten Strukturen» verglichen werden. Das Wachstum der Samen hängt von der Bodenbeschaffenheit und den klimatischen Bedingungen ab, von der Tatsache, ob bestimmte Nährstoffe vorhanden sind oder nicht, ob der Gärtner ihnen die richtige Pflege angedeihen läßt oder sie eher vernachlässigt, von der Größe und Tiefe des Topfs, sowie von der Resistenz der Varietät selbst.

Welche Göttin oder Göttinnen (es können gleichzeitig mehrere präsent sein) zu einem bestimmten Zeitpunkt in einer bestimmten Frau aktiviert wird oder aktiviert werden, hängt ebenfalls von der kombinierten Wirkung verschiedener, sich wechselseitig beeinflussender Elemente ab – Veranlagung der Frau, Familie, Kulturraum, Hormone, Mitmenschen, unbeeinflußbare Umstände, gewählte Beschäftigungen und Lebensphasen.

VERANLAGUNGEN

Babies kommen mit bestimmten Charakterzügen zur Welt – wie zum Beispiel mit einem energischen, eigenwilligen, sanften, neugierigen Wesen, mit der Fähigkeit, allein sein zu können, mit einem geselligen Charakter –, die auf gewisse Göttinnen-Archetypen eher zutreffen als auf andere. Ist das kleine Mädchen zwei oder drei Jahre alt, weist es bereits Eigenschaften auf, die für bestimmte Göttinnen typisch sind.

Das willfährige kleine Mädchen, das durchaus damit zufrieden ist, das zu tun, was die Mutter von ihm verlangt, unterscheidet sich stark vom kleinen Mädchen, das sich gern selbständig macht und seine Umgebung auf eigene Faust erkundet – der Unterschied ist so groß wie der zwischen Persephone und Artemis.

DAS FAMILIÄRE UMFELD UND DIE GÖTTINNEN

Durch die Erwartungen, die die Familie an das Kind stellt, werden einige Göttinnen aktiviert und andere unterdrückt. Erwarten Eltern zum Beispiel von ihrer Tochter, daß sie stets ein süßes und liebenswürdiges kleines Mädchen ist oder daß sie Mami immer schön brav zur Hand geht, so verstärken und belohnen sie die Persephone- und Demeter-Eigenschaften. Einer Tochter, die weiß, was sie will und die erwartet, daß ihr die gleichen Vorrechte und Chancen eingeräumt werden wie ihrem Bruder, wird unter Umständen das Prädikat «eigenwillig» verliehen, wo sie doch lediglich konsequent ihre Artemisnatur zum Ausdruck bringt; vielleicht sagt man einer Tochter auch, sie solle sich wie ein Mädchen benehmen, dabei lebt sie bloß ihre kumpelhafte Athene-Natur aus. Dazu kommt, daß in der heutigen Zeit ein kleines Mädchen sich unter Umständen dem Dilemma eines umgekehrten Anerkennungs-Mißbilligungs-Musters ausgesetzt sieht: Es wird womöglich davon abgehalten, zu Hause zu bleiben und «Hausmütterchen» zu spielen (was es vielleicht gern täte) und muß statt dessen einer Fußballmannschaft beitreten und sich schon früh mit der Ausbildung seines Intellekts befassen (die seine Eltern für es vorgesehen haben).

Das dem Kind innewohnende Göttinnen-Muster interagiert mit den Erwartungen der Familie. Mißbilligt die Familie die spezifische Göttin, empfindet das Mädchen trotzdem immer noch dieselben Gefühle, obwohl es unter Umständen lernt, sich nicht seiner Natur gemäß zu verhalten, worunter dann seine Selbstachtung zu leiden hat. Findet «seine Göttin» Anklang bei seiner Familie, können sich ihm jedoch trotzdem Hindernisse in den Weg stellen. So zum Beispiel kann ein Mädchen, das dazu neigt, sich anderen anzupassen, weil es zur Hauptsache eine Persephone-Natur aufweist, Mühe haben herauszufinden, was es wirklich will, nachdem es nun jahrelang dafür belohnt wurde, daß es anderen zu Willen war. Und die sich entfaltende Athene, die ganze Schulklassen überspringt, entwickelt zwar ihre geistige Fähigkeiten, tut dies jedoch auf Kosten von Freundschaft mit Gleichaltrigen. Wenn das der jungen Frau innewohnende Verhaltensmuster und ihre Familie dahingehend «zusammenwirken», daß die Frau sich schließlich nach nur einer einzigen Göttin richtet, so verläuft ihre Entwicklung einseitig.

Wenn die Familie ein Mädchen dazu ermutigt, sein natürliches Wesen zu entwickeln und es dafür belohnt, so ist das Mädchen mit sich selbst zufrieden, weil es das tut, was ihm wichtig ist. Das Gegenteil tritt ein, wenn der Göttinnen-Archetyp eines Mädchens von der Familie mißbilligt wird. Widerstand verändert die inhärenten Archetypen nicht, sondern bewirkt allenfalls, daß das Mädchen wegen genau der Charakterzüge und Interessen, die es aufweist, mit sich selbst unzufrieden ist. Und es fühlt sich unecht, wenn es vorgibt, etwas anderes zu sein.

DIE AUSWIRKUNGEN DER GESELLSCHAFT AUF DIE VERSCHIEDENEN GÖTTINNEN

Welche «Göttinnen» werden von der Gesellschaft aufgrund der Rollen, die die Frauen in ihr spielen dürfen, gefördert? Die stereotypen Frauenrollen sind positive oder negative Vorstellungen von Göttinnen-Archetypen. In patriarchalischen Gesellschaften werden die Rollen der Jungfrau (Persephone), der Ehefrau (Hera) und der Mutter (Demeter) oft als einzige Frauenrollen akzeptiert. Aphrodite wird als «Hure» oder «verführerisches Weib» verurteilt, was eine Verzerrung und Entwertung der Sinnlichkeit und Sexualität dieses Archetyps ist. Eine selbstbewußte oder zornige Hera wird als «böses Weib» abqualifiziert. In einigen Zivilisationen der Vergangenheit und der Gegenwart wird die Äußerung von Unabhängigkeit, Intelligenz und Sexualität bei Frauen energisch zurückgewiesen, so daß irgendwelche Anzeichen von Artemis, Athene und Aphrodite im Keim erstickt werden müssen.

Im alten China beispielsweise bedeutete die Sitte, wonach den Frauen die Füße eingebunden wurden, daß die Frauen sowohl physisch verkrüppelt als auch psychologisch durch Rollen behindert wurden, die Unabhängigkeit nicht zuließen. Unter solchen Bedingungen konnten einige Göttinnen nur in Mythen überleben. Maxine Hong Kingston beschrieb in ihrem Roman *Die Schwertkämpferin*[2] die bis heute andauernde Abwertung und Erniedrigung der chinesischen Frauen. Im Gegensatz dazu schilderte sie den Mythos von einer starken chinesischen Kriegsheldin. Der Mythos zeigt, daß ein Göttinnen-Archetyp immerhin in Märchen, Mythen und Träumen von Frauen Ausdruck finden kann, auch wenn er nicht im täglichen Leben einer Frau verwirklicht werden kann.

Das Leben der Frauen ist geprägt von den von einer bestimmten Epoche anerkannten Rollen und Idealvorstellungen. In den Vereinigten Staaten zum Beispiel haben sich die Erwartungen hinsichtlich dessen, «was und wie eine Frau sein sollte» in den letzten Jahrzehnten entscheidend verändert. So wurde durch den nach dem Zweiten Weltkrieg einsetzenden Baby-Boom die Rolle der Frau als Ehefrau und Mutter belohnt. Diese Epoche brachte jenen Frauen Erfüllung, die wie Hera das Bedürfnis nach einem Partner empfanden und über Demeters Mutterinstinkt verfügten. Für Frauen vom Typ einer Athene oder Artemis hingegen, die auf intellektuellem Gebiet neugierig und wettbewerbsorientiert waren und sich noch durch etwas anderes als durch die bloße Tatsache auszeichnen wollten, daß sie sich um eine Familie kümmerten, handelte es sich allerdings um eine schwierige Zeit. Die Frauen besuchten das College, um sich einen Mann zu «erwerben» und verließen die Schule häufig, sobald sie verheiratet waren. Das Ideal, das angestrebt wurde, bestand im «Zusammensein» in dem beschaulichen Vorort, wie dies von Betty Friedan in ihrem Buch *Der Weiblichkeitswahn* beschrieben wurde. Die amerikanischen Frauen ließen es nicht bei zwei Kindern bewenden, sondern setzten drei, vier, fünf oder sechs Kinder in die Welt. Im Jahr 1950 entsprach die Geburtenziffer der Vereinigten Staaten zum ersten und einzigen Mal derjenigen Indiens.

Zwanzig Jahre später, in den siebziger Jahren, dem Jahrzehnt der Frauenbefreiungsbewegungen, kamen Artemis und Athene zum Zug. Frauen, die etwas leisten wollten, wurden nun vom Zeitgeist gefördert. Feministinnen und Frauen, die beruflich Karriere machten, beherrschten die Bühne. Der Prozentsatz der an Hochschulen immatrikulierten Frauen lag nun höher denn je; Frauen bereiteten sich auf ihre Doktortitel in Medizin, Jurisprudenz und

Wirtschaftswissenschaften vor. Das Ehegelöbnis «bis daß der Tod Euch scheidet» wurde immer häufiger gebrochen und die Geburtenrate sank. Frauen, die Heras Bedürfnis nach einem Partner und Demeters Bedürfnis nach Kindern ausleben wollten, konnten kaum noch mit der Unterstützung seitens der Gesellschaft rechnen.

Finden spezifische Archetypen von Frauen in einer Gesellschaft Anklang, so können diese Frauen das tun, was für sie sinnvoll ist, und ihre Leistungen werden von der Gesellschaft anerkannt. Dabei kommt der Förderung dieser Frauen durch gewisse Institutionen eine wesentliche Rolle zu. So zum Beispiel müssen Frauen mit dem angeborenen logischen Denken einer Athene unbedingt Zugang zu Hochschulen und ähnlichen Ausbildungsstätten haben, damit sie sich intellektuell entwickeln können. Frauen, bei denen das spirituelle Leben Hestias im Brennpunkt steht, fühlen sich in religiösen Gemeinschaften wohl.

DIE AUSWIRKUNGEN VON HORMONEN AUF DIE GÖTTINNEN

Wenn es während der Pubertät, der Schwangerschaft und den Wechseljahren zu drastischen hormonellen Veränderungen kommt, werden einige Archetypen auf Kosten von anderen gefördert. Die während der Pubertät das Wachstum des Busens und der Genitalien bewirkenden Hormone stimulieren unter Umständen die Aphrodite kennzeichnende Sinnlichkeit und Sexualität. Einige Mädchen wachsen parallel zu ihrer physischen Entwicklung zu einer jungen Aphrodite heran, während andere zwar einen Busen entwickeln und ihre monatlichen Blutungen bekommen, ohne deswegen jedoch ihr Interesse Jungen zuzuwenden. Das Verhalten pubertierender Mädchen ist nicht ausschließlich hormongesteuert, sondern zudem auf die Interaktion zwischen den Hormonen und den Göttinnen-Archetypen zurückzuführen.

Schwangerschaften bewirken eine massiv gesteigerte Bildung des für die Schwangerschaft benötigten Hormons Progesteron. Auch in diesem Fall reagieren Frauen unterschiedlich auf diesen Hormonzuwachs. Einige Frauen finden in dem durch die Schwangerschaft bedingten zunehmenden Körperumfang emotionale Erfüllung und kommen sich wie die Verkörperung der Muttergöttin Demeter vor. Andere schenken ihrer Schwangerschaft kaum Beachtung und arbeiten wie gewohnt weiter.

In den Wechseljahren – wenn die Menstruation wegen der schwächeren Östrogen- und Progesteronproduktion aufhört – kommt es erneut zu einer Umstellung des Hormonhaushalts. Auch hier hängt die Reaktionsweise der einzelnen Frau davon ab, welche Göttin in ihr aktiv ist. Für jede trauernde, an einer «Depression des leeren Nestes» leidende Demeter scheint es – wie die Anthropologin Margaret Mead feststellte – mehrere andere Frauen mit einem abrupten Anstieg von «P.M.L. oder Post-Menopause-Lebenslust» zu geben. Dieser Energiezuwachs kann auftreten, wenn ein neu aktivierter Göttinnen-Archetypus nun endlich zum Zug kommen kann.

Einige Frauen erleben auch während der Menstruation, wenn die Hormone und Archetypen zusammenwirken und die Psyche beeinflussen, «einen Wechsel der Göttinnen». Frauen, die ein Gespür für solche Veränderungen haben, stellen fest, daß sie während der ersten Hälfte des Zyklus eher auf die unabhängigen Göttinnen eingestimmt sind – insbesondere auf Artemis oder Athene mit ihrem extrovertierten, weltzugewandten Aufmerksamkeitsbrennpunkt. Dann, in der zweiten Hälfte ihres Zyklus, wenn es zu einer vermehrten Produktion des Schwangerschaftshormons Progesteron kommt, stellen sie fest, daß ihre Bedürfnisse nach einem «gemütlichen Nest» stärker werden und ihr Sinn für Häuslichkeit und ihr Anlehnungsbedürfnis ausgeprägter sind. Nun geht der stärkste Einfluß von Demeter, Hera, Persephone oder Hestia aus.[3]

Diese Hormonveränderungen sowie der Wechsel der Göttinnen können zu Konflikten und Verwirrung Anlaß geben, weil zuerst die eine und dann die andere Göttin die Herrschaft übernimmt. Ein klassisches Beispiel ist die unabhängige Artemis-Frau, die mit einem eingefleischten Junggesellen zusammenlebt oder mit einem Mann, der ihrer Meinung nach nicht für die Ehe taugt. Das Zusammenleben ist eine Lösung, die ihr sehr entgegenkommt – bis sich ihr Hormonhaushalt umstellt. Irgendwann in der zweiten Zyklushälfte wird das Bedürfnis Heras nach dem Status der Ehefrau durch die Hormone verstärkt. Die Tatsache, daß die Frau nicht verheiratet ist, erweckt nun Gefühle des Grolls oder des Zurückgewiesenwerdens, was wiederum einen monatlich stattfindenden Krach oder eine Minidepression auslöst, die, wie vorauszusehen ist, schwindet, sobald die Menstruation vorbei ist.

AKTIVIEREN DER GÖTTINNEN DURCH MENSCHEN UND EREIGNISSE

Eine Göttin kann aktiviert werden und zum Leben erwachen, wenn der Archetyp durch eine Person oder ein Ereignis evoziert wird. So zum Beispiel können gewisse Frauen auf die Hilflosigkeit eines anderen Menschen nicht anders als dadurch reagieren, daß sie unverzüglich alles stehen- und liegenlassen und in die Rolle der fürsorgenden Demeter schlüpfen. Dieser Wechsel der Göttinnen kann sich nachteilig auf die berufliche Tätigkeit einer solchen Frau auswirken, da es meistens ihre Arbeit ist, die sie im Stich läßt. Sie verbringt zuviel Zeit mit privaten Telefongesprächen und damit, daß sie anderen Menschen zuhört. Es kommt zu häufig vor, daß sie von der Arbeit wegrennt, um aus Mitleid etwas für jemanden zu besorgen, und somit setzt sie sich dem Risiko einer eventuellen Entlassung aus. Eine andere Frau wiederum hat zum Beispiel das Gefühl, eine feministische Tagung verwandle sie in eine Vollblut-Artemis und macht sich nun auf, die Territoriumsverletzungen von Frauen zu rächen, weil sie plötzlich ein Gefühl der schwesterlichen Verbundenheit und Stärke in sich aufwallen spürt. Und finanzielle Angelegenheiten können eine andere Frau, die finanziellen Problemen zuvor eher gleichgültig gegenüberstand und vor allem an Menschen interessiert war, in eine nur noch an Aufwand und Ertrag interessierte Athene verwandeln, die nun mit äußerster Pedanterie Verträge unter die Lupe nimmt, damit sie ja nicht zu kurz kommt. Wenn sich eine Frau verliebt, so werden durch diese Veränderung ihre früheren Prioritäten gefährdet. Auf der inneren, archetypischen Ebene brechen unter Umständen alte Verhaltensmuster zusammen. Wird die Göttin Aphrodite aktiviert, so kann sich der Einfluß von Athene verringern, was zur Folge hat, daß nicht mehr die Karriere, sondern die neue Liebe im Vordergrund steht. Es kann aber auch sein, daß die von der Göttin Hera hochgehaltenen Werte im Zusammenhang mit der Ehe in den Hintergrund treten, falls der Partner nicht treu ist.

Wird aufgrund von bestimmten Umständen der negative Aspekt einer Göttin aktiviert, so entwickeln sich psychiatrische Symptome. Stirbt ein Kind oder ein nahestehender Mensch, so kann dies zur Folge haben, daß die Frau sich in eine trauernde Demetermutter verwandelt, die ihre Aufgaben und Pflichten völlig vernachlässigt und nur noch in tiefer Depression und seelischer Unerreichbarkeit dasitzt. Oder wenn der Ehemann mit einer attraktiven Frau zu tun hat – einer Mitarbeiterin, einer Angestellten oder einer Nachbarin –, so kann dies die eifersüchtige Hera auf den Plan rufen; die Frau wird dann äußerst mißtrauisch und paranoid und sieht überall Betrug und Untreue, wo nichts ist.

«TUN» AKTIVIERT DIE GÖTTINNEN

Göttinnen können durch eine Handlungsweise, die jede Frau für sich selbst bestimmt, evoziert oder entwickelt werden. So zum Beispiel kann regelmäßiges Meditieren den Einfluß von Hestia, der introvertierten, nach innen gerichteten Göttin, schrittweise aktivieren oder stärken. Da die Auswirkungen von Meditationsübungen, genau wie die Meditation an und für sich, subjektiv sind,

58

wird eine eventuelle Veränderung nur von der Frau, die diese Übungen durchführt, festgestellt werden können. Es kann sein, daß sie ein- bis zweimal am Tag meditiert und dann ihrer täglichen Arbeit nachgeht, sich dabei jedoch «zentrierter» fühlt und die Augenblicke des stillen Wohlbefindens, die für Hestia bezeichnend sind, genießt. Manchmal fällt auch anderen Menschen eine Veränderung auf; so zum Beispiel im Fall einer Sozialarbeiterin in leitender Stellung, deren Angestellten auffiel, daß sie dank Meditation ruhiger, weniger herrisch und mitfühlender wurde.

Im Gegensatz zur allmählichen Wirkung der Meditation kann eine Frau, die Psychedelika nimmt, ihre Wahrnehmungsfähigkeit jäh verändern. Obwohl die Wirkung gewöhnlich vorübergehender Natur ist, können langfristig gesehen Veränderungen der Persönlichkeit auftreten. Wird eine Frau zum Beispiel von Athene – der logisch denkenden, pragmatischen Göttin – beherrscht, und nimmt sie eine psychedelische Droge, empfindet sie vielleicht plötzlich eine zuvor nie gekannte Sinnesfreude. Ihre Wahrnehmungen sind intensiver und schöner, sie kann sich plötzlich völlig von Musik absorbieren lassen, fühlt sich sinnlich und transzendiert in ihrem sinnlichen Erleben ihren Intellekt. Auf diese Weise kommt sie mit Aphrodite in Berührung und freut sich am intensiven Erleben im Hier und Jetzt. Vielleicht betrachtet sie auch die Sterne und fühlt sich mit der Natur eins und kann für einmal Artemis, die Mondgöttin, Jägerin und Herrin der Wildnis sein. Die Drogenerfahrung kann sie jedoch auch in die «Unterwelt» führen, wo sie die unfaßbaren und irrationalen Inhalte des Unbewußten erlebt. Sie kann einer Depression anheimfallen, halluzinieren oder Furcht und Schrecken erleben, falls ihre Erfahrung der Entführung Persephones in die Unterwelt gleichkommt.

Eine Frau, die sich dafür entschieden hat, sich nach dem Besuch der High-School noch weiterzubilden, fördert damit die Weiterentwicklung ihrer Athene-Eigenschaften. Studium, Recherchieren, Prüfungen ablegen und Arbeiten schreiben, das alles verlangt die logische Denkart von Athene. Entscheidet sich eine Frau dafür, ein Kind zu haben, so aktiviert sie damit die Präsenz von Demeter. Und begibt sich eine Frau mit Rucksack und Zelt auf

eine Reise in die Wildnis, so gewährt sie damit Artemis mehr Aus-
drucksmöglichkeiten.

ANRUFEN DER GÖTTINNEN

Viele der Homerischen Hymnen sind Anrufungen der griechischen Gottheiten. So kann eine Hymne Homers in der Vorstellung
des Zuhörers das Bild einer Göttin wachrufen, indem ihre Gestalt,
Attribute und Feste geschildert werden. Des weiteren wird die
Göttin in den Hymnen gebeten, zu den Menschen zu kommen,
ihre Häuser zu betreten oder ihren Segen zu erteilen. Die alten
Griechen wußten etwas, das wir von ihnen lernen können: Göttinnen können imaginiert und dann angerufen werden.

Die Leser stellen bei der Lektüre der Kapitel über die einzelnen Göttinnen vielleicht fest, daß sie nicht viel über eine bestimmte Göttin wissen. Vielleicht entdecken sie auch, daß ein Archetyp, der für sie äußerst hilfreich wäre, unterentwickelt ist oder
scheinbar «fehlt». Es ist möglich, diese Göttin «anzurufen», indem man sich bewußt darum bemüht, ihre Gegenwart zu sehen, zu
fühlen oder zu empfinden – sie mittels der Phantasie in den Brennpunkt rückt – und sie dann anschließend um die ihr eigene Kraft
bittet. Die folgenden Anrufungen sollen als Beispiel dienen:
- Athene, hilf mir, in dieser Situation klar zu denken.
- Persephone, hilf mir, offen und empfänglich zu bleiben.
- Hera, hilf mir, eine Verpflichtung einzugehen und treu zu
  bleiben.
- Demeter, hilf mir, geduldig und großzügig und eine gute
  Mutter zu sein.
- Artemis, hilf mir, mich auf jenes Ziel in der Ferne zu kon-
  zentrieren.
- Aphrodite, hilf mir, zu lieben und Freude an meinem Kör-
  per zu empfinden.
- Hestia, beehre mich mit deiner Anwesenheit, schenke mir
  Frieden und Gelassenheit.

60

DIE GÖTTINNEN UND DIE VERSCHIEDENEN LEBENSPHASEN

Jede Frau macht in ihrem Leben verschiedene Phasen durch, wobei eine jede Phase unter dem Einfluß der ihr eigenen Göttin oder Göttinnen steht. Eine Frau kann aber auch ein Göttinnen-Muster ausleben, das in mehreren aufeinanderfolgenden Phasen ihres Lebens seine Gültigkeit behält. Wenn Frauen auf ihr Leben zurückblicken, können sie oft erkennen, zu welchem Zeitpunkt eine Göttin oder mehrere Göttinnen wichtiger oder einflußreicher waren als andere.

Als junge Frau hat sie sich vielleicht auf ihre Ausbildung konzentriert, wie dies zum Beispiel bei mir der Fall war, als ich mein Medizinstudium absolvierte. Der Artemis-Archetyp half mir dabei, mich auf mein Ziel zu konzentrieren. In dieser Zeit rief ich zudem Athene mit ihren Fähigkeiten zu Hilfe, um mir Verfahrensweisen und Fakten anzueignen, die ich für das Diagnostizieren anhand von klinischen- und Labordaten benötigte. Im Gegensatz dazu riefen meine Kolleginnen, die kurz nach dem Examen heirateten und Kinder zur Welt brachten, Hera und Demeter an.

Die Lebensmitte ist eine Übergangsphase, die oft einen Wechsel der Göttinnen einleitet. Irgendwann in den Dreißigern oder Vierzigern läßt der in den vorhergehenden Jahren am stärksten vorherrschende Archetyp nun an Intensität nach, was zur Folge hat, daß andere Göttinnen auftauchen können. Das Ergebnis der Bemühungen, die eine Frau für ihre ersten Erwachsenenjahre aufgewendet hat – Ehe und Kinder, Karriere, kreative Tätigkeiten, einen Mann oder eine Kombination dieser verschiedenen Elemente – ist nun manifest geworden. Somit wird neue Energie für etwas anderes frei, was einer an eine andere Göttin gerichteten Einladung gleichkommt, ihren Einfluß geltend zu machen. Wird es Athene sein, die die Frau dazu auffordert, sich ihrer Ausbildung zu widmen? Oder wird Demeter mit ihrem Wunsch nach einem Kind überwiegen – wenn sich die Frage des Jetzt oder Nie stellt?

Später im Leben kommt es erneut zu einer Übergangsphase, in der die Göttinnen wiederum einen Wechsel vollziehen. Sowohl nach den Wechseljahren als auch nach dem Verlust des Partners, nach der Pensionierung oder einfach wegen des Gefühls des Älterwerdens kann sich ein solcher Wechsel anbahnen. Wird die verwitwete Frau, die sich nun zum ersten Mal in ihrem Leben mit finanziellen Angelegenheiten beschäftigen muß, eine latente Athene in sich entdecken und feststellen können, daß sie durchaus in der Lage ist, etwas von Investitionsgeschäften zu verstehen? Hat sich die ungewollte Einsamkeit in ein gemütliches Alleinsein verwandelt, weil die Frau nun um Hestia weiß? Oder ist das Leben sinnlos und leer geworden, weil Demeter nun niemanden mehr hat, den sie hegen und pflegen könnte? Wie in jeder anderen Lebensphase hängt das Ergebnis für die einzelne Frau letztlich auch hier wiederum davon ab, welche Göttin in ihrer Psyche aktiviert wurde, wie ihre Situation tatsächlich aussieht und welche Entscheidungen die Frau trifft.

3. Kapitel

Die jungfräulichen Göttinnen: Artemis, Athene und Hestia

Die drei jungfräulichen Göttinnen der griechischen Mythologie sind Artemis, die Göttin der Jagd und des Mondes, Athene, die Göttin der Weisheit und der Künste der Frauen, sowie Hestia, die Göttin des Herdes und des Tempels. Bezogen auf die Psychologie der Frau verkörpern diese drei Göttinnen den Aspekt der Unabhängigkeit, den der Aktivität und den der Beziehungslosigkeit. Bei Artemis und Athene handelt es sich um nach außen gerichtete und leistungsorientierte Archetypen, während Hestia nach innen gerichtet ist. Diese drei Archetypen repräsentieren die innerpsychische Motivation von Frauen, Talente zu entfalten, Interessen zu verfolgen, Probleme zu lösen, mit anderen zu wetteifern, sich in der Welt verbal oder künstlerisch zu artikulieren, ihre Umgebung ordnend zu gestalten oder ein kontemplatives Leben zu führen. Jede Frau, die jemals den Wunsch hegte «ein Zimmer für sich allein» zu haben oder die sich in der Natur zu Hause fühlt, oder mit dem größten Vergnügen herauszufinden sucht, wie etwas funktioniert, oder die Einsamkeit schätzt, ist seelisch mit einer dieser Göttinnen verwandt.

Der Aspekt der jungfräulichen Göttin ist jener Teil einer Frau, von dem kein Mann Besitz ergreifen, den er nicht «penetrieren» kann – der vom Bedürfnis der Frau nach einem Mann oder von ihrem Bedürfnis, eine Wertschätzung durch ihn zu erfahren, unangetastet bleibt und der völlig unabhängig vom Mann existiert, ohne daß die betreffende Frau ihre Daseinsberechtigung vom

Mann ableiten müßte. Wenn eine Frau den Archetyp einer jungfräulichen Göttin auslebt, so bedeutet dies, daß ein wesentlicher
Teil ihrer selbst psychologisch betrachtet jungfräulich ist und
nicht, daß sie im wahrsten Sinn des Wortes – physisch – jungfräulich ist.

Der Begriff *jungfräulich* bedeutet unbefleckt, rein, völlig unberührt, noch von niemandem angetastet, nicht bearbeitet, nicht
erschlossen, unverletzt wie zum Beispiel in den Begriffen jungfräuliche Erde, jungfräuliche Landschaft, jungfräulicher Schnee,
Jungfernfahrt, Jungfernrede, die Jungfräulichkeit der Urwald-
erde und so weiter zum Ausdruck kommt.

Artemis, Athene und Hestia ragen innerhalb eines von männlichen Gottheiten beherrschten religiösen Systems und einer von
männlichen Gottheiten dominierten Epoche als Ausnahme hervor. Diese Göttinnen haben nie geheiratet, wurden nie von männlichen Gottheiten oder von Sterblichen überwältigt, verführt, vergewaltigt oder gedemütigt; sie blieben «unversehrt», unverletzt.
Überdies waren sie von allen Göttern, Göttinnen und Sterblichen
die einzigen, die von der ansonsten unwiderstehlichen Macht
Aphrodites, der Göttin der Liebe, die Leidenschaft entfachte und
erotische Sehnsüchte und romantische Gefühle erweckte, unberührt blieben. Liebe, Sexualität oder blinde Leidenschaft konnten
ihnen nichts anhaben.

DER ARCHETYP DER JUNGFRÄULICHEN
GÖTTIN

Dominiert der Archetyp einer jungfräulichen Göttin – Artemis, Athene oder Hestia –, so ist die Frau (wie dies von der Jungschen Analytikerin Esther Harding in ihrem Buch *Frauen-Mysterien* beschrieben wurde) «eins-mit-sich-selbst». Ein wesentlicher
Teil ihrer Psyche «gehört keinem Mann an». Deshalb gilt, wie von
Frau Harding beschrieben, folgendes: «Ebenso tut die Frau, die
Jungfrau ist, «eins-mit-sich-selbst», das was sie tut, nicht weil sie

gefallen möchte, nicht damit man sie gern hat, oder sie billigt, auch nicht zu eigener Billigung; nicht aus Machtbegierde, um die Aufmerksamkeit oder die Liebe eines anderen einzufangen, sondern, weil das, was sie tut, wahr ist. Ihre Handlungsweise mag unkonventionell sein. Sie muß vielleicht nein sagen, wo es leichter wäre, besser angepaßt, konventionell gesehen, ja zu sagen. Aber als Jungfrau steht sie nicht unter dem Einfluß der Überlegungen, die die Nicht-Jungfrau, ob verheiratet oder nicht, veranlassen, ihr Fähnchen in den Wind zu hängen und sich den Notwendigkeiten anzupassen.»[1]

Ist eine Frau «eins-mit-sich-selbst», so fühlt sie sich dazu gedrängt, ihren inneren Werten entsprechend zu leben, das heißt, das zu tun, was für sie sinnvoll ist oder ihr Erfüllung bringt, und zwar ungeachtet dessen, was andere Leute denken.

Psychologisch betrachtet ist die jungfräuliche Göttin jener Teil einer Frau, der von kollektiven (von Männern bestimmten) gesellschaftlichen und kulturellen Erwartungen in bezug auf die Vorstellung, wie eine Frau zu sein hat, einerseits und im Werturteil eines einzelnen Mannes andererseits unberührt bleibt. Der Aspekt der jungfräulichen Göttin ist die reine Essenz des Wesens einer Frau und ihrer Werte. Diese Essenz bleibt unbefleckt und unkontaminiert, weil die Frau sie nicht enthüllt, weil sie sie heilig und unantastbar hält oder weil sie sie, ohne männliche Normen erfüllen zu wollen, völlig unverändert zum Ausdruck bringt.

Der jungfräuliche Archetyp kann sich als jener Teil einer Frau manifestieren, der im geheimen oder offen feministisch ist. Er kann seinen Niederschlag in Ambitionen finden, in bezug auf deren Verwirklichung die Frauen meistens entmutigt werden – als Beispiel sei die Pilotin Amelia Earhart erwähnt, die den Wunsch hegte, dorthin zu fliegen, wo noch niemand hingeflogen war. Oder er kann seinen Ausdruck in der Kreativität der Frau finden, zum Bespiel in ihrer Tätigkeit als Dichterin, Malerin, Musikerin, in einer Kunstform, die aus der Erfahrung des Frauseins erwächst – wie zum Beispiel die Gedichte von Adrienne Rich, die Bilder von Judy Chicago oder die Balladen, die Holly Near verfaßt und singt.

Oder er kann in der Form von Meditationsübungen oder im Beruf der Hebamme ausgedrückt werden. Viele Frauen schließen sich zu Gruppen zusammen, um etwas zu erschaffen, das «von Frauen» stammt. Selbsterfahrungsgruppen für Frauen, Meditationen in der freien Natur, Kliniken für medizinische Selbsthilfe für Frauen und Gruppen für kreatives Gestalten sind Ausdrucksformen des Archetyps der jungfräulichen Göttin, der sich in solchen Frauengruppen manifestieren kann.

DIE QUALITÄT DES BEWUSSTSEINS: WIE STARK FOKUSSIERTES LICHT

Jeder der drei Göttinnen-Kategorien (der der jungfräulichen und der der verletztlichen Göttinnen sowie jener der alchemistischen Göttin) kommt eine spezifische Bewußtseinsqualität zu. Das fokussierte Bewußtsein ist für die jungfräulichen Göttinnen typisch.[2] Frauen, die Artemis, Athene und Hestia ähnlich sind, haben die Fähigkeit, sich voll auf das, was ihnen wichtig ist, zu konzentrieren. Es gelingt ihnen, sich völlig in ihr Tun zu versenken. Während des Fokussierens können sie mit Leichtigkeit alles ausschließen, was nicht zur momentanen Aufgabe oder zum langfristigen Ziel gehört.

Ich stelle mir das fokussierte Bewußtsein wie einen stark fokussierten, absichtlich auf etwas gerichteten, intensiven Lichtstrahl vor, der nur das beleuchtet, auf das er gerichtet wird, wobei der Rest im Dunkel oder im Schatten bleibt. Das fokussierte Bewußtsein funktioniert wie ein Scheinwerfer. In ihrer konzentriertesten Form kann diese Art des Bewußtseins sogar wie ein Laserstrahl wirken und in ihrer Eigenschaft des Analysierens derart durchdringend und sezierend, daß sie unglaublich präzise oder destruktiv sein kann – je nachdem, wie intensiv sie ist oder worauf sie gerichtet wird.

Kann eine Frau ihr Bewußtsein darauf fokussieren, ein Problem zu lösen oder ein Ziel zu erreichen, ohne sich durch die Bedürfnisse der Menschen um sich herum ablenken zu lassen und auch ohne sich um ihre eigenen Eß- oder Schlafbedürfnisse zu kümmern, so ist sie fähig, bewußt zu fokussieren, was viele Talente hervorbringen kann. Sie läßt dem Objekt ihrer Beschäftigung, was immer es auch sein mag, ihre «ungeteilte Aufmerksamkeit» zuteil werden. Sie hat einen «eingleisigen» Verstand, der es ihr gestattet, das zu tun, was sie ins Auge gefaßt hat. Wenn sie sich auf äußere Ziele oder Beschäftigungen konzentriert – wie dies für Artemis und Athene bezeichnend ist – so ist der Fokus leistungsgerichtet.

Danielle Steel, deren annähernd zwanzig Romane eine Auflage von über 45 Millionen erreichen und in achtzehn Sprachen veröffentlicht wurden, ist ein hervorragendes Beispiel für diesen Typus des fokussierten Bewußtseins. Danielle Steel beschreibt sich selbst als einen «extremen Leistungsmenschen» und sagt: «Es ist alles sehr intensiv. Normalerweise arbeite ich zwanzig Stunden am Tag und schlafe zwei bis vier Stunden. Dies tue ich sechs Wochen lang sieben Tage in der Woche» [3] (bis der Roman abgeschlossen ist).

Wird nach innen fokussiert, auf ein spirituelles Zentrum hin – wie bei der Göttin Hestia –, so ist eine Frau, die stark von diesem Archetyp geprägt ist, in der Lage, lange Zeit zu meditieren, ohne sich von der Außenwelt oder der Unbehaglichkeit einer bestimmten Meditationsstellung ablenken zu lassen.

SEINS- UND VERHALTENSWEISEN

Frauen, die ihren eigenen Neigungen folgen und beispielsweise Sportschwimmerinnen, aktive Feministinnen, Wissenschaftlerinnen, Statistikerinnen, leitende Angestellte, Haushälterinnen, Reiterinnen werden oder Frauen, die in ein Kloster oder einen Ashram eintreten, sind typische Beispiele für die Eigenschaften der jungfräulichen Göttinnen. Frauen vom Typus der jungfräulichen Göttinnen lehnen es oft ab, ihre traditionelle Frauenrolle zu erfüllen, damit sie ihre Talente entfalten und ihre individuellen Ziele verfolgen können. Die Frage, wie dies zu tun ist – das heißt, wie solche Frauen sich selbst treu bleiben und sich gleichzeitig dem Leben in einer «Männerwelt» anpassen können – ist eine echte Herausforderung.

In der Mythologie wurde jede der drei jungfräulichen Göttinnen mit einer ähnlichen Herausforderung konfrontiert, wobei jede Göttin eine andere Lösung fand.

Artemis, die Göttin der Jagd, entsagte der Stadt, vermied den Kontakt mit Männern und verbrachte ihre Zeit mit ihrem Gefolge von Nymphen in der Wildnis. Ihr Anpassungsmodus bestand in der *Trennung* von den Männern und deren Einflußbereich. Dieser Anpassungsmodus entspricht demjenigen der Frauen von heute, die sich Selbsterfahrungsgruppen anschließen und Feministinnen werden, darauf bedacht, sich selbst und ihre eigenen Prioritäten zu definieren, oder die in von Frauen geleiteten Genossenschaften und Betrieben arbeiten, die Dienstleistungen für die Bedürfnisse der Frauen erbringen. Artemis-Frauen sind auch «spröde Individualistinnen», die ihren Weg allein gehen und das tun, was ihnen wichtig ist, ohne auf persöhnliche Unterstützung oder Anerkennung von seiten der Männer – oder anderer Frauen – angewiesen zu sein.

Athene, die Göttin der Weisheit, gesellte sich im Gegensatz zu Artemis als ebenbürtige oder überlegene Partnerin zu den Männern. Sie konnte in der Schlacht den kühlsten Kopf bewahren und galt als die beste Strategin. Ihr Anpassungsmodus bestand in der *Identifikation* mit den Männern – sie wurde wie ein Mann. Der Weg Athenes wurde von zahlreichen Frauen eingeschlagen, die in die Geschäftswelt eingetreten sind oder traditionell männliche Berufe ergriffen haben.

Hestia, die Göttin des Herdes, entwickelte einen introvertierten Anpassungsmodus durch *Rückzug* aus der Männerwelt. Sie zog sich in ihre Innenwelt zurück, trat in anonymer Gestalt auf und wurde alleingelassen. Die Frau, die sich für diesen Anpassungsmodus entscheidet, spielt ihre Weiblichkeit herunter, damit sie das unerwünschte Interesse des Mannes nicht auf sich lenkt, vermeidet wettbewerbsorientierte Situationen und führt ein ruhiges Leben, wobei sie ganz in ihren täglichen Aufgaben oder in der Meditation aufgeht, was ihrem Leben einen Sinn verleiht. Die drei jungfräulichen Göttinnen änderten sich durch ihre Erfahrungen mit anderen nicht. Sie ließen sich nie durch ihre Emotionen und auch nicht durch andere Gottheiten überwältigen. Sie waren gegen Leiden immun, Beziehungen berührten sie nicht und Veränderungen prallten an ihnen ab.

Analog dazu gilt deshalb, daß eine Frau wahrscheinlich um so weniger tief durch andere berührt wird, je mehr sie sich auf ihren eigenen Weg konzentriert. Dieser Fokus kann sie von ihrem eigenen Gefühls- und Triebleben abspalten und sie davon abhalten, Beziehungen zu anderen Menschen einzugehen. Psychologisch ausgedrückt kann gesagt werden, daß niemand «wirklich zu ihr durchgedrungen» ist, bis sie «penetriert» wurde. Kein Mensch ist ihr wirklich wichtig, und sie weiß nicht, was gefühlsmäßige Nähe heißt.

Identifiziert sich eine Frau also mit dem Verhaltensmuster einer jungfräulichen Göttin, so kann es sein, daß sie ein einseitiges, und oft einsames Leben führt, ohne einen anderen Menschen, der wirklich Bedeutung für sie hätte. Eine Göttin bleibt in ihrer Rolle befangen, eine sterbliche Frau kann jedoch im Lauf ihres Lebens seelisch wachsen und sich immer wieder verändern. Obwohl sie ihrem Wesen nach der jungfräulichen Göttin ähnlich ist, entdeckt sie vielleicht, was sie beispielsweise von Hera in bezug auf engagierte Beziehungen lernen kann, oder ihr Mutterinstinkt regt sich und sie wird sich ihres Demeter-Aspekts bewußt, oder sie verliebt sich und entdeckt plötzlich, daß Aphrodite ebenfalls zu ihrem Wesen gehört.

EINE NEUE THEORIE

Indem ich Artemis, Athene und Hestia positive, aktive weibliche Verhaltensmuster zuschreibe, stelle ich die von der traditionellen Psychologie vertretenen Konzepte in Frage. Je nachdem, ob ein Jungscher oder Freudscher Standpunkt eingenommen wird, werden Eigenschaften, die für jungfräuliche Göttinnen charakteristisch sind, entweder als Symptome oder als pathologisches Verhalten definiert oder aber als Ausdrucksweisen eines nicht ganz bewußten männlichen Elements in der Psyche der Frau. Diese Theorien haben Frauen, die dem Typus einer jungfräulichen Göttin entsprechen, in ihrem Verhalten gehemmt und ihrer Selbstachtung geschadet. So zum Beispiel sind viele Frauen, die mit Freuds Theorien vertraut sind, der Meinung, sie seien widernatürlich veranlagt, weil sie eher Karriere machen wollen als die Mutterrolle einzunehmen. Und viele Frauen, die mit Jungs Theorien vertraut sind, zögern, ihre Ideen zu artikulieren, im Wissen, daß Jung die Ansicht vertrat, die Fähigkeit der Frau zum objektiven Denken sei minderwertig und von Vorurteilen geprägt.

Freuds Theorie von der Psychologie der Frau war peniszentriert. Seine Definition der Frau beruht auf dem, was ihr anatomisch fehlt, anstatt auf dem, was sie körperlich und psychisch aufzuweisen hat. Nach Freuds Ansicht [4] sind die Frauen aufgrund der Tatsache, daß sie keinen Penis haben, verkrüppelt und minderwertig. Freud vertrat die Meinung, daß normale Frauen folglich an Penisneid leiden, masochistisch und narzißtisch sind und über ein nur schwaches Über-Ich (das heißt, ein minderwertiges Gewissen) verfügen.

Gemäß der Freudschen psychoanalytischen Theorie wurde das Verhalten von Frauen folgendermaßen interpretiert:
- Eine Frau, die etwas leisten kann und selbstsicher auftritt, die im Leben etwas erreicht und es zu genießen scheint, daß sie die Möglichkeit hat, ihre Intelligenz und ihre Fähigkeiten zu verwirklichen, legt einen «Männlichkeitskomplex» an den Tag. Gemäß Freud handelt sie in der irrigen An-

nahme, sie sei nicht kastriert worden, wo dies doch eindeutig der Fall gewesen ist. In Tat und Wahrheit wolle keine Frau sich in irgend einer Form auszeichnen – das Bedürfnis dazu sei ein Symptom für einen Männlichkeitskomplex, eine Verleugnung der «Realität».

– Eine Frau, die ein Kind haben will, will in Tat und Wahrheit einen Penis und sublimiert diesen Wunsch; sie ersetzt ihr Verlangen nach einem Penis durch den Wunsch nach einem Kind.

– Eine Frau, die sich sexuell von Männern angezogen fühlt, reagiert so, weil sie entdeckt hat, daß ihre Mutter keinen Penis hat. (Freuds Theorie zufolge ist die Heterosexualität der Frau auf jenen traumatischen Augenblick in ihrer Kindheit zurückzuführen, wo sie entdeckte, daß sie keinen Penis hat und dann herausfand, daß ihre Mutter auch keinen Penis hat und folglich ihre Libido von der Mutter abzog und auf ihren Vater übertrug, der über einen Penis verfügt.)

– Eine Frau, die sexuell ebenso aktiv ist, wie Männer dies gemeinhin sein sollen, kann, gemäß Freud, ihre Sexualität nicht genießen und ihre sinnliche Natur zum Ausdruck bringen. Statt dessen gibt sie sich einem Zwangsverhalten hin und versucht, ihre Kastrationsängste zu unterdrücken.

Die Theorie von C. G. Jung über die Psychologie der Frau[5], ist Frauen gegenüber wesentlich «liebenswürdiger» als diejenige von Freud, und zwar insofern als Jung die Frauen nicht bloß als mangelhafte Männer betrachtete. Jung ging von der Hypothese aus, daß die Unterschiede in der psychischen Struktur von Mann und Frau auf die Unterschiede in der Chromosomenstruktur zurückzuführen sind. Seiner Ansicht nach weisen die Frauen eine bewußte weibliche Persönlichkeit sowie eine unbewußte männliche Komponente – den sogenannten *Animus* – auf, während die Männer über eine bewußte männliche Persönlichkeit und eine unbewußte weibliche *Anima* verfügen.

Gemäß Jung ist die weibliche Persönlichkeit von Rezeptivität, Passivität, dem Aspekt des Nährenden und von Subjektivität ge-

71

prägt, wohingegen Rationalität, Spiritualität und die Fähigkeit zu entschlossenem und unpersönlichem Handeln von Jung als Attribute des Mannes betrachtet werden. Auf diesen Gebieten weisen die Männer für Jung eine natürliche Begabung auf. Frauen mit ähnlichen Persönlichkeitszügen sind, unabhängig davon, wie gut sie diese Fähigkeiten auch entwickelt haben, benachteiligt, weil sie eben keine Männer sind; beweist eine Frau ein gutes Denkvermögen oder bringt sie es im Leben zu etwas, so hat sie lediglich einen gut entwickelten Animus, der *per definitionem* weniger bewußt und somit den Männern unterlegen ist. Der Animus kann aber auch feindlich, machtbesessen, irrational und von Vorurteilen geprägt sein, Merkmale, die Jung wie auch zeitgenössische Jungianer gerne betonen, wenn sie die Funktionsweise des Animus erläutern.

Obwohl Jung die Frauen nicht als von Natur aus mangelhaft betrachtete, hielt er sie doch für von Natur aus weniger kreativ und weniger dazu befähigt, wie die Männer objektiv zu sein und entschlossen zu handeln. Jung pflegte die Frau im allgemeinen vor allem in ihrer Rolle als Dienerin des Mannes oder in ihrer Beziehung zum Mann zu sehen und nicht als selbständigen Menschen mit eigenen Bedürfnissen. Im Hinblick auf die Kreativität zum Beispiel betrachtete Jung den Mann als Schöpfer und die Frau als Gehilfin bei dessen kreativem Prozeß: «Wie der Mann sein Werk als ein ganzes Geschöpf aus seinem inneren Weiblichen hervorgehen läßt, so bringt das innere Männliche der Frau schöpferische Keime hervor, welche das Weibliche des Mannes zu befruchten vermögen.»[6]

Von seiner theoretischen Warte aus entmutigte er die Frauen in ihren Bestrebungen, etwas zu leisten. Er schrieb: «Aber niemand kommt um die Tatsache herum, daß die Frauen einen männlichen Beruf ergreifen, in männlicher Weise studieren und arbeiten und damit etwas tun, was ihrer weiblichen Natur zum mindesten nicht ganz liegt, wenn nicht gerade schädlich ist.»[7]

VERHALTENSMUSTER DER GÖTTINNEN

Werden Göttinnen als Paradigmen des normalen weiblichen Verhaltens betrachtet, so kann man sagen, daß eine Frau, die ihrem Wesen nach eher der weisen Athene oder der wetteifernden Artemis als der fraulichen Hera oder der mütterlichen Demeter gleicht, ihrem weiblichen Selbst am ehesten entspricht, wenn sie aktiv und leistungsorientiert ist und in ihren Beurteilungen objektiv. Sie ist sich selbst treu, genau wie jene Göttin, der sie am meisten ähnlich ist. Sie leidet weder an einem Männlichkeitskomplex, wie Freuds Diagnose lauten würde, noch ist sie mit ihrem Animus identifiziert und legt ein männliches Verhalten an den Tag, wie Jung es deuten würde.

Weist eine Frau das Verhaltensmuster von Athene und Artemis auf, so gehören «weibliche» Attribute wie Abhängigkeit, Rezeptivität und der Aspekt des Nährenden unter Umständen nicht zu den Facetten ihrer Persönlichkeit. Sie wird diese Eigenschaften hingegen entwickeln müssen, damit sie dauerhafte Beziehungen eingehen kann, verletzlich wird, Liebe und Trost geben und annehmen und die seelische Entwicklung bei anderen Menschen fördern kann.

Hestias kontemplativer, nach innen gerichteter Fokus bewirkt, daß sie sich von anderen Menschen gefühlsmäßig distanziert. Trotzdem wirkt ihre stille Wärme nährend und tragend. Doch wie Athene und Artemis muß auch sie ihre Fähigkeit zu persönlicher Nähe noch entwickeln.

Die Aufgaben, die sich den jungfräulichen Göttinnen Artemis, Athene und Hestia im Zusammenhang mit ihrer seelischen Entwicklung stellen, unterscheiden sich von denjenigen, die Frauen, die Hera, Demeter, Persephone oder Aphrodite gleichen, zu erfüllen haben. Die Verhaltensmuster der vier letztgenannten Göttinnen prädisponieren Frauen dazu, Beziehungen einzugehen; die Persönlichkeit solcher Frauen stimmt mit C. G. Jungs Beschreibung der Frau überein. Solche Frauen müssen lernen, wie sie fokussiert, objektiv und selbstbewußt bleiben können

– alles Eigenschaften, die diesem Göttinnen-Archetyp nicht von Natur aus anhaften. Zudem müssen sie ihren Animus entwickeln oder den Artemis- und Athene-Archetyp in ihrem Leben aktivieren. Dominiert der Hestia-Archetyp in einer Frau, so muß sie genau wie die beziehungsorientierten Frauen ihren Animus entwickeln oder den Artemis- und Athene-Archetyp aktivieren, um im Leben bestehen zu können.

MÄNNLICHER ANIMUS ODER WEIBLICHER ARCHETYP?

Subjektive Gefühle und Traumgestalten oder -symbole sind hilfreich, um feststellen zu können, ob der aktive Fokus einer Frau mit einem männlichen Animus oder mit dem Verhaltensmuster einer Göttin assoziiert ist. Hat eine Frau zum Beispiel das Gefühl, derjenige Teil ihrer selbst, der sich im Leben durchsetzt, sei ihr fremd – das heißt, er sei wie ein Mann in ihr, an den sie sich in schwierigen Situationen wendet, wo sie «stark» sein oder «wie ein Mann denken» muß, (wobei ihr beide Verhaltensweisen nicht «vertraut» sind) –, so handelt es sich dabei um ihren Animus, der sich bei solchen Gelegenheiten manifestiert und ihr hilfreich zur Seite steht. Der Animus wird gewissermaßen wie ein Hilfsmotor, auf den man zurückgreifen kann, falls mehr Energie benötigt wird, in Reserve gehalten. Dieser «Reservemodus» trifft besonders auf jene Frauen zu, bei denen die Verhaltensweisen von Hestia, Hera, Demeter, Persephone oder Aphrodite am stärksten ausgebildet sind.

Stellen jedoch Athene und Artemis gut entwickelte Aspekte der Persönlichkeit einer Frau dar, so kann sich diese Frau unter Umständen *auf natürliche Weise* behaupten, weist ein gutes Denkvermögen auf, weiß, was sie erreichen will oder kommt mit dem Leistungswettbewerb gut zurecht. Diese Eigenschaften empfindet sie bei weitem nicht als ihr fremd, sondern als angeborene Aus-

74

drucksweisen dessen, was sie *als Frau* ist und nicht als Eigenschaften eines männlichen Animus, der «für sie» handelt.

Träume sind ein weiteres Hilfsmittel, um einen Artemis- oder Athene-Archetyp vom Animus unterscheiden zu können. Die Träume zeigen nämlich, ob es diese beiden jungfräulichen Göttinnen sind, welche die Quelle der aktiven Haltung einer Frau darstellen oder ob Eigenschaften wie Durchsetzungsvermögen oder Zielstrebigkeit dem männlichen Aspekt der Frau zugeordnet werden müssen.

Sind Artemis und Athene als Archetypen vorherrschend, so kommt es oft vor, daß die Träumerin ein ihr unbekanntes Terrain allein erkundet. Sie spielt die Rolle der Protagonistin, die mit Hindernissen kämpfen muß, Berge erklimmt, sich in ein fremdes Land oder in eine unterirdische Landschaft wagt. Beispiel: «Ich sitze am Steuer meines Kabrioletts und brause nachts auf einer Landstraße dahin, wobei ich meine Verfolger, wer auch immer sie sein mögen, weit hinter mir lasse»; «Ich bin fremd in einer wunderbaren Stadt, die wie die Hängenden Gärten in Babylon aussieht»; «Ich bin wie eine Doppelagentin, ich sollte nicht hier sein, und es wäre höchst gefährlich, wenn irgendeine der Personen um mich herum herausfände, wer ich bin.»

Die Schwierigkeiten, auf die eine solche Frau im Traum stößt, wie auch die Leichtigkeit, mit der sie ihre Reise vollzieht, stehen in wechselseitiger Beziehung zu den inneren und äußeren Hemmnissen, mit denen die Träumerin im Rahmen ihrer Bestrebungen nach Selbstbestimmung und Verantwortungsbewußtsein konfrontiert wird. Wie in ihren Träumen empfindet sie sich auch in der Wirklichkeit natürlich, wenn sie ihren eigenen Weg bestimmen kann. In diesem Fall entspricht sie ihrem aktiven, selbständigen Selbst.

Ist das Durchsetzungsvermögen noch nicht sehr stark entwickelt, so befindet sich die Träumerin oft in Begleitung einer weiteren Traumgestalt. Diese Gestalt kann sowohl ein Mann als auch eine Frau sein, eine Person, die entweder verschwommen oder sehr klar wahrgenommen wird. Das Geschlecht der Begleitperson ist ein symbolischer Hinweis, aus dem ersichtlich ist, ob die auftauchenden Fähigkeiten als «männlich» (Animus) oder «weiblich» (jungfräuliche Göttin) betrachtet werden können.

Ist die Träumerin zum Beispiel daran, ihre Artemis- oder Athene-Eigenschaften zu entwickeln, und befindet sie sich immer noch in einem frühen Stadium ihrer Ausbildung oder Karriere, so ist die in ihren Träumen am häufigsten auftauchende Begleitperson oft eine undeutliche, unbekannte Frauengestalt mit verschwommenen Zügen. Zu einem späteren Zeitpunkt taucht vielleicht eine Frau auf, deren Ausbildung oder Karriere im Vergleich zu derjenigen der Träumerin bereits weiter gediehen sind, oder eine Studienkollegin, die es in der Welt zu Erfolg gebracht hat.

Ist die Traumbegleitperson ein Mann oder ein Junge, so handelt es sich bei der Träumerin oft um eine konventionelle Frau, die sich mit den verletzlichen Göttinnen, oder, wie wir später feststellen werden, mit Hestia oder Aphrodite identifiziert. Männer stehen für diese Frauen als Symbol für das Handeln, und somit werden die in ihren Träumen auftauchenden Eigenschaften der Selbstbehauptung oder des Wetteiferns als männlich definiert.

Begibt sich eine solche Frau zögernd in die Arbeitswelt oder in die heiligen Hallen der Hochschule, und zwar mit Hilfe ihres Animus oder des männlichen Aspekts ihrer selbst, so wird dieser Aspekt unter Umständen in ihren Träumen von einem verschwommen wahrgenommenen Mann – vielleicht einem Jungen oder einem Jugendlichen (der sich immer noch in der Entwicklungsphase befindet) – repräsentiert, der sich zusammen mit ihr an einem unbekannten und oft gefährlichen Ort befindet. Nachdem sie ein gutes Examen abgelegt hat oder am Arbeitsplatz befördert wurde und mehr Vertrauen in ihre eigenen Fähigkeiten entwickelt hat, gestaltet sich die Traumwelt freundlicher, und es kann sein, daß das Traumsymbol sich in einen ihr vertrauten oder angeblich vertrauten Mann verwandelt. Zum Beispiel: «Ich befinde mich mit meinem alten Freund auf einer langen, umständlichen Busreise»; oder «Ich befinde mich in einem Auto, das von einem Mann gesteuert wird, den ich irgendwie nicht einordnen kann, aber im Traum ist es jemand, den ich gut kenne.»

76

Die neue Theorie, die ich in diesem Buch darlege und erläutere, basiert auf der Existenz von archetypischen Verhaltensmustern, auf einem Konzept, das von Jung erarbeitet wurde. Ich lehne das von Jung beschriebene Modell der Psychologie der Frau nicht ab, aber es eignet sich meines Erachtens nur für einige und nicht für alle Frauen. In den Kapiteln über die verletzlichen Göttinnen und über Aphrodite wird Jungs Modell noch etwas eingehender behandelt, während in den drei nachfolgenden Kapiteln – über Artemis, Athene und Hestia – neue Verhaltensmuster vorgestellt werden, die über Jungs Konzept hinausgehen.

4. Kapitel

Artemis: Göttin der Jagd und des Mondes, Rivalin und Schwester

ARTEMIS – DIE GÖTTIN

Artemis, die römische Diana, war die Göttin der Jagd und die Göttin des Mondes. Die großgewachsene, liebliche Tochter von Zeus und Leto streifte mit ihrem Gefolge von Nymphen und Jagdhunden durch die Wildnis von Wäldern, Bergen, Wiesen und Auen. Mit einer kurzen Tunika bekleidet, bewaffnet mit einem silbernen Bogen, den Köcher mit den Pfeilen auf dem Rücken, war sie die Bogenschützin, die ihr Ziel niemals verfehlte. Als Mondgöttin wird sie auch als Lichtträgerin dargestellt, mit Fakkeln in beiden Händen oder mit Mond und Sternen um ihr Haupt.

Als Herrin der wilden Tiere, insbesondere der jungen Tiere, wurde sie mit zahlreichen ungezähmten Tieren assoziiert, die die Eigenschaften der Göttin symbolisierten. Hirsch, Hirschkuh, Hase und Wachtel waren Attribute der schweifenden Artemis, der Göttin der Weite und Ferne. Die Löwin verkörperte ihre erhabene Würde und ihre Tapferkeit als Jägerin, und der ungestüme Eber repräsentierte ihren destruktiven Aspekt. Der Bär symbolisierte auf adäquate Weise ihre Rolle als Beschützerin des jungen Lebens (Artemis geweihte und unter ihrem Schutz stehende pubertierende griechische Mädchen wurden während einer ausgelassenen Phase ihres Lebens *arktoi* oder «Bärinnen» genannt). Das Wildpferd schließlich streifte ebenso mit anderen Pferden in der Wildnis umher wie Artemis mit ihren Nymphen.

GENEALOGIE UND MYTHOLOGIE

Artemis war die erstgeborene Zwillingsschwester von Apollon, dem Sonnengott. Ihre Mutter Leto war eine Naturgottheit und die Tochter von zwei Titanen; ihr Vater war Zeus, der oberste Gott des Olymps.

Als für Leto die Zeit der Geburt gekommen war, tauchten große Schwierigkeiten auf. Überall, wo sie hinging, war sie unwillkommen, weil man den rachsüchtigen Zorn Heras, der rechtmäßigen Gattin von Zeus befürchtete. Schließlich fand Leto auf der unfruchtbaren Insel Delos Zuflucht und schenkte Artemis das Leben.

Kaum war Artemis zur Welt gekommen, stand sie Leto während der langen Wehen, die die schwierige Geburt von Apollon einleiteten, hilfreich zur Seite. Neun Tage und neun Nächte lang litt Leto wegen der rachsüchtigen Bestrebungen Heras unter unerträglichen Schmerzen. Artemis, die ihrer Mutter als Hebamme geholfen hatte, wurde folglich auch als Göttin der Geburt verehrt. Die Frauen wandten sich als «Helferin in den Wehen, die selbst keine Wehen erleidet» an sie. Sie beteten zu ihr und baten sie, ihrem Schmerz ein Ende zu bereiten, sei es durch die Geburt eines Kindes oder durch einen «lieblichen Tod» von einem ihrer Pfeile.[1]

Als Artemis drei Jahre alt war, brachte Leto sie auf den Olymp, damit sie Zeus und ihre göttlichen Verwandten kennenlerne. In seiner «Hymne auf Artemis» schildert der Dichter Kallimachos, wie sie auf den Knien ihres entzückten Vaters Zeus sitzt; «Da neigte sich lächelnd der Vater, / Streichelte es [das Kind] und sprach: ‹Wenn mir die Göttinnen solche / Kinder schenkten, der Zorn der eifersüchtigen Hera / Kümmerte mich gar wenig.

Wohlan, Kind, was du nur immer / Wünschest und Grösseres noch wird dir der Vater gewähren.»[2]

Artemis bat Zeus um einen Bogen und um Pfeile, um eine Meute Jagdhunde, um Nymphen, die sie begleiten sollten, um eine Tunika, kurz genug, damit sie damit herumrennen könnte, um Berge und Wildnis als ihre bevorzugten Orte sowie um ewige Jungfräulichkeit – dies alles gewährte ihr der Vater, wie auch das Vorrecht, sich alles selbst auswählen zu können. Daraufhin ging Artemis an einen Fluß in den Wäldern, um sich die schönsten Nymphen auszusuchen. Sie begab sich unter das Meer, um die Kyklopen, die Handwerker Poseidons, aufzusuchen, damit sie ihr einen silbernen Bogen mit einem Köcher voller Pfeile schmieden würden. Schließlich suchte sie, mit dem Bogen in der Hand und gefolgt von den Nymphen, Pan auf, den flötenspielenden Gott, der halb Mann und halb Ziege war, und bat ihn, ihr seine besten Jagdhunde zu geben. Da die Nacht bereits hereinbrach, sie aber unbedingt ihre neuen Geschenke ausprobieren wollte, ging sie bei Fackellicht auf die Jagd.

In den Mythen handelt Artemis rasch und entschlossen, um diejenigen, die sie um Hilfe anriefen, zu beschützen und zu retten. Diejenigen, die sie beleidigten, wurden ebenso schnell bestraft.

Als ihre Mutter Leto einmal nach Delphi unterwegs war, um Apollon einen Besuch abzustatten, versuchte der Titane Tityus Leto zu vergewaltigen. Artemis eilte ihrer Mutter auf dem schnellsten Weg zu Hilfe und tötete den Titanen mit ihrem Todespfeil.

Ein anderes Mal beging die überhebliche und unkluge Niobe den Fehler, Leto zu beleidigen, indem sie damit prahlte, daß sie, Niobe, zahlreiche schöne Söhne und Töchter habe, während Leto nur zwei Kinder habe. Leto bat Artemis und Apollon, diese lästerliche Bemerkung zu rächen, was sie eilends taten. Mit Pfeil und Bogen tötete Apollon ihre sechs Söhne und Artemis ihre sechs Töchter. Und Niobe wurde in eine weinende Statue aus Stein verwandelt.

Es verdient festgehalten zu werden, daß Artemis ihrer Mutter wiederholt zu Hilfe kam. Keine andere Göttin ist für dieses Verhalten bekannt. Auch andere Frauen wandten sich mit Erfolg an

Artemis. Die Waldnymphe Arethusa rief, als sie gerade vergewaltigt werden sollte, Artemis ebenfalls um Hilfe. Arethusa war von der Jagd zurückgekehrt, war nackt und erfrischte sich bei einem Bad im Fluß, als der Flußgott sie plötzlich begehrte und die nackte Nymphe, die in Angst und Schrecken floh, verfolgte. Artemis hörte ihre Schreie, rettete sie in einer Nebelwolke und verwandelte sie in eine Quelle.

Artemis kannte keine Barmherzigkeit mit denjenigen, die sie beleidigten – wie auch der taktlose Jäger Aktaion erfahren mußte. Er stieß auf seiner Wanderung durch den Wald zufällig auf die Göttin und ihre Nymphen, die in einem verborgenen Teich ein Bad nahmen, und starrte sie an. Durch den Eindringling beleidigt, spritzte Artemis Wasser in das Gesicht des Aktaion und verwandelte ihn in einen Bock. Er wurde zur Beute seiner eigenen Jagdhunde, die ihn prompt verfolgten. Von Panik erfaßt, versuchte er zu fliehen, doch die Meute holte ihn ein und riß ihn in Stücke.

Artemis tötete zudem einen Jäger, den sie liebte, nämlich Orion. Sein Tod ereignete sich versehentlich, durch Apollon provoziert, der sich wegen der Liebe seiner Schwester Artemis zu Orion beleidigt fühlte. Eines Tages bemerkte Apollon Orion, als er eben ins Meer watete und sein Kopf gerade noch aus dem Wasser ragte. Darauf entdeckte Apollon Artemis in einiger Entfernung, deutete auf einen dunklen Gegenstand im Meer und behauptete, sie könne ihn nicht treffen. Durch ihren Bruder herausgefordert und nicht wissend, daß sie auf den Kopf Orions zielte, schoß sie einen Pfeil ab, der Orion tötete. Darauf erhielt Orion von ihr einen Platz zwischen den Sternen, und sie gab ihm einen ihrer Jagdhunde, Sirius, der ihn als Hundestern in den Himmelsgefilden begleiten sollte. Der einzige Mann, den sie liebte, wurde somit ein Opfer ihres wetteifernden Wesens.

Obwohl Artemis am besten als Jagdgöttin bekannt ist, war sie auch die Göttin des Mondes. Sie fühlte sich in der Nacht geborgen und streifte im Mondlicht oder beim Licht der Fackeln in der Wildnis umher. In ihrem Aspekt als Mondgöttin wurde Artemis mit Selene und Hekate in Verbindung gebracht. Die drei wurden als die Dreifaltige Mondgöttin betrachtet: Selene herrschte im Himmel, Artemis auf der Erde und Hekate in der unheimlichen und geheimnisvollen Unterwelt.

ARTEMIS – DER ARCHETYP

Als Jagd- und Mondgöttin stellte Artemis eine Personifikation des unabhängigen weiblichen Geistes dar. Der Archetyp, den sie verkörpert, befähigt eine Frau dazu, auf einem Gebiet ihrer Wahl ihre eigenen Ziele zu bestimmen.

DIE JUNGFRÄULICHE GÖTTIN

Als jungfräuliche Göttin war Artemis gegen das Sich-Verlieben immun. Sie wurde, im Gegensatz zu Persephone und Demeter, nicht entführt oder vergewaltigt und war nie die Hälfte eines Ehepaars. Als Archetyp der jungfräulichen Göttin repräsentiert Artemis ein Gefühl von Unversehrtheit, ein Eins-mit-sich-selbst-Sein, eine Haltung des «Ich-kann-für-mich-selbst-sorgen», die es einer Frau gestattet, im Geist des Selbstvertrauens und der Unabhängigkeit selbständig zu handeln. Dieser Archetyp ermöglicht es einer Frau, sich ohne Mann «ganz» zu fühlen. Dank diesem Archetyp kann sie ihren eigenen Interessen und der Arbeit, die ihr wichtig erscheinen, nachgehen, ohne auf männliche Anerkennung angewiesen zu sein. Ihre Identität und ihr Selbstwertgefühl gründen auf dem, was sie ist und was sie tut, und hängen nicht davon ab, ob und mit wem sie verheiratet ist. Besteht die Frau darauf, als Fräulein angesprochen zu werden, so drückt sich darin die typisch jungfräuliche Eigenschaft der Göttin Artemis aus, die Unabhängigkeit und Getrenntsein vom Mann betont.

DIE ZIELGERICHTETE SCHÜTZIN

Als Göttin der Jagd, die das von ihr selbst ausgesuchte Wild verfolgte, konnte Artemis als Schützin auf irgendein Ziel zielen, sei es in der Nähe oder in der Ferne, in dem Wissen, daß ihre Pfeile niemals das Ziel verfehlten. Der Artemis-Archetyp verleiht Frauen die angeborene Fähigkeit, sich intensiv auf das zu konzentrieren, was für sie wichtig ist und sich nie ablenken zu lassen, weder durch die Bedürfnisse anderer Menschen noch durch ihre Rivalinnen. Im Gegenteil, der Wettbewerb erhöht sogar den Reiz der «Jagd». Zielstrebigkeit und Ausdauer trotz Hemmnissen auf dem Weg oder trotz ausweichendem Verhalten der Beute sind Artemis-Eigenschaften, welche zu Leistungen und Erfolg führen. Dank diesem Archetyp kann eine Frau ein Ziel erreichen, das sie sich selbst gesteckt hat.

DER ARCHETYP DER FRAUENBEFREIUNGSBEWEGUNG

Artemis verkörpert Eigenschaften, die von der Frauenbefreiungsbewegung als Ideale betrachtet werden – nämlich Leistung und Kompetenz, Unabhängigkeit von den Männern und deren Meinungen sowie Engagement für hilflose Frauen, die in die Opferrolle geraten sind und für Kinder. Artemis half ihrer Mutter Leto bei der Geburt ihres Bruders Apollon, rettete Leto und Arethusa vor einer Vergewaltigung und bestrafte den potentiellen Vergewaltiger Tityus sowie den aufdringlichen Jäger Aktaion. Sie war die Beschützerin der Kinder, insbesondere der Mädchen, die kurz vor der Pubertät standen.

Diese Anliegen der Göttin Artemis entsprechen den Bestrebungen der Frauenbefreiungsbewegung, die dazu geführt haben, daß Kliniken für vergewaltigte Frauen eingerichtet wurden, Selbstverteidigungskurse für Frauen abgehalten werden, Hilfe für sexuell mißbrauchte Frauen und Zufluchtsmöglichkeiten für geschlagene Frauen angeboten werden. Man hat auf die Bedeutung einer problemlosen Geburt und die Rolle der Hebamme hingewiesen, hat sich mit Inzest und Pornographie auseinandergesetzt und ist bestrebt, Frauen und Kinder vor Unrecht und Verletzungen zu schützen und die Übeltäter zu bestrafen.

DIE SCHWESTER

Die Göttin Artemis wurde stets von einer Gruppe von Nymphen begleitet, niederen Gottheiten, die mit Bergen, Wäldern und Flüssen assoziiert wurden. Die Nymphen streiften mit Artemis umher und erforschten einen großen Teil der Wildnis, in der sie auch auf die Jagd gingen. Sie kümmerten sich nicht um häusliche Angelegenheiten, Mode oder um Vorstellungen dessen, was Frauen tun «sollten», und sie standen nicht unter der Kontrolle durch Männer oder deren Präferenzen. Sie waren wie «Schwestern», wobei Artemis die «Große Schwester» verkörperte, die sie leitete und an die sie sich in Notsituationen wenden konnten. Da die Frauenbefreiungsbewegung vom Artemis-Archetyp inspiriert ist, erstaunt es keineswegs, daß sie immer wieder die «Schwesternschaft» unter den Frauen betont. Gloria Steinem, Mitbegründerin und Herausgeberin einer bekannten Frauenzeitschrift, ist eine moderne Frau, welche Aspekte des Artemis-Archetyps verkörpert. Frau Steinem ist für Menschen, die das Göttinnenbild auf sie projizieren, zu einer überlebensgroßen, mythischen Persönlichkeit geworden. Mit den Augen der Öffentlichkeit betrachtet, ist Gloria Steinem eine führende Persönlichkeit der Frauenbefreiungsbewegung und mit dem geistigen Auge betrachtet ist sie eine großgewachsene, anmutige, von ihren Gefährtinnen umringte Artemis. Frauen, die sich die Zielsetzung und Anliegen der Frauenbefreiungsbewegung zu eigen machen, bewundern Gloria Steinem oft und identifizieren sich mit ihr als ihrer Personifikation der Göttin Artemis. Dies fiel besonders in den frühen siebziger Jahren auf, als zahlreiche Frauen dieselbe Ray-Ban-Brille wie Gloria Steinem trugen und ihre Frisur, das heißt ihr langes, fließendes, in der Mitte gescheiteltes Haar, kopierten. Heute, zehn Jahre später. eifern die Frauen Gloria Steinem nicht mehr oberflächlich nach, sondern sie bemühen sich, attraktive und selbständige Frauen mit persönlicher Ausstrahlung zu werden wie Gloria Steinem.

Der Artemis-Mythos, der diese Gestalt umgibt, wird durch die Tatsache, daß Frau Steinem nicht verheiratet ist, noch verstärkt. Obwohl sie mit verschiedenen Männern Romanzen gehabt hat, ist sie nicht verheiratet – was für eine Frau, die eine jungfräuliche Göttin repräsentiert, die «eins-mit-sich-selbst» ist und «keinem Mann gehört», durchaus angebracht ist.

Gloria Steinem setzt die Tradition der Göttin Artemis in dem Sinne fort, daß Frauen sich an sie wenden, wenn sie Hilfe brauchen, die sie, wie eine große Schwester, auch gewährt. Ich selbst kam in den unmittelbaren Genuß ihrer Unterstützung, als ich Frau Steinem bat, doch an der Jahrestagung der American Psychiatric Association (APA) teilzunehmen; ich hatte mir vorgestellt, sie könnte denjenigen von uns helfen, die sich dafür einsetzten, daß die APA sich hinter die Frauenbefreiungsbewegung stellen sollte, die damals einen Boykott gegen jene Staaten durchführte, welche den Verfassungszusatz für gleiche Rechte für Mann und Frau nicht ratifiziert hatten. Ich stellte mit Faszination fest, wieviel Macht Frau Steinem von zahlreichen Männern zugeschrieben wurde, von denen sie «verletzt» worden war und die nun so reagierten, als sollten sie das Schicksal von Aktaion teilen. Einige Psychiater, die Frau Steinem bekämpften, brachten tatsächlich (unbegründete) Befürchtungen zum Ausdruck: Sie könnten finanziell ruiniert werden oder müßten Forschungssubventionen einbüßen, falls diese «Göttin» ihre Macht dafür einsetzen würde, sie zu bestrafen und zu vernichten.

MIT ARTEMIS ZURÜCK ZUR NATUR

Wegen ihrer Affinität zur Wildnis und zur ungezähmten Natur repräsentiert Artemis den für das Gefühl des Einsseins mit sich selbst und mit der Natur verantwortlichen Archetyp; es gibt Frauen, die so empfinden, wenn sie sich mit Rucksack und Schlafsack auf bewaldete Berge begeben, bei Mond- und Sternenlicht unter freiem Himmel schlafen, an einsamen Stränden Spaziergänge unternehmen oder in die Wüste starren und in spiritueller Kommunikation mit der Natur stehen.

In ihrem Buch *The Backpacking Woman* schildert Lynn Thomas die Wahrnehmungen einer Frau, die die Wildnis aufgrund ihres Artemiswesens würdigt:

«Für Anfängerinnen gibt es Herrlichkeit und Stille, reines Wasser und saubere Luft. Dann das Geschenk des inneren Abstandes... die Möglichkeit, Distanz zu seinen Beziehungen und zu den Ritualen des täglichen Lebens zu gewinnen... und das Geschenk der Energie. Die Wildnis erfüllt uns mit der ihr eigenen Art von Energie. Ich erinnere mich, wie ich einmal am Snake River in Idaho lag und wie mir bewußt wurde, daß ich nicht einschlafen konnte... die Kräfte der Natur hatten mich in ihrer Gewalt. Ich wurde von einem Tanz von Ionen und Atomen überwältigt. Mein Körper reagierte auf die intensive Anziehungskraft des Mondes.»[3]

Die «Mondlicht-Sehweise»

Die fokussierte Klarheit des auf ein Ziel gehefteten Blicks der Jagdgöttin Artemis ist eine von zwei «Sehweisen», die mit Artemis assoziiert werden. Die «Mondlicht-Sehweise» ist ebenfalls für Artemis bezeichnend und zwar für die Mondgöttin Artemis. Im Mondlicht betrachtet erscheint eine Landschaft weicher, Einzelheiten wirken verschwommen, wunderschön und oft geheimnisvoll. Der Blick richtet sich instinktiv nach oben auf den sternenübersäten Himmel oder auf ein weites Naturpanorama. Im Mondlicht wird eine Person, die mit Artemis in Berührung ist, zu einem ihrer selbst nicht bewußten Teil der Natur; sie fühlt sich in die Natur eingebettet und für eine Zeitspanne mit ihr eins.

In ihrem Buch *Woman in the Wilderness* weist China Galland darauf hin, daß Frauen, die sich in die freie Natur begeben, gleichzeitig auch nach innen gehen: «Geht man in die Einöde, so umschließt dies auch die Einöde, die sich in uns allen befindet. Dies mag die tiefste Bedeutung eines solchen Erlebnisses sein, nämlich die Erkenntnis unserer Verwandschaft mit der Welt der Natur.»[4]

Frauen, welche Artemis in die Wildnis folgen, entdecken bezeichnenderweise, daß sie nachdenklicher werden. Häufig gestalten sich ihre Träume lebhafter als gewöhnlich, was wiederum dazu beiträgt, daß sie sich nach innen wenden. Sie erblicken eine innere Landschaft und träumen Symbole sozusagen «im Mondlicht», im Gegensatz zur faßbaren Wirklichkeit, die am besten im hellen Tageslicht betrachtet wird.

Die Entwicklung des Artemis-Archetyps

Frauen, die mit Artemis identifiziert sind, erkennen unverzüglich ihre Affinität zu dieser Göttin. Auch andere Frauentypen können sich ihres Bedürfnisses, mit dieser Göttin Bekanntschaft zu schließen, bewußt werden. Und andere Frauen wiederum wissen, daß Artemis in ihnen existiert, und erkennen das Bedürfnis der Göttin, mehr Einfluß auf ihre Psyche zu gewinnen. Wie können wir den Artemis-Archetyp kultivieren? Oder ihn stärken? Und wie können wir die Entwicklung des Artemis-Archetyps in unseren Töchtern fördern?

Manchmal müssen drastische Maßnahmen ergriffen werden, damit das Ziel, den Artemis-Archetyp zu entwickeln, verwirklicht werden kann. So zum Beispiel ließ eine talentierte Schriftstellerin, für die das Schreiben von größter Bedeutung war, ihre Arbeit jedesmal im Stich, wenn ein Mann in ihr Leben trat. Jeder Mann übte zu Beginn eine berauschende Wirkung auf sie aus, und es dauerte jeweils nicht lange, bis sie von ihm abhängig wurde. Ihr Leben drehte sich dann nur noch um ihn, und wenn er sich zurückzog oder sie zurückwies, löste dies jedes Mal eine noch größere Verzweiflung bei ihr aus. Nachdem eine Freundin sie darauf aufmerksam gemacht hatte, daß sie süchtig nach Männern war, erkannte sie ihr Verhaltensmuster und beschloß, daß sie den Männern während einer Zeitspanne «abschwören» und sie «aufgeben» müßte, wollte sie ihre schriftstellerische Tätigkeit ernst nehmen. Sie verließ die Stadt, traf sich nur noch gelegentlich mit alten Freunden und Bekannten und kultivierte ansonsten ihre Einsamkeit, ihre Arbeit und den Artemis-Archetyp in sich selbst.

Heiratet eine Frau bereits in jungen Jahren, so tauscht sie oft die Tochter- gegen die Ehefrauenrolle (archetypisch gesprochen wechselt sie von Persephone zu Hera) und entdeckt womöglich erst nach der Ehescheidung, wenn sie zum ersten Mal in ihrem Leben allein lebt, ihre Artemis-Eigenschaften, die sie dann schätzen lernt. Es kann sein, daß eine solche Frau allein in die Ferien geht und feststellt, daß sie das Leben durchaus allein genießen kann, oder sie entdeckt die Befriedigung, die ein allmorgendliches Joggen ihr vermitteln kann, oder sie findet Gefallen daran, an einer Frauengruppe teilzunehmen.

Es kommt auch vor, daß eine Frau zahlreiche Beziehungen eingeht, sich in den Intervallen zwischen den einzelnen Männern wertlos vorkommt und den Artemis-Archetyp erst entwickelt, nachdem sie «die Männer ganz aufgegeben hat» und in vollem Ernst den Schluß gezogen hat, daß sie vielleicht nie heiraten wird. Hat sie einmal den Mut, diese Möglichkeit ins Auge zu fassen, und richtet sie ihr Leben auf ihre Freunde und auf das aus, was ihr wichtig ist, verspürt sie möglicherweise ein Gefühl des Mit-sich-selbst-eins-Seins und der Ganzheit, ein unerwartetes Wohlbefinden, das davon herrührt, daß der Artemis-Archetyp entwickelt wurde.

«Naturreisen» für Frauen fordern Artemis heraus, vor allem jene Reiseprogramme, die Gruppenerfahrung mit einer heldenhaften Einzelreise kombinieren. Wenn Frauen Reisen in die äußere oder innere Landschaft unternehmen, kultivieren sie den Artemis-Archetyp. Ähnliches gilt für unsere Töchter, die – wenn sie Sport betreiben, an Mädchenlagern teilnehmen, Reisen unternehmen, um fremde Orte zu erkunden, als Austauschstudentinnen in fremden Kulturen leben oder sich an einem Entwicklungshilfeprojekt beteiligen – Erfahrungen machen, dank denen die sich selbst genügende Artemis entwickelt werden kann.

ARTEMIS – DIE FRAU

Artemis-Eigenschaften manifestieren sich früh. Ein Artemis-Baby ist gewöhnlich ein Baby, das völlig fasziniert neue Gegenstände betrachtet und das eher aktiv als passiv ist. Diese Fähigkeit, sich auf eine selbst gewählte Aufgabe konzentrieren zu können, ruft häufig Kommentare folgender Art hervor: «Für eine Zweijährige hat sie eine außergewöhnliche Konzentrationsfähigkeit», oder «Ein höchst eigenwilliges Kind», oder «Paß auf, was du ihr versprichst, sie hat nämlich ein Gedächtnis wie ein Elefant; sie wird es nicht vergessen und dich daran erinnern.» Die für Artemis typische Neigung, neues Terrain zu erkunden, manifestiert sich normalerweise, wenn es dem Baby gelingt aufzustehen, über das Bettgeländer oder das Laufgitter zu klettern und sich in eine größere Welt zu begeben.

Artemis neigt dazu, ihre Anliegen und Prinzipien mit Vehemenz zu vertreten. So hilft sie zum Beispiel einem Jüngeren, sich zu verteidigen oder behauptet mit Nachdruck «Das ist ungerecht!», bevor sie sich daranmacht, ein Unrecht auszumerzen. Artemis-Mädchen, die in einem Zuhause aufwachsen, wo man Knaben den Vorzug gibt – das heißt, wo den Knaben mehr Privilegien eingeräumt werden oder sie weniger Haushaltspflichten übernehmen müssen – akzeptieren diese Ungerechtigkeit nicht mit unterwürfiger Haltung als «gegeben». Die potentielle Feministin manifestiert sich häufig als die kleine Schwester, die Gleichberechtigung fordert.

ELTERN

Eine Artemis-Frau, die unbeirrt ihre eigenen Wege geht, mit sich selbst völlig zufrieden ist und sich darüber freut, daß sie eine Frau ist, hat in den meisten Fällen eine liebevolle Leto und einen Anerkennung vermittelnden Zeus als Eltern gehabt, die ihr geholfen haben, ihr Artemis-Potential zu verwirklichen. Damit eine Artemis-Frau im Wettbewerb bestehen und erfolggekrönte Leistungen vollbringen kann, ist es enorm wichtig, daß ihr Anerkennung seitens des Vaters zuteil wird.

Viele Anerkennung und Bestätigung vermittelnde Väter sind wie Zeus, indem sie der Artemis-Frau die «Geschenke» geben, die ihr helfen, das zu tun, was sie tun möchte. Vielleicht handelt es sich dabei auch um nicht konkrete Gaben: Der Vater erkennt unter Umständen, daß seine Tochter die gleichen Interessen wie er verfolgt, daß sie ihm überhaupt in mancherlei Hinsicht ähnlich ist und fördert ihre Talente. Es kann sich jedoch auch um konkretere Geschenke handeln wie zum Beispiel um bestimmte Kurse und Ausrüstungsgegenstände. So zum Beispiel wurde die berühmte Tennisspielerin Chris Evert Lloyd von ihrem an Tennis interessierten Vater Jimmy Evert gefördert, indem er ihr einen eigenen Tennisschläger schenkte, als sie erst sechs Jahre alt war.

Hat ein Artemis-Mädchen nicht traditionsgebundene Eltern, so weist ihr Leben jedoch keine Ähnlichkeit mehr mit demjenigen auf dem Olymp auf – es gibt in der griechischen Mythologie kein Äquivalent dazu. Wenn beide Elternteile gleichberechtigte Partner sind, die sich beide sowohl um die Kindererziehung als auch um die Haushaltspflichten kümmern und jeder dazu noch seine berufliche Laufbahn verfolgt, so vermitteln sie damit ihrer Artemis-Tochter ein Modell für ihre Entwicklung, das es ihr ermöglicht, ihre Artemis-Eigenschaften schätzen zu lernen und zu entwickeln. Zudem kann sie ihre Fähigkeiten entfalten, ohne sie als mit Mutterschaften und Beziehungen unvereinbar betrachten zu müssen.

Probleme tauchen allerdings auf, wenn die Eltern ihre Artemis-Tochter kritisieren oder gar ablehnen, weil sie nicht dem Typ Mädchen entspricht, das sie gerne hätten. Eine Mutter, die sich ein anschmiegsames, ruhiges kleines Mädchen gewünscht hat und nun stattdessen ein aktives, «Sperr-mich-nicht-ein»-Kind hat, ist unter Umständen entweder vom Baby enttäuscht oder fühlt sich von ihrem Kind abgelehnt. Desgleichen wird eine Mutter, die von ihrer Tochter erwartet, daß sie ihr ständig am Rockzipfel hängt, sie stets um Hilfe bittet und willfährig zugibt, daß «Mutter es immer am besten weiß», in ihren Erwartungen enttäuscht sein, wenn

91

sie eine Artemis-Tochter hat. Bereits im Alter von drei Jahren möchte dieses «Kleine Fräulein Unabhängig» nicht dauernd bei Mami zu Hause bleiben, sondern viel lieber mit den größeren Kindern der Nachbarschaft herumtollen. Und sie mag auch keine Rüschenkleidchen tragen oder für Mamis Freundinnen hübsch zurechtgemacht werden.

Wenn eine Artemis-Tochter zu einem späteren Zeitpunkt etwas unternehmen möchte, wofür sie die Zustimmung der Eltern braucht, stößt sie unter Umständen auf heftigen Widerstand. Falls man ihren Brüdern etwas erlaubt und ihr nicht, «weil sie ein Mädchen ist», wird sie wahrscheinlich lautstark protestieren. Erreicht sie damit nichts, zieht sie sich eventuell grollend zurück. Widerstand und Mißbilligung können ihrer Selbstachtung und ihrem Selbstvertrauen schaden, besonders dann, wenn der von ihr so bewunderte Vater sie kritisiert, weil sie sich nicht wie eine Dame benimmt, wenn er sie nie so behandelt, als wäre sie «sein besonderes Mädchen» und gleichzeitig ihre Ideen, Fähigkeiten oder Bestrebungen mit Verachtung straft oder kritisiert.

In meiner Praxis höre ich oft, was geschieht, wenn solche Väter sich ihren Artemis-Töchtern widersetzen. Es ist für eine Artemis-Tochter in einer solchen Lage typisch, daß sie nach außen eine trotzig herausfordernde Haltung einnimmt, innerlich jedoch verletzt reagiert. Sie wirkt stark, scheint sich nicht von dem beeindrucken zu lassen, was ihr Vater denkt, und wartet nur auf den Augenblick, in dem sie sich selbständig machen kann. Die Folgen fallen nach Intensitäts- und Schweregrad unterschiedlich aus, entsprechen jedoch einem bestimmten Muster: Das Ergebnis ist jeweils eine Frau, die in bezug auf ihre Kompetenz mit sich selbst im Widerstreit liegt und sich häufig selbst sabotiert. Ihre eigenen Zweifel sind ihre schlimmsten Feinde. Obwohl sie sich gegen die machtvollen Versuche ihres Vaters, ihre Bestrebungen zu beschneiden, nach außen hin erfolgreich zur Wehr gesetzt hat, hat sich seine kritische Haltung in ihrer Psyche festgesetzt. Tief in ihrer Seele kämpft sie mit dem Gefühl, daß sie nicht gut genug ist, zögert, wenn sich ihr neue Möglichkeiten eröffnen, erreicht weniger, als sie in der Tat erreichen könnte, und auch wenn sie erfolgreich ist, fühlt sie sich trotzdem immer noch unzulänglich. Dieses Muster wird immer wieder von Familien und Kulturen erzeugt, in denen Söhne höher bewertet werden als Töchter, und die von den Töchtern erwarten, daß sie dem Stereotyp der Weiblichkeit entsprechen.

Eine Artemis-Frau, die ein von mir geleitetes Seminar besuchte, äußerte sich folgendermaßen zu diesem Problem: «Meine Mutter wünschte sich eine Persephone (Mutters willfährige kleine Tochter) und mein Vater einen Sohn. Doch was kam, war ich.» Einige Mütter kritisieren ihre Artemis-Töchter und lehnen sie ab, weil sie Ziele verfolgen, die die Mütter nicht zu würdigen verstehen. Gewöhnlich lassen sich die Töchter durch eine solch mißbilligende Haltung nicht abschrecken, aber sie wirkt trotzdem unterminierend. Meistens wiegt die Negativität der Mutter jedoch weniger schwer als die des Vaters, weil letzterem mehr Autorität zuerkannt wird.

Ein weiteres Problem, das häufig in der Beziehung einer Mutter und einer Artemis-Tochter auftaucht, besteht darin, daß die Artemis-Tochter die Mutter als passiv und schwach empfindet. Vielleicht litt die Mutter an Depressionen, vielleicht wurde sie alkoholabhängig, wurde das Opfer einer schlechten Ehe oder war einfach unreif. Viele Artemis-Frauen mit einer solchen Mutter-Tochter-Konstellation schildern ihre Beziehung zu ihrer Mutter mit den Worten: «Ich mußte die Elternrolle übernehmen.» Im Verlauf weiterer Gespräche kommt dann ihre Traurigkeit darüber zum Ausdruck, daß sie keine stärkere Mutter gehabt haben und selbst nicht stark genug gewesen sind, um das Leben ihrer Mutter ändern zu können. Die Göttin Artemis vermochte ihrer Mutter Leto stets zu helfen, doch Artemis-Töchter sind im Bestreben, ihre Mütter zu retten, oft erfolglos.

Durch den Mangel an Respekt vor ihren schwachen Müttern sowie deren Entwertung werden die Eigenschaften der jungfräulichen Göttin bei den Artemis-Töchtern gestärkt. Entschlossen, ihrer Mutter nicht ähnlich zu werden, unterdrücken sie ihre Abhängigkeitsgefühle, vermeiden es, sich verletzlich zu zeigen und geloben sich, unabhängig zu sein.

Empfindet eine Artemis-Tochter keinen Respekt vor ihrer Mutter, die in der Hauptsache traditionelle Rollen übernommen hat, so befindet sie sich in einem Dilemma. Indem sie die Identifikation mit der Mutter ablehnt, lehnt sie einerseits meist auch das ab, was als weiblich betrachtet wird – Weichheit, Rezeptivität und den Wunsch nach Heirat und Mutterschaft. Andererseits wird sie von den Gefühlen der Unzulänglichkeit gequält – und zwar diesmal auf dem Gebiet ihrer Identifikation mit dem Weiblichen.

ADOLESZENZ UND ERSTE ERWACHSENENJAHRE

Das Artemis-Mädchen zeichnet sich dadurch aus, daß es eine natürliche Freude am Wettbewerb empfindet und daß es Ausdauer, Mut sowie die Entschlossenheit zu siegen an den Tag legt. Es wird bei der Verfolgung seines Ziels bis an die Grenzen seiner Fähigkeiten vorstoßen. Vielleicht wird es Pfadfinderin – unternimmt Wanderungen, klettert in den Bergen herum, übernachtet unter freiem Himmel, reitet gern, hackt das Holz fürs Lagerfeuer oder wird wie Artemis selbst eine geschickte Bogenschützin. Der unverkennbare Artemis-Teenager ist eine «Pferdenärrin», in deren Welt sich alles um Pferde dreht. Die Heldin des Filmklassikers *National Velvet* personifiziert diese archetypische adoleszente Artemis.

Der Artemis-Teenager weist einen Hang zur Unabhängigkeit sowie eine Neigung zur Erforschung fremder Gebiete auf. Das Artemis-Mädchen wagt sich in den Wald, klettert auf Hügel, möchte wissen, was im Nachbarquartier und im Nachbarquartier des Nachbarquartiers los ist. «Sperr mich nicht ein» und «Trample nicht auf mir herum» sind seine Mottos. Es paßt sich weniger an und ist weniger kompromißbereit als viele seiner Altersgenossen, weil es weniger stark vom Bedürfnis getrieben ist, anderen zu gefallen, und weil es gewöhnlich weiß, was es will. Diese Selbstsicherheit kann sich jedoch nachteilig für das Artemis-Mädchen auswirken: Andere betrachten es unter Umständen als einen «Dickkopf», als «starrsinnig» und «unweiblich».

Wenn die Artemis-Frau von zu Hause weggeht, um sich aufs

College zu begeben, so genießt sie den Rausch der Unabhängigkeit und den Reiz der Herausforderung zum Wettbewerb auf dem Gebiet, für das sie sich entschieden hat. Gewöhnlich findet sie eine Gruppe Gleichgesinnter, der sie sich anschließen kann. Ist sie am politischen Leben interessiert, so kandidiert sie vielleicht für ein politisches Amt.

Ist die Artemis-Frau sportbegeistert, so macht sie eventuell täglich einen Waldlauf von mehreren Kilometern, erfreut sich ihrer guten Kondition und ihrer Anmut und genießt den Zustand der Nachdenklichkeit, der sich beim Rennen einstellt. (Ich bin noch keiner Frau begegnet, die sich an einem Marathonlauf beteiligt hat und nicht über einen ausgeprägten Artemis-Chrakterzug verfügte, der für die notwendige Kombination von Zielstrebigkeit, Wettbewerbsfähigkeit und Willenskraft verantwortlich ist.) Der Artemis-Archetyp ist auch in jenen Frauen präsent, die beim Skifahren instinktiv den Weg den Berg hinunterfinden, wobei sie ständig in einer physisch und psychisch nach vorn geneigten Haltung ohne zu zögern vorwärtsstreben und Schwierigkeiten als Herausforderung betrachten.

BERUF

Die Artemis-Frau investiert Energie in die Arbeit, die für sie einen persönlichen Wert hat. Sie fühlt sich durch Wettbewerb angespornt und läßt sich (bis zu einem gewissen Grad) nicht durch Opposition abschrecken. Ist die Artemis-Frau in einem sozialen Beruf oder auf juristischem Gebiet tätig, so hat sie sich häufig in ihrer Berufswahl von einem Ideal leiten lassen. Hat sie einen Beruf aus der Geschäftswelt ergriffen, so fiel ihre Wahl vermutlich auf ein Produkt, an das sie glaubte oder das ihr die Möglichkeit gab, das zu tun, was sie tun wollte. Hat sie sich für einen kreativen Beruf entschieden, so bringt sie wahrscheinlich ihre ganz persönliche Sicht der Dinge zum Ausdruck. Ist die Artemis-Frau politisch aktiv, so vertritt sie mit Eifer eine Sache, die meistens mit Umweltschutz oder mit Frauenfragen in Zusammenhang steht. Erfolg – Ruhm, Macht, Geld – wird der Artemis-Frau beschieden sein, sofern die Tätigkeit, in der sie sich auszeichnet, von der Gesellschaft als nützlich betrachtet wird.

Viele Interessen, die von Artemis-Frauen verfolgt werden, haben jedoch keinen kommerziellen Wert und verhelfen weder zu einer erfolgreichen Karriere, noch fördern sie das Prestige oder das Bankkonto. Ganz im Gegenteil: diese Interessen sind manchmal derart persönlicher Natur, abseits des Gewohnten oder so zeitraubend, daß die Gewähr für einen *Mangel* an Erfolg in der Welt und für einen *Mangel* an Beziehungen praktisch gegeben ist. Und doch findet der Artemis-Anteil einer Frau seine persönliche Erfüllung bei der Verfolgung dieser Interessen. So zum Beispiel ist die Verfechterin einer bereits verlorenen Sache, die nicht anerkannte Reformistin und die «Ruferin in der Wüste», auf die offenbar niemand hört, mit großer Wahrscheinlichkeit eine Artemis-Frau, genau wie auch die Künstlerin, die bar jeglicher Ermutigung und bar jeglichem kommerziellen Erfolgs unermüdlich weiterarbeitet. (Im Fall der Künstlerin gesellt sich Aphrodite mit ihrem Einfluß auf die Kreativität und ihrer Betonung der subjektiven Erfahrung zu Artemis.)

Da die Artemis-Frau traditionsungebunden ist, können innere Konflikte oder Konflikte mit der Außenwelt auftauchen, die ihre Bemühungen lähmen. Das, was sie tun möchte, ist für sie vielleicht «unerreichbar», weil zum Beispiel ihre Familie ihre Wünsche und Ziele als für ein Mädchen unangemessen betrachtet. Es kann auch sein, daß die berufliche Laufbahn, die sie für sich ins Auge gefaßt hat, Frauen bis vor kurzem nicht offenstand oder immer noch nicht offensteht. Ist sie für die Frauenbefreiungsbewegung «zu früh geboren» worden, hat sie sich unter Umständen durch Hemmnisse und mangelnde Unterstützung entmutigen lassen, und es kann sein, daß der Artemisgeist in ihr gebrochen wurde.

Artemis-Frauen schließen sich gern anderen Frauen an. Genau wie die Göttin Artemis selbst, die sich mit Nymphen als Gefährtinnen umgab, halten Artemis-Frauen ihre Freundschaften mit anderen Frauen gewöhnlich für sehr wichtig. Dieses Verhaltensmuster läßt sich bis ins Volksschulalter zurückverfolgen. Ihre «besten Freundinnen» sind diejenigen, mit denen sie das Wichtigste in ihrem Leben geteilt haben und ihre Freundschaften können Jahrzehnte überdauern.

In der Arbeitswelt schließen sich Artemis-Frauen leicht «Frauen-Netzwerken» an: Gruppen, in denen sie Unterstützung finden, Frauen-Netzwerke und Mentor-Beziehungen zu jüngeren Frauen, die ebenfalls auf ihrem Gebiet tätig sind, sind natürliche Ausdrucksformen des Schwester-Archetyps.

Sogar Artemis-Frauen, die Individualistinnen sind und jeglicher Form von Gruppenleben nach Möglichkeit aus dem Weg gehen, treten meistens für die Rechte der Frauen ein. Diese Haltung mag eine Affinität zu ihren Müttern widerspiegeln, dank denen sie für das Los der Frauen in der Welt sensibilisiert wurden und sich mit ihnen verbunden fühlen. Oder sie mag auf die ungelebten, frustrierten Wünsche ihrer Mütter zurückzuführen sein. In den siebziger Jahren taten und waren viele Artemis-Frauen das, was ihre eigenen Mütter gern getan hätten und gewesen wären, was man ihnen jedoch verwehrt hatte. Als ihre Mütter junge Erwachsene waren, ließen die Jahre des auf den Zweiten Weltkrieg folgenden Baby-Booms ihnen nicht viele Möglichkeiten, um ihre Artemis-Eigenschaften zur Entfaltung zu bringen. Oft steht hinter einer Artemis-Frau eine stützende Mutter, die ihrer feministischen Tochter Beifall zollt.

Die meisten Artemis-Frauen neigen von Natur aus zum Feminismus. Die von den Feministinnen vertretenen und verfochtenen Anliegen bringen eine Saite ihres Wesens zum Klingen. Die Artemis-Frau empfindet sich gewöhnlich als dem Mann gleichberechtigt; sie hat Männer als Konkurrenten erlebt und ist oft zu dem Schluß gelangt, daß die stereotype Frauenrolle, die sie erwartungsgemäß spielen sollte, völlig unnatürlich ist. Ihre Fähigkeit zu verbergen – nach dem Motto: «Laß den Mann nicht merken, wie klug du bist» oder «Laß den Mann gewinnen» (im Gespräch oder beim Tennisspiel) – geht ihr völlig gegen den Strich.

SEXUALITÄT

Die Artemis-Frau gleicht der Göttin Artemis möglicherweise in dem Sinn, daß sie ewig Jungfrau bleibt, ihre Sexualität also nicht entfaltet und zum Ausdruck bringt. Ein solches Verhaltensmuster ist in der heutigen Zeit allerdings eher selten anzutreffen. Viel wahrscheinlicher ist es, daß die Artemis-Frau, wenn sie ins Erwachsenenalter kommt, aufgrund ihres Drangs, neue Gebiete zu erforschen und neue Abenteuer auszuprobieren, bereits über sexuelle Erfahrungen verfügt.

Die Sexualität einer Artemis-Frau ist unter Umständen derjenigen eines konventionellen, aufs Berufsleben ausgerichteten Mannes nicht unähnlich. Beziehungen spielen für beide nur eine zweitrangige Rolle. Primär ist für sie das Engagement für die berufliche Laufbahn, für ein kreatives Projekt oder für ein bestimmtes Ziel. Somit wird Sex eher als eine Erholung vermittelnde Sportart oder als körperliche Erfahrung betrachtet und kaum als körperlicher Ausdruck einer gefühlsmäßigen Intimität oder eines gefühlsmäßigen Engagemants (eine Motivation, die Hera vermittelt) oder als Instinkt, der der eigenen sinnlichen Natur tiefen Ausdruck verleiht (dazu ist Aphrodite nötig).

Ist die Artemis-Frau lesbisch, so ist sie oft Mitglied einer Wohngemeinschaft oder eines Netzwerks von Lesbierinnen. Obwohl sowohl heterosexuelle als auch homosexuelle Artemis-Frauen tiefe und für sie wichtige Freundschaften mit Frauen pflegen, betrachtet die lesbische Artemis-Frau die sexuelle Intimität unter Umständen als eine erweiterte Dimension der Freundschaft – und nicht so sehr als Grundlage der Beziehung.

Die lesbische Artemis-Frau hat entweder eine Spiegelbild-Geliebte, das heißt eine Partnerin, die mit ihr beinahe so identisch ist wie ein Zwilling, oder aber sie fühlt sich zu einer nymphenähnli-

98

chen, weicheren, «weiblicheren» Frau, als sie es selbst ist, hingezogen, die eine weniger stark ausgeprägte Persönlichkeit aufweist.

Die lesbische wie auch die heterosexuelle Artemis-Frau vermeidet
Beziehungen, in denen sie an eine(n) Elternfigur-Partner(in) gebunden oder von ihm/ihr beherrscht wird oder in der man von ihr
erwartet, daß sie die Rolle eines Elternteils übernimmt.

EHELEBEN

In ihren jungen Erwachsenenjahren, wenn die Artemis-Frau
sich ganz von ihrer Arbeit oder ihren Interessen absorbieren läßt,
verschwendet sie kaum einen Gedanken an eine mögliche Heirat.
Zudem fühlt sich die «umherstreifende» Artemis nicht sonderlich
vom Gedanken der «Seßhaftigkeit» angesprochen. Ist sie attraktiv
und beliebt, so bestehen gute Chancen, daß sie ihre sozialen Kontakte eingehend gepflegt hat und bereits mit vielen Männern –
nicht bloß mit einem einzigen – ausgegangen ist. Vielleicht hat sie
sogar bereits mit einem Mann zusammengelebt, da sie dies einer
Heirat vorgezogen hat. Es kann sein, daß sie niemals heiratet.

Heiratet sie doch, so handelt es sich bei ihrem Ehemann oft
um einen Studienkollegen, einen Berufskollegen oder einen Konkurrenten. Ihre Ehe zeichnet sich gewöhnlich durch den Status der
Gleichberechtigung aus. In unserer heutigen Zeit ist es sogar möglich, daß die Artemis-Frau ihren eigenen Namen behält und
Namen des Ehemannes nicht übernimmt.

BEZIEHUNGEN ZU MÄNNERN: BRÜDERLICH

Die Göttin Artemis hatte einen Zwillingsbruder, Apollon,
den facettenreichen Sonnengott. Er war ihr männliches Gegenstück: Seine Domäne war die Stadt, ihre Domäne war die Wildnis;
ihm gehörte die Sonne, ihr der Mond, ihm die gezähmten Tierher-
den, ihr die wilden, ungezähmten Tiere; er war der Gott der Musik, sie war Quelle der Inspiration für Reigen, die auf den Bergen
getanzt wurden. Als Vertreter der zweiten Olympiergeneration
gehörte Apollon zu den Söhnen, nicht zu den Vätern. Einerseits

wurde er mit Rationalität und den Gesetzen in Verbindung gebracht, andererseits wurde er als Gott der Weissagung (seine Priesterinnen orakelten in Delphi) mit dem Irrationalen assoziiert. Genau wie seine Schwester ist auch Apollon androgyn: Sowohl Artemis als auch ihr Bruder verfügten über Eigenschaften oder verfolgten Interessen, die gewöhnlich dem anderen Geschlecht zugeschrieben werden.

Die Beziehungen von Artemis-Frauen zu Männern – seien es Freunde, Kollegen oder Ehemänner – gestalten sich meistens nach dem Modell des Zwillingspaars Artemis-Apollon. Überdies fühlt sich die Artemis-Frau oft zu einem Mann hingezogen, dessen Persönlichkeit einen ästhetischen, kreativen, heilenden oder musikalischen Aspekt umfaßt. Entweder arbeitet der Mann in einem sozialen Beruf, oder er ist auf kreativem Gebiet tätig. Gewöhnlich ist er der Artemis-Frau intellektuell gleichgestellt, teilt ihre Interessen oder ergänzt sie. Ein Beispiel für eine Artemis-Apollon-Beziehung stellen Jane Fonda (Filmschauspielerin, Aktivistin und Anwältin der physischen Fitness) und ihr Ehemann Tom Heyden (liberaler Politiker) dar.

Eine Artemis-Frau kann gar keinen Gefallen daran finden, Männer zu beherrschen und legt auch keinen Wert auf «Ich Tarzan, du Jane»-Beziehungen. Sie ist auch nicht an einer Mutter-Sohn-Beziehung interessiert. Sie geht Männern, die im Mittelpunkt ihres Lebens stehen wollen, aus dem Weg. Da sie psychologisch sublim ist, genau wie die Göttin physisch sublim war, würde sie es lächerlich finden, wenn sie versuchte, die Rolle der «kleinen Frau» zu spielen.

Oft geht eine Artemis-Apollon-Beziehung Hand in Hand mit Betätigung in der freien Natur. Beide Partner sind vielleicht begeisterte Skifahrer, Jogger und Fitness-Freaks. Wenn eine naturbegeisterte Artemis-Frau Wandern, Skifahren oder sonst eine Tätigkeit, die sie liebt, nicht mit ihrem Partner teilen kann, so hat sie wahrscheinlich das Gefühl, daß ein entscheidendes Element in der Bezeihung fehlt.

Die Artemis-Apollon-Beziehung kann zu einer asexuellen, kameradschaftlichen Ehe führen, in der die Partner einander die besten Freunde sind. Es gibt sogar Artemis-Frauen, die einen homosexuellen Mann heiraten und die die Kameradschaft und Unabhängigkeit, die jeder Partner in einer solchen Beziehung dem anderen einräumt, sehr schätzen. Eine Artemis-Frau kann auch mit ihrem Ex-Ehemann bestens befreundet bleiben, der aus dieser Bruder-Schwester-Beziehung ausbrach, als er sich in eine Frau, die einen anderen Typ verkörpert, verliebte.

Damit die Artemis-Frau das Element einer tief empfundenen Sexualität in die Ehe einbringen kann, muß eine weitere Göttin – nämlich Aphrodite – Einfluß ausüben können. Und damit eine solche Ehe monogam und verbindlich bleibt, muß auch die Göttin Hera in der Frau vorhanden sein. Ohne diese beiden Göttinnen verwandelt sich eine Artemis-Apollon-Beziehung rasch in eine Bruder-Schwester-Beziehung.

Abgesehen vom Verhaltensmuster der einander gleichgestellten Partner besteht das zweite unter Artemis-Frauen übliche Beziehungsmuster darin, daß sie sich Männer auswählen, die sie «nähren». Ein solcher Mann ist ein Mensch, bei dem die Artemis-Frau «sich zu Hause fühlt». Er lehrt sie, für Gefühle empfänglich zu sein und ihnen Beachtung zu schenken. Und oft ist es der Mann, der den Wunsch nach Kindern hegt.

In Beziehungen von Artemis-Frauen, in denen der Partner weniger kompatibel und ergänzend ist, werden oft Vater-Tochter-Konflikte wiederholt. In diesem Fall unterstützt der Ehemann die Bestrebungen seiner Artemis-Frau nicht; er unterminiert und kritisiert sie. Genau wie bei ihrem Vater nimmt die Artemis-Frau auch jetzt eine Trotzhaltung ein und widmet sich weiterhin ihrer Karriere. Aber ihre Selbstachtung hat gelitten, oder aber ihr Geist gibt sich geschlagen, und sie paßt sich schließlich seiner Vorstellung hinsichtlich dessen, was sie sein sollte, an.

Es kann aber auch sein, daß sich eine Artemis-Frau, gemäß dem Mythos von Artemis und Orion, in einen starken Mann verliebt und dann nicht in der Lage ist, das Wettbewerbsdenken aus der Beziehung herauszuhalten, was die Beziehung schließlich zerstört. Erfährt der Mann Anerkennung in irgendeiner Form und hegt seine Frau einen Groll auf seinen Erfolg (statt sich darüber zu freuen) und findet sie Mittel und Wege, ihn zu entwerten, so wird dieses Wettbewerbsdenken seine Liebe zu ihr erodieren. Es kann aber auch das Wettbewerbsverhalten des Mannes sein, das *ihre* Liebe zu ihm abtötet. So zum Beispiel kann es sein, daß er ihre Leistungen als Ausdruck des Wunsches betrachtet, ihn besiegen und übertreffen zu wollen. Kann weder der eine noch der andere Partner seinen Wettbewerbsgeist aufgeben, so wird jegliche Art der Herausforderung, vom Skilaufen bis zum Kartenspiel, mit tödlichem Ernst aufgenommen.

Männer, für die eine Artemis-Frau «der Typ» ist, fühlen sich oft zu ihr hingezogen wie zu einer Zwillingsschwester oder zu einer verwandten Seele – eine weibliche Version ihrer selbst. Oder sie fühlen sich von ihrem unabhängigen Geist, ihrem Durchsetzungsvermögen und ihrer Willenskraft angesprochen, Eigenschaften, die sie selbst vielleicht nicht entwickelt haben. Oder die Artemis-Frau fasziniert sie als Bild der Reinheit, das einem Ideal in ihnen selbst entspricht.

Meistens ist jedoch das Zwillingskonzept der wichtigste Beweggrund für eine solche Beziehung. In diesem Fall fühlt sich der Mann von seinem weiblichen Gegenstück angezogen, weil er diese Frau als ebenbürtige Partnerin betrachtet, bei der er sich geben kann, wie es seinem Wesen entspricht und die er bei all den Interessen, die er verfolgt, als Kameradin an seiner Seite haben kann.

Der Mann, der in einer Artemis-Frau Eigenschaften bewundert, die er selbst nicht entwickelt hat, wird meist von ihrer Willensstärke und ihrem unabhängigen Geist angezogen. Er stellt die Artemis-Frau aufgrund von Eigenschaften, die allgemein als «weiblich» gelten, auf ein Podest. Ihre Stärken sind es, die sie ihm schön erscheinen lassen. Seine idealisierte Frau gleicht der Superfrau (die sich als Diana, der römische Name für Artemis, verkleidet hat).

Als mein Sohn acht Jahre alt war, hörte ich zufällig, wie sein Freund sich voller Bewunderung über die kühnen Taten eines Mädchens äußerte. Er fand seine Freundin freimütig und unerschrocken, ein Mädchen, auf das er zählen könne und das ihm zu Hilfe kommen würde. «Sollte sich jemand mit mir anlegen wollen, würde ich sie anrufen, und sie wäre sofort zur Stelle.» Als Psychiaterin habe ich denselben Tonfall der Bewunderung, denselben Stolz auf Partnerschaft heraushören können, wenn Männer, deren ideale Frau von der Göttin Artemis verkörpert wird, über die Taten und Leistungen der Frauen, die sie liebten, sprachen.

Ein dritter Typ von Männern fühlt sich von der Reinheit der Göttin Artemis angezogen, von ihrer Jungfräulichkeit und Identifikation mit der ursprünglichen Natur. In der griechischen Mythologie wurde diese Faszination durch Hippolytos personifiziert, einen hübschen Jüngling, der sich der Göttin Artemis weihte und sich einem Leben der Ehelosigkeit verschrieb. Seine Keuschheit beleidigte Aphrodite, die Göttin der Liebe, die deswegen eine tragische Abfolge von Ereignissen auslöste – ein Mythos, den ich im Kapitel über Aphrodite schildern werde. Männer von diesem Typ – die von Frauen angezogen werden, die so rein wie Artemis zu sein scheinen – fühlen sich durch die erdgebundene Sexualität in ihrem Wesen verletzt. Wie der Jüngling Hippolytos befinden sie sich in ihren späten Jugend- oder den ersten Erwachsenenjahren und sind vielleicht selbst noch keusch.

KINDER

Die Artemis-Frau ist selten der Typ der Erdmutter – und sie findet keine Erfüllung in der Schwangerschaft oder der Pflege eines Babys. Eine eventuelle Schwangerschaft kann bei der Artemis-Frau sogar einen Widerwillen auslösen, denn sie legt Wert auf eine athletische, anmutige oder knabenhafte Figur. Der Mutterinstinkt ist bei ihr nicht stark ausgeprägt (dazu muß Demeter vorhanden sein), aber sie liebt Kinder.

Wenn eine Artemis-Frau eigene Kinder hat, so ist sie häufig eine gute Mutter – wie die Bärin, die ihr Symbol ist. Die Artemis-Frau gehört zu jenen Müttern, die die Unabhängigkeit ihrer Kinder fördern, die ihren Kindern beibringen, wie man für sich selbst sorgen kann, die ihre Kinder jedoch verteidigen wie eine Bärin ihr Junges. Es gibt Kinder von Artemis-Frauen, die davon überzeugt sind, ihre Mütter würden für sie in den Tod gehen.

Artemis-Frauen fühlen sich wohl, wenn sie keine eigenen Kinder haben, wobei sie ihre mütterlichen Energien – die wie diejenigen einer jugendlichen Tante sein können – fremden Kindern zuteil werden lassen. Gelegenheit hierzu bietet sich ihnen als Pfadfinderleiterinnen, Stiefmütter oder Mitglieder der «Big Sisters of America» (Frauen, die sich um sozial benachteiligte Mädchen kümmern). In dieser Rolle gleichen sie der Göttin Artemis in ihrer Eigenschaft als Beschützerin der jungen Mädchen auf der Schwelle zum Frausein.

Artemis-Frauen blicken nicht sehnsuchtsvoll auf die Zeit zurück, als ihre Kinder noch Säuglinge oder im unselbständigen Krabbelalter waren. Stattdessen freuen sie sich auf die Zeiten, in denen ihre Kinder unabhängiger sein werden. Aktive Knaben und Mädchen, die gern ihrer Abenteuerlust frönen, sind der Meinung, daß ihre Artemis-Mütter begeisterte Kumpels abgeben. Eine Artemis-Mutter freut sich, wenn eines ihrer Kinder mit einer Blindschleiche nach Hause kommt, und sie geht gern mit ihren Kindern zelten oder skifahren.

Doch wenn eine Artemis-Frau ein unselbständiges, passives Kind hat, so braut sich Unheil zusammen. Versucht die Mutter zu früh, die Unabhängigkeit des Kindes zu fördern, so macht dies für das Kind alles schlimmer, und es wird sich nur noch mehr an die Mutter klammern. Das Kind fühlt sich zurückgewiesen und hat das Gefühl, es könne die Erwartungen seiner Artemis-Mutter nicht erfüllen.

Die mittleren Lebensjahre

Es kann vorkommen, daß eine Artemis-Frau im Alter von fünfunddreißig bis fünfundfünfzig Jahren in eine Midlife-Krise gerät, wenn keine anderen Göttinnenaspekte in ihrem Leben vorhanden sind. Die Göttin Artemis eignet sich als Verhaltensmuster gut für eine zielbewußte junge Frau, die ihr selbst gestecktes Ziel selbständig verfolgt, doch in den mittleren Lebensjahren kann ein Umschwung eintreten: Es gibt jetzt weniger «unbekannte Wildnis» zu erforschen. Entweder ist es der Frau gelungen, die Ziele, die sie sich gesetzt hat, zu erreichen und sie ist nun in eine ruhigere Lebensphase eingetreten, oder aber sie hat versagt.

Die mittleren Lebensjahre einer Artemis-Frau können auch zu einer Zeit größerer Nachdenklichkeit überleiten, in der die Frau sich nach innen wendet und eher von Artemis der Mondgöttin als von Artemis der Jagdgöttin beeinflußt wird. Phantasien und Träume, die während der Wechseljahre auftreten, können eine extrovertierte Artemis-Frau zu einer Reise nach innen anregen. Auf dieser Reise wird sie mit «Gespenstern» aus ihrer Vergangenheit konfrontiert und stößt auf Gefühle oder Sehnsüchte, die sie während langer Zeit nicht beachtet hat. Dieser durch die Wechseljahre ausgelöste Impuls zur Introversion steht mit Hekate in Zusammenhang, dem alten Weib, der Göttin des dunklen Mondes, der Gespenster und des Furchtbaren. Hekate und Artemis waren beide Mondgöttinnen, die auf der Erde umherstreiften. Der Zusammenhang der beiden Göttinnen kann bei älteren Artemis-Frauen festgestellt werden, die sich in die Welt der Seele, der Psychologie oder der Spiritualität wagen und dies mit demselben Forscherdrang tun, den sie als junge Frauen bei der Verfolgung anderer Interessen an den Tag legten.

DIE SPÄTEREN LEBENSJAHRE

Es ist keineswegs ungewöhnlich, daß eine Artemis-Frau ihre typischen Eigenschaften bis ins hohe Alter hinein aufweist. Ihre jugendliche Schwungkraft erlahmt nie. Sie läßt sich nirgends endgültig nieder; ihr Geist oder ihr Körper – oft beides – ist ständig unterwegs. Sie reist herum und erkundet neue Projekte oder fremde Länder. Sie fühlt sich stets mit der Jugend verbunden und denkt auch wie die Jugend, so daß sie sich nicht «mittelalterlich» fühlt, wenn sie in die mittleren Lebensjahre kommt oder «alt», wenn sie älter wird.

Ich kenne zwei Frauen, die diesen Artemisaspekt verkörpern. So zum Beispiel führt die Naturwissenschaftslehrerin Elizabeth Terwilliger, die jetzt in den Siebzigern ist, immer noch ganze Schulklassen auf Wiesen, in Wäldern, an Flüsse und in die Berge, entdeckt dabei voller Aufregung eine seltene Pilzart unter den Wurzeln eines Baumes verborgen, hält eine hübsche Schlange hoch, weist auf die eßbaren Pflanzen hin, läßt Portulak zirkulieren, damit die Schüler ihn probieren können und vermittelt auf diese Weise aufeinanderfolgenden Generationen von Kindern sowie Erwachsenen, die sich für ihr Gebiet interessieren, ihre Begeisterung angesichts der Wunder der Natur.

Ein weiteres Beispiel ist die ebenfalls lebhafte, ältere Frances Horn, deren Forscherdrang sie auf das Gebiet der Fragen nach der Natur des Menschen lenkte. Mit siebzig erwarb sie ihren Doktor der Psychologie; mit fünfundsiebzig veröffentlichte sie das Buch *I Want It All Now*,[5] ein autobiographisches Werk, in dem ihre Forschungsergebnisse und Ausführungen über das, was sie als von bleibendem Wert betrachtete, aufgezeichnet sind.

Georgia O'Keeffe, die bekannteste amerikanische Malerin, verkörperte die Göttin Artemis sogar noch in ihren neunziger Jahren, so wie sie dies ihr ganzes Leben lang getan hatte. Sie fühlte sich dem ungezähmten amerikanischen Südwesten leidenschaftlich verbunden, empfand eine spirituelle Affinität zu ihm und erreichte dank der Intensität ihrer Entschlossenheit ihre Lebensziele. O'Keeffe soll gesagt haben: «Ich habe stets gewußt, was ich wollte – die meisten Menschen wissen es nicht.»[6] Sie dachte darüber nach, ob ihr Erfolg auf eine Portion Aggressivität zurückzuführen wäre, die bewirkte, daß «ich alles ergriff, was des Weges kam und was ich wollte.» Die artemisähnliche Georgia O'Keeffe verfolgte unbeirrbar ihre Ziele und erreichte, was sie anstrebte.

Im Jahre 1979 war Georgia O'Keeffe die einzige noch lebende Frau, die von der Künstlerin Judy Chicago in «*The Dinner Party*» aufgenommen wurde; dabei handelte es sich um ein aus Tischsets, Porzellan und Stickereien gestaltetes Kunstwerk, mit dem sie neununddreißig bedeutenden Frauengestalten der Geschichte Tribut zollte. Den Teller von Georgia O'Keeffe hatte Judy Chicago höher angebracht als den Teller der anderen Frauengestalten, um auf diese Weise das ihrer Ansicht nach «beinahe erfolgreiche Streben» von Georgia O'Keeffe «gänzlich eine eigenständige Frau zu sein» zu symbolisieren.[7]

Psychische Schwierigkeiten

Die Göttin Artemis streifte mit Begleiterinnen, die sie sich selbst ausgewählt hatte, durch von ihr ausgesuchte Gegenden und tat, was ihr gefiel. Im Gegensatz zu Göttinnen, die in die Opferrolle gedrängt wurden, litt Artemis nie. Sie verletzte jedoch andere, die sie beleidigt hatten oder bedrohte diejenigen, die unter ihrem Schutz standen. Die psychischen Schwierigkeiten, die typischerweise mit Artemis-Frauen assoziiert werden, bestehen denn auch darin, daß Artemis-Frauen gewöhnlich anderen Leid zufügen und nicht sich selbst verletzen.

Identifikation mit Artemis

Es kann für eine Artemis-Frau durchaus befriedigend sein, als «Artemis» zu leben, das heißt ein Ziel zu verfolgen oder auf die Arbeit fokussiert zu sein; dabei hat die Artemis-Frau gar nicht das Gefühl, daß ihrem Leben etwas fehlen könnte, vor allem, wenn sie ihre beträchtlichen Energien in eine Arbeit investieren kann, die für sie eine tiefe Bedeutung hat. Wahrscheinlich ist ihr Lebensstil durch ein ständiges Unterwegssein gekennzeichnet, das sie sehr genießt. Es ist nicht wichtig für sie, ein Heim zu haben, in das sie immer wieder zurückkehren kann. Auch Ehe und Kinder empfindet sie nicht als dringende Bedürfnisse, und zwar unabhängig vom Druck, der diesbezüglich von der Familie und der Gesellschaft ausgeübt wird, es sei denn, Hera und/oder Demeter sind als Archetypen ebenfalls stark bei ihr ausgeprägt. Obwohl sie auf enge Beziehungen und bindende gefühlsmäßige Nähe verzichtet, pflegt sie dauerhafte schwesterliche und brüderliche Beziehungen zu Frauen und Männern und fühlt sich in der Gesellschaft von Kindern anderer Leute wohl.

Die Identifikation mit Artemis prägt den Charakter einer Frau. In diesem Fall muß sie sich jedoch Herausforderungen stellen und Interessen nachgehen können, die sie als persönlich lohnenswert empfindet; tut sie dies nicht, arbeitet sie dem Archetyp entgegen, was zur Folge hat, daß er keinen ihm angemessenen Ausdruck finden kann und die Artemis-Frau frustriert ist und schließlich an Depressionen leidet. Dies traf auf viele Artemis-Frauen in der Zeit nach dem Zweiten-Weltkrieg zu, als der Baby-Boom einsetzte und diese Frauen sich vergeblich den Rollen anzupassen versuchten, die ihnen offenstanden. Wenn wir uns in Erinnerung rufen, wie destruktiv die Göttin Artemis anderen gegenüber sein konnte, so erstaunt es keineswegs, daß die unbewußte Identifikation einer Frau mit Artemis ihren Ausdruck darin finden kann, daß sie mit ihren Handlungen andere Menschen verletzt und ihnen Schaden zufügt. Dieses negative Potential wird in den nachfolgenden Abschnitten beschrieben.

Verachtung für Verletzlichkeit

Solange ein Element des «Verfolgens» vorhanden ist, kann eine Artemis-Frau sich für einen Mann interessieren, doch sobald er gefühlsmäßig näherrückt, sie heiraten möchte oder von ihr abhängig wird, ist der Reiz der «Jagd» vorbei. Zudem kann es sein, daß sie das Interesse an ihm verliert oder sogar Verachtung für ihn empfindet, falls er eine «Schwäche» zeigt, indem er sie braucht. Die Folge ist, daß eine Artemis-Frau eine Reihe von Beziehungen eingehen kann, die alle gut verlaufen, solange der Mann gefühlsmäßig einen gewissen Abstand wahrt und nicht immer verfügbar ist. Dieses Verhaltensmuster kann sich manifestieren, wenn eine Frau sich mit dem der jungfräulichen Göttin eigenen Element des «Eins-mit-sich-selbst-Seins» identifiziert und ihre eigene Verletzlichkeit und ihr Bedürfnis nach einem anderen Menschen negiert. Um sich ändern zu können, muß sie sich der Tatsache bewußt werden, daß die Liebe und das Vertrauen eines anderen, ganz besonderen Menschen ihr sehr teuer sind.

Vom Standpunkt des Mannes aus betrachtet ist die Artemis-Frau bis zu diesem Punkt wie eine Meerjungfrau: Zur Hälfte ist sie eine wunderschöne Frau und zur Hälfte ist sie kalt und unmenschlich. Die Jungsche Analytikerin Esther Harding machte einige Bemerkungen über diesen Aspekt einer Frau vom Typ der jungfräulichen Göttin: «Die Kälte des Mondes und die Herzlosigkeit der Mondgöttin symbolisieren diesen Aspekt der Frauennatur. Trotz ihrem Mangel an Wärme und ihrer Härte, zum Teil vielleicht gerade wegen ihrer Gleichgültigkeit, ist diese unpersönliche Erotik der Frau für den Mann fast unwiderstehlich anziehend.»[8] Eine Artemis-Frau kann zudem gegen einen Mann, der sie liebt, grausam sein, sobald sie nicht mehr an ihm interessiert ist. Sie stößt ihn unter Umständen zurück und behandelt ihn wie einen unerwünschten Eindringling.

DESTRUKTIVE WUT: DER KALYDONISCHE EBER

Die Göttin Artemis wies einen destruktiven Aspekt auf, symbolisiert durch den wilden Eber, eines ihrer heiligen Tiere. Gemäß der Mythologie ließ sie den destruktiven Kalydonischen Eber los, wenn sie beleidigt war.

In *Bullfinch's Mythology* habe ich folgende Beschreibung gefunden: «Die Augen des Ebers... glänzten vor Blut und Feuer, seine Borsten sträubten sich wie bedrohliche Speere, seine Hauer glichen denjenigen indischer Elefanten. Das wachsende Korn wurde niedergetrampelt, Reben und Olivenhaine verwüstet, die Schaf- und Viehherden vom mordenden Feind in wilde Verwirrung getrieben.»[9] Dies ist ein lebendiges Bild einer wilden Zerstörung, eine Metapher für die Artemis-Frau, die sich auf dem Kriegspfad befindet.

Nur die Göttin Hera übertrifft die Göttin Artemis noch in ihrer Wut. Doch obwohl die Intensität der Emotion bei beiden Göttinnen gleich zu sein scheint, sind sowohl das Ziel ihres Zorns als auch die Provokation unterschiedlich. Eine Hera-Frau wütet gegen «die andere Frau», während eine Artemis-Frau wahrscheinlich eher auf einen Mann oder auf Männer im allgemeinen wütend ist, weil sie von ihnen herabgewürdigt wird oder weil sie etwas, das ihr teuer ist, nicht den nötigen Respekt zuteil werden lassen.

So zum Beispiel führte die Bewußtseinserweiterung innerhalb der Frauenbefreiungsbewegung der siebziger Jahre gewöhnlich zu konstruktiven Veränderungen; doch als zahlreiche Artemis-Frauen sich der ungerechten Einschränkungen, die die Gesellschaft Frauen auferlegt, sowie allgemeinen Tendenzen zur Demütigung der Frauen bewußt wurden, reagierten sie mit einer intensiven Feindseligkeit, die oft in keinem vernünftigen Verhältnis zur spezifischen Provokation stand. Vorsichtige Beobachter zogen sich in weiser Voraussicht zurück, wenn in den frühen siebziger Jahren ein Kalydonischer Eber einem männlichen Chauvinistenschwein begegnete. Überdies wurden auch viele Frauen von den nach solchen bewußtseinserweiternden Sitzungen herumtobenden Artemis-Frauen verletzt und aufs schärfste kritisiert.

Im Mythos vom Kalydonischen Eber konfrontierte Atalanta, die mit Hippomenes um die Wette lief, den angreifenden Eber mit einem Speer in der Hand. Der Eber hatte bereits viele berühmte Helden, die versucht hatten, ihn zu erlegen, auf seine Hauer gespießt und getötet. Sein Fell war härter als jede Rüstung. Nun lag es an Atalanta, die Kreatur entweder aufzuhalten oder selbst zerstört zu werden. Sie wartete, bis der Eber beinahe über ihr war, zielte sorgfältig und stieß ihm dann den Speer durch ein Auge (die einzige Stelle, an der er verletzbar war).

Die destruktive Wut einer Artemis-Frau kann nur durch das, was Atalanta tat, besänftigt werden. Die Artemis-Frau muß ihre eigene Destruktivität unmittelbar konfrontieren. Sie muß sie als einen Aspekt ihrer selbst erkennen und bremsen können, bevor die Destruktivität sie verzehrt und ihre Beziehungen zerstört.

Es braucht Mut, um den inneren Eber konfrontieren zu können, denn dies bedeutet, daß die Frau einsehen muß, wie sehr sie sich selbst und anderen geschadet hat. Sie kann dann nicht mehr selbstgerecht und mächtig sein. Demut ist die Lektion, die sie lernen muß, bevor ihr ihre Menschlichkeit wiedergegeben werden kann – die Artemis-Frau wird sich nur zu gewahr, daß auch sie eine sterbliche, mit Makeln behaftete Frau und keine rächende Göttin ist.

Artemis wurde auch die «Göttin der Weite und Ferne» genannt.[10] Emotionale Distanz ist das Merkmal einer Artemis-Frau, die völlig auf ihre eigenen Ziele fokussiert ist und sich durch nichts ablenken läßt, so daß sie die Gefühle der Menschen um sie herum nicht wahrnimmt. Als Folge ihrer mangelnden Aufmerksamkeit fühlen sich die Menschen, die eine solche Artemis-Frau gern haben, unbedeutend und ausgeschlossen und sind verletzt oder reagieren wütend auf sie. Auch in diesem Fall muß die Artemis-Frau ihr Verhalten zuerst erkennen, bevor sie sich ändern kann. Sie muß dem, was andere sagen, Gehör und Aufmerksamkeit schenken. Die anderen wiederum tun am besten daran zu warten, bis sie einmal nicht von einem ihrer Lieblingsvorhaben völlig in Anspruch genommen wird und ihnen ihre Aufmerksamkeit wirklich zuwenden kann. (Wenn sie zu einem Zeitpunkt, da die Artemis-Frau ganz von ihrem Tun in Anspruch genommen wird, mit ihr reden wollen, wird dies zwangsläufig zu Konflikten führen, es sei denn, die Artemis-Frau ist sich ihres Verhaltens bereits bewußt und schätzt es, wenn man sie daran erinnert, daß sie sich wieder so verhält.) Artemis war eine «Jetzt-sieht-man-sie-jetzt-sieht-man-sie-nicht»-Göttin, die buchstäblich im Wald verschwinden konnte, so wie wilde Tiere manchmal einen Augenblick lang zu sehen und im nächsten bereits wieder verschwunden sind. Ergibt sich die emotionale Distanz als ein zufälliges Nebenprodukt intensiver Konzentration, so kann der aufrichtige Wunsch, mit den Menschen, die einem wichtig sind, in Kontakt und für sie erreichbar zu bleiben, diese Tendenz (zur emotionalen Distanz) mildern. Dies ist ein Heilmittel, das sowohl im täglichen Leben als auch im Fall eines periodisch auftretenden «Akt des Verschwindens» angewendet werden kann.

Die Göttin Artemis war oft unbarmherzig. Als zum Beispiel der Jäger Aktaion aus Versehen in ihr Revier eindrang und leider nicht genügend gesunden Menschenverstand aufbrachte, um zu merken, daß es eine tödliche Beleidigung war, eine nackte Göttin anzustarren, verwandelte Artemis ihn in einen Bock, und so wurde Aktaion von seinen eigenen Hunden in Stücke gerissen. Und als die überhebliche Niobe Leto, die Mutter von Artemis und Apollon beleidigte, verteidigten die Zwillinge ohne auch nur einen Augenblick zu zögern, die Ehre ihrer Mutter, und zwar gnadenlos.

Obwohl Empörung über geschehenes Unrecht, Loyalität anderen gegenüber, Stärke in bezug auf die Vertretung eines Standpunkts sowie die Neigung, Maßnahmen zu ergreifen höchst positive Merkmale von Artemis und somit von Artemis-Frauen sein können, kann doch die Strafe, die sie anderen auferlegen, in ihrer Unbarmherzigkeit entsetzlich sein: Alle zwölf Kinder Niobes wurden von den Zwillingsschützen getötet, damit Niobe nichts mehr hatte, mit dem sie prahlen konnte.

Diese Unbarmherzigkeit manifestiert sich oft dann, wenn eine Artemis-Frau die Handlungen anderer Menschen nach einem reinen Schwarz-Weiß-Schema beurteilt. Von dieser Warte aus betrachtet ist dann nicht nur eine Handlung entweder nur schlecht oder nur gut, sondern auch der Mensch, der die Handlung vollzieht, wird in dieser Optik gesehen. Aus diesem Grund betrachtet eine Artemis-Frau, wenn sie Vergeltung übt oder bestraft, ihr Verhalten als gerechtfertigt.

Die Artemis-Frau muß die Fähigkeit zu Mitgefühl und Empathie entwickeln, wenn sie ihre Haltung ändern will; vielleicht stellen sich die Eigenschaften auch mit zunehmender Reife automatisch ein. Viele Artemis-Frauen treten mit einem Gefühl des Selbstvertrauens und der Unverletzlichkeit in ihr Erwachsenenleben. Mit zunehmender Lebenserfahrung kann sich ihr Mitgefühl jedoch entwickeln, da auch sie dem Leiden ausgesetzt sind, ungerecht beurteilt werden oder auf irgendeinem Gebiet versagen.

Wenn eine Artemis-Frau begreift, was es heißt, verletzlich zu sein und mehr Verständnis für ihre Mitmenschen aufbringen kann, wenn sie erkennt, daß die Menschen vielschichtiger sind, als sie geglaubt hat, und wenn sie anderen und sich selbst Fehler verzeihen kann, dann wird sie durch diese Lektionen, die ihr das Leben erteilt, mehr Erbarmen zeigen können.

DIE ENTSCHEIDENDE WAHL: WIRD IPHIGENIE GEOPFERT ODER GERETTET?

Ein letzter Artemis-Mythos zeugt von einer signifikanten Wahl, die eine Artemis-Frau zu treffen hat. Es handelt sich um den Mythos von Iphigenie, und bei der erwähnten Wahl geht es um die Rolle, die Artemis dabei spielt, entweder als Retterin von Iphigenie oder als Ursache für ihren Tod.

In der Geschichte des Trojanischen Kriegs versammelte sich die griechische Flotte im griechischen Hafen Aulis, bevor sie die Segel für die Fahrt nach Troja setzte. Eine Windstille trat ein, kein Wind erhob sich, der die Segel gebläht hätte. In der Überzeugung, daß die Flaute einer Gottheit zuzuschreiben sei, konsultierte Agamemnon (der Befehlshaber der griechischen Streitkräfte) den Seher der Expedition. Der Seher erklärte, Artemis sei beleidigt worden und könne nur dadurch besänftigt werden, daß ihr Agamemnons Tochter Iphigenie geopfert werde. Agamemnon leistete zuerst Widerstand, doch da die Zeit verstrich und die Männer sich zusehends unruhiger und widerspenstiger zeigten, brachte er seine Gattin Klytämnestra dazu, seine Tochter Iphigenie zu ihm zu schicken, und zwar unter dem Vorwand, sie werde mit Achilles, dem Helden der Griechen, verheiratet. Statt dessen wurde Iphigenie jedoch auf das Opfer vorbereitet – sie sollte ihr Leben im Austausch für günstige Winde geben, die die Flotte auf den Weg in den Krieg bringen sollten.

Was als nächstes geschah, wird in zwei verschiedenen Versionen wiedergegeben. Einerseits wurde Iphigenie, wie von Artemis verlangt, geopfert, andererseits griff Artemis, gerade als Iphigenie geopfert werden sollte, ein, setzte eine Hündin an ihre Stelle und nahm Iphigenie mit nach Tauris, wo sie eine der Priesterinnen von Artemis wurde.

Diese beiden Versionen repräsentieren die mögliche Wirkungsweise von Artemis: Einerseits errettet Artemis Frauen und weibliche Werte vor der Herabwürdigung und Unterdrückung durch das Patriarchat, andererseits kann sie aufgrund ihrer ausgeprägten Zielstrebigkeit auch verlangen, daß eine Frau das, was traditionell als «weiblich» betrachtet wird, opfert und entwertet, nämlich die Rezeptivität, das Nährende, das Auf-andere-Bezogensein sowie die Bereitschaft, zugunsten anderer Opfer zu bringen. Jede Artemis-Frau birgt wahrscheinlich einen Iphigenie-Aspekt in sich – einen jungen, vertrauensvollen, schönen Persönlichkeitsanteil, der ihre Verletzlichkeit, ihre Fähigkeit, Intimität empfinden zu können, sowie ihre Abhängigkeit von anderen repräsentiert. Wird sie diesen Aspekt ihrer selbst retten und beschützen, damit er sich entwickeln kann, auch wenn sie sich im Lauf ihres Lebens auf jene Ziele konzentriert, die ihr wichtig sind? Oder wird sie verlangen, daß dieser Iphigenie-Aspekt geopfert werde, damit sie so fokussiert, hart und klar wie nur möglich sein kann?

MÖGLICHKEITEN DER SEELISCHEN ENTWICKLUNG

Um über Artemis hinauszuwachsen, muß eine Frau das ihr weniger bewußte Potential an Rezeptivität und Beziehungsorientiertheit entwickeln. Sie muß verletzlich werden, um zu lernen, einen anderen Menschen zu lieben und für ihn zu sorgen. Sie kann dies öfter innerhalb einer Beziehung lernen – gewöhnlich mit einem Mann, der sie liebt, manchmal mit einer anderen Frau, oder indem sie ein Kind bekommt.

Oft ist diese Weiterentwicklung erst möglich, nachdem die Artemis-Frau «sich erschöpft» hat, nachdem sie eine Reihe von Zielen angestrebt und entweder erreicht oder verfehlt hat, nach-

114

dem der Reiz der Jagd, des Wetteiferns oder der Verfolgungsjagd schal geworden ist. Es kann sein, daß ein Mann, der eine Artemis-Frau liebt, bis zu diesem Zeitpunkt warten muß, oder auch solange, bis ihm Aphrodite zu Hilfe eilt.

DER MYTHOS VON ATALANTA: EINE METAPHER FÜR DIE PSYCHISCHE ENTWICKLUNG

Atalanta war eine Heldin, die in bezug auf ihren Mut und ihre Talente als Jägerin und Läuferin den Männern in keiner Weise nachstand.[11] Kurz nach ihrer Geburt war sie auf einem Hügel ausgesetzt worden, wurde von einer Bärin gefunden und genährt und wuchs zu einer schönen Frau heran. Der Jäger Meleager wurde ihr Geliebter und Begleiter. Das zwillingsähnliche Paar wurde wegen seiner Jagdkünste in ganz Griechenland berühmt, insbesondere für die Rolle, die es bei der Jagd auf den Kalydonischen Eber spielte. Kurz darauf starb Meleager in Atalantas Armen. Atalanta verließ daraufhin die Berggegend, in der sie gemeinsam umhergestreift waren, um ihrem Vater gegenüberzutreten und als Erbin seines Throns anerkannt zu werden.

Nun traten viele Bewerber auf, die um ihre Hand anhielten, doch sie verschmähte alle. Als deswegen Klagen laut wurden, sagte sie, sie würde jenen Mann heiraten, der sich mit ihr im Wettlauf messen und sie besiegen würde; könnte er sie nicht besiegen, würde sie ihn töten.

Rennen um Rennen wurde ausgetragen, aus denen die schnellfüßige Atalanta stets als Siegerin hervorging.

Schließlich beschloß der unsportliche Hippomenes, der Atalanta aufrichtig liebte, sich ebenfalls im Wettlauf mit ihr zu messen, obwohl es ihn wahrscheinlich das Leben kosten würde. In der Nacht vor dem Wettrennen bat er Aphrodite, die Göttin der Liebe, um Hilfe. Sie hörte sein Flehen und gab ihm drei goldene Äpfel, die er während des Rennens verwenden sollte.

1. Apfel: Das Gewahr-Werden der verstreichenden Zeit

Kurz nach Beginn des Wettlaufs warf Hippomenes den ersten goldenen Apfel auf Atalantas Rennbahn. Atalanta wurde von seiner strahlenden Schönheit angezogen und verlangsamte das Tempo, um sich zu bücken und den Apfel aufzuheben. Während sie den goldenen Apfel in ihrer Hand anstarrte, gewann Hippomenes einen leichten Vorsprung. Der Apfel warf ihr Spiegelbild zurück, und sie sah ihr eigenes Gesicht, verzerrt durch die Rundungen des Apfels. «So werde ich aussehen, wenn ich einmal alt bin», dachte sie.

Viele aktive Frauen sind sich der Tatsache, daß die Zeit verstreicht, nicht bewußt, bis irgendwann in ihren mittleren Lebensjahren die Herausforderungen des Wettbewerbs oder der Reiz der zu erreichenden Ziele nachlassen. Eine solche Frau mag sich dann zum ersten Mal in ihrem Leben der Tatsache bewußt werden, daß sie nicht ewig jung bleibt, und denkt dann vielleicht über den von ihr eingeschlagenen Kurs nach, und fragt sich, wohin er sie wohl führen wird.

2. Apfel: Das Gewahr-Werden der Bedeutung der Liebe

Dann warf Hippomenes den zweiten Apfel auf ihren Weg. Atalanta hatte sich unterdessen wieder auf das Rennen konzentriert und Hippomenes überholt. Als sie innehielt, um den zweiten goldenen Apfel von Aphrodite aufzuheben, stiegen plötzlich Erinnerungen an Meleager, ihren toten Geliebten in ihr hoch. Die Sehnsucht nach physischer und emotionaler Nähe wird von Aphrodite geweckt. Wenn dies mit der Bewußtheit zusammenfällt, daß die Zeit verstreicht, wird der gewohnte Fokus einer Artemis-Frau zugunsten einer neuen Rezeptivität für Liebe und Intimität verlagert.

3. APFEL: FORTPFLANZUNGSINSTINKT UND KREATIVITÄT

Die Ziellinie war bereits in Sicht, als Atalanta Hippomenes wieder eingeholt hatte. Sie wollte ihn gerade überholen und hätte somit das Rennen gewonnen, als Hippomenes den dritten goldenen Apfel fallenließ. Für den Bruchteil einer Sekunde zögerte Atalanta: Sollte sie über die Ziellinie laufen und als Siegerin aus dem Rennen hervorgehen oder den Apfel nehmen und verlieren? Atalanta entschied sich dafür, den Apfel aufzuheben, und so gewann Hippomenes das Rennen und bekam Atalanta zur Frau.

Aphrodites Fortpflanzungstrieb ist (mit Hilfe von Demeter) dafür verantwortlich, daß viele aktive, zielorientierte Frauen in ihren Enddreißigern einen langsameren Rhythmus anschlagen. Karrierezentrierte Frauen werden oft überraschend von einem zwanghaften Wunsch nach einem Kind überfallen.

Der dritte goldene Apfel kann auch Kreativität außerhalb der rein biologischen Sphäre repräsentieren. Ist die Lebensmitte überschritten worden, so steht das Leistungsdenken unter Umständen nicht mehr so stark im Vordergrund. Statt dessen wird die durch Aphrodite vertretene Schöpferkraft darauf ausgerichtet, Erfahrungen in irgendeine Form des persönlichen Ausdrucks umzuwandeln.

Stellt sich durch die Liebe zu einem anderen Menschen das Wissen um Aphrodite ein, so kann die Einseitigkeit einer Artemis-Frau – wie befriedigend sie auch immer sein mag – der Möglichkeit des Ganzwerdens das Feld räumen. Die Frau kann sich nach innen wenden, um über das, was ihr wichtig ist, nachzudenken und sie kann dabei sowohl nach innen gerichtet als auch nach außen fokussiert sein. Sie wird sich der Tatsache bewußt, daß sie sowohl ein Bedürfnis nach Nähe als auch ein Bedürfnis nach Unabhängigkeit empfindet. Sobald sie die Liebe anerkennt, wird sie – wie Atalanta – Augenblicke der Entscheidung haben, in denen sie bestimmen kann, was für sie selbst am wichtigsten ist.

5. Kapitel

Athene: Die Göttin der Weisheit und der Künste der Frauen; Strategin und Vaterstochter

ATHENE – DIE GÖTTIN

Athene (die Minerva der Römer) war die griechische Göttin der Weisheit und der Künste. Genau wie Artemis war auch Athene eine der Keuschheit und Ehelosigkeit verpflichtete jungfräuliche Göttin. Sie war die vornehme schöne Kriegsgöttin, die Beschützerin der von ihr ausgewählten Helden und der Stadt, der sie ihren Namen verlieh. Sie war die einzige Göttin des Olymps, die mit einer Rüstung dargestellt wurde – das Visier ihres Helms zurückgeschoben, um ihre Schönheit zu offenbaren, einen Schild am Arm und einen Speer in der Hand.

Wie es sich für ihre Rolle als Göttin gehörte, die in Kriegszeiten über die Strategie und in Friedenszeiten über die häuslichen Künste herrschte, wurde Athene auch mit einem Speer in der einen und einer Schale oder Spindel in der anderen Hand dargestellt. Sie war die Beschützerin der Städte, die Schutzherrin der Streitkräfte sowie die Göttin der Weber, Goldschmiede, Töpfer und Kleidermacher. Athene wurde von den Griechen verehrt, weil sie der Menschheit die Zügel geschenkt hatte, um das Pferd zu zähmen, weil sie den Schiffsbauern bei ihrer Arbeit behilflich war und den Menschen beibrachte, mit Pflug, Harke, dem Joch

119

des Ochsen und dem Wagen umzugehen. Der Olivenbaum war ihr besonderes Geschenk an die Stadt Athen, eine Gabe, die schließlich zur Olivenzucht führte.

Athene wurde oft mit einer Eule dargestellt, einem Vogel, der mit Weisheit und mit leuchtenden Augen assoziiert wurde – zwei der Merkmale von Athene. Auf ihrem Schild oder auf dem Saum ihres Kleides waren ineinander verschlungene Schlangen abgebildet. Wurde Athene zusammen mit einer anderen Gestalt dargestellt, so handelte es sich dabei stets um eine männliche Figur. So zum Beispiel konnte man sie neben dem sitzenden Zeus in der Haltung einer Kriegerin sehen, die neben ihrem König Wache steht; oder sie stand entweder hinter oder neben Achilles oder Odysseus, den wichtigsten griechischen Helden der *Ilias* und der *Odyssee*.

Die Athene zugeschriebenen kriegerischen und häuslichen Fähigkeiten umfassen die Planung und die Ausführung einer Sache, Tätigkeiten, die ein zielgerichtetes Denken erfordern. Strategie, Sinn für das Praktische und konkrete Ergebnisse geben ihrer Weisheit ein besonderes Gepräge. Athene schätzt rationales Denken und symbolisiert die Herrschaft des Willens und des Intellekts über Instinkte und Triebe. Ihr Geist ist in der Stadt zu Hause; für Athene muß (im Gegensatz zu Artemis) die Wildnis gezähmt und unterjocht werden.

GENEALOGIE UND MYTHOLOGIE

Athenes Aufnahme in den Kreis der Olympier gestaltete sich höchst dramatisch. Sie entsprang dem Haupt von Zeus als bereits erwachsene Frau, in einer glänzenden goldenen Rüstung, in der einen Hand einen spitzen Speer, und sie stieß einen gewaltigen Kriegsschrei aus. Einigen Versionen zufolge soll ihre Geburt eine Art Kaiserschnitt gewesen sein – Zeus wurde mit zunehmenden «Wehen» von rasenden Kopfschmerzen geplagt. Hephaistos, der

Schmiedegott, half ihm, indem er eine zweischneidige Axt auf Zeus Schädel niedersausen ließ und so einen Spalt öffnete, damit Athene herauskommen konnte.

Athene betrachtete sich selbst als mutterlos; sie hatte nur Zeus, ihren Vater, dem sie sich für immer verbunden fühlte. Sie war die Frau, die die rechte Hand ihres Vaters darstellte, die einzige Person im Olymp, der Zeus seinen Donnerkeil und seine Ägis (seinen magischen Ziegenfellbeutel), die Symbole seiner Macht, anvertraute.

Die Göttin Athene erkannte ihre Mutter Metis nicht an; sie schien sich offenbar der Tatsache, daß sie eine Mutter hatte, nicht bewußt zu sein. Aus den Schilderungen Hesiods geht hervor, daß Metis die erste Gemahlin von Zeus war, eine Meeresgöttin, die für ihre Weisheit bekannt war. Als Metis mit Athene schwanger ging, überlistete Zeus sie dazu, sich klein zu machen und verschlang sie. Einem Orakel zufolge sollte Metis zwei ganz besondere Kinder haben: Eine Tochter, die Zeus an Mut und weiser Ratgebung ebenbürtig wäre und einen Sohn, mit einem alles erobernden Herzen, der der König der Götter und der Menschen werden würde.[1] Dadurch, daß Zeus Metis verschlang, vereitelte er die Pläne des Schicksals und machte sich die Attribute von Metis zu eigen.

Gemäß ihrer Mythologie war Athene die Beschützerin, Ratgeberin, Schutzherrin und Verbündete von heldenhaften Männern. Die Liste derjenigen, denen sie beistand, liest sich wie ein «Who's who? der Helden».

Unter diesen Helden befand sich Perseus, der Gorgo Medusa enthauptete – jenes weibliche Ungeheuer, das an der Stelle der Haare Schlangen trug, eherne Klauen hatte und mit ihrem Blick die Menschen versteinerte. Athene schlug einen Trick mit Spiegeln vor, so daß Perseus das Spiegelbild der Medusa in seinem Schild sehen und somit ihren direkten Anblick vermeiden konnte. Als Perseus die Medusa enthauptete, lenkte Athene sein Schwert.

Athene half auch Jason und den Argonauten beim Bau ihrer Schiffe, bevor sie sich aufmachten, um das Goldene Vlies zu erobern. Sie schenkte Bellerophon goldene Zügel, mit denen er das geflügelte Pferd Pegasus zähmen konnte, und sie kam Herakles (dem römischen Herkules) bei seinen zwölf Arbeiten zu Hilfe.

Während des Trojanischen Kriegs war Athene zugunsten der Griechen sehr aktiv. Sie kümmerte sich um ihre Favoriten, hauptsächlich um Achilles, den berühmtesten und mächtigsten der griechischen Krieger. Später half sie Odysseus auf seiner langen Heimkehr.

Abgesehen davon, daß sie für die einzelnen Helden eintrat und diejenige Gestalt des Olymps war, die Zeus am nächsten stand, stellte Athene sich auf die Seite des Patriarchats. In der ersten Gerichtsszene der westlichen Literatur gab sie ihre Stimme zugunsten Orestes ab. Orestes hatte seine Mutter Klytämnestra getötet, um den Tod seines Vaters (Agamemnon) zu rächen. Apollon trat als Verteidiger von Orestes auf: Er vertrat den Standpunkt, die Mutter gäbe nur die Nahrung für den vom Vater gepflanzten Samen ab, verkündete das Prinzip, daß der Mann über die Frau herrsche, und führte zum Beweis dafür die Geburt von Athene an, die nicht aus dem Körper einer Frau geboren worden war. Das Urteil der Richter war noch unentschieden, als Athene mit ihrer Stimme den Ausschlag gab. Sie stellte sich auf die Seite von Apollon, befreite Orestes und wertete die patriarchalischen Prinzipien höher als die Bindung an die Mutter.

In der Mythologie der Göttin Athene taucht bloß einmal in einer der gut bekannten Geschichten eine sterbliche Frau auf. Es handelt sich um Arachne, die Athene in eine Spinne verwandelte. Als Göttin der Künste der Frauen war Athene von einer anmassenden Weberin namens Arachne zu einem Wettbewerb in der Kunst des Webens herausgefordert worden. Beide arbeiteten mit großer Geschicklichkeit und Schnelligkeit. Als die Wandteppiche fertig waren, bewunderte Athene die makellose Arbeit ihrer Rivalin, doch sie erzürnte, weil Arachne es gewagt hatte, die amourösen Betrügereien von Zeus darzustellen. Ihr Wandteppich zeigte Leda, wie sie einen Schwan streichelte – eine Maskerade von Zeus, der in das Schlafgemach der verheirateten Königin eingedrungen war, um mit ihr zu schlafen. Eine weitere Szene zeigte

Danae, in die Zeus in der Gestalt eines goldenen Regens eindrang; auf einem dritten Bild war das Mädchen Europa dargestellt, wie sie von Zeus in der Gestalt eines herrlichen weißen Bullen entführt wurde.

Die Thematik ihres Wandteppichs stürzte Arachne ins Verderben. Athene war über die Darstellungen Arachnes dermaßen erzürnt, daß sie den Wandteppich in Stücke riß und Arachne zwang, sich zu erhängen. Doch dann wurde sie von Mitleid erfaßt, ließ Arachne am Leben, verwandelte sie jedoch in eine Spinne, die auf ewig dazu verdammt war, an einem Faden zu hängen und zu spinnen. (In der Biologie werden Spinnen als Arachniden klassifiziert, nach dem Namen dieser unglücklichen Frau.) Es sei darauf hingewiesen, daß Athene, die als Verteidigerin ihres Vaters auftritt, Arachne dafür bestraft, weil sie das trügerische und unerlaubte Verhalten von Zeus publik machte und nicht, weil sie so unverschämt gewesen war, Athene zu diesem Wettbewerb herauszufordern.

ATHENE – DER ARCHETYP

Als Göttin der Weisheit war Athene für ihre siegbringenden Strategien und ihre praktischen Lösungen bekannt. Als Archetyp repräsentiert Athene ein Verhaltensmuster, das von logisch denkenden Frauen befolgt wird, also von Frauen, die sich von ihrem Kopf und nicht von ihrem Herz leiten lassen.

Athene ist ein weiblicher Archetyp: Sie beweist, daß ein gutes Denkvermögen sowie die Tatsache, daß man inmitten einer emotionsgeladenen Situation einen kühlen Kopf bewahren und angesichts eines Konflikts eine gute Strategie entwickeln kann, natürliche Wesensmerkmale einiger Frauen sind. Eine solche Frau ist wie Athene und handelt nicht «wie ein Mann». Ihr männlicher Aspekt oder Animus übernimmt die Funktion des Denkens *nicht für sie* – sie kann sehr wohl selbst gut und klar denken. Das Bild von Athene als dem Archetyp des logischen Denkens stellt die

123

Prämisse von C. G. Jung in Frage, wonach es der Animus, das heißt, der von ihrem weiblichen Ich getrennte Teil ist, der für die Frau denkt. Wenn eine Frau das scharfe Funktionieren ihres Verstands als weibliche, mit Athene in Zusammenhang stehende Eigenschaft erkennt, kann sie ein positives Selbstbild entwickeln, statt befürchten zu müssen, sie sei männisch (das heißt ungehörig in ihrem Benehmen).

Repräsentiert Athene nur einen von mehreren in einer Frau aktiven Archetyp – das heißt, ist dieser Archetyp nicht dominant –, so kann dieser Archetyp als Verbündeter von anderen Göttinnen fungieren. Empfindet eine Frau zum Beispiel aufgrund des Hera-Archetyps das Bedürfnis nach einem sie ergänzenden Partner, so kann Athene bei der Einschätzung der Situation behilflich sein und eine Strategie entwickeln, damit die Frau ihren Mann bekommt. Oder falls Artemis bei der Planung eines Gesundheits- oder Studienzentrums für Frauen als Inspirationsquelle diente, so kann die Verwirklichung des Projekts vom politischen Scharfsinn Athenes abhängen. Kann sich eine Frau inmitten eines emotionalen Sturms an ihren Athene-Archetypen wenden, so wird ihr Athenes Rationalität dabei helfen, die Orientierung nicht zu verlieren.

ATHENE, DIE JUNGFRÄULICHE GÖTTIN

Die der Göttin Artemis zugeschriebenen Eigenschaften der Unverletzlichkeit und Unversehrtheit gelten ebenfalls für Athene. Wenn Athene die Psyche einer Frau beherrscht, so richtet sich diese Frau – genau wie Frauen, die entweder Artemis oder Hestia gleichen – ganz nach ihren eigenen Prioritäten. Genau wie der Artemis-Archetyp prädisponiert auch Athene eine Frau dazu, sich auf das zu konzentrieren, was ihr wichtig ist, statt die Bedürfnisse der andern in den Brennpunkt ihres Lebens zu rücken.

Athene unterscheidet sich insofern von Artemis und Hestia, als sie eine jungfräuliche Göttin ist, die die Gesellschaft der Männer sucht. Weder sondert sie sich von ihnen ab, noch zieht sie sich zurück, sondern genießt es statt dessen, im Mittelpunkt der Handlungen und der Macht der Männer zu stehen. Der Aspekt der jungfräulichen Göttin hilft ihr, emotionale oder sexuelle Verflechtungen mit Männern zu vermeiden, mit denen sie eng zusammenarbeitet. Sie kann die Gefährtin, Kollegin oder Vertraute von Männern sein, ohne dabei erotische Gefühle oder emotionale Nähe empfinden zu müssen. Athene tauchte als erwachsene Frau im Kreis der Olympier auf. In ihrer Mythologie wird sie als an gewichtigen irdischen Angelegenheiten interessierte Göttin dargestellt. Somit repräsentiert der Athene-Archetyp eine ältere, etwas reifere Version einer jungfräulichen Göttin als der Artemis-Archetyp. Athenes realistische Beziehung zur Welt, so wie sie ist, ihre pragmatische Haltung, ihre Anpassung an «erwachsene» (das heißt, traditionsgebundene) Normen sowie ihr Mangel an romantischer Schwärmerei oder Idealismus vervollständigen das Bild von Athene als der Quintessenz des «vernünftigen Erwachsenen».

ATHENE, DIE STRATEGIN

Athenes Weisheit entsprach derjenigen eines Generals, der die Truppen aufmarschieren läßt, oder derjenigen eines Geschäftsmagnaten, der den Wettbewerb durch Kunstgriffe noch übertreffen kann. Während des Trojanischen Kriegs erwies sich Athene als die beste Strategin. Ihrer Taktik und ihren Interventionen hatten die Griechen zahlreiche Siege auf dem Schlachtfeld zu verdanken. Der Athene-Archetyp gedeiht im Geschäftsleben, auf akademischem, wissenschaftlichem, militärischem oder politischem Gebiet.

So zum Beispiel kann Athene sich bei einer Frau manifestieren, die in Betriebswirtschaft promoviert hat und die mit der Hilfe eines einflußreichen Mentors Stufe um Stufe der Firmenleiter emporsteigt. Der rasche Aufstieg von Mary Cunningham zur Vizepräsidentin der Bendix Corporation – sie galt als sehr talentiert und wurde vom Direktor und Aufsichtsratsvorsitzenden gefördert – verlief nach dem Muster von Athene. Als man ihrer Beziehung zuviel Aufmerksamkeit schenkte, trat Mary Cunningham zurück und nahm bei Schenley, einer anderen bedeutenden Firma, eine hohe Position ein. Dieser weise Schachzug könnte als Äquivalent für einen strategischen Rückzug und für eine entscheidende Kampfhandlung während eines militärischen Angriffs betrachtet werden.

Athenes Scharfsinn befähigt eine Frau dazu, sich in Situationen, die politische oder wirtschaftliche Erwägungen erfordern, auf effiziente Art durchzusetzen. Sie kann ihr Talent des strategischen Denkens einsetzen, um ihre eigenen Projekte zu fördern, oder sie kann einem Mann mit Ambitionen, der beruflich im Aufstieg begriffen ist, als kameradschaftliche Beraterin zur Seite stehen. In beiden Fällen werden solche Frauen vom Athene-Archtyp beherrscht: Sie wissen genau, worauf es «per saldo» ankommt, ihre Intelligenz ist auf praktische und pragmatische Faktoren ausgerichtet, und ihre Handlungen werden weder von Emotionen bestimmt noch von Sentimentalität beherrscht. Ist Athene in der Psyche einer Frau vertreten, so erfaßt die Frau rasch, was zu tun ist und findet Mittel und Wege, um ihre Ziele zu erreichen.

Die Diplomatie – die stets mit Strategie, Macht und Täuschungsmanövern verbunden ist – ist eine Domäne, in der es Athene zu Glanzleistungen bringt. Clare Booth Luce – eine berühmte Schönheit, Dramatikerin, Mitglied des US-Kongresses, Botschafterin in Italien und Ehrengeneral in der amerikanischen Armee – verfügte über die genannten Athene-Eigenschaften. Ihr Ehrgeiz sowie die Tatsache, daß sie ihre Intelligenz und ihre Kontakte einzusetzen wußte, um sich einen Weg durch die Männerwelt zu bahnen, brachten ihr sowohl Bewunderung als auch Kritik ein. Sie war mit Henry R. Luce verheiratet, einem Begründer des *Time Magazine*, auf seinem Gebiet ein Zeus. In den Augen ihrer Bewunderer verdiente sie Lob, weil sie trotz aller Anfeindungen einen «kühlen Kopf» bewahren konnte, obwohl ihre Kritiker sie als «kaltblütige» Ränkeschmiedin bezeichneten.[2]

Nicht minder Athene-ähnlich ist die Frau mit einem Doktortitel, die auf akademischem Gebiet Leistungen vollbringt. Um sich eine akademische Position zu verschaffen, muß man Forschungsarbeiten durchführen, etwas veröffentlichen, verschiedenen Ausschüssen beitreten, Stipendien erhalten, kurzum: die Spielregeln kennen und Punkte sammeln. Um vorwärtszukommen, sind sowohl Frauen als auch Männer auf Mentoren, Gönner und Verbündete angewiesen. Intellektuelle Fähigkeiten allein genügen normalerweise nicht, sondern sie müssen durch taktische und politische Erwägungen ergänzt werden. Die Wahl des Studienfachs, des Lehrfachs oder des Forschungsgebiets, die Wahl der Hochschule, der Fakultät oder des Studienberaters – all dies spielt bei der Entscheidung, ob die Frau die Stipendien erhält und die Position erreicht, die sie braucht, um ihre Arbeit durchführen zu können, eine Rolle.

Rosalyn Yalow, die für die Entwicklung von Testverfahren auf dem Gebiet der Strahlenimmunität (die Verwendung von radioaktiven Isotopen zur Messung der Hormonmengen und weiterer im Körper vorhandener Chemikalien) den Nobelpreis für Chemie erhielt, muß in Anbetracht ihrer Leistungen eine brillante Athene sein. Sie sprach davon, wie sehr sie es genießt, sowohl ihre Hände als auch ihren Verstand gebrauchen zu können (eine Kombination der Aspekte der Weisheit und der Geschicklichkeit der Göttin Athene). Rosalyn Yalow mußte eine scharfsinnige Strategin sein, um die Laborverfahren zu bestimmen, die zu ihren Entdeckungen führten, eine Fähigkeit, die ihr ebenfalls in bezug auf ihre Karriere zustatten kam.

DIE KUNSTFERTIGE FRAU

Als Göttin der Künste der Frauen beschäftigte Athene sich mit der Herstellung von Erzeugnissen, die sowohl nützlich als auch ästhetisch waren. Am bekanntesten waren ihre Talente in der Kunst des Webens, die gleichermaßen manuelle Geschicklichkeit und Intellekt verlangt. Wenn eine Frau einen Wandteppich oder eine sonstige Webarbeit herstellen will, muß sie zuerst einen Entwurf oder Plan machen und dann Reihe um Reihe methodisch das Erzeugnis weben. Diese Vorgehensweise ist eine Manifestation des Athene-Archetyps, welcher Voraussicht, Planung, das Beherrschen einer Kunst und Geduld repräsentiert.

Die Frauen der ehemaligen Siedler Nordamerikas, die Garn sponnen, Tuch webten und praktisch alle Textilien herstellten, die von ihren Familienangehörigen getragen wurden, verkörperten Athene in ihrem hausfraulichen Aspekt. Seite an Seite mit ihren Ehemännern rangen sie der Wildnis Land ab und bezwangen die Natur, um ihre Grenzen weiter nach Westen auszudehnen. Überleben und Erfolg hingen von Athene-Fähigkeiten ab.

DIE VATERSTOCHTER

Als Archetyp der «Vaterstochter» repräsentiert Athene die Frau, die sich wesensgemäß instinktiv zu mächtigen Männern hingezogen fühlt, zu Männern mit Autorität, Verantwortung und Macht – Männer, die dem Archetyp des patriarchalischen Vaters oder des «Bosses» entsprechen. Athene prädisponiert eine Frau dazu, Mentor-Beziehungen mit starken Männern zu pflegen, die ihre Interessen teilen und ähnliche Vorstellungen von den Dingen haben wie sie. Die Athene-Frau erwartet Loyalität nach beiden Seiten hin. Genau wie die Göttin Athene ist sie, wenn sie sich einem solchen Mann verschrieben hat, die heftigste Verfechterin seiner Rechte und Interessen oder seine «rechte Hand»; der Mann kann voll darauf vertrauen, daß sie seine Autorität gut einsetzen und seine Vorrechte wahren wird.

Viele engagierte Sekretärinnen, die ihr Leben ihrem Chef widmen, sind solche Athene-Frauen. Ihre Loyalität gegenüber dem von ihnen auserwählten großen Mann ist unumstößlich. Wenn ich an Rosemary Woods, die Privatsekretärin des ehemaligen Staatspräsidenten Richard Nixon, denke und an jene 18-Minuten-Sequenz, die auf dem Watergate-Tonband gelöscht wurde, so frage ich mich, ob Athene ihre Hand hier im Spiel hatte. Zweifellos wäre Athene davon ausgegangen, daß es «weise» wäre, Beweismaterial dieser Art zu vernichten, und Athene hätte es auch ohne Schuldgefühle gelöscht.

In ihrer Eigenschaft als Vaterstochter verteidigt eine Athene-Frau unter Umständen die patriarchalischen Rechte und Werte, mit denen Tradition und die Legitimität der Macht des Mannes geltend gemacht werden. Athene-Frauen unterstützen den Status quo im allgemeinen und akzeptieren die etablierten Normen als Verhaltensrichtlinien. Solche Frauen sind gewöhnlich politisch konservativ eingestellt und widersetzen sich Veränderungen. Athene hegt kaum Sympathie für Erfolglose, Unterdrückte oder Rebellen.

DER GOLDENE MITTELWEG

Ist der Athene-Archetyp stark ausgeprägt, so zeigt die betreffende Frau eine natürliche Tendenz, alles mit Maß zu tun, immer «den goldenen Mittelweg» zu beschreiten – ein Ideal Athenes. Exzesse jeglicher Art sind gewöhnlich auf intensive Emotionen oder Bedürfnisse oder auf ein leidenschaftliches, selbstgerechtes, ängstliches oder gieriges Naturell zurückzuführen – alle genannten Eigenschaften stehen in scharfem Gegensatz zur Rationalität der Göttin Athene. Das Streben nach dem goldenen Mittelweg wird zudem durch Athenes Neigung verstärkt, Ereignisse zu überwachen, ihre Wirkung zu registrieren und den Verlauf der Dinge zu ändern, sobald etwas unproduktiv zu sein scheint.

DIE GEWAPPNETE GÖTTIN

Athene tauchte in einer herrlichen goldenen Rüstung auf dem Olymp auf. In der Tat ist das «Gewappnet-Sein» ein typisches Merkmal Athenes. Dank einer intellektuellen Abwehr kann sich eine Athene-Frau davor schützen, Schmerz zu fühlen – sowohl ihren eigenen Schmerz als auch den Schmerz anderer Menschen. Inmitten eines emotionalen Aufruhrs oder einer harten Auseinandersetzung prallen Gefühle an einer solchen Frau ab; sie beobachtet, etikettiert und analysiert das Geschehen und entscheidet, was sie als nächstes tun wird.

In der Welt des Leistungswettbewerbs weist der Athene-Archetyp gegenüber dem Artemis-Archetyp einen eindeutigen Vorteil auf. Die Artemis-Frau faßt ihre Ziele ins Auge und stellt sich dem Wettbewerb, aber sie ist nicht gewappnet, genau wie die Göttin Artemis, die nur eine kurze Tunika trug. Entspricht der Archetyp einer Frau eher der Göttin Artemis als der Göttin Athene, so neigt sie dazu, unerwartete Feindseligkeiten oder eine Täuschung persönlich zu nehmen. Sie reagiert dann unter Umständen verletzt oder empört, wird womöglich emotional und ist somit weniger effizient. Athene hingegen nimmt in derselben Situation die Ereignisse lediglich kühl zur Kenntnis.

DIE ENTWICKLUNG DES ATHENE-ARCHETYPS

Frauen, die von Natur aus nicht wie Athene sind, können diesen Archetyp durch ein Studium oder durch Arbeit entwickeln. Ein Studium erfordert die Entwicklung von Athene-Eigenschaften. Nimmt eine Frau ihre Ausbildung ernst, so entwickelt sie sich disziplinierte Lerngewohnheiten. Mathematik, Wissenschaften, Grammatik, Forschung und das Schreiben von Arbeiten setzen Athene-Fähigkeiten voraus. Eine Berufstätigkeit hat eine ähnliche Wirkung. Ein «professionelles» Verhalten bedingt, daß eine Frau objektiv, unpersönlich und geschickt ist. Eine Frau mit tiefem Mitgefühl für ihre Mitmenschen studiert vielleicht Medizin oder läßt sich zur Krankenschwester ausbilden und entdeckt in der Folge womöglich, daß sie das Gebiet von Athene betreten hat und unbedingt unbeteiligtes Beobachten, logisches Denken und Geschicklichkeit entwickeln muß.

Jegliche Art der Ausbildung fördert die Entwicklung des Athene-Archetyps. Das Lernen von objektiven Fakten, klares Denken, Vorbereitungen für die Examina und das Ablegen der Prüfungen sind alles Übungen, welche Athene konstellieren.

Athene kann sich auch aus einer Notwendigkeit heraus entwickeln. So kann ein junges Mädchen, das zu Hause seelisch mißbraucht wird, lernen, seine Gefühle zu verbergen und sich mit einem schützenden Panzer zu umgeben. Dabei kann es vorkommen, daß es innerlich erstarrt und den Kontakt zu seiner Gefühlswelt verliert, weil es ohne Abwehr seine Sicherheit verlieren würde. Unter Umständen lernt das Mädchen zu beobachten und Strategien zu entwerfen, um überleben zu können. Athene wird immer dann aktiviert, wenn eine Frau, die sich in irgendeiner Opferrolle befindet, eine Überlebensstrategie entwirft oder den Plan faßt fortzugehen.

Walter F. Otto, der Verfasser des Werks *Die Götter Griechenlands*,[3] hat Athene als die «Immernahe» bezeichnet. Sie stand unmittelbar hinter ihren Helden und war für andere nicht sichtbar. Sie flüsterte ihnen Ratschläge zu, riet ihnen zur Zurückhaltung und verschaffte ihnen Vorteile gegenüber ihren Gegnern. Der Archetyp der «immernahen» Athene muß gebeten werden «näherzukommen», wenn eine Frau inmitten einer emotionsgeladenen Situation klar denken sollte oder wenn sie in ihrem Beruf oder Studienfach den Wettbewerb zu denselben Bedingungen wie die Männer aufnimmt.

ATHENE – DIE FRAU

Es gibt in Amerika einen gewissen Typ von Frauen – zuverlässig und extrovertiert – der Athene am besten im Alltagsleben zu verkörpern scheint. Eine solche Frau ist praktisch, unkompliziert, unbefangen und vertrauensvoll, jemand, der die Dinge ohne großes Aufhebens erledigt. Es ist für eine Athene-Frau typisch, daß sie über eine gute Gesundheit verfügt, keine psychischen Probleme hat und sich körperlich betätigt, wie dies der Identifikation mit Athene auch entspricht (die in ihrem Aspekt als Athene Hygieia auch die Göttin der Gesundheit war). In meiner Vorstellung sehe ich diese Frau als eine jener adrett und sauber aussehenden Frauen, die ihr Leben lang im «College-Girl-Stil» daherkommen. Die Psyche einer Athene-Frau weist eine Ähnlichkeit mit dem «Kein-Firlefanz-Look» besagter Kleidung auf – praktisch, haltbar, von guter und dauerhafter Qualität und nicht von Moderströmungen beeinflußt.

Die modische Variante dieses Kleidungsstils wird vielleicht von der Athene-Frau getragen, die in einem Vorort wohnt; die «Stadt-Variante», die von den im Geschäftsleben erfolgreichen

131

Frauen getragen wird, besteht aus einem maßgeschneiderten Hosenanzug oder Kostüm mit Bluse. Athene-Frauen pflegen in bezug auf ihr Äußeres eine «alterslose Asexualität».

DIE JUNGE ATHENE

Das Athene-Kind hat mit Artemis die Fähigkeit zur Konzentration gemeinsam, doch kommt bei ihm noch ein ausgeprägter Hang zur Intellektualität hinzu. So zum Beispiel hat sich die kleine Athene womöglich bereits mit drei das Lesen selbst beigebracht. Hat das Athene-Kind einmal die Welt der Bücher entdeckt, so wird es, unabhängig davon, wie alt es ist, seine Nase wahrscheinlich dauernd in irgend einem Buch vergraben. Ist die kleine Athene nicht gerade mit Lesen beschäftigt, so folgt sie ihrem Papa auf Schritt und Tritt und stellt Fragen wie: «Papi, warum?» oder Papi, wie funktioniert das?» oder, was am typischsten ist, «Papi, zeig mir!» (Gewöhnlich fragt sie nicht «Mami, warum?» – es sei denn, sie hat zufälligerweise eine Athene-Mutter, die ihr die logischen Antworten gibt, die sie haben möchte.) Die kleine Athene ist neugierig, sammelt Informationen und möchte wissen, wie die Dinge funktionieren.

ELTERN

Wenn eine Athene-Tochter als Lieblingskind eines erfolgreichen Vaters aufwächst, der stolz darauf ist, daß sie «ihm nachschlägt», so hilft er ihr, ihre natürlichen Anlagen zu entwickeln. Erteilt er ihrem Rollenmodell seinen Segen, so ist das Vertrauen in ihre Fähigkeiten ihr «Geburtsrecht». Eine solche Tochter wächst in einem Klima der Sicherheit auf und hat keinerlei Konflikte in bezug auf ihre Intelligenz und ihre Ambitionen. Als erwachsene Frau kann sie dann mühelos Macht und Autorität ausüben und ihre Fähigkeiten unter Beweis stellen.

Aber nicht alle Athene-Frauen haben einen Zeus zum Vater, der sie fördert. In diesem Fall fehlt ihnen ein wesentliches, für ihre Entwicklung notwendiges Element. Einige Athene-Frauen haben zwar einen höchst erfolgreichen Vater, doch ist er meist dermaßen beschäftigt, daß er keinerlei Notiz von seiner Tochter nimmt. Andere Zeus-Väter wiederum bestehen darauf, daß ihre Tochter sich so benimmt, wie es sich der Tradition nach für ein Mädchen ziemt; ein solcher Vater hänselt unter Umständen seine Tochter mit den Worten: «Stopf doch deinen hübschen Kopf nicht mit Fakten voll!» oder er tadelt sie und sagt: «Damit sollten kleine Mädchen nicht spielen», oder «Das geht dich nichts an, von Geschäften verstehst du nichts.» Eine solche Athene-Tochter wächst dann mit dem Gefühl auf, daß sie, so wie sie ist, nicht akzeptabel ist, was wiederum zur Folge hat, daß sie oft kein Vertrauen in ihre eigenen Fähigkeiten hat, auch wenn sie als Kind nicht offen entmutigt wurde, ins Geschäftsleben einzusteigen oder einen Beruf zu ergreifen.

Hat eine Athene-Frau einen Vater, der Zeus gar nicht ähnlich ist – vielleicht ist er eine Niete im Geschäftsleben, Alkoholiker, erfolgloser Dichter oder ein Schriftsteller, für den sich kein Verleger jemals interessiert –, so wird ihre Athene-Entwicklung oft stark gehemmt. Unter Umständen strebt eine solche Athene-Tochter Ziele, die sie an und für sich mühelos hätte erreichen können, gar nicht an. Und auch wenn sie in den Augen anderer Menschen erfolgreich zu sein scheint, fühlt sie sich oft wie eine «Betrügerin, die man irgendwann entlarven» wird.

Die meisten Mütter von Athene-Töchtern fühlen sich – es sei denn, sie sind selbst Athene-Frauen – nicht anerkannt, oder sie haben das Gefühl, ihre Tochter gehöre einer völlig anderen Spezies an. So wird zum Beispiel eine beziehungsorientierte Frau wahrscheinlich keinen affektiven Rapport zu ihrer Athene-Tochter herstellen können. Redet sie über Menschen und Gefühle, zeigt sich die Tochter völlig desinteressiert. Statt dessen will ihre Tochter wissen, wie etwas funktioniert und muß feststellen, daß ihre Mutter nicht einen Schimmer von Ahnung hat oder nicht den leisesten Wunsch hegt, etwas wissen zu wollen. Als Folge dieser unterschiedlichen Wesensart kann es vorkommen, daß eine Athene-Tochter ihre Mutter als völlig inkompetent betrachtet und dementsprechend behandelt.

Für eine Athene-Tochter kann es jedoch eine ebenso schmerzliche Erfahrung sein, eine Mutter zu haben, die ihr dauernd das Gefühl vermittelt, etwas stimme nicht mit ihr. Eine solche Mutter sagt beispielsweise: «Du bist nichts anderes als eine Rechenmaschine!» oder: «Versuch doch wenigstens, so zu tun, als ob du ein Mädchen seist!»

Die Frau, die ihre Athene-Eigenschaften entwickelt, ihre Ziele mit Erfolg erreicht und über ein gesundes Selbstwertgefühl verfügt, hat meistens Eltern nach dem Zeus-Metis-Modell gehabt[4] (erfolgreicher Vater im Vordergrund, nährende Mutter im Hintergrund), und innerhalb der Familie die Stellung des erstgeborenen Sohnes eingenommen. In vielen Fällen ergab sich eine solche Stellung rein zufällig: Vielleicht blieb die Frau ein Einzelkind, oder sie war das älteste von lauter Mädchen, oder ihr Bruder war geistig oder körperlich behindert oder enttäuschte die Erwartungen seines Vaters schwer. In der Folge übertrug der Vater sämtliche Wunschvorstellungen, die er in bezug auf seinen Sohn hegte, auf seine einzige Tochter, die dann auch zur Kameradin wurde, mit der er seine Interessen teilen konnte.

Eine Athene-Frau mit einem positiven Selbstbild, die keine Probleme mit ihren eigenen Ambitionen hat, kann auch die Tochter von Eltern sein, wo beide Ehepartner Karriere machten, oder die Tochter einer erfolgreichen Mutter. Sie wächst mit dem Rollenmodell ihrer Mutter auf und wird von beiden Elternteilen in ihrer Entwicklung gefördert.

ADOLESZENZ UND ERSTE ERWACHSENENJAHRE

Athene-Mädchen klappen die Kühlerhaube auf. Sie gehören zu jenen Mädchen, die lernen, wie man Dinge repariert. Sie sind die Schülerinnen, die im EDV-Unterricht sofort erfassen, wie ein Computer funktioniert und ein Talent für den Computerjargon haben. Sie fühlen sich unter Umständen zum Programmieren hingezogen wie eine Ente zum Wasser, weil sie über ein lineares und klares Denken verfügen, das auch Details berücksichtigt. Dieser Typ von Mädchen ist es auch, der sich für die Börse interessiert, der spart und Investitionen tätigt.

Athene-Mädchen sind oft der Meinung, daß «die meisten Mädchen albern oder dumm sind», und bringen damit eine ähnliche Haltung zum Ausdruck, wie sie Jungen vor der Pubertät zu haben scheinen. Ein Athene-Mädchen wird wohl kaum Angst vor einem merkwürdigen Käfer empfinden, sondern ihn wahrscheinlich zu klassifizieren versuchen. Sie ist verblüfft, wenn andere Mädchen sich vor Ungeziefer fürchten. Wie es sich für ein Mädchen geziemt, das sich nach dem Modell der Göttin Athene entwickelt, die Arachne bestrafte, wird sie sich nicht von einer Spinne ins Bockshorn jagen lassen. Es ist möglich, daß die junge Athene ein hervorragendes Talent zum Nähen, Weben oder Sticken hat. Unter Umständen macht es ihr große Freude, die eine oder andere Art von Handarbeiten auszuführen, und sie kann dann diese Interessen mit ihrer Mutter oder anderen, traditionell erzogenen Mädchen, mit denen sie ansonsten nicht viel gemeinsam hat, teilen. Wahrscheinlich genießt sie es mehr als die anderen Mädchen, ein Muster zu entwerfen und eine Fertigkeit zu entwickeln, aber sie ist im Gegensatz zu den anderen nicht sonderlich daran interessiert, Puppenkleider oder hübsche Sachen für sich selbst herzustellen. Sie freut sich vielmehr über die Kunstfertigkeit der Ergebnisse ihrer Arbeit. Ihr Sinn fürs Praktische und für Qualität motivieren sie dazu, ihre eigenen Kleider herzustellen.

Athene-Mädchen sind im Gegensatz zu anderen Mädchen gewöhnlich keine Problemkinder. Es kommt bemerkenswert selten zu Geschrei oder tränenreichen Szenen. Ebenso selten kommt es vor, daß hormonelle Veränderungen das Verhalten oder die Stimmungen eines solchen Mädchens beeinflussen könnten. Möglicherweise verbringt es seine Zeit an der High-School mit Jungen, die ihm intellektuell ebenbürtig sind. Unter Umständen wird es auch Mitglied eines Schachklubs, sitzt im Redaktionsteam der Schülerzeitung oder beteiligt sich an einem wissenschaftlichen Wettbewerb. Wahrscheinlich liebt es die Mathematik und weist gute Leistungen in diesem Fach auf, oder es verbringt seine Zeit im Chemie-, Physik- oder Computerlaboratorium.

Extrovertierte Athene-Mädchen mit einem gesellschaftlichen Bewußtsein setzen ihre Beobachtungsgabe ein und registrieren, was man trägt, oder welche gesellschaftlichen Kontakte für sie wichtig sind. Sie machen keinen Hehl aus ihrer Fähigkeit, im Sozialprestige-Wettbewerb mitmachen zu können, sich dabei einer gewissen Beliebtheit erfreuen zu dürfen und doch emotional nicht sonderlich engagiert zu sein. Athene-Frauen planen voraus. Die meisten denken intensiv darüber nach, was sie nach der High-School tun wollen. Ist eine solche Frau vom finanziellen Standpunkt aus gesehen in der Lage, ein College zu besuchen, so wird sie darüber nachgedacht haben, welche Möglichkeiten ihr offenstehen und wird eine weise Wahl getroffen haben. Auch wenn sie von ihrer Familie finanziell nicht unterstützt werden kann, wird sie gewöhnlich einen Weg finden, um sich mit Stipendien oder einer anderen finanziellen Unterstützung über Wasser zu halten.

Die meisten Athene-Frauen erleben das College wie eine Befreiung. Nachdem eine solche Frau sich für jenes College entschieden hat, das wegen des Bildungsangebots und der Zusammensetzung der Studentenschaft für sie persönlich in Betracht kommt, wird sie das Studium mit Freuden aufnehmen, weil sie jetzt eher sie selbst sein kann als auf der High-School. Es ist bezeichnend für Athene-Frauen, daß sie sich für koedukative Ausbildungsstätten entscheiden, denn sie kommen gut mit Männern aus und haben eine hohe Meinung von ihnen.

BERUF

Die Athene-Frau will stets etwas aus sich machen. Sie arbeitet hart, um dieses Ziel zu erreichen, nimmt die Realität, wie sie ist, und paßt sich entsprechend an. Somit sind ihre Erwachsenenjahre gewöhnlich eine Zeit der Produktivität. In der macht- und leistungsorientierten Berufswelt beweisen die strategischen Fähigkeiten und das logische Denkvermögen der Athene-Frau ihre Affinität zur Göttin Athene. Zu Hause stellt sie ihre Talente für häusliche Fertigkeiten (ebenfalls eine Domäne der Göttin Athene) unter Beweis und setzt ihren Sinn fürs Praktische und für Ästhetik dafür ein, eine effiziente Hausfrau zu sein.

Wenn die Athene-Frau unmittelbar nach der High-School arbeiten gehen muß, bereitet sie sich häufig auf diese Notwendigkeit vor, indem sie kaufmännische Kurse besucht und Ferienjobs übernimmt, die ihr unter Umständen als Sprungbrett dienen können. Athene-Frauen schlüpfen nicht in die Rolle von Aschenbrödel; sie warten nicht darauf, daß der Märchenprinz sie heiratet und erlöst. Tagträume, wonach «eines Tages der Prinz kommen wird», sind einer Athene-Frau fremd.

Heiratet die Athene-Frau und führt sie einen Haushalt, so tut sie letzteres gewöhnlich mit Effizienz. Ob es nun um das Einkaufen, die Wäsche oder die sonstigen Haushaltspflichten geht, sie hat für alles ein gut funktionierendes System. In ihrer Küche befindet sich wahrscheinlich alles am richtigen Platz. Niemand braucht die Athene-Frau in die Geheimnisse eines Planungsdiagramms einzuweihen – sie versteht sich naturgemäß aufs Organisieren. Gewöhnlich plant sie ihre Einkäufe eine Woche im voraus und plant die Mahlzeiten so, daß sie von Billigangeboten optimalen Gebrauch machen kann. Die Athene-Frau macht sich einen Sport daraus, das Haushaltsbudget nicht zu überziehen und das Geld vernünftig und geschickt auszugeben.

Die Athene-Frau gibt eine hervorragende Lehrerin ab. Sie kann die Dinge klar und gut erklären. Müssen vom Thema her genaue Informationen eingeholt werden, so ist dies kein Problem für die Athene-Frau. Es kann sogar ihre Stärke sein, komplizierte Verfahren zu erläutern, die ein schrittweises Vorgehen verlangen. Eine Lehrerin vom Athene-Typ stellt wahrscheinlich höchste Ansprüche an ihre Schülerinnen und Schüler. Sie gehört zu jener Kategorie von Lehrern, die nichts entschuldigen, alles erwarten und optimale Leistungen wünschen. Sie läßt sich nicht von traurigen Geschichten beeindrucken und erteilt keine ungerechten Noten. Sie kommt am besten mit den Schülern und Studenten zurecht, die eine intellektuelle Herausforderung für sie darstellen. Sie fördert diejenigen ihrer Schüler und Studenten, die gute Leistungen erbringen, und widmet ihnen mehr Zeit als denjenigen, die hinter den Klassenbesten zurückbleiben (im Gegensatz zu einer mütterlichen Demeter-Lehrerin, die sich am meisten den Schülern widmet, die ihre Hilfe am dringendsten benötigen).

Was ihre Kunstfertigkeit anbelangt, so stellt die Athene-Frau funktionale Gegenstände her, die ästhetisch ansprechend sind. Sie hat zudem einen Sinn fürs Geschäftliche, und somit stellt sie ihre Gegenstände nicht bloß her, sondern versteht es auch, sie zu verkaufen oder auszustellen. Sie ist geschickt mit den Händen, und unabhängig davon, welches ihre Fertigkeiten sind, macht sie nicht den geringsten Hehl daraus, daß sie über die nötige Kunstfertigkeit verfügt, und ist stolz auf die handwerklich perfekte Ausführung ihres Produkts. Es macht ihr Spaß, denselben Gegenstand in verschiedenen Varianten herzustellen.

Ist eine Athene-Frau auf akademischem Gebiet tätig, so erweist sie sich wahrscheinlich als kompetente Forscherin. Mit ihrem logischen Denkvermögen und ihrem Sinn für Details kann sie mühelos Experimente durchführen oder Daten sammeln. Ihre Interessengebiete sind meistens diejenigen, für die klares Denken und das Erbringen von Beweisen erforderlich sind. Vielfach hat sie ein Talent für Mathematik und Wissenschaften und ergreift unter Umständen einen Beruf auf kaufmännischem, juristischem, technischem oder medizinischem Gebiet – einen Beruf, der traditionsgemäß den Männern vorbehalten ist, der ihr jedoch die Genugtuung verschafft, eine der wenigen auf diesem Gebiet tätigen Frauen zu sein.

BEZIEHUNGEN ZU FRAUEN: DISTANZIERT ODER NICHT EXISTENT

Die Athene-Frau pflegt normalerweise keine engen Freundschaften mit Frauen – ein Verhaltensmuster, das vielleicht schon während oder sogar vor ihrer Pubertät auffiel, und zwar in dem Sinn, daß die Athene-Frau kein Interesse daran zeigt, enge Freundschaften mit Mädchen zu schließen. In den meisten Jugendfreundschaften teilt man Sorgen, dunkle Geheimnisse, Sehnsüchte und Ängste in bezug auf die körperlichen Veränderungen, die Probleme mit den Eltern und die Zukunft miteinander. Sorgen in bezug auf Jungen, Sex und Drogen stellen für einige Mädchen Grundängste dar. Andere Mädchen wiederum befinden sich inmitten poetischer oder kreativer Umbruchstimmungen oder setzen sich intensiv mit dem Phänomen Tod, Wahnsinn, Mystizismus oder mit religiösen Konflikten auseinander. All diese Themen werden heftig mit Freundinnen, welche ähnliche Sorgen haben, diskutiert, aber nicht mit einem unromantischen Beobachter oder einem skeptischen Rationalisten, wie ihn die junge Athene verkörpert.

Gemäß der griechischen Mythologie hatte die Göttin Athene einmal eine Freundin, die wie eine Schwester war, nämlich Iodama oder Pallas. Die beiden Mädchen wetteiferten miteinander in einem Spiel, das einen tödlichen Ausgang nahm, als Athenes Speer zufällig ihre Freundin traf und tötete. (Eine der Versionen über den Ursprung des Namens «Pallas Athene» war eine Version zu Ehren dieser Freundin.) Wenn, wie im Mythos, der Mangel an Empathie eines Athene-Mädchens sein Potential für Freundschaften mit anderen Mädchen nicht zerstört, so kann dies jedoch durch das für Athene typische Bedürfnis, die Siegerin zu sein, geschehen. So ist eine Freundin im wirklichen Leben unter Umständen völlig entsetzt, wenn ihre Athene-Kameradin die Bedeutung ihrer Beziehung vergißt und sich statt dessen darauf konzentriert, die Siegerin zu sein – manchmal sogar mittels Täuschungsmanövern, womit sie einen Aspekt ihrer Persönlichkeit offenbart, der die Freundschaft tötet.

Ein solcher Mangel an Seelenverwandtschaft mit anderen Frauen manifestiert sich normalerweise bereits in der Kindheit, wenn Athene-Mädchen ihren Vater bewundern und sich zu ihm hingezogen fühlen und/oder wenn sie entdecken, wie sehr sie in ihrer Persönlichkeit und ihrem Intellekt von ihrer Mutter verschieden sind. Diese Tendenz wird durch einen Mangel an engeren Freundschaften mit anderen Mädchen verstärkt. Die Folge davon ist, daß Athene-Frauen keine schwesterlichen Gefühle für andere Frauen empfinden. Sie fühlen sich weder mit traditionsgebundenen Frauen noch mit Feministinnen seelenverwandt, mit denen sie, oberflächlich betrachtet, allerdings eine gewisse Ähnlichkeit aufweisen können, besonders wenn sie Karrierefrauen sind. Das Konzept der «Schwesternschaft» ist somit den meisten Athene-Frauen völlig fremd.

In der Mythologie war es die Göttin Athene, die, als Orestes vor den Richtern stand, die entscheidende Stimme zugunsten des Patriarchats abgab. In der Moderne war es oft eine Athene-Frau, die dadurch, daß sie sich gegen positive Aktionen, gegen gleiche Rechte für Mann und Frau oder gegen das Recht auf Abtreibung aussprach, entscheidend zur Schwächung des feministischen Standpunkts beitrug. Ich erinnere mich, wie effizient Athene war, als ich als Verfechterin des Equal Rights Amendment auftrat. Jedesmal stand eine Athene-Frau auf, um mit laut klingender Stimme zu rufen: «Ich bin eine Frau, und ich bin gegen das ERA!» Und die, überwiegend männliche, schweigende Opposition schloß sich ihr an. Jedesmal handelte es sich dabei um Frauen, die sowohl als Verfechterin des patriarchalischen Status quo als auch in ihrer üblichen Rolle als weibliche Kollegin auftraten, mit der die Männer sich am wohlsten fühlten.

Die Geschichte von Arachne (der Weberin, die von Athene in eine Spinne verwandelt wurde, weil sie es gewagt hatte, die Verführungs- und Vergewaltigungsakte von Zeus publik zu machen) ist ein weiterer Mythos, der durchaus seine Parallelen in der heutigen Zeit findet. So kann es zum Beispiel vorkommen, daß eine Studentin oder Sekretärin wegen sexueller Belästigung eine Klage gegen ihren Arbeitgeber oder Professor einreicht. Oder eine Tochter deckt vielleicht den in einer Familie herrschenden Inzest auf und lenkt damit eine negative Aufmerksamkeit auf das Verhalten ihres (oft berühmten) Vaters. Oder eine Patientin berichtet, daß ihr Psychiater gegen das Berufsethos verstoßen hat, indem er sexuelle Beziehungen zu ihr unterhielt. Eine solche Frau ist wie Arachne ein «Niemand», der das Verhalten eines mächtigen Mannes entlarvt, der im Privatleben seine Machtposition dazu verwendet, verletzliche Frauen sexuell einzuschüchtern, zu verführen oder zu überwältigen.

Statt sich über den Mann zu ärgern, gegen den die Klage gerichtet ist, ist die Athene-Frau oft wütend auf die Frau, die sich beklagt. So kann es vorkommen, daß sie der Frau, die in einem solchen Fall das Opfer ist, anlastet, sie habe das, was geschehen ist, provoziert. Oder, was noch typischer ist, sie ist wie die Göttin erzürnt, daß eine Frau die Handlung eines Mannes bloßzustellen wagt und ihn der Kritik aussetzt.

Feministinnen reagieren mit Zorn auf erfolgreiche Karrierefrauen vom Typ der Athene, die einerseits den Status quo sowie patriarchalische Standpunkte in bezug auf Frauen tangierende politische Fragen akzeptieren und andererseits am meisten von den Vorteilen zu profitieren scheinen, welche sie dem Einfluß der Frauenbefreiungsbewegung hinsichtlich Ausbildung, Chancengleichheit und beruflichem Vorwärtskommen zu verdanken haben. Die erste Frau, die sich Zutritt zu einer von Männern dominierten Situation verschaffen und von ihnen Anerkennung erringen kann, ist oft eine sogenannte «Bienenkönigin», wie sie von Feministinnen bezeichnet wird. Eine solche Frau hilft ihren «Schwestern» nicht, weiterzukommen. In der Tat kann es sogar sein, daß sie die Beförderung von Frauen im allgemeinen behindert.

BEZIEHUNGEN ZU MÄNNERN: NUR HELDEN KOMMEN IN FRAGE

Die Athene-Frau fühlt sich zu erfolgreichen Männern hingezogen. Das fängt bereits im College an. Im Geschäftsleben fühlt sie sich zum Aufsteiger hingezogen, der eines Tages den Direktorenposten einer Gesellschaft übernehmen wird. Sie errät mit sicherem Instinkt, wer der Sieger sein wird. Macht fasziniert sie, sei es, daß sie Macht für sich selbst anstrebt – oft mit der Hilfe eines erfolgreichen, älteren, männlichen Mentors –, sei es, daß sie auf eher traditionelle Weise – als Gefährtin, Ehefrau, Direktionssekretärin oder Verbündete eines ehrgeizigen und fähigen Mannes an der Macht teilhaben kann. Für Athene-Frauen ist (wie der ehemalige US-Außenminister Henry Kissinger bemerkte) «Macht das beste Aphrodisiakum».

Athene-Frauen ertragen Weltfremdheit nur mit Mühe. Sie haben keine Geduld mit Tagträumern, sind nicht im mindesten von Männern beeindruckt, die auf der Suche nach irgendwelchen Werten sind, und kennen kein Erbarmen mit Männern, die nicht entschlossen zu handeln verstehen, weil sie zuviel Mitgefühl haben. Dichter oder Künstler, die in einer Dachkammer darben, sind für sie keine romantischen Gestalten, noch lassen sie sich von ewigen Adoleszenten, die sich als erwachsene Männer ausgeben, betören. Für eine Athene-Frau sind die Begriffe «zartfühlig», «neurotisch» oder «sensibel» Adjektive, mit denen «Versager» beschrieben werden. Was Männer anbelangt, so kommen für die Athene-Frau nur Helden in Frage.

Die Athene-Frau wählt normalerweise ihren Mann bewußt, und zwar entweder indem sie Rendezvous oder berufliche Zusammenarbeit mit Männern ablehnt, die ihren Erfolgsnormen oder ihrem Erfolgsstreben nicht entsprechen, oder sie faßt einen ganz bestimmten Mann ins Auge, den sie dann mit einer derart subtilen Strategie umgarnt, daß er nichts davon merkt und das Gefühl hat, er hätte sie gewählt. Mit dem chronometrischen Instinkt eines feinfühligen Unterhändlers, der seinen Partner genau kennt, wird wahrscheinlich sie es sein, die das Thema Heirat oder berufliche Zusammenarbeit aufs Tapet bringen wird.

Falls sie es anstrebt, sein Protegé oder seine Sekretärin zu werden, wird sie Gelegenheit finden, ihn mit ihren Fähigkeiten und durch harte Arbeit zu beeindrucken. Sobald sie einmal in seiner Nähe ist, wird sie sich unentbehrlich zu machen versuchen – eine Rolle, die, sobald sie sie beherrscht, ihr sowohl emotionale als auch berufliche Befriedigung vermittelt. Aus dem Status einer «Bürofrau» oder eines «stellvertretenden Kommandeurs» bezieht die Athene-Frau sowohl ein Gefühl der Macht als auch ein Gefühl der Zugehörigkeit zu einem von ihr auserwählten «bedeutenden Mann», dem sie unter Umständen ein Leben lang Loyalität entgegenbringt.

Die Athene-Frau erörtert für ihr Leben gern irgendwelche Strategien und will stets wissen, was hinter den Kulissen vor sich geht. Ihre Ratschläge und Empfehlungen verraten eine gute Wahrnehmungsfähigkeit und können sehr hilfreich, aber auch potentiell unbarmherzig sein. Sie schätzt Männer, die das verwirklichen, was sie wollen, die stark sind, findig und als erfolgreiche Sieger aus den Machtkämpfen unserer Zeit hervorgehen. Je mehr ihr Mann dem «listenreichen Odysseus» zu gleichen beginnt, desto besser findet es die Athene-Frau.

SEXUALITÄT

Die Athene-Frau lebt völlig von ihrem Verstand her und hat ein nur sehr schlecht entwickeltes Körpergefühl. Sie hat eine utilitaristische Einstellung zu ihrem Körper, den sie nicht sonderlich wahrnimmt, bis sie krank wird oder eine Verletzung erleidet. Es ist daher bezeichnend für sie, daß sie weder eine sinnliche Frau noch eine Frau mit Sex-Appeal ist; sie flirtet nicht gern und ist auch nicht romantisch veranlagt. Männer sind ihr eher als Freunde oder Mentoren denn als Liebhaber willkommen. Im Gegensatz zu Artemis betrachtet sie Sex kaum als Entspannung oder Abenteuer, doch braucht sie, genau wie Artemis, entweder Aphrodite oder Hera als aktiven Archetyp, damit ihre Sexualität eine Ausdrucksform erotischer Faszination oder emotionalen Engagements ist. Ansonsten «gehört» für sie Sexualität «einfach» zu einer bestimmten Freundschaft «dazu», oder sie ist eine Handlung, die aus Berechnung vollzogen wird. So oder so lernt die Athene-Frau gewöhnlich die Liebestechniken geschickt zu beherrschen, wenn sie sich einmal dazu entschlossen hat, sexuell aktiv zu werden.

Die Athene-Frau führt während langer Phasen ihres Erwachsenendaseins, in denen sie sich voll und ganz auf ihre Karriere konzentriert, oft ein Junggesellinnenleben. Ist sie eine engagierte Direktionssekretärin oder administrative Assistentin eines von ihr auserwählten bedeutenden Mannes, so bleibt sie unter Umständen eine unverheiratete «Bürofrau».

Falls eine verheiratete Frau den reinen Athene-Typ kultiviert, so kann es sein, daß ihre Einstellung gegenüber der Sexualität dieselbe ist wie ihre Haltung gegenüber den anderen Funktionen des Körpers – etwas, das regelmäßig abläuft und gut für sie ist. Die Sexualität ist auch integrierender Bestandteil ihrer Rolle als Ehefrau.

Im Gegensatz zu dem, was man (in Anbetracht ihrer Loyalität

143

dem Patriarchat gegenüber, ihrer Affinität zu Helden und ihrem Mangel an schwesterlichen Gefühlen) von einer Athene-Frau erwarten könnte, ist sie unter Lesbierinnen stark vertreten. Die lesbische Athene-Frau neigt dazu, sich eine Partnerin nach demselben Modell auszusuchen, wie sie es verkörpert. Bei einem solchen Paar kann es sich um zwei berufstätige Frauen handeln, die es in ihrem Beruf zu großen Leistungen bringen und vor Beginn ihrer lesbischen Beziehung Kolleginnen waren. Es ist möglich, daß lesbische Athene-Frauen in ihrer Beziehung die «heldenhaften» Eigenschaften und den Erfolg ihrer Partnerin bewundern oder von ihrem Intellekt fasziniert sind. Ihre Beziehung beruht eher auf Kameradschaft und Loyalität als auf Leidenschaft, und es kann sogar sein, daß die Sexualität zwischen ihnen auf Null reduziert wird. Wahrscheinlich halten sie die homosexuelle Natur ihrer Beziehung vor anderen Menschen geheim. Ihre Beziehung ist oft von langer Dauer und übersteht auch karrierebedingte Trennungen.

EHELEBEN

In Zeiten, in denen Frauen nicht viel Gelegenheit geboten wurde, beruflich Karriere zu machen, gaben die meisten Athene-Frauen gute Ehefrauen ab. Sie heirateten hart arbeitende und leistungsorientierte Männer, die sie respektieren konnten. Damals wie heute gilt, daß die Ehe einer Athene-Frau wahrscheinlich eher eine kameradschaftliche Partnerschaft als eine leidenschaftliche Verbindung darstellt.

Es bestehen gute Chancen, daß die Athene-Frau ihren Ehemann richtig eingeschätzt hat und daß sie gut zueinander passen. Sie ist seine Verbündete und Assistentin, eine Ehefrau, die regen Anteil an seiner Karriere oder seinem Beruf nimmt, die mit ihm zusammen eine Strategie für sein berufliches Vorwärtskommen ausarbeitet und die, falls nötig, an seiner Seite mitarbeiten wird. Wie die Göttin Athene, die Achilles zurückhielt, als er zornentbrannt das Schwert gegen seinen Führer Agamemnon zücken wollte, kann die Athene-Frau ihren Ehemann ebenso weise davon abhalten, voreilig oder impulsiv zu handeln.

Ist der Ehemann zum Zeitpunkt der Hochzeit bereits älter und gut etabliert und hat er mit komplizierten, hochintellektuellen oder technischen Angelegenheiten zu tun, so wird die Hauptrolle seiner Athene-Gattin darin bestehen, als seine Partnerin auf gesellschaftlicher Ebene aufzutreten. Ihre Aufgabe besteht in diesem Fall darin, als soziales Statussymbol zu fungieren, eine gute Gastgeberin zu sein und ihrem Mann bei der Wahrung seiner wichtigen sozialen Kontakte mit Rat und Tat zur Seite zu stehen.

Abgesehen davon, daß die Athene-Frau, um die Karriere ihres Mannes zu fördern, die Rolle der Ratgeberin und hervorragenden Gastgeberin spielt, erledigt sie ihre Haushaltspflichten mit der größten Effizienz. Es bereitet ihr keinerlei Schwierigkeiten, in bezug auf Haushaltsausgaben und -pflichten eine peinliche Ordnung zu wahren, da sie auf Details achtet und einen ausgeprägten Sinn fürs Praktische hat. Sie betrachtet es ebenfalls als eine ihr in der Partnerschaft zufallende Aufgabe, Kinder oder Erben zu gebären und aufzuziehen.

Die Kommunikation zwischen einer Athene-Frau und ihrem Gatten über irgendwelche Ereignisse funktioniert im allgemeinen hervorragend. Doch die gefühlsmäßige Kommunikation ist praktisch nicht existent, und zwar entweder, weil der Ehemann, wie die Athene-Frau, Gefühle geringschätzt, oder weil er gelernt hat, daß sie Gefühle nicht versteht.

Sowohl Hera- als auch Athene-Frauen fühlen sich zu Männern mit Macht und Autorität, zu Männern wie Zeus, hingezogen. Die Erwartungen, die sie jedoch an den Mann und die Partnerschaft stellen, unterscheiden sich radikal voneinander. Die Hera-Frau erhebt ihren Ehemann zu ihrem persönlichen Gott, er ist für ihre Erfüllung verantwortlich – sie fühlt sich ihm auf einer instinkthaften Ebene tief verbunden. Erfährt sie, daß er ihr untreu ist, fühlt sie sich bis aufs Mark verletzt und wütet gegen die andere Frau, die in ihren Augen große Bedeutung gewinnt.

Im Gegensatz dazu bleibt eine Athene-Gattin von sexueller Eifersucht praktisch unberührt. Sie betrachtet ihre Ehe als eine Partnerschaft, die beiden Partnern Vorteile bietet. Gewöhnlich bringt sie ihrem Partner Loyalität entgegen und erwartet dies auch von ihm, ohne dies jedoch mit sexueller Treue gleichzusetzen. Zudem kann sie sich schwerlich vorstellen, daß ein vorübergehender Flirt ihres Mannes sie von seiner Seite verdrängen könnte.

Jacqueline Kennedy Onassis scheint eine Athene-Frau zu sein. Sie heiratete den Senator John F. Kennedy, der zum Präsidenten der Vereinigten Staaten gewählt wurde. Später wurde sie die Gattin von Aristoteles Onassis, der als einer der reichsten, skrupellosesten und mächtigsten Männer der Welt galt. Von beiden Männern war bekannt, daß sie außerhalb der Ehe Affären hatten. Kennedy war ein Schürzenjäger, der zahlreiche Affären zu haben pflegte, und Onassis unterhielt ein langfristiges, der Öffentlichkeit wohl bekanntes Verhältnis mit der Opernsängerin Maria Callas. Jacqueline Kennedy scheint gegenüber den anderen Frauen von Onassis nicht rachsüchtig gewesen zu sein, es sei denn, sie ist eine vollendete Schauspielerin. Die Tatsache, daß Eifersucht und Wut ihr offensichtlich unbekannt sind und daß sie sich stets Männer mit Macht ausgesucht hat, sind für eine Athene-Frau typisch. Solange die Ehe selbst nicht bedroht ist, kann eine Athene-Frau rationalisieren und das Leben neben einer Mätresse akzeptieren.

Manchmal kommt es jedoch vor, daß die Athene-Frau das Interesse ihres Gatten an einer anderen Frau in seiner Bedeutung völlig falsch einschätzt. Sie hat in dieser Hinsicht einen blinden Fleck – da sie selbst Leidenschaft nicht kennt, ist sie nicht in der Lage, die Bedeutung, die Leidenschaft für einen anderen Menschen haben kann, zu begreifen. Zudem mangelt es ihr an Empathie oder Mitgefühl für verletzliche Gefühle oder spirituelle Werte, die für ihren Ehemann eine besondere Bedeutung haben mögen. Dieser Mangel an Verständnis kann sich urplötzlich und überraschend gegen sie auswirken, wenn ihr Ehemann sich entgegen ihren Erwartungen von ihr scheiden lassen und die andere Frau heiraten will.

Ist es hingegen die Athene-Frau, die sich scheiden lassen möchte, so ist sie durchaus dazu fähig, einen Ehemann, den sie «recht gern» hatte, ohne großen Gefühlsaufruhr oder Schmerz fallenzulassen. Dies war auf jeden Fall der Eindruck, den eine 31jährige Börsenmaklerin, die ich kannte, bei mir erweckte. Sie war mit einem Werbefachmann verheiratet. Beide Partner übten ihren Beruf aus. Eines Tages wurde ihr Mann entlassen. Statt sich entschlossen nach einer neuen Stelle umzusehen, saß er zu Hause herum, worauf seine Frau immer unglücklicher mit ihm wurde und zunehmend weniger Respekt für ihn empfand. Ein Jahr später teilte sie ihm mit, sie wolle sich scheiden lassen. Ihre Haltung entsprach derjenigen eines Geschäftsmanns, der einen Angestellten, der nicht in der Lage ist, die Verantwortung für seinen Posten zu tragen, entläßt, oder der einen Arbeiter ersetzt, wenn sich ein besserer Mann für die entsprechende Stelle findet. Die Frau zögerte zwar sehr, ihrem Mann ihren Entschluß mitzuteilen, und fand die eigentliche Konfrontation höchst schmerzlich, doch alles in allem war ihre Schlußfolgerung die, daß er gehen müsse. Und nachdem die unangenehme Sache einmal erledigt war, fühlte sie sich sehr erleichtert.

Ob die Athene-Frau nun die Scheidung einleitet oder nicht, sie wird auf jeden Fall bestens mit der Situation fertig. Die Modalitäten des Ehescheidungsvertrags werden normalerweise ohne Groll und Bitterkeit ausgehandelt. Sie fühlt sich persönlich nicht vernichtet, auch wenn ihr Mann sie um einer anderen Frau willen verläßt. Sie kann unter Umständen mit ihrem Ex-Ehemann noch freundschaftlich verkehren und sogar die geschäftliche Partnerschaft fortführen.

Die Karrierepartner-Ehe, in der sowohl der Mann als auch die Frau ernsthaft damit beschäftigt sind, Karriere zu machen, ist ein relativ neues Phänomen. In dieser Art Ehe sind wahrscheinlich Athene-Frauen am erfolgreichsten. Es bedarf des Verstands einer Athene, um die Logistik zweier berufstätiger Partner mit langfristiger Zielsetzung und einem Zeitplan, der nicht unbedingt einem Achtstundentag entspricht, zu planen und auszuführen und gleichzeitig den gesellschaftlichen Aufwand und die gesellschaftliche Präsenz von Menschen aufrechtzuerhalten, die der aufsteigenden Klasse angehören. Athene-Frauen neigen in bezug auf traditionelle Rollenmodelle zu einer eher konservativen Haltung und stellen wahrscheinlich kaum je egalitäre Ansprüche nur um des

147

Prinzips willen. Deshalb übernimmt die Athene-Frau in einer Karrierepartner-Ehe oft die Beaufsichtigung des Haushalts, verschafft sich die nötigen Haushaltshilfen und erweckt den Eindruck einer Superfrau, da sie sich sowohl um die eigene Karriere als auch um den Haushalt kümmert und zudem die Kameradin und geschätzte Vertraute ihres Mannes ist.

KINDER

Die Athene-Mutter kann es kaum erwarten, bis ihre Kinder endlich alt genug sind, damit sie mit ihnen reden, etwas mit ihnen unternehmen und planen kann und ihnen zeigen kann, was es zu sehen gibt. Sie steht im Gegensatz zur Demeter- oder «Erd-Mutter», die sich instinktiv danach sehnt, Mutter zu werden, die gern einen Säugling in ihren Armen hält und sich wünscht, er würde nie erwachsen werden. Sie hingegen greift ohne Bedenken auf eine Leihmutter zurück – sofern ihr diese Möglichkeit offensteht –, vorausgesetzt, die Elternschaft wird ihr zugebilligt. Und sie macht von Ersatzmüttern Gebrauch, indem sie Haushälterinnen und Kindermädchen einstellt.

Die Athene-Mutter strahlt, wenn ihre Söhne leistungsorientiert, extrovertiert und intellektuell neugierig sind. Sie sind ihre zukünftigen Helden und können ihre Fähigkeit, jemandem etwas beizubringen, ihn zu beraten, zu inspirieren und anzuspornen, in Anspruch nehmen. Wahrscheinlich verstärkt sie auch das typisch männliche Verhalten ihrer Söhne, indem sie ihnen schon früh die Botschaft «Starke Männer weinen nicht» vermittelt.

Athene-Mütter verstehen sich auch gut mit Töchtern, die ihnen ähnlich sind, das heißt mit selbständigen Töchtern, die genau wie ihre Mütter mit dem logischen Verstand an die Dinge herangehen. Sie können ein Rollenmodell oder eine Mentorin für ihre Töchter abgeben, die ihnen ähnlich sind. Es kommt jedoch auch vor, daß eine Athene-Mutter eine Tochter hat, die ganz anders gelagert ist als sie selbst. Eine solche Tochter kann zum Beispiel von Natur aus weit mehr daran interessiert sein, was die Menschen fühlen, als daran, wie die Dinge funktionieren, und sie kann sich unter Umständen nicht gut durchsetzen oder ist nicht intellektuell. Mit einer traditionsgebundenen Tochter wird eine Athene-Frau eher Schwierigkeiten haben. Es kann sein, daß eine Tochter, die ihr nicht ähnlich ist, sie amüsiert, und sie kann dies akzeptieren und tolerieren, es kann auch sein, daß sie die Tochter nicht sonderlich schätzt und einen Sohn vorzieht. So oder so empfindet die Tochter die emotionale Distanz und spürt, daß sie für das, was sie ist, nicht geschätzt wird.

Die Athene-Frau hat auch Schwierigkeiten im Umgang mit Söhnen oder Töchtern, die sich leicht durch Gefühle rühren lassen. Natürlich ist die Situation in diesem Fall für die Kinder noch viel härter. Wenn sie die Normen ihrer Mutter übernehmen, werten sie sich wahrscheinlich bereits als Kinder dafür ab, daß sie ein Heulpeter oder eine Heulsuse sind, und setzen sich als Erwachsene herab, weil sie überempfindlich sind. Da die Athene-Mutter einen so ausgeprägten Sinn fürs Praktische hat, bringt sie auch kaum Geduld für ein träumerisches Kind auf, das sich gern Tagträumereien hingibt.

Die Athene-Mutter erwartet von ihren Kindern, daß sie tun, was man von ihnen erwartet, daß sie sich in ihrem Leben nicht von Emotionen hinreißen lassen und «gute Kämpfer» werden – wie sie selbst.

DIE MITTLEREN LEBENSJAHRE

Oft sind die mittleren Lebensjahre für eine Athene-Frau die besten Lebensjahre. Dank ihrer Fähigkeit, die Dinge so sehen zu können, wie sie sind, gibt sie sich kaum Illusionen hin, die wie Seifenblasen zerplatzen könnten. Wenn alles nach Plan verläuft, entfaltet sich ihr Leben in recht geregelter Weise.

Die Athene-Frau nimmt sich gewöhnlich in den mittleren Lebensjahren Zeit, um eine Bestandsaufnahme ihrer Situation zu machen. Sie erwägt noch einmal alle Möglichkeiten, die ihr offenstehen, und der Übergang zu ihrer nächsten Lebensphase läuft ziemlich geregelt ab. Ist die Arbeit ihr Hauptanliegen, so befindet die Athene-Frau sich nun karrieremäßig auf halbem Weg und sieht ihre Laufbahn klar vor sich: Wie weit sie aufsteigen kann, wie sicher ihre Position ist, wohin eine Beziehung zu einem Mentor sie führen kann. Ist sie eine Mutter, so hat sie sich, während die Kinder langsam groß wurden, wahrscheinlich bereits mit Projekten befaßt, denen sie nun, da die Kinder sie weniger brauchen, mehr Zeit widmen kann.

Die mittleren Lebensjahre können für die Athene-Frau jedoch überraschend in eine Krise münden. Es kann sein, daß plötzlich ein emotionales Chaos über ihr in geordneten Bahnen verlaufendes Leben hereinbricht. Vielleicht wird die Athene-Frau plötzlich mit einer Ehekrise konfrontiert, die ihren Gleichmut erschüttert und sie tieferen Gefühlen aussetzt. Oft löst die Midlife-Crisis ihres Mannes ihre eigene aus. Die Kameraden-Ehe, die für beide Partner bis dahin ein erfolgreiches Bündnis darstellte, kann ihrem Mann nun plötzlich nicht mehr genügen. Es kann sein, daß er den Mangel an Leidenschaft in ihrer Ehe nun als Manko empfindet und sich einer anderen Frau zuwendet, die romantische und erotische Gefühle in ihm weckt. Bleibt seine Frau ihrer Athene-Natur treu, wird ihre Reaktion auf sein Verhalten so ausfallen, daß sie die neue Situation mit Vernunft zu bewältigen sucht. In den mittleren Lebensjahren werden jedoch andere Göttinnen leichter aktiviert, und es kann sein, daß die Athene-Frau zum ersten Mal in ihrem Leben in unvorhersehbarer Weise reagiert.

Die Wechseljahre geben einer Athene-Frau keinen Anlaß zur Sorge, weil sie sich selbst nie primär als Mutter definiert hat. Auch Schönheit und Jugendlichkeit sind für das Selbstwertgefühl einer Athene-Frau nicht unerläßlich, da ihr Selbstwertgefühl auf Intelligenz, Kompetenz sowie auf der Tatsache beruht, daß sich die Athene-Frau unentbehrlich gemacht hat. Folglich stellt das Älterwerden für die meisten Athene-Frauen kein gravierendes Problem dar. Ganz im Gegenteil, da sie in ihren mittleren Lebensjahren mehr Macht oder Einfluß ausüben und sich nützlicher machen können als in ihren ersten Erwachsenenjahren, kann es sein, daß ihr Vertrauen und Wohlergehen in diesen Jahren noch gefördert werden, in denen andere Frauen sich Sorgen machen, weil sie langsam älter werden und nicht mehr so begehrenswert sein mögen.

Die Athene-Frau verändert sich im Lauf der Jahre und Jahrzehnte nur wenig. Ihr ganzes Leben lang bleibt sie eine resolute, praktische Frau, die energisch ans Werk geht – erst zu Hause und in ihrem Beruf und später eventuell als freiwillige Helferin bei irgendeiner Gemeindearbeit. Oft ist sie eine Befürworterin von traditionellen Institutionen, die meist eher konservativer Färbung sind. Die verheiratete Athene-Frau der Mittel- und Oberschicht ist oft das Rückgrat von gemeinnützigen und kirchlichen Organisationen, engagiert sich unter Umständen beim Roten Kreuz und nimmt, wenn sie älter wird, meist eine führende Stellung bei solchen Organisationen und Institutionen ein.

Wenn die Kinder einer Athene-Mutter erwachsen werden und das Zuhause verlassen, muß sie nicht über ein leeres Nest trauern. Jetzt hat sie Zeit für die Verwirklichung von Projekten, für Studien oder Beschäftigungen, die ihr Spaß machen. Gewöhnlich pflegt sie ein freundschaftliches Verhältnis zu ihren erwachsenen Kindern. Da sie ihre Kinder stets dazu ermuntert hat, selbständig und autonom zu werden und sich weder in ihre Angelegenheiten gemischt hat noch die Kinder an sich gebunden hat, haben die meisten ihrer Kinder und Enkelkinder keine Probleme mit ihr. Gewöhnlich respektieren sie ihre Mutter, und oft haben sie sie recht gern. Obwohl sie häufig nicht sehr gefühlvoll ist und ihre Gefühle nicht gut zum Ausdruck bringen kann, hält sie den Kontakt und die Kommunikation innerhalb der Familie aufrecht und kümmert sich auch um die Familienfeste und -traditionen.

Viele Athene-Frauen erweisen sich in ihren späteren Lebensjahren als Pfeiler der Gemeinde. Manch eine dieser Frauen entwickelt sich zur «kleinen, alten Dame in Tennisschuhen», das heißt zu einer geschäftstüchtigen Frau, die lächerlich gemacht wird, weil sie auf Aktionärsversammlungen triftige Fragen stellt. Sie läßt sich durch den Unsinn und das verworrene Denken anderer

Menschen nicht einschüchtern, und ihre Beharrlichkeit ist besonders für Männer in leitenden Positionen lästig. Bricht für eine Athene-Frau die Zeit der Witwenschaft an, so kommt dies für die Frau keineswegs überraschend. Eine Athene-Frau weiß, daß ihre Lebenserwartung höher liegt als diejenige des Mannes, und da sie vermutlich einen Mann geheiratet hat, der älter ist als sie, trifft sein Tod sie nicht unvorbereitet. Als Witwe ist die Athene-Frau durchaus in der Lage, ihre finanziellen Angelegenheiten selbst zu betreuen, Investitionen zu tätigen oder das Familienunternehmen allein weiterzuführen.

Eine verwitwete oder unverheiratete Athene-Frau lebt oft allein und führt dabei ein aktives und geschäftiges Leben. Genau wie in ihrer Jugend kommt ihr auch in den letzten Lebensjahren die für eine jungfräuliche Göttin typische Eigenschaft des Eins-mit-sich-selbst-Seins voll zustatten, indem sie autonom und aktiv ist.

PSYCHISCHE SCHWIERIGKEITEN

Die rationale Göttin Athene verlor nie den Kopf oder die Selbstkontrolle und hängte ihr Herz an niemanden. Sie lebte in der goldenen Mitte und ließ sich nicht von Emotionen oder irrationalen Gefühlen überwältigen. Die anderen Göttinnen ließen (mit Ausnahme von Hestia) entweder ihre Emotionen an anderen aus und verursachten somit Leiden, oder sie wurden selbst das Opfer und litten. Frauen, die diesen Göttinnen ähnlich sind, haben ebenfalls das Potential, entweder anderen oder sich selbst Leiden zuzufügen. Athene war ganz anders: Sie war unverletzlich, ließ sich nicht durch irrationale oder überwältigende Emotionen erschüttern, und ihre Handlungen zeugten von Entschlossenheit und geschahen nicht impulsiv. Da die Frau, die der Göttin Athene ähnlich ist, auch deren Attribute teilt, ist auch sie weder das Opfer anderer Menschen noch das Opfer ihrer eigenen Emotionen. Ihre Probleme ergeben sich aus ihren eigenen Charakterzügen, daraus, daß sie, psychologisch betrachtet, mit «Ägis und Rüstung» bewaffnet ist. Durch eine einseitige Entwicklung können Aspekte ihres Wesens von ihr abgespalten werden, die sich entfalten müßten.

IDENTIFIKATION MIT ATHENE

Ein Leben «als Athene» führen heißt vom Verstand her leben und zielbewußt handeln. Eine Frau, die nach diesem Muster lebt, führt ein einseitiges Dasein – sie lebt für ihre Arbeit. Obwohl sie die Gesellschaft anderer Menschen genießt, gehen ihr emotionale Intensität, erotische Anziehungskraft, Intimität, Leidenschaft oder Ekstase völlig ab. Dafür bleiben ihr aber auch die tiefe Verzweiflung und der Schmerz erspart, die sich unter Umständen einstellen, wenn man Beziehungen eingeht oder von anderen Menschen abhängig ist. Identifiziert eine Frau sich ausschließlich mit der rationalen Athene, so kommt sie dadurch mit der ganzen Palette und Intensität menschlicher Gefühle nicht in Berührung. Ihre Gefühle werden durch Athene wohl temperiert und auf die mittlere Skala begrenzt. Auf diese Weise beraubt sie sich selbst der Möglichkeit, Empathie für die tieferen Gefühle eines anderen Menschen empfinden zu können, sich von Kunst oder Musik, die intensive Gefühle ausdrücken, berühren zu lassen und sich von mystischen Erfahrungen ergreifen zu lassen.

Da die Athene-Frau vom Verstand her lebt, erlebt sie nie, wie es ist, ganz im Körper zu sein. Sie weiß nicht viel von Sinnlichkeit und weiß auch nicht, wie es ist, wenn man sich bis an die Grenzen der eigenen körperlichen Möglichkeiten anstrengt. Die Göttin Athene ist darum besorgt, daß eine Frau «oberhalb» der Instinktebene bleibt, so daß sie nicht die volle Kraft des Mutter-, Sexual- oder Fortpflanzungsinstinkts spürt.

Um über Athene hinauszuwachsen, muß die Frau andere Aspekte ihres Wesens verwirklichen. Sie kann dies schrittweise tun, sofern ihr bewußt wird, daß Athene ihr Grenzen setzt, und sofern sie für die Betrachtungsweisen anderer Menschen empfänglich ist. Wenn Menschen über Gefühle und Erfahrungen reden, die für sie einen tiefen Sinn haben, der Athene-Frau jedoch unbekannt sind, so muß sie eine Anstrengung machen, um sich vorstellen zu können, worüber diese Menschen reden. Sie muß erkennen, daß ihre Forderung nach Beweisen und ihre Skepsis sie von anderen Menschen sowie von ihrem noch nicht entwickelten Potential für spirituelle oder gefühlsmäßige Tiefe distanzieren. Manchmal wächst eine Athene-Frau unter dem Druck von Ereignissen, die sie mit Gefühlen aus dem Unbewußten überschwemmen, auf unvorhergesehene oder traumatische Weise über Athene hinaus. So zum Beispiel kann es sein, daß ihr Kind von einer Krankheit bedroht ist oder von jemandem verletzt wurde. Wenn nun ein Beschützerinstinkt aus ihren archetypischen Tiefen auftaucht, der ebenso heftig ist wie eine rasende Bärenmutter, so entdeckt die Athene-Frau, daß dieser Artemis-Aspekt ebenfalls zu ihrem Wesen gehört. Oder, wenn ihre auf Kameradschaft aufgebaute Ehe plötzlich durch eine andere Frau bedroht wird, so kann sie von Heras verletzten und rachsüchtigen Gefühlen überwältigt werden, statt daß sie, wie gewohnt, als rationale Athene ihren Verpflichtungen nachgeht. Oder sie nimmt unter Umständen eine psychedelische Droge und wird in einen veränderten Bewußtseinszustand gestürzt, der ihr unheimlich ist und Angst einjagt.

DER MEDUSA-EFFEKT

Die Athene-Frau besitzt die Fähigkeit, andere einzuschüchtern, und Menschen, die nicht wie sie sind, ihrer Spontaneität, Vitalität und Kreativität zu berauben. Dies ist ihr sogenannter Medusa-Effekt.

Die Göttin Athene trug auf ihrem Brustschild das Symbol ihrer Macht – die Ägis, ein mit dem Gorgonenhaupt, dem Haupt der Medusa, geschmücktes Ziegenfell. Die Medusa war ein weibliches Ungeheuer, dem Schlangen statt Haare wuchsen und das mit seinem furchterregenden Blick jeden, der es anstarrte, in Stein verwandelte. Die Gorgo ist auch ein Aspekt der Athene-Frau. Metaphorisch betrachtet hat auch sie eine lebenstötende Wirkung auf

154

die Erfahrungen anderer Menschen; sie vermag ein Gespräch seiner Lebenskraft zu berauben und eine Beziehung in ein statisches Bild zu verwandeln. Dadurch, daß sie auf Fakten und Einzelheiten konzentriert ist, daß sie ein Bedürfnis für Logik und Rationalität hat, kann sie ein Gespräch in ein trockenes Aufzählen von Einzelheiten verwandeln. Oder sie kann verheerend unsensibel sein und somit die Atmosphäre drastisch von einer höchst persönlichen Ebene auf eine oberflächliche und distanzierte Ebene bringen. Mit ihrer kritischen Haltung und ihren sezierenden Fragen kann eine Athene-Frau unbeabsichtigterweise und unbewußt die subjektive Erfahrung eines anderen Menschen abwerten. Sie bringt unter Umständen keine Empathie für spirituelle oder moralische Fragen auf, die für andere von lebenswichtiger Bedeutung sind, zeigt vielleicht keine Toleranz für die Probleme, die andere Menschen mit ihren Beziehungen haben, und kritisiert womöglich jegliche Schwäche. Ein solcher Mangel an Empathie hat eine tödliche Wirkung.

Bei einer rein geselligen Zusammenkunft kann dieser lebenstötende Medusa-Effekt lediglich lästig oder ärgerlich sein. Hat die Athene-Frau jedoch eine Machtposition inne und legt man auf ihr Urteil wert, so kann sie die ganze Macht der Medusa dazu einsetzen, andere in Angst und Schrecken zu versetzen und zu versteinern. Es kann zum Beispiel sein, daß sie ein wichtiges Interview leitet, das ernsthafte Folgen haben kann. Wenn eine Person dem prüfenden Blick der «Gorgopis», der «Gorgonenäugigen Athene» ausgesetzt ist, ist sie gleichsam dem alles wie eine Lupe vergrößernden Blick eines analytischen, unpersönlichen Geists preisgegeben, dessen Fragen unbarmherzig darauf abzuzielen scheinen, Unzulänglichkeiten zu entlarven. Gegenüber einem sezierend wirkenden Intellekt und einem scheinbar steinernen Herz kann die betreffende Person dann das Gefühl haben, «sie werde versteinert».

Eine Kollegin von mir hat einmal eine solch unglückselige Erfahrung mit einer Medusa anläßlich eines Examens geschildert. Bei dieser Kollegin handelte es sich um eine Therapeutin, die sehr gut mit schwer gestörten Patienten zu arbeiten versteht. Da sie intuitiv die symbolische Bedeutung und die Emotionen erfaßt, die dem irrationalen Verhalten der Patienten zugrundeliegen, kann sie hervorragende Arbeit an ihnen leisten. Als sie mir jedoch ein Interview mit einer Athene-Frau schilderte, sagte sie: «Ich fühlte plötzlich eine Leere im Gehirn. Für einen Augenblick war ich buchstäblich sprachlos, ich konnte nicht mehr klar denken und fand die Worte nicht ... ich habe gar nicht gut abgeschnitten.» Wenn eine Person sich unter den forschenden Blicken eines Menschen in Stein verwandelt fühlt, der die Macht hat, eine weitere Karriere oder weitere Ausbildungsmöglichkeiten zu verhindern, so handelt es sich bei dieser Person meistens um einen Mann, der vom Zeus-Archetyp dominiert wird und der «die Ägis trägt». Doch da mehr und mehr Frauen in Machtpositionen gelangen, wird die Ägis auch mehr und mehr von Frauen getragen. Und wenn sie als Athene handeln, kann es sehr wohl sein, daß sie einen Medusa-Effekt haben.

Oft ist die Athene-Frau, die diesen Medusa-Effekt hat, sich ihrer negativen Macht nicht bewußt. Es liegt nicht in ihrer Absicht, einzuschüchtern und Angst und Schrecken zu verbreiten. So wie sie die Dinge sieht, leistet sie lediglich gute Arbeit – sie sammelt Fakten, untersucht die Prämissen und prüft, wie der Stoff strukturiert ist und durch Beweise untermauert wird. Unbewußt erfüllt sie jedoch unter Umständen die Aussage Goethes, wonach wir töten, wenn wir zergliedern. Durch ihre Haltung der Objektivität und ihre scharfen Fragen mißachtet sie die Bestrebungen anderer, die eine persönliche Beziehung herstellen wollen. Somit tötet sie das Potential für eine echte Kommunikation ab, in der das Herz einer jeden Angelegenheit – oder die Seele des Menschen – gemeinsam erfahren werden kann.

Manchmal rede ich mit einer Patientin, die ausschließlich vom Verstand her lebt und mir die Fakten ihres Lebens schildert, eine Liste von Ereignissen, die ohne jegliche Gefühlsregung völlig emotionslos aufgezählt werden. Ich merke, daß ich dann jeweils eine Anstrengung machen muß, um weiterhin in seelischem Kontakt mit ihr bleiben zu können, und daß ich gegen die Langeweile ankämpfen muß, die sich immer dann einstellt, wenn kein «Leben» in den Ereignissen steckt, wenn die Ereignisse nicht mit einer gewissen Intensität von Gefühlen einhergehen. Das, was in der Patientin leblos ist, hat eine erstarrende Wirkung auf mich. Sobald ich merke, daß ich langsam «versteinert» werde, weiß ich, daß dies das Problem ist, das die Patientin in alle Beziehungen hineinträgt. Dies ist der Grund, weshalb es ihrem Leben an Intimität fehlt und sie oft einsam ist. Wenn eine Frau die Rüstung von Athene mit der Ägis der Medusa auf dem Brustschild trägt, zeigt sie keinerlei Verletzlichkeit. Ihre gut gerüstete (und meist intellektuelle) Abwehr ist mobilisiert, und ihre Autorität und ihr kritischer Blick halten andere gefühlsmäßig auf Distanz.

Ist die Athene-Frau über den Medusa-Effekt, den sie auf andere ausübt, entsetzt, so sollte sie sich der Tatsache entsinnen, daß der Brustschild mit der Ägis etwas war, das Athene sowohl an- als auch abziehen konnte. Wenn eine Athene-Frau folglich «ihre Rüstung und ihre Ägis ablegt», wird sie keinen Medusa-Effekt mehr haben. Ihre Medusa-Ägis ist verschwunden, sobald die Athene-Frau sich nicht mehr zum Richter über andere Menschen erhebt und die Autorität für sich in Anspruch nimmt, die Art und Weise, wie andere Menschen fühlen oder denken oder leben, positiv oder negativ zu beurteilen. Wenn ihr bewußt wird, daß sie etwas von anderen Menschen lernen und etwas mit ihnen teilen kann und somit als Ebenbürtige mit ihnen in Beziehung tritt, wird sie vom Brustschild der Gorgo und vom Medusa-Effekt befreit sein.

LIST: «TUE, WAS ZUM ZIEL FÜHRT»

Wenn die Athene-Frau ein Ziel erreichen oder ein Problem lösen will, so beschäftigt sie sich fast ausschließlich mit Fragen wie: «Wie kann ich es tun?» und: «Wird es funktionieren?» Sie kann ein listiges oder rücksichtsloses Vorgehen an den Tag legen, wenn es darum geht, ihre Ziele zu erreichen oder ihre Rivalen auszuschalten.

Diese List war ein Merkmal der Göttin Athene. So zum Beispiel wandte Athene anläßlich der entscheidenden Konfrontation des griechischen Helden Achilleus mit dem edleren trojanischen

Helden Hektor im Trojanischen Krieg eindeutig «eine schmutzige Taktik» an, um Achilleus zum Sieg zu verhelfen. Als Hektor Achilleus gegenübertrat, überlistete sie ihn dazu, zu glauben, sein Bruder stehe als sein Speerträger an seiner Seite. Nachdem Hektor seinen einzigen Speer geschleudert hatte und sich umdrehte, um einen anderen von seinem «Bruder» in Empfang zu nehmen, mußte er entdecken, daß er allein war, und er wußte, daß sein Ende bevorstand. Die Göttin belastete sich nicht mit der Frage: «Ist das fair?» oder: «Ist das moralisch zu vertreten?» Worauf es ihr ankam, war, daß ihre Strategie die gewünschte Wirkung zeitigte. Die dunkle Seite einer Athene-Frau steht mit diesem Aspekt der Göttin Athene in Zusammenhang.

Wenn die Athene-Frau das Verhalten anderer Menschen einschätzt, so ist dabei Effizienz ihr wichtigstes Kriterium. Es gehört nicht zum Wesen ihres Denkens, daß sie sich mit Gefühlswerten wie richtig und falsch oder gut und schlecht befaßt. Somit hat sie auch Mühe zu begreifen, warum Menschen sich über ein unethisches oder unmoralisches Verhalten empören können, insbesondere dann, wenn es sie persönlich gar nicht betrifft. Auch kann sie nicht begreifen, warum jemand nur «um des Prinzips willen» über eine Angelegenheit diskutieren möchte oder sich Gedanken über die Mittel und Wege macht, die zu einem erwünschten Ziel führen sollen.

Falls eine solche Athene-Frau in den siebziger Jahren Studentin war, als ihre Kommilitoninnen auf den Straßen gegen den Vietnamkrieg und die Invasion Kambodschas demonstrierten oder sich über die Watergate-Affäre empörten, so beteiligte sie sich wohl kaum daran. Andere haben ihr vielleicht moralische Gleichgültigkeit vorgeworfen, doch sie ließ sich – getreu ihrem Athene-Modell – einfach nicht durch die Gefühle der andern anstecken und auch nicht durch ihre eigenen Gefühle rühren. Statt dessen befand sie sich im Klassenzimmer oder im Labor und verfolgte ihre Karriereziele.

MÖGLICHKEITEN DER SEELISCHEN ENTWICKLUNG

Eine Möglichkeit, die allen Göttinnen offensteht, besteht darin, über die einengenden Grenzen bloß einer Göttin hinauszuwachsen, indem andere Göttinnen kultiviert werden. Der Athene-Frau stehen jedoch mehrere spezifische Wege offen, die sie ebenfalls einschlagen kann.

NACH INNEN GEHEN

Die Athene-Frau, die ein höchst weltzugewandtes Leben führt, kann sich in den Machtspielen des Geschäftslebens, der Justiz oder Politik verstricken und muß unter Umständen feststellen, daß sie ständig arbeitet, über den Beruf oder das Geschäft redet oder Arbeit vom Büro mit nach Hause nimmt. Nach einer Weile hat sie dann wahrscheinlich das Gefühl, daß ihr Geist nie zur Ruhe kommt – «die Rädchen drehen sich ununterbrochen». Wenn ihr bewußt wird, wie allverschlingend ihre Arbeit ist und ein Bedürfnis nach mehr Ausgewogenheit verspürt, zeigt ihr Athene, die Göttin der Künste, einen psychologischen Weg, um ihren Geist von der Arbeit abzulenken.

Von allen Künsten war Athene die Kunst des Webens am liebsten. Eine Athene-Frau, eine Geschäftsfrau, sagte mir, als sie zu weben anfing: «Es ist die beruhigendste Beschäftigung, die ich mir vorstellen kann – ich bewege mich im selben Rhythmus wie der Webstuhl, ich muß mich voll konzentrieren und mein Geist ist doch gleichzeitig leer, meine Hände sind beschäftigt und zum Schluß habe ich zudem einen wunderschönen Wandbehang.»

Eine andere Athene-Frau entdeckt vielleicht, daß das Nähen sie von ihren beruflichen Sorgen ablenkt. Sie findet es sowohl praktisch als auch kreativ, ihre Kleider selbst zu nähen. Es macht ihr Spaß, das beste Material zu verwenden und schließlich ein Erzeugnis vor sich zu haben, das durchaus Designer-Qualität aufweist, sie aber zehnmal teurer zu stehen gekommen wäre als die Summe, die sie effektiv für den Stoff ausgegeben hat. Sie hat eine unendliche Geduld beim Nähen und bezeichnet es halb im Spaß als «Therapie», weil diese Beschäftigung es ihr gestattet, ihre beruflichen Probleme zu vergessen und einen anderen Bewußtseinszustand herbeizuführen. Auch die Kunst des Töpferns ist eine Möglichkeit, mit einem anderen Athene-Aspekt in Kontakt zu kommen. In der Tat bieten alle handwerklichen Künste Athene-Frauen die Möglichkeit, im Vergleich zu ihrem nach außen gerichteten Fokus ein inneres Gleichgewicht herzustellen.

DAS WIEDERFINDEN DES KINDES

Die Göttin Athene war nie Kind; sie wurde als Erwachsene geboren. Diese Metapher entspricht durchaus den tatsächlichen Erfahrungen einer Athene-Frau. Soweit sie zurückdenken kann, erinnert sie sich, daß sie stets «etwas ausfindig machte» oder «immer alles wußte». Doch ein so begabtes kleines Mädchen mit einem sachlichen Verstand muß oft ganze Bereiche subjektiver Erlebnisse entbehren, die es dann als Erwachsene vielleicht nachholen möchte. Es kann sein, daß die Athene-Frau das Kind in sich selbst entdecken muß, das sie nie gewesen ist, ein Kind, das durch Neues verwirrt oder entzückt sein kann.

Um ihr Kind-Selbst wiederzufinden, muß die Athene-Frau damit aufhören, neuen Erfahrungen als «vernünftige Erwachsene» zu begegnen (so wie sie es bereits als Kind getan hat). Statt dessen muß sie wie ein staunendes Kind auf das Leben zugehen, als ob alles neu und noch zu entdecken wäre. Wird ein Kind durch etwas Neues fasziniert, so nimmt es alles in sich auf. Im Gegensatz zu Athene hat es keine vorgefaßte Meinung darüber, wie die Dinge sein sollten, ist nicht skeptisch und versieht Erlebnisse nicht mit abgetragenen, vertrauten Etiketts, um sie dann zu den Akten zu legen. Redet jemand mit einer Athene-Frau über eine Erfahrung, die ihr fremd ist, so muß die Frau zuhören lernen und sich, so gut sie es vermag, sowohl die Szene als auch die beschriebenen

Gefühle vorzustellen versuchen. Steigen Gefühle in ihr auf, so muß sie versuchen dabeizubleiben und sich von den anderen trösten zu lassen. Um ihr verlorenes Kind wiederfinden zu können, muß sie spielen und lachen, weinen und sich umarmen lassen können.

DIE ENTDECKUNG DER MUTTER

Gemäß der Mythologie war die Göttin Athene eine mutterlose Tochter, die stolz darauf war, nur einen Elternteil zu haben: ihren Vater Zeus. Sie wußte nichts von ihrer Mutter Metis, die Zeus verschlungen hatte. Metaphorisch betrachtet sind Athene-Frauen in vielerlei Hinsicht «mutterlos»; sie müssen die Mutter entdecken, sie schätzen lernen und es sich gestatten, bemuttert zu werden. Es kommt oft vor, daß Athene-Frauen ihre Mutter mit Verachtung strafen. Die Athene-Frau muß oft erst die Stärken ihrer Mutter entdecken, bevor sie irgendwelche Ähnlichkeiten zwischen sich selbst und ihrer Mutter schätzenlernen kann. Häufig mangelt es ihr an einem Bezug zu einem mütterlichen Archetyp (von der Göttin Demeter verkörpert), eine Verbindung, die sie in sich spüren muß, damit sie Mutterschaft und Mütterlichkeit tief und instinktiv erfahren kann. Christine Downing, Verfasserin von *The Goddess*, bezeichnet diese Aufgabe als «das Zusammenfügen von Athene, indem sie sich erinnert»*, als «die Wiederentdeckung ihrer Beziehung zum Weiblichen, zur Mutter, zu Metis.»[5]
Es ist für eine Athene-Frau nützlich zu wissen, daß matriarchalische, weibliche Werte, die hochgehalten wurden, bevor die griechische Mythologie ihre gegenwärtige Gestalt annahm, von der heute vorherrschenden Kultur verschlungen wurden. Ihre intellektuelle Neugier kann sie von der Geschichte oder der Psychologie zu feministischem Gedankengut hinlenken. Von dieser

---

* *Anm. d. Übers.:* Das Wortspiel von *remember* = sich erinnern und *re-member* = wieder zusammenfügen kann auf deutsch nicht nachvollzogen werden.

neuen Warte aus kann sie dann ihre Mutter und andere Frauen und schließlich auch sich selbst in einem anderen Licht sehen. Zahlreiche Athene-Frauen sind auf diese Weise Feministinnen geworden. Sobald eine Athene-Frau ihre Denkart verändert, können sich auch ihre Beziehungen zu anderen Menschen verändern.

6. Kapitel

Hestia: Die Göttin des Herdes und des Tempels, die weise Frau und die unverheiratete Frau

HESTIA – DIE GÖTTIN

Hestia war die Göttin des Herdes oder vielmehr des Feuers, das auf einem runden Herd brannte. Sie ist die am wenigsten bekannte Göttin des Olymps. Hestia und ihr römisches Äquivalent, die Göttin Vesta, wurde von Malern und Bildhauern nicht in der Gestalt eines Menschen dargestellt; man ging nämlich davon aus, daß diese Göttin in der lebendigen Flamme im Zentrum des Hauses, des Tempels oder der Stadt anwesend sei. Hestias Symbol war ein Kreis. Ihre ersten Herde waren rund und ihre Tempel ebenfalls. Weder das Haus noch der Tempel galten als heilig, bis Hestia eingetreten war. Sie machte beides zum Heiligtum, wenn sie anwesend war. Hestia war anscheinend eine spirituell wahrgenommene Präsenz sowie ein heiliges Feuer, das Licht, Wärme und Hitze für die Nahrungszubereitung spendete.

GENEALOGIE UND MYTHOLOGIE

Hestia war das erstgeborene Kind von Rhea und Kronos: Sie war die älteste Schwester der ersten Generation der Olympier und die jungfräuliche Tante der zweiten Generation. Geburtsrechtlich gehörte sie zu den zwölf Hauptgottheiten des Olymps, und doch war sie nicht auf dem Olymp zu Hause und erhob keinen Protest, als Dionysos, der Gott des Weines, an Bedeutung gewann und ihre Stelle als einer der zwölf einnahm. Da Hestia sich nicht an den Liebesaffären und Kriegen, die eine so wichtige Rolle in der griechischen Mythologie spielten, beteiligte, ist sie die am wenigsten bekannte der bedeutendsten griechischen Gottheiten. Sie wurde jedoch viel verehrt und erhielt die besten Opfergaben, die die Sterblichen den Göttern darbrachten.

Die kurzgefaßte Mythologie von Hestia wird in drei homerischen Hymnen skizziert. Hestia wird als «die züchtige Jungfrau» beschrieben, als eine der drei, die Aphrodite nicht bezwingen, betören oder verführen kann und auch nicht «mit süßem Sehen beseligt».[1]

Aphrodite bewirkte, daß Poseidon (der Gott des Meeres) und Apollon (der Gott der Sonne) sich in Hestia verliebten. Beide umwarben Hestia, doch sie weigerte sich standhaft und schwor einen mächtigen Eid, daß sie für immer Jungfrau bleiben wolle.

«Da sie nun unvermählt bleibt, gab Zeus ihr ein köstliches Vorrecht:
Mitten im Hause ist ihr Sitz, da empfängt sie das Opfer.
Ehre wird ihr zuteil in allen Tempeln der Götter.
Würdig unter den Göttern erscheint sie den Sterblichen allen.»[2]

Die beiden Homerischen Hymnen auf Hestia sind Anrufungen, mit denen sie in ein Haus oder in einen Tempel eingeladen wird.

RITUALE UND KULT[3]

Im Gegensatz zu den anderen Göttern und Göttinnen war Hestia nicht aufgrund ihrer Mythen oder Darstellungen bekannt. Ihre Bedeutung findet sich vielmehr in Ritualen, die durch das Feuer symbolisiert werden. Damit ein Haus zu einem Heim wurde, war die Anwesenheit von Hestia notwendig. Wenn ein Liebespaar heiratete, zündete die Mutter der Braut in ihrem eigenen Haushalt eine Fackel an und trug sie vor dem neuvermählten Paar her bis zu deren Haus, wo sie dann das erste Feuer entzündete. Mit dieser Handlung war das neue Heim eingeweiht. Wurde ein Kind geboren, so fand ein zweites Hestia-Ritual statt. Wenn der Säugling fünf Tage alt war, wurde er, als Symbol für seine Aufnahme in die Familie, um den Herd herumgetragen. Anschließend wurde ein heiliges Festbankett abgehalten.

In ähnlicher Weise verfügte jeder griechische Stadtstaat in seinem Hauptgebäude über einen öffentlichen Herd mit einem heiligen Feuer. Hier wurden Gäste offiziell empfangen. Und jeder neue Siedler nahm stets das heilige Feuer aus seiner Heimatstadt mit, um das Feuer der neuen Stadt anzuzünden.

Jedesmal wenn also ein neuvermähltes Paar oder neue Siedler ein neues Zuhause gründeten, wurden sie von Hestia in der Form des heiligen Feuers begleitet, das somit die Verbindung vom alten zum neuen Heim gewährleistete und vielleicht Kontinuität und Beziehung, gemeinsames Bewußtsein und gemeinsame Identität symbolisierte.

Später wurde Hestia in Rom als Göttin Vesta verehrt. Vestas heiliges Feuer vereinigte alle Bürger Roms in einer Familie. Das heilige Feuer Vestas wurde in ihren Tempeln von den Vestalischen Jungfrauen gehütet, von denen verlangt wurde, daß sie die Jungfräulichkeit und Anonymität der Göttin verkörperten. In einem gewissen Sinn waren sie Repräsentantinnen der Göttin; sie lebten die Vorstellungen, mit denen Hestia umwoben war und die die Bildhauerei oder Malerei transzendierten.

Die zukünftigen Vestalinnen wurden in jungen Jahren in den Tempel geholt, gewöhnlich, wenn sie noch nicht ganz sechs Jahre alt waren. Sie trugen alle dieselbe Kleidung, das Haar wurde ihnen zum Zeichen der Initiation geschoren und jegliche Äußerung von Individualität wurde unterdrückt. Sie lebten getrennt von den anderen Menschen, wurden verehrt und man erwartete von ihnen, daß sie wie Hestia lebten – falls sie nicht jungfräulich blieben, hatte dies gräßliche Konsequenzen.

Unterhielt eine Vestalin sexuelle Beziehungen zu einem Mann, so hatte sie damit die Göttin entweiht. Zur Bestrafung wurde sie in einem kleinen, unterirdischen Raum ohne Luftzufuhr, mit Licht, Öl, Nahrung und einer Schlafstätte lebendig begraben. Die Fläche über dieser Stätte wurde dem Erdboden gleichgemacht, als ob sich darunter nichts befände. Auf diese Weise wurde das Leben einer Priesterin Vestas als Verkörperung der heiligen Flamme Hestias ausgelöscht, wenn sie die Göttin nicht mehr personifizierte – mit Erde überdeckt, wie wenn man glimmende Kohlen auf einem Herd löschen würde.

Hestia wurde oft mit Hermes, dem Götterboten, dem römischen Merkur, in Zusammenhang gebracht. Hermes war ein redegewandter und kluger Gott, der Beschützer und Wegweiser der Reisenden, der Gott der Redekunst und der Schutzherr der Kaufleute und der Diebe. Frühere Darstellungen zeigen ihn als säulenartigen Stein, den man Herme nannte. In den Haushalten der damaligen Zeit befand sich der runde Herd Hestias im Innern des Hauses, während die phallische Säule des Hermes auf der Schwelle stand. Das Feuer Hestias brachte Wärme und heiligte das Haus, während Hermes auf der Türschwelle stand, um Fruchtbarkeit zu bringen und Übel fernzuhalten. Auch in den Tempeln wurden diese beiden Gottheiten miteinander in Zusammenhang gebracht. In Rom zum Beispiel stand der Schrein Merkurs rechts neben den Stufen, die zum Tempel von Vesta hinaufführten.

Hestia und Hermes wurden somit in den Haushalten und Tempeln miteinander in Zusammenhang gebracht, treten jedoch getrennt auf. Jede Gottheit hat ihre eigene, ganz spezifische Funktion. Hestia war für das Heiligtum zuständig, in dem die Menschen sich zu einer Familie zusammenschlossen – der Ort, an dem man zu Hause ist. Hermes war der Beschützer an der Tür und der Wegweiser und Begleiter in der Welt – wo es auf Kommunikation ankommt sowie darauf, daß man seinen Weg kennt, klug und geschickt ist und Glück hat.

HESTIA – DER ARCHETYP

Die Anwesenheit der Göttin Hestia in Haus und Tempel war für das tägliche Leben von zentraler Bedeutung. In ihrer Funktion als Archetyp, der in der Persönlichkeit einer Frau anwesend ist, kommt Hestia eine ähnliche Bedeutung zu; der Hestia-Archetyp vermittelt der Frau ein Gefühl der Unversehrtheit und Ganzheit.

DIE JUNGFRÄULICHE GÖTTIN

Hestia war die älteste der drei jungfräulichen Göttinnen. Im Gegensatz zu Artemis und Athene wagte sie sich nicht in die Welt hinaus, um die Wildnis zu erkunden oder eine Stadt zu gründen. Sie blieb innerhalb des Hauses oder Tempels und war im Herd enthalten.

Oberflächlich betrachtet scheint die anonyme Hestia nicht viel mit der handlungsfreudigen Artemis oder der scharfsinnigen Athene mit der goldenen Rüstung gemeinsam zu haben. Und doch waren den drei jungfräulichen Göttinnen wesentliche unfaßbare Eigenschaften gemeinsam, unabhängig davon, welches ihr Interessengebiet oder ihre Handlungsweise war. Jeder Göttin war die für eine jungfräuliche Göttin charakteristische Eigenschaft des Mit-sich-selbst-eins-Seins zu eigen. Keine dieser drei Göttinnen wurde jemals das Opfer männlicher Gottheiten oder sterblicher Männer. Jede besaß die Fähigkeit, auf das zu fokussieren, was ihr wichtig war, und ihre Konzentration darauf zu richten, ohne sich durch die Bedürfnisse anderer oder durch ihr Bedürfnis nach anderen ablenken zu lassen.

Der Hestia-Archetyp hat das fokussierte Bewußtsein mit den anderen zwei jungfräulichen Göttinnen gemeinsam. (Lateinisch *focus* = Feuerstätte, Herd.) Das Bewußtsein ist jedoch im Gegensatz zu den beiden anderen Göttinnen nach innen gerichtet. Die extrovertierte Artemis oder Athene fokussiert ihr Bewußtsein auf das Erreichen von Zielen oder auf die Verwirklichung von Plänen; Hestia hingegen konzentriert sich auf ihre innere, subjektive Erfahrung. So zum Beispiel wird ihre Aufmerksamkeit durch Meditation völlig absorbiert.

Hestias Wahrnehmungsweise besteht darin, daß sie den Blick nach innen wendet und intuitiv erfaßt, was vor sich geht. Die Hestia-Verhaltensweise gestattet es uns, mit unseren Wertvorstellungen in Fühlung zu gelangen, indem das, was für uns persönlich Sinn und Wert hat, in den Brennpunkt gerückt wird. Durch dieses nach innen Fokussieren können wir die Essenz einer Situation intuitiv erfassen. Wir können auch einen Einblick in den Charakter anderer Menschen gewinnen und ihr Handlungsmuster erkennen oder die Bedeutung ihrer Handlungen spüren. Diese innere Betrachtungsweise vermittelt Klarheit inmitten der verwirrenden Myriaden von Einzelheiten, die auf unsere fünf Sinne einstürmen.

Die nach innen gerichtete Hestia kann sich gefühlsmäßig von den anderen Menschen distanzieren und nimmt die Menschen um sich herum nicht mehr aufmerksam wahr, während sie sich auf ihre eigenen Anliegen konzentriert. Dieses Losgelöstsein ist ebenfalls für die drei jungfräulichen Göttinnen charakteristisch. Abgesehen von Hestias Neigung, sich aus der Gesellschaft der anderen zurückzuziehen, strebt sie aufgrund ihres «Mit-sich-selbst-eins-Seins» nach unbewegter Stille, die am ehesten in der Einsamkeit zu finden ist.

DIE HÜTERIN DES HERDES

Als Göttin des Herdes verkörpert Hestia jenen Archetyp, der in den Frauen wirksam ist, für die der Haushalt nicht eine Last, sondern eine sinnvolle Tätigkeit darstellt. Dank Hestia wird das Hüten des Herdes, die Führung eines Haushalts zu einem Mittel, mit dem die Frau Ordnung in sich selbst und in ihr Heim bringen kann. Erwirbt eine Frau bei der Erfüllung ihrer täglichen Pflichten ein Gefühl der Harmonie, so ist sie mit diesem Aspekt des Hestia-Archetyps in Fühlung.

Die Besorgung des Haushalts mit seinen tausend Einzelheiten ist wie auch die Meditation eine konzentrative Tätigkeit. Würde die Hestia-Frau sich über ihren inneren Prozeß klar äußern, sie würde ein Buch mit dem Titel *Zen und die Kunst der Haushaltsführung* schreiben. Die Hestia-Frau widmet sich der Hausarbeit, weil sie ihr an und für sich wichtig ist und weil sie Spaß daran hat. Ihre Tätigkeit erfüllt sie mit innerem Frieden – wie eine Frau, die in einen religiösen Orden eingetreten ist und die alles, was sie tut, nur tut, um «Gott zu dienen». Dominiert der Hestia-Archetyp, so fühlt die Frau sich wohl, wenn sie mit ihrer Arbeit fertig ist. Im Gegensatz dazu hat Athene in dieser Situation das Gefühl, etwas geleistet zu haben, und Artemis ist schlicht und einfach erleichtert, weil sie eine lästige Pflicht erfüllt hat und für etwas anderes frei ist.

Ist Hestia anwesend, so besorgt eine Frau den Haushalt mit dem Gefühl, daß sie viel Zeit zur Verfügung hat. Sie muß nicht immer wieder einen Blick auf die Uhr werfen, weil sie sich weder an einen bestimmten Zeitplan halten noch die Zeit irgendwie verbringen muß. Sie befindet sich, wie die Griechen es nannten, im *kairos* – sie «partizipiert an der Zeit», was psychologisch betrachtet nährend ist (wie fast alle Erfahrungen, bei denen wir die Zeit aus dem Auge verlieren). Ob die Hestia-Frau nun Wäsche sortiert und zusammenlegt, das Geschirr spült oder aufräumt, ihre Aufmerksamkeit wird von all diesen Beschäftigungen in ruhiger und friedlicher Weise in Anspruch genommen.

Die Hüterin des Herdes verbleibt stets im Hintergrund, in der Anonymität. Ihre Tätigkeit wird oft als Selbstverständlichkeit hingenommen, es lohnt sich nicht, über sie zu reden, und sie ist auch keine berühmte Persönlichkeit.

DIE HÜTERIN DES TEMPELFEUERS

Der Hestia-Archetyp gedeiht in religiösen Gemeinschaften, besonders in denjenigen, die das Schweigen pflegen. Die kontemplativen Orden der katholischen Kirche sowie die östlichen Religionen, deren spirituelle Praxis ganz auf Meditation ausgerichtet ist, sind für Hestia-Frauen gut geeignet. Vestalinnen haben den Hestia-Archetyp mit den Nonnen gemeinsam. Wenn junge Frauen in ein Kloster eintreten, so geben sie ihre frühere Identität auf. Sie bekommen einen neuen Vornamen, und ihr Nachname wird nicht mehr verwendet. Sie tragen alle dieselbe Kleidung, streben nach Selbstlosigkeit, leben im Zölibat und widmen ihr Leben dem religiösen Dienst.

Da die östlichen Religionen zusehens Anhänger im Westen finden, sind Frauen, die Hestia verkörpern, sowohl in Ashrams als auch in Klöstern zu finden. Hier stehen Gebet und Meditation – Tätigkeiten mit einem inneren Fokus – im Vordergrund. In zweiter Linie folgt die Aufrechterhaltung der Gemeinschaft (oder die Haushaltsführung), wobei diese Aufgabe als eine Form der religiösen Verehrung erfüllt wird.

Bei den meisten «Tempelfrauen» vom Hestia-Typ handelt es sich denn auch um anonyme Frauen, die in ihrer bescheidenen Art an den täglichen spirituellen und Haushalts-Ritualen ihrer religiösen Gemeinschaft teilnehmen. Berühmte weibliche Mitglieder dieser Gemeinschaften weisen eine Kombination des Hestia-Archetyps und anderer aktiver Archetypen auf. Die für ihre ekstatischen Schriften berühmte Mystikerin Teresa von Avila wies zum Beispiel einen mit Hestia kombinierten Aphrodite-Aspekt auf. Die Friedensnobelpreisträgerin Mutter Teresa scheint sowohl über den mütterlichen Demeter- als auch über den Hestia-Archetyp zu verfügen. Spirituell motivierte Klostervorsteherinnen weisen meist zusätzlich zum Hestia-Aspekt stark ausgeprägte Athene-Merkmale auf.

170

Die beiden Hestia-Aspekte Heim und Tempel treffen zusammen, wenn zu Hause religiöse Rituale durchgeführt werden. So zum Beispiel tritt Hestia plötzlich in Erscheinung, wenn eine jüdische Frau das Abendessen für den Seder* vorbereitet. Wenn sie den Tisch deckt, ist sie in eine heilige Arbeit versunken, eine rituelle Zeremonie, die Stück um Stück ebenso bedeutend ist wie die stille Kommunikation zwischen dem Ministranten und dem Priester während der katholischen Messe.

DIE WEISE ALTE FRAU

Als älteste Schwester der ersten Olympiergeneration und jungfräuliche Tante der zweiten Generation hatte Hestia die Position einer ehrwürdigen Ältesten inne. Die Intrigen und Rivalitäten ihrer Verwandten berührten sie nicht, und sie vermied es, sich in vorübergehende Leidenschaften hineinziehen zu lassen. Wenn dieser Archetyp in einer Frau präsent ist, so haben die Ereignisse nicht dieselbe Wirkung auf sie wie auf die anderen Menschen.

Wird Hestia als innere Präsenz erfahren, so ist eine Frau gefühlsmäßig nicht an Menschen, Ereignisse, Besitztümer, Prestige oder Macht «gebunden». Sie fühlt sich, so wie sie ist, ganz. Ihr Ich steht nicht auf dem Spiel. Da ihr ihre Identität nicht wichtig ist, ist sie nicht an äußere Umstände gebunden. Somit können Geschehnisse eine solche Frau in freudige Erregung oder tiefe Trauer versetzen. Sie hat die Qualitäten, die T. S. Elliot mit den folgenden Worten beschrieb:

The inner freedom from the practical desire,
The release from action and suffering, release from the inner
And the outer compulsion, yet surrounded
By a grace of sense, a white light still and moving.

T. S. Eliot, *The Four Quartets* [4]

---

* Häusliche Feier am ersten und zweiten Abend des jüdischen Passahfestes

Hestias Losgelöstsein vermittelt diesem Archetyp die Eigenschaft der «weisen Frau». Sie ist wie eine Älteste, die alles erfahren hat und mit ungebrochenem Geist und einem durch die Erfahrung geläuterten Charakter aus den Geschehnissen hervorgeht. Die Göttin Hestia wurde in allen Tempeln, die anderen Gottheiten geweiht waren, verehrt. Wo Hestia den «Tempel» (oder die Persönlichkeit) mit anderen Archetypen teilt, vermittelt sie deren Zielen und Absichten ihre weise Betrachtungsweise. So ist eine Hera-Frau, die mit Schmerz auf die Entdeckung reagiert, daß ihr Partner ihr untreu ist, nicht ganz so verletzlich, wenn auch Hestia als Archetyp in ihrer Psyche vertreten ist. Die Maßlosigkeiten aller anderen Archetypen werden durch Hestias weise Ratgebung gemildert, durch diese gefühlte Präsenz, die eine Wahrheit oder spirituelle Erkenntnis vermittelt.

DAS SELBST: INNERES ZENTRIERTSEIN, SPIRITUELLE ERLEUCHTUNG UND SINN

Hestia ist ein Archetyp des inneren Zentriertseins. Sie ist der «ruhende Punkt», der den Handlungen Sinn verleiht und der innere Bezugspunkt, dank dem eine Frau im äußeren Chaos, in der Unordnung oder der gewöhnlichen Hektik des Alltags «geerdet» bleiben kann. Wenn Hestia Bestandteil der Persönlichkeit einer Frau ist, so hat ihr Leben einen Sinn.

Hestias runder Herd mit dem heiligen Feuer im Zentrum weist die Form eines Mandalas auf, ein Bild, das für Meditationsübungen verwendet wird und als Symbol für Ganzheit oder Totalität steht. Jung äußerte sich wie folgt zur Mandala-Symbolik:

«Ihr Grundmotiv ist die Ahnung eines Persönlichkeitszentrums, sozusagen einer zentralen Stelle im Inneren der Seele, auf die alles bezogen, durch die alles geordnet ist und die zugleich eine Energiequelle darstellt. Die Energie des Mittelpunkts offenbart sich im beinahe unwiderstehlichen Zwang und Drang, das zu werden, was man ist, wie jeder Organismus annähernd jene Gestalt, die ihm wesenseigentümlich ist, unter allen Umständen annehmen muß. Dieses Zentrum ist nicht gefühlt oder gedacht als das Ich, sondern, wenn man so sagen darf, als das Selbst.»[5]

Das Selbst ist das, was wir innerlich erfahren, wenn wir eine Verwandtschaft mit der Einheit spüren, die uns mit dem Wesen aller Dinge außerhalb unserer selbst verbindet. Auf dieser spirituellen Ebene sind «Verbundenheit» und «Losgelöstheit» paradoxerweise dasselbe. Wenn wir mit einer inneren Quelle der Wärme und des Lichts in Fühlung sind (metaphorisch ausgedrückt von einem spirituellen Feuer erwärmt und erleuchtet werden), wärmt dieses «Feuer» auch diejenigen in unserer unmittelbaren Umgebung, die wir lieben, und wir bleiben mit anderen, die weit weg sind, in Fühlung.

Das heilige Feuer der Göttin Hestia brannte auf dem Familienherd und in den Tempeln. Die Göttin und das Feuer bildeten eine Einheit und stellten eine Verbindung von Familie zu Familie, von den Stadtstaaten zu den Kolonien her. Hestia war das spirituelle Bindeglied zwischen ihnen allen. Wenn dieser Archetyp spirituelle Zentriertheit und Verbundenheit mit anderen vermittelt, ist er ein Ausdruck des Selbsts.

HESTIA UND HERMES: ARCHETYPISCHE DUALITÄT

Die Säule und der kreisförmige Ring wurden zu Repräsentationen des männlichen und weiblichen Prinzips. Im alten Griechenland stellte die Säule, die «Herme», die vor der Haustür stand, Hermes dar, während der runde Herd im Innern des Hauses Hestia symbolisierte. In Indien und anderen Gegenden des Ostens werden Säule und Kreis miteinander «gepaart». Das erigierte Lingam penetriert die weibliche Yoni oder den weiblichen Ring, der über ihm liegt, wie bei einem Ringwurfspiel für Kinder. In Indien verschmolzen Säule und Ring zu einer Einheit, während bei den Griechen und Römern dieselben Symbole als Hermes und Hestia als zwar verwandt, aber doch getrennt gehandhabt wurden. Um diese Trennung noch mehr zu betonen, ist Hestia eine jungfräuliche Göttin, die niemals penetriert werden wird, sowie die älteste der Olympier. Sie ist eine jungfräuliche Tante von Hermes, der als der jüngste der Olympier betrachtet wurde – eine Verbindung der beiden wäre demzufolge höchst unwahrscheinlich.

Ausgehend von der griechischen Antike haben die Zivilisationen des Westens diese Dualität betont und eine Trennung oder Differenzierung zwischen den Prinzipien von weiblich und männlich, Körper und Geist, Logos und Eros, aktiv und passiv vorgenommen, welche dann als höhere und niedere Werte klassifiziert wurden. Als Hestia und Hermes noch beide in den Haushalten und Tempeln verehrt wurden, standen eher die weiblichen Werte Hestias im Vordergrund – ihr kam die höchste Ehre zu. Damals herrschte eine komplementäre Dualität. Seit jener Zeit ist Hestia abgewertet und vergessen worden. Ihr heiliges Feuer wird nicht mehr kultiviert, und das, was sie repräsentierte, wird nicht mehr verehrt.

Dort, wo die weiblichen Werte Hestias in Vergessenheit geraten und entehrt werden, wird die Bedeutung des inneren Heiligtums – das Nach-Innen-Gehen, um Sinn und Frieden zu finden – und der Familie als Heiligtum und Quelle der Wärme geschmälert oder sie geht verloren. Zudem schwindet das Gefühl einer unterschwelligen Verbundenheit mit anderen Menschen, wie auch das Bedürfnis der Bürger einer Stadt, eines Landes oder der Erde, nach einem gemeinsamen spirituellen Band, das alle miteinander verbinden würde.

Hestia und Hermes: Mystische Verbundenheit

Auf einer mystischen Ebene sind die beiden Archetypen Hestia und Hermes durch das Bild des heiligen Feuers im Zentrum des Herdes miteinander verbunden. Hermes-Merkur war der alchemistische Geist Mercurius, den man sich als Ur-Feuer vorstellte. Dieses Feuer wurde als Quelle mystischen Wissens betrachtet, die symbolisch im Zentrum der Erde lokalisiert war.

Hestia und Hermes repräsentieren archetypische Ideen von Geist und Seele. Hermes ist der Geist, der die Seele entflammt. In diesem Zusammenhang ist Hermes wie der Wind, der über die glimmenden Kohlen im Zentrum des Herdes weht und sie zum

174

Erglühen bringt. In derselben Weise können Ideen tiefe Gefühle zum Erglühen bringen, können Worte bewußt machen, was bis jetzt nur dumpfes Wissen war, oder beleuchten, was nur verschwommen wahrgenommen wurde.

DIE ENTWICKLUNG DES HESTIA-ARCHETYPS

Hestia kann in der stillen Einsamkeit und im Sinn für Ordnung gefunden werden, welche sich bei «kontemplativer Hausarbeit» einstellen. Auf diese Weise kann eine Frau sich ganz auf jede einzelne Arbeit konzentrieren, sie ohne Hast verrichten und Zeit finden, um die sich ergebende Harmonie zu genießen. Sogar eine Hestia höchst unähnliche Hausfrau kann sich normalerweise an Zeiten erinnern, in denen sie von diesem Archetyp beherrscht wurde. Vielleicht hat sie sich an einem bestimmten Tag Zeit genommen, um zum Beispiel Ordnung in einen Schrank zu bringen, Kleider aussortiert, sich dabei an vergangene Ereignisse erinnert oder Zukünftiges geplant und sowohl Ordnung in ihre Habe als auch in ihr Selbst gebracht. Zum Schluß hatte sie einen ordentlichen Schrank vor sich, einen Spiegel ihres Wesens, und zudem hatte sie den Tag gut verbracht. Oder es kann sein, daß eine Frau den Hestia-Archetyp in der Freude und Befriedigung erfährt, die ihr das Sichten alter Fotografien, das Aussortieren, Beschriften und Einkleben der Bilder in ein Album vermitteln.

Frauen, die keine Hestia-Frauen sind, können sich dafür entscheiden, Zeit «mit Hestia» zu verbringen – mit dem inneren, ruhigen, zentrierten Teil ihrer selbst. Zu diesem Zweck müssen sie sich Zeit nehmen und den inneren Raum finden – besonders, wenn es sich um außengeleitete Frauen handelt, deren Leben vor Geschäftigkeit und Beziehungen zu bersten scheint und die einerseits stolz darauf sind, und sich andererseits darüber beklagen, daß sie «nie auch nur einen Augenblick Ruhe haben».

Wenn eine Frau, bei der Hestia nicht stets präsent ist, die Göttin einlädt, Teil ihrer täglichen Haushaltspflichten zu werden, so muß sie zumindest die Absicht hegen, sich auf die Haltung Hestias einzustimmen. Hat die Frau sich für eine bestimmte Aufgabe entschieden, muß sie sich viel Zeit dafür einräumen. So zum Beispiel ist das Zusammenfalten von Wäsche für viele Frauen eine sich ständig wiederholende Pflichtübung, die ihnen lästig fällt. Übernimmt nun eine Frau die Einstellung Hestias, so betrachtet sie unter Umständen das Zusammenlegen der Wäsche als eine günstige Gelegenheit, um ihren Geist zu beruhigen. Damit Hestia anwesend sein kann, muß die Frau sich jeweils auf nur eine einzige Aufgabe, ein Gebiet oder einen Raum konzentrieren; je nachdem, was in der zur Verfügung stehenden Zeit mit Leichtigkeit erledigt werden kann. Sie muß sich so in die Arbeit vertiefen können, als würde sie eine japanische Teezeremonie vollziehen und dabei jeden Handgriff mit einem Gefühl der Gelassenheit durchführen. Nur dann kann das ständige «Geschwätz» des Verstandes durch eine alles durchdringende innere Ruhe ersetzt werden. Die bei dieser Arbeit zu erfüllenden Normen sollten von der Frau selbst bestimmt werden; die Art und Weise, wie sie die Arbeit verrichtet, sollte mit dem in Einklang sein, was ihr sinnvoll erscheint. Auf diese Weise ist sie eine jungfräuliche Göttin, nicht eine Dienerin, die die Bedürfnisse oder Normen anderer erfüllt oder sich durch einen Zeitplan unter Druck setzen läßt.

Meditation aktiviert und stärkt diesen introvertierten, nach innen fokussierten Archetyp. Hat man einmal mit Meditation angefangen, so wird sie oft zu einer täglich durchgeführten Übung, weil sie ein Gefühl der Ganzheit und Zentriertheit vermittelt und eine innere Quelle des Friedens und der Erleuchtung und somit einen Zugang zu Hestia darstellt.

Für einige Frauen äußert sich Hestias Anwesenheit im Schreiben von Gedichten. May Sarton, Schriftstellerin und Verfasserin von Gedichten, sagt, daß diese Art des Schreibens «nur möglich ist, wenn ich mich in einem Zustand der Gnade befinde, wenn die tiefen Schleusen offen sind, und wenn ich, vorausgesetzt sie sind offen, sowohl tief berührt als auch im Einklang mit mir selbst bin, dann stellen sich Gedichte als eine von meinem Willen unabhängige Gabe ein.»[6] Sie schildert eine Erfahrung des Archetyps des Selbst, die stets über das Ich und den Willen hinausreicht und ein Geschenk der Gnade ist.

Die Entdeckung Hestias durch unfreiwillige Einsamkeit

Fast jeder Mensch durchläuft in seinem Leben Phasen der unfreiwilligen Einsamkeit. Eine solche Phase setzt häufig mit einem Verlust ein, mit einem Schmerz oder mit dem Gefühl der Verlassenheit und der Sehnsucht nach anderen. So zum Beispiel nahm der Ehemann der freien Schriftstellerin Ardis Whitman mit einem Kuß rasch Abschied von seiner Frau, stürmte zur Tür hinaus, erlitt eine Herzattacke und kehrte nie wieder nach Hause zurück. Sieben Jahre später äußerte sie sich zum unerwarteten Lohn der Einsamkeit. Ihre Worte evozieren Gefühle, die mit Hestia assoziiert werden können:

«Wie der erste dünne Sonnenstrahl nach Regenwetter taucht eine dürftige, aber wachsende Wärme auf, die der unfreiwilligen Einsamkeit ebenso eingeboren ist wie der Kummer. Der Kummer wird durch die Erinnerung gewärmt ... und auch durch ein wachsendes Gefühl der eigenen Identität. Wenn wir von Menschen umgeben leben, sickert ein Teil unserer natürlichen Liebe und Erkenntniskraft durch das Sieb seichten Geplauders. In unseren kühnsten Augenblicken glauben wir, daß das, was geschieht, die höchste Arbeit des Menschen ist – die Gestaltung der Seele. Die Lebenskraft kommt von innen; geht nach innen. Bete, meditiere. Strebe nach jenen strahlenden Orten in dir selbst.»[7]

Hestia – die Frau

Die Hestia-Frau hat gewisse Eigenschaften mit der Göttin gemeinsam, und zwar in dem Sinn, daß sie ein ruhiger, zurückhaltender Mensch ist, dessen Anwesenheit eine Atmosphäre der Wärme und friedlichen Ordnung verbreitet. Gewöhnlich handelt es sich um eine introvertierte Frau, die die Einsamkeit zu genießen versteht. Als ich vor kurzem einer Hestia-Frau einen Besuch in ihrem

Zuhause abstattete, spürte ich unverzüglich einen Zusammenhang zwischen ihrer Persönlichkeit, der Atmosphäre und der Göttin des Herdes. Das Haus wirkte sauber, fröhlich und ordentlich. Blumen schmückten den Tisch, auf dem frisch gebackenes Brot zum Auskühlen lag. Etwas Unfaßbares verwandelte das Haus in ein stilles Heiligtum, in eine Stätte des Friedens und erinnerte mich an das *Zen Mountain Center* in Tassajara, Kalifornien, wo die äußere Welt wegfällt und man von einer zeitlosen Ruhe durchdrungen wird.

DIE ERSTEN LEBENSJAHRE

Zwischen der jungen Hestia und der jungen Persephone besteht eine starke Ähnlichkeit: Beide sind gefällige, «leicht zu handhabende» Kinder. Sogar das «gefürchtete» Trotzalter verläuft ohne allzuviel Halsstarrigkeiten oder Selbstbehauptungstendenzen. Doch gibt es zwischen diesen beiden Mädchentypen subtile Unterschiede. Persephone richtet sich nach anderen Menschen und ist stets darauf aus, anderen zu gefallen. Hestia mag zwar tun, wozu andere sie auffordern, und sie mag ebenso nachgiebig wie Persephone wirken, doch sobald sie sich selbst überlassen wird, spielt sie in aller Zufriedenheit und ohne auf irgendwelche Anweisungen angewiesen zu sein. Die kleine Hestia zeichnet sich durch ein ruhiges und selbständiges Wesen aus. Verletzt sie sich oder ärgert sie sich, so wendet sie sich nicht unbedingt an ihre Mutter, sondern begibt sich ebenso gern allein auf ihr Zimmer, um Trost in der Einsamkeit zu suchen. Manchmal fühlen sich Menschen von einer inneren Präsenz angezogen, die sie ausstrahlt; es ist, als hätte das kleine Kind eine «alte Seele», die von Weisheit oder Ruhe zeugt.

Das kleine Hestia-Mädchen will selten die Aufmerksamkeit auf sich lenken oder starke Reaktionen bei anderen Menschen auslösen. Hält sie ihr Zimmer in Ordnung, so erntet sie unter Umständen Lob dafür. Ist sie zurückhaltend, so spornt man sie vielleicht dazu an, sich mehr auf die Familie einzulassen oder in die Welt hinauszugehen.

Die Göttin Hestia war das erstgeborene Kind von Rhea und Kronos, das erste, das Kronos verschlang, und das letzte, das er wieder ausspie. Somit blieb sie im Vergleich zu ihren Geschwistern am längsten in den dunklen und bedrückenden Eingeweiden ihres Vaters gefangen, wo sie schließlich ganz allein zurückblieb. Ihre Kindheit verlief alles andere als glücklich. Kronos war ein tyrannischer Vater, der kaum liebevolle Gefühle für seine Kinder hegte. Rhea war dagegen machtlos und tat, bis ihr letztes Kind geboren wurde, nichts, um ihre Kinder vor Mißbrauch zu schützen. Von allen Kindern erwies sich Hestia als das eigenständigste Kind, das auf seine eigene Art mit den Schwierigkeiten fertig wurde.

Einige Hestia-Frauen, die mich in meiner Praxis aufgesucht haben, haben eine Kindheit gehabt, die eine vergleichbare Parallele zu derjenigen der Göttin aufweist – sie hatten einen Tyrannen als Vater, der sie mißbrauchte, und eine machtlose (oft an Depressionen leidende) Mutter. Viele dieser Frauen waren in ihrer Kindheit psychisch völlig auf sich selbst angewiesen: In ihrem Zuhause wurden die Bedürfnisse von Kindern nicht berücksichtigt und jegliche Äußerung von Individualität wurde vom Bedürfnis des Vaters nach Herrschaft «verschlungen». Wachsen Kinder in einer solchen Umgebung auf, so eifern sie den Eltern meistens nach: Die stärkeren Kinder, besonders die Knaben, belästigen oder tyrannisieren die jüngeren und schwächeren Geschwister, oder sie laufen von zu Hause weg oder treiben sich auf der Straße herum. Bei den Töchtern kann es vorkommen, daß ein machtloses, aber mütterliches Mädchen eine Demeter-Verhaltensweise an den Tag legt und versucht, für seine jüngeren Geschwister zu sorgen, oder es übernimmt den Hera-Archetyp und klammert sich, sobald es alt genug dafür ist, an einen Freund.

Eine Hestia-Tochter jedoch zieht sich wahrscheinlich gefühlsmäßig zurück, um angesichts der schmerzhaften Familienkonflikte oder eines Schulmilieus, das ihr fremd vorkommt, Trost in ihrem Inneren zu suchen. Sie hat häufig den Eindruck, sie sei ihren

Geschwistern ebenso entfremdet wie ihren Eltern – und sie ist auch wirklich ganz anders. Sie versucht, nicht aufzufallen, wirkt nach außen hin passiv und ist tief in ihrem Innern davon überzeugt, daß sie anders ist als alle Menschen um sie herum. Sie versucht, in allen Situationen zurückhaltend zu sein und pflegt ihre Einsamkeit inmitten anderer Menschen. Somit wird sie praktisch «persona-los», wie die Göttin selbst.

Im Gegensatz dazu kann es vorkommen, daß eine Hestia-Tochter aus einer normalen Familie der Mittelschicht mit Eltern, die sie unterstützen und fördern, eine nicht so ausgeprägte Hestia zu sein scheint. Vom Kindergarten an hilft man ihr, «ihre Schüchternheit oder Ängstlichkeit zu überwinden», wie andere ihr Nach-innen-Gewandtsein oft betiteln. Auf diese Weise entwikkelt sie tatsächlich eine gesellschaftlich anpassungsfähige Persona, kann liebenswürdig und gesellig sein. Sie wird zu guten Leistungen in der Schule angespornt, dazu ermuntert, sich an allen Aktivitäten zu beteiligen, vom Ballett bis zum Fußball für Mädchen, sich kleinen Kindern gegenüber mütterlich zu verhalten und schließlich mit Jungen auszugehen, wenn sie das High-School-Alter erreicht. Doch wie auch immer sie von außen gesehen wirken mag, im Innern ist sie der Göttin Hestia treu; sie verfügt über eine Art Selbständigkeit und Losgelöstheit sowie über einen emotionalen Gleichmut, der von der Zentriertheit ihres Wesens herrührt.

ADOLESZENZ UND ERSTE ERWACHSENENJAHRE

Der Hestia-Teenager hält sich von gesellschaftlicher Dramatik, großen Leidenschaften und den wechselnden Bündnissen seiner Gleichaltrigen fern. In dieser Hinsicht ähnelt die junge Hestia-Frau der Göttin Hestia, die sich nicht an den gesellschaftlichen Intrigen oder den Kriegen beteiligte, die die anderen Olympier so sehr beschäftigten. Die Folge davon ist, daß die junge Hestia-Frau unter Umständen zum gesellschaftlichen Außenseiter wird, der bei den Aktivitäten der anderen Zaungast ist, ein Unbeteiligter, der auf andere autonom wirkt und dessen Iso-

180

lation in ihren Augen freiwillig erscheint. Hat das Hestia-Mädchen andere Züge seiner Persönlichkeit entwickelt, so hat es vielleicht einen Freundeskreis und beteiligt sich an gesellschaftlichen und schulischen Aktivitäten. Seine Freundinnen und Freunde schätzen seine ruhige, warme Art und seine Beständigkeit, obwohl sie manchmal darüber erbittert sind, daß das Hestia-Mädchen bei einer Kontroverse nicht Partei ergreift oder daß es sich ihrer Meinung nach zuwenig auf den Konkurrenzkampf einläßt. Für die junge Hestia-Frau kann die Adoleszenz eine Zeit der sich vertiefenden religiösen Überzeugung sein. Dies kann ihren einzigen direkten Konflikt mit ihren Eltern auslösen, nämlich dann, wenn sie ihrer religiösen Berufung Folge leisten möchte. Obwohl es katholische Familien gibt, die hocherfreut sind, wenn ihre Tochter sich zur Nonne berufen fühlt, reagieren doch viele mit Entsetzen und Schrecken, wenn ihre Tochter ihren Glauben wirklich ernst nimmt. In jüngerer Zeit fühlten sich junge Hestia-Frauen zu verschiedenen östlichen Religionen hingezogen, die seit den siebziger Jahren in den Vereinigten Staaten mehr und mehr aufgeblüht sind. Wenn Hestia-Töchter sich für ein Leben im Ashram begeistern, in fremden Sprachen singen und neue Namen annehmen, reagieren viele Eltern mit Bestürzung und nehmen irrtümlicherweise an, es sei nicht schwierig, ihre ruhige, fügsame Hestia-Tochter von ihrer Überzeugung abzubringen. Doch mit der einer jungfräulichen Göttin eigenen Gewißheit und Fokussiertheit tut eine Hestia-Tochter gewöhnlich das, was ihr wichtig erscheint und fügt sich den Wünschen ihrer Eltern kaum.

Besucht die Hestia-Frau ein College, so schätzt sie häufig die Anonymität einer großen Universität und begrüßt die Gelegenheit, für sich allein sein zu können. Wird eine Frau ausschließlich vom Hestia-Archetyp regiert, so ist sie wahrscheinlich nicht persönlich motiviert, ein College zu besuchen, weil intellektuelle Herausforderungen, die Suche nach einem Ehemann oder die Vorbereitung auf einen Beruf Hestia nicht am Herzen liegen. Um sich für irgendeine der genannten Tätigkeiten begeistern zu können, müssen andere Göttinnen präsent sein. Die meisten Hestia-Frauen, die ein College besuchen, tun dies, weil andere Archetypen ebenfalls stark vertreten sind oder weil andere Menschen es von ihnen erwarten.

BERUF

Die vom Konkurrenzkampf beherrschte Arbeitswelt belohnt Hestia-Frauen nicht. Einer Hestia-Frau mangelt es an Ehrgeiz und Antrieb; sie strebt nicht nach Anerkennung, mißt Macht keinen Wert bei, und Strategien des beruflichen Fortkommens sind ihr fremd. Die Folge ist, daß eine Hestia-Frau wahrscheinlich eine traditionelle Frauenstelle in einem Büro einnimmt, wo man sie entweder kaum zur Kenntnis nimmt, sie zum lebendigen Inventar zählt oder sie als «Perle» betrachtet und schätzt, weil sie zuverlässig und beständig arbeitet, sich aus Büroklatsch und Intrigen heraushält und eine Atmosphäre der Ordnung und Wärme um sich verbreitet. Die Hestia-Frau kocht gern Kaffee für die anderen und liebt es, dem Büro einen Hauch von Fraulichkeit zu verleihen.

Hestia-Frauen eignen sich hervorragend für Berufe, die Ruhe und Geduld verlangen. So zum Beispiel ist das Lieblingsmodell einer Fotografin eine Hestia-Frau, und zwar weil ihre Augen so etwas «Nach-innen-Gewandtes» haben, weil sie mit ihrer bescheidenen Anmut und ihrer Ruhe an die «gelassene Haltung einer Katze» erinnert, die völlig in ihre Pose versunken ist.

Viele Hestia-Frauen machen sich auch auf der anderen Seite des Objektivs gut. Hestias Geduld und Ruhe sind Eigenschaften, die einer Fotografin sehr zugute kommen, wenn sie auf den richtigen Augenblick, auf die ausdrucksvolle Geste oder die spontane Komposition warten muß. Hestia kann sich mit anderen Archetypen zusammenschließen und somit der Arbeit einer Frau eine Hestia-Qualität verleihen. So zum Beispiel scheint die beste Kindergärtnerin, von der ich gehört habe, eine Kombination der mütterlichen Demeter und der Göttin Hestia zu sein. Ihre Kolleginnen und Kollegen staunen über die Atmosphäre der Ordnung, die sie mühelos um sich herum zu erzeugen scheint: «Sie ist nie erschöpft. Vielleicht nehmen die Kinder ihre Gelassenheit in sich auf – alles, was ich weiß, ist, daß sie eine ganze Klasse Kinder, die alle um

Aufmerksamkeit wetteifern, in eine lebendige, warme Gruppe verwandelt. Sie scheint nie in Eile zu sein, während sie hier jemandem ihre Aufmerksamkeit schenkt, dort jemanden umarmt, ein Buch empfiehlt, ein Spiel vorschlägt – und die Kinder werden ruhig.»

BEZIEHUNGEN ZU FRAUEN

Hestia-Frauen haben gewöhnlich einige wenige gute Freundinnen, die gern von Zeit zu Zeit mit ihnen zusammen sind. Es ist sehr wohl möglich, daß diese Frauen selbst über einige Hestia-Eigenschaften verfügen und ihre Hestia-Freundin als Heiligtum betrachten, wobei sich ihr eigener Hestia-Aspekt manifestieren kann. Eine Hestia-Frau läßt sich nicht auf Klatsch oder auf intellektuelle oder politische Diskussionen ein. Ihr Talent besteht darin, einfühlsam und mit offenem Herzen zuhören zu können, wobei sie, unabhängig davon, welche Aufregungen ihre Freundin an sie herantragen mag, stets zentriert bleibt und einen warmen Platz an ihrem Herd anbietet.

SEXUALITÄT

Dominiert der Hestia-Archetyp bei einer Frau, so ist ihr die Sexualität nicht sonderlich wichtig. Dies scheint sogar auch dann noch zuzutreffen, wenn die Frau orgasmusfähig ist. Sowohl Hestia-Frauen als auch ihre Ehemänner haben mir geschildert, wie ihre Sexualität schlummert, bis der Geschlechtsverkehr aufgenommen wird. «Dann», sagte ein Ehemann, «reagiert sie leidenschaftlich.»

Eine Hestia-Frau war mit einem Mann verheiratet, der «einmal im Monat, wenn er aktiv war, und sonst alle zwei Monate» Geschlechtsverkehr wünschte; sie stellte fest, daß sie auch ohne ausgedehntes Vorspiel zum Orgasmus kam. Sie genoß Sex, «wenn er stattfand», und «war absolut zufrieden», wenn er nicht stattfand. Bei solchen Frauen dominiert der Hestia-Archetyp. Aphrodites Sexualität manifestiert sich, wenn sie während des Ge-

183

schlechtsverkehrs evoziert wird, doch ist sie ansonsten nicht präsent.

Die orgasmusunfähige Hestia-Frau betrachtet Sexualität als «ein nettes, herzliches Erlebnis», das sie genießt, weil sie ihrem Ehemann etwas vermitteln kann. «Ich fühle mich ihm nahe und freue mich für ihn.» Für ihren Ehemann ist der Geschlechtsverkehr mit ihr wie ein «nach Hause kommen» oder wie ein «Heiligtum». Die lesbische Hestia-Frau weist dasselbe Verhaltensmuster auf. Sex ist für sie nicht sonderlich wichtig. Ist ihre Partnerin ebenfalls sexuell eher rezeptiv als aktiv und warten beide Frauen darauf, daß die andere die Initiative ergreift, so kann es vorkommen, daß während Monaten oder sogar Jahren kein sexueller Kontakt in der Beziehung stattfindet.

EHELEBEN

Die Hestia-Frau entspricht der altmodischen Vorstellung von einer «guten Ehefrau». Sie sorgt gut für das Heim. Sie ist nicht ehrgeizig, weder in bezug auf sich selbst noch in bezug auf ihren Mann. Somit braucht sie weder mit ihm zu wetteifern, noch an ihm herumzunörgeln. Sie flirtet nicht und ist nicht promiskuitiv. Obwohl es für sie im Gegensatz zu Hera nicht von entscheidender Bedeutung ist, daß ihr Mann ihr treu bleibt, ähnelt sie Hera, indem sie ihrem Mann treu bleibt. Sie wird gar nicht in Versuchung geführt – zumindest nicht, solange Aphrodite sich nicht einmischt.

Eine Hestia-Ehefrau mag wie eine abhängige Frau wirken, die in aller Behaglichkeit die traditionelle Frauenrolle lebt. Dieser Eindruck kann jedoch täuschen, denn die Hestia-Ehefrau behält ihre innere Unabhängigkeit. Ein Teil ihres Wesens bleibt in aller Ruhe eine mit sich selbst eins seiende, jungfräuliche Göttin. Sie ist nicht auf einen Mann angewiesen, um gefühlsmäßig Erfüllung zu finden. Ihr Leben wäre ohne ihn zwar anders, würde jedoch nicht an Sinn oder Zweck einbüßen.

Der «Aufgabenbereich» von traditionellen, verheirateten Frauen scheint unterschiedlich zu sein, je nachdem, welche Göttin

184

am aktivsten ist. Hera ist in erster Linie «Ehefrau», Demeter eine «Mutter», Athenes Stärke liegt in der effizienten und reibungslosen Führung des Haushalts, was sie zur «Hausfrau» bestimmt, und Hestia würde ihre Beschäftigung als «Heimbereiterin» beschreiben.

BEZIEHUNGEN ZU MÄNNERN

Hestia-Frauen ziehen Männer an, die sich zu ruhigen, zurückhaltenden, selbstgenügsamen Frauen hingezogen fühlen, die gute Ehefrauen abgeben. Solche Männer sehen sich selbst in der herkömmlichen Rolle des Familienoberhaupts und Brotgebers. Männer, die Frauen haben möchten, die sexy sind, Frauen, die sie bemuttern oder inspirieren oder ihnen auf ihrem Weg nach oben zur Seite stehen, sehen sich anderswo um.

Oft zieht eine Hestia-Frau Männer an, die Frauen entweder als Madonnen oder als Huren einstufen. Frauen werden von solchen Männern als «gut» klassifiziert, wenn sie auf sexuellem Gebiet über keinerlei Erfahrung verfügen, an Sex nicht interessiert und somit «Heilige» sind. Sie stempeln Frauen als «schlecht» oder «locker» ab, wenn sie sich zu Männern hingezogen fühlen und an Sex Interesse haben. Diese Art Mann heiratet den ersten Frauentyp, während er mit dem zweiten Affären unterhält. Ist eine Hestia-Frau mit einem solchen Mann verheiratet, so lernt sie die sexuellen Freuden womöglich nicht kennen, weil ihr Mann eine an Sex interessierte Frau, die ihre eigenen Wünsche hat, ablehnt.

Viele zufriedenstellende traditionelle Ehen sind Verbindungen zwischen einem Hermes-Ehemann, einem Geschäftsmann oder Unternehmer, der dauernd auf Reisen ist, überall persönliche Verbindungen hat, ein agiler Verhandlungspartner in der äußeren Welt ist, und einer Hestia-Frau, die darüber wacht, daß das Herdfeuer nicht erlischt. Diese Aufgabenverteilung funktioniert oft für beide Ehepartner bestens. Jeder Ehepartner bezieht seine Befriedigung aus dem, was er/sie persönlich tut, und diese Zufriedenheit fördert indirekt die Tätigkeit des anderen Partners. Der

185

Ehemann schätzt es, daß er sich nicht mit den Belangen des Haushalts abgeben muß, weil seine Frau sich bestens darum kümmert und ihm jedesmal ein gemütliches und friedliches Heim bereitet, bevor er sich wieder in die Welt hinauswagt. Er liebt ihre Kombination von Hausmütterchen und unabhängigem Geist.

Sie ihrerseits schätzt die Autonomie, mit der sie darüber befinden kann, wie ihr Heim gestaltet wird, sowie die finanzielle Unterstützung, dank der sie über die Zeit und den Spielraum verfügt, um das tun zu können, was ihr wichtig ist. Ein Hermes-Ehemann ist dauernd unterwegs, unterbreitet neue Vorschläge, schließt Geschäfte ab, experimentiert mit Neuem, vertraut seinem eigenen Scharfsinn und seinen Instinkten und verläßt sich im allgemeinen in der Welt hauptsächlich auf sich selbst. Deshalb braucht oder wünscht er keine Hera- oder Athene-Ehefrau, die ihm entweder beim Aufbau seines Images oder bei der Entwicklung einer Strategie helfen müßte. Somit erwartet er kaum von seiner Frau, daß sie ihn auf Geschäftsreisen begleitet oder Cocktailpartys über sich ergehen läßt, was seiner Hestia-Frau ganz schön gelegen kommt.

Sie zieht es vor, Gäste in ihrem eigenen Heim zu empfangen, wo sie für die Atmosphäre sorgen kann, das Haus für die Gäste vorbereitet, das Essen besorgt und im Hintergrund bleibt – während ihr extrovertierterer Ehemann für die Konversation sorgt und sich unmittelbar um die Gäste kümmert. Es kann sein, daß die Stunden, die sie mit den Vorbereitungsarbeiten zugebracht hat, als Selbstverständlichkeit betrachtet werden und daß der Wert ihres Beitrags zu einem Gelingen des Abends nicht gewürdigt wird. Es scheint das Los einer Hestia-Frau wie auch der Göttin Hestia zu sein, daß sie in der Anonymität verharren muß, obwohl ihr eine zentrale Bedeutung zukommt.

KINDER

Die Hestia-Frau kann eine hervorragende Mutter sein, besonders dann, wenn auch der Demeter-Aspekt in ihrer Psyche vertreten ist. Sie mag zwar etwas zu distanziert sein, wenn sie sich nach innen wendet, und ihre Zuneigung kann um eine Nuance zu unpersönlich und zu wenig demonstrativ sein, doch gewöhnlich kümmert sie sich mit liebevoller und bejahender Aufmerksamkeit um ihre Kinder. Sie hegt keine großen Ambitionen für ihre Kinder und räumt ihnen somit die Möglichkeit ein, ihre Persönlichkeit zu entfalten. Es ist für sie eine Selbstverständlichkeit, sich liebevoll um ihre Kinder zu kümmern, und sie bereitet ihnen ein gemütliches und geborgenes Zuhause. Hestias Kinder müssen nicht von zu Hause ausbrechen oder rebellieren. Wenn sie sich als Erwachsene in eine Therapie begeben, haben sie keine gravierenden Mutterprobleme, die sie bewältigen müßten.

Wenn die Hestia-Mutter ihren Kindern jedoch dabei helfen sollte, mit sozialen Problemen oder Wettbewerbssituationen fertig zu werden, ist sie keine große Hilfe. Auch kann sie sie nicht unterstützen, wenn es um Ambitionen oder um den Aufbau einer Karriere geht.

DIE MITTLEREN LEBENSJAHRE

Der Verlauf, den das Leben einer Hestia-Frau nimmt, scheint sich in der Mitte ihres Lebens oft gefestigt zu haben. Hat sie geheiratet, so findet sie Gefallen an ihrer Rolle als Hausfrau. Ist sie ledig geblieben, so gerät sie unter Umständen in den Verdacht, eine «alte Jungfer» zu sein, weil es ihr nichts ausmacht, ein Single zu sein, und sie auch nicht darauf aus ist, einen Mann zu fangen. Arbeitet sie in einem Büro oder lebt sie in einem Kloster oder Ashram, so gehört sie dort zum «Inventar» und erfüllt unauffällig ihre Pflicht.

Es kann vorkommen, daß eine Hestia-Frau in der Mitte des Lebens formell in ein Kloster oder einen Ashram eintritt, ihren Namen ändert und ihr Leben einem bestimmten spirituellen Weg weiht. Für sie ist es ein natürlicher Übergang, die Vertiefung einer engagierten Frömmigkeit, die sie bereits seit langem praktizierte. Für ihre Verwandten mag die Entscheidung jedoch völlig überraschend kommen, weil die stille Hestia die Bedeutung dieses Aspekts ihres Lebens nie an die große Glocke gehängt hat.

Die Hestia-Frau ist stets von einer Aura von «alt und weise» umgeben und hat die Fähigkeit, in Anmut alt zu werden. Sie eignet sich sehr gut für ein Leben allein, und es kann sein, daß sie ihr ganzes Leben allein verbringt. Häufig wird sie in ihrer Rolle als archetypische jungfräuliche Tante von anderen Familienangehörigen um Hilfe gebeten, wenn Not am Mann ist.

Die beiden wichtigsten emotionalen Krisen, mit denen traditionsgebundene Frauen häufig konfrontiert sind, sind das leere Nest einerseits und die Witwenschaft andererseits. Doch obwohl die meisten Hestia-Frauen Ehefrauen und Mütter sind, verspüren sie kein tiefes Bedürfnis, die eine oder andere dieser beiden Rollen zu spielen. Folglich verfällt eine Hestia-Frau kaum einer Depression, wenn sie die eine oder andere Rolle aufgeben muß, ganz im Gegensatz zur Demeter- oder Hera-Frau. Was der Hestia-Frau Schwierigkeiten bereitet, ist die Art und Weise, wie sie mit der äußeren Welt fertig werden kann. Falls die Hestia-Frau infolge einer Ehescheidung oder infolge der Witwenschaft ihrer Rolle als Hausfrau zwangsweise enthoben wird und falls sie nicht in gesicherten finanziellen Verhältnissen leben kann, so ist sie von Natur aus oder von ihren Erfahrungen her meist schlecht darauf vorbereitet, in die Welt hinauszugehen und es zu Erfolg zu bringen. So kann es vorkommen, daß sie sich unter die vornehmen Armen einreihen muß.

Es kann sein, daß eine ältere Hestia-Frau für ihren Lebensunterhalt auf die Sozialfürsorge angewiesen ist, doch ist sie weit davon entfernt, innerlich arm zu sein. Oft lebt sie in ihren letzten Jahren allein, ohne dem Leben nachtrauern zu müssen und ohne Angst vor dem Tod.

PSYCHISCHE SCHWIERIGKEITEN

Als einem Archetyp der inneren Weisheit geht Hestia jegliche Negativität ab. Somit überrascht es keineswegs, daß die üblichen potentiellen Pathologie-Muster bei Hestia nicht vorhanden sind. Die Göttin Hestia engagierte sich gefühlsmäßig nicht für andere Gottheiten oder Sterbliche; dieses Muster der Losgelöstheit kann schuld daran sein, daß eine Frau sich einsam und isoliert fühlt. Doch die Hauptschwierigkeiten für Hestia-Frauen hängen mit dem zusammen, was der Göttin Hestia fehlt. Von allen Göttern und Göttinnen, die den Olymp bevölkerten, wurde Hestia als einzige nicht in Menschengestalt dargestellt – es fehlte ihr an einem Bild oder einer Persona. Und sie beteiligte sich nicht an romantischen Intrigen oder Konflikten, um sich auf diesen Gebieten durchsetzen zu können – es fehlte ihr an Fähigkeiten und Erfahrungen.

IDENTIFIKATION MIT HESTIA

Ein Leben «als Hestia» führen heißt zurückhaltend und bescheiden sein, anonym, eine Nichtentität, der trotzdem eine zentrale Rolle innerhalb eines Haushalts zukommt. Viele Frauen kennen die Schattenseiten dieser Rolle. Ihre Arbeit wird oft als Selbstverständlichkeit hingenommen, während man ihren Gefühlen keinerlei Beachtung schenkt. Einer Hestia-Frau mangelt es charakteristischerweise an Durchsetzungsvermögen, und sie setzt sich nicht für sich selbst ein, wenn sie sich nicht geschätzt oder entwertet fühlt. Die Hausarbeit, die eine Quelle ruhiger Freude und innerer Ordnung darstellen kann, verliert diese Bedeutung, wenn andere, kaum ist die Arbeit getan, die Ordnung zerstören und Verwirrung stiften. Die die Herdflamme hütende Hestia kann mit der Zeit ausgebrannt sein, wenn ihre Bemühungen ihr sinnlos und wirkungslos vorkommen.

Eine Identifikation mit der gefühlsmäßig losgelösten Hestia erstickt den unmittelbaren Ausdruck von Gefühlen bei einer

Frau. Die Hestia-Frau bringt ihre Liebe und Sorge für andere indirekt durch aufmerksame Handlungen zum Ausdruck. Das Sprichwort «Stille Wasser gründen tief» beschreibt die introvertierten Gefühle Hestias, die sich unter der Oberfläche befinden. Weil die Hestia-Frau in ihren Gefühlsäußerungen zurückhaltend ist, kann es vorkommen, daß Menschen, die ihr wichtig sind, nicht merken, was sie für sie empfindet. Das Alleinsein, das von der Hestia-Frau sehr geschätzt wird, kann sich in Einsamkeit verwandeln, wenn die Menschen, die ihr sehr am Herzen liegen, nichts von ihren Gefühlen wissen und sie allein lassen. Es ist zudem traurig, wenn jemand, der von einer Hestia-Frau geliebt werden möchte, durchaus von ihr geliebt wird, sich dessen jedoch nie sicher ist. Ihre Wärme wirkt unpersönlich und distanziert, solange sie nicht in Worten oder Gesten zum Ausdruck gebracht werden kann, und es mag sein, daß sie nicht spezifisch jenen Menschen zugute kommt, die Hestia liebt. Um über Hestia hinauszuwachsen, muß eine Frau lernen, ihre Gefühle zum Ausdruck zu bringen, so daß die Menschen, die sie liebt, dies auch erfahren können.

DIE ENTWERTUNG HESTIAS

Sowohl die Institution Kloster als auch die Institution Ehe waren, solange sie noch lebenslange Gültigkeit hatten, ein sicherer Ort für die Entwicklung des Geistes einer Hestia-Frau. Doch ohne die Sicherheit und Stabilität, wie sie lebenslange Institutionen bieten, kann die Hestia-Frau entschieden im Nachteil sein. Sie selbst hat das Gefühl, eine Schildkröte ohne Panzer zu sein, von der man zudem erwartet, daß sie sich am Leistungswettbewerb beteiligt. Hestia ist von Natur aus kein geselliger Mensch und keine Aufsteigerin; politische Fragen beschäftigen sie nicht, und es fehlt ihr an Ehrgeiz. Sie ist nicht der Typ, der in die Welt hinausgeht und alles und allem seinen Stempel aufzudrücken versucht, und sie will es auch nicht sein. Deshalb wird sie von Leistungsmenschen, Weltverbesserern und den «Schiedsrichtern der Gesellschaft», die die Menschen an konkreten Normen messen, die sie nicht erfüllt, leicht übersehen oder entwertet.

Entwertung hat eine negative Wirkung auf die Selbstachtung einer Hestia-Frau. Sie kommt sich als Nonkonformistin, unangepaßt vor und fühlt sich unzulänglich, wenn sie die Normen, die für andere gelten, übernimmt und auf sich selbst anwendet.

MÖGLICHKEITEN DER SEELISCHEN ENTWICKLUNG

Die Schwierigkeiten der Hestia-Frau treten zutage, wenn sie sich aus dem Heiligtum ihres Heims oder Tempels hinauswagt, um sich in der Welt durchzuschlagen. Wird sie als introvertierter Mensch mit dem schnelleren Lebensrhythmus und dem Wettbewerbsgeist der anderen Menschen konfrontiert, wird sie sich so lange fremd fühlen, bis sie andere Aspekte ihrer Persönlichkeit entwickelt hat.

ENTWICKLUNG EINER SOZIAL ANPASSUNGSFÄHIGEN PERSONA

Der Begriff *Persona* (lateinisch «Maske») bezog sich einst auf die auf der Bühne getragenen Masken, die dazu dienten, daß man sofort die Rolle erkennen konnte, die der Schauspieler spielte. In der Jungschen Psychologie entspricht die Persona der Maske der sozialen Anpassung, die der Mensch der Welt präsentiert. Es ist die Art und Weise, wie wir uns anderen Menschen gegenüber zeigen und wie wir von ihnen gesehen werden. Ein Mensch mit einer gut funktionierenden Persona ist wie eine Frau mit einer großen Garderobe: Die Frau kann stets jene Kleider auswählen, die dem spezifischen Anlaß, ihrer Position und ihrem Alter entsprechen. Die Art und Weise, wie wir uns verhalten, was wir sagen, wie wir mit anderen in Interaktion treten, wie wir uns selbst sehen, das alles gehört zu unserer Persona.

Die Hestia-Frau ist von Natur aus nicht an Persona-Belangen interessiert, auch nicht daran, wie man einen guten oder angemessenen Eindruck erweckt. Sie muß jedoch mit anderen Menschen in Interaktion treten, Konversation betreiben, sich interviewen und beurteilen lassen, wie jeder andere in unserer Wettbewerbszivilisation – es sei denn, sie zieht sich in ein Kloster zurück und wagt sich nie wieder in die Welt hinaus. Diese Fähigkeiten fallen ihr nicht in den Schoß, sie muß sie erlernen. Oft ist dieser Prozeß sehr schmerzhaft. Muß sie an einer größeren Gesellschaft teilnehmen, fühlt sie sich unzulänglich, linkisch, schüchtern und deplaziert; sie hat das Gefühl, keine adäquate Persona zu haben, als ob sie «nichts anzuziehen» hätte. Dieser Kummer spiegelt sich in bösen Träumen wider, in denen sie nackt oder nur teilweise bekleidet erscheint. Manchmal stellt sie sich in metaphorischer Entsprechung zu ihren Träumen selbst zu nackt dar, sie enthüllt zuviel, ist zu ehrlich, gestattet den anderen Menschen einen Blick auf Dinge zu werfen, die andere in derselben Situation verbergen würden.

Muß eine Hestia-Frau sich einem Interview oder einem Beurteilungsgespräch stellen, so muß sie sich bewußt eine Persona zulegen und sich genauso intensiv damit auseinandersetzen, wie sie dies beispielsweise in einer Bewerbung tun würde (die gewissermaßen als «schriftliche» Persona betrachtet werden könnte). Sie muß eine möglichst klare Vorstellung davon haben, «wer» sie in jeder spezifischen Situation sein soll, und sie muß bereit sein, eine Anzahl von Personas auszuprobieren, bis sie schließlich den Stil gefunden hat, der, nachdem sie ihn genug «getragen» hat, ihrem Wesen entspricht.

Das Erwerben von Durchsetzungsvermögen: Via Artemis, Athene oder einem Animus

Abgesehen von einer Persona muß die Hestia-Frau auch die Fähigkeit erwerben, sich durchsetzen zu können; sie ist auf einen Aspekt der Aktivität in ihrer Persönlichkeit angewiesen, wenn sie mit anderen Menschen in Interaktion treten will oder sich in der Welt durchschlagen möchte. Die Göttin Hestia wetteiferte nicht mit andern um Macht oder um goldene Äpfel. Sie hielt sich aus Beziehungen heraus, mied den Olymp, hatte nichts mit dem Trojanischen Krieg zu tun und förderte, rettete oder bestrafte auch keinen Sterblichen und kam ihnen auch nicht zu Hilfe. Im Gegensatz zur Göttin Hestia ist eine Hestia-Frau jedoch ein Mensch unter Menschen, der sein Haus oder seinen Tempel verlassen muß und nur schlecht auf diese Erfahrung vorbereitet ist, es sei denn, andere Teile der Psyche können der Hestia-Frau helfen, aktiv, expressiv und selbstbewußt zu sein. Artemis und Athene, die aktiven weiblichen Archetypen, können den Zugang zu diesen Fähigkeiten verschaffen, wie auch der Animus der Frau oder der männliche Anteil ihrer Persönlichkeit.

Unter Umständen sind Artemis- und Athene-Eigenschaften entwickelt worden, falls die Hestia-Frau sich an Wettbewerbs-Aktivitäten beteiligt hat, an Ferienlagern, Frauengruppen oder Sportveranstaltungen, oder falls sie in der Schule gute Leistungen erbracht hat. Ein Mädchen, das archetypisch gesehen eine Hestia ist, stellt früh in seinem Leben fest, daß es sich daran gewöhnen muß, inmitten von Menschen zu sein, und daß es extrovertierte Erwartungen erfüllen muß. Dabei kann es andere Archetypen evozieren und kultivieren. Schließlich kann es die Artemis- oder Athene-Eigenschaften in seine Persönlichkeit integrieren.

Die Hestia-Frau kann das Gefühl haben, daß ihr Wesenskern – die weibliche, häusliche, ruhige, nach innen gewandte Hestia – von äußeren Erfahrungen unberührt bleibt. Sie kann auch das Gefühl haben, daß sie in ihrem Anpassungsprozeß an die auf Wettbewerb und Leistung ausgerichtete Welt eine männliche Haltung oder einen Animus entwickelt. Ein gut entwickelter Animus ist wie ein innerer Mann, den sie auffordern kann, an ihrer Stelle zu sprechen, wenn sie eine klare Stellung beziehen oder sich behaupten muß. Doch wie kompetent er auch immer sein mag, er ist ihr «fremd» (er gehört nicht zu ihrem «Ich»).

Die Beziehung einer Hestia-Frau zu ihrem Animus ist oft wie eine innere Hestia-Hermes-Beziehung, und zwar entsprechend deren Bedeutung und Anordnung im griechischen Haushalt. Hestia wurde durch den runden Herd in der Mitte des Heims dargestellt, während die «Herme» oder Säule, die Hermes repräsentierte, vor der Tür stand. Hermes stellte den Beschützergott auf der Schwelle dar sowie den Gott, der die Reisenden begleitete. Wenn sowohl Hermes als auch Hestia psychische Aspekte einer Frau sind, so kann Hestia für eine innere persönliche Seinsweise sorgen, während ihr Hermes-Animus die äußere Seinsweise vermittelt, die effizient mit der Welt fertig wird.

Spürt eine Frau, daß ein Hermes-Animus in ihr für sie in der Welt vermittelt, so hat sie das Gefühl, einen männlichen Aspekt in sich zu bergen, den sie benutzen kann, wenn sie sich in die Welt hinauswagt, und dank dem sie sich durchsetzen und behaupten kann. Der Animus erfüllt auch eine Art Beschützerrolle, indem er selbstbewußt ihre Privatsphäre wahrt und unerwünschte Eindringlinge fernhält. Mit einem Hermes-Animus kann die Hestia-Frau ziemlich effizient und besonnen reagieren und sich in Wettbewerbssituationen auf sich selbst verlassen. Wenn der Animus jedoch für die Selbstbehauptung einer Frau verantwortlich ist, so ist er nicht stets präsent und verfügbar. So kann es zum Beispiel sein, daß die Hestia-Frau das Telefon abnimmt im Gedanken, es sei ein Freund oder eine Freundin, und statt dessen dringt dann die aggressive Stimme eines Vertreters oder Verkäufers an ihr Ohr, der eindringliche Fragen stellt, oder sie hat es mit einem hartnäckigen Weltverbesserer zu tun, der erwartet, daß sie Zeit für freiwillige Arbeit opfert. In solchen Situationen wird ihr Animus überrumpelt, und die Hestia-Frau wurstelt ineffizient herum.

IN DER EIGENEN MITTE BLEIBEN: HESTIA TREU BLEIBEN

Sowohl Apollon als auch Poseidon versuchten, Hestias Jungfräulichkeit, ihre in sich ruhende Unversehrtheit, zu rauben. Doch statt ihrem Verlangen zu erliegen, schwor sie einen Eid, daß sie auf ewig Jungfrau bliebe. Es ist metaphorisch höchst signifikant, daß Hestia Apollon und Poseidon abwies, weil sie damit den intellektuellen und emotionalen Kräften entsagte, die eine Frau von ihrer eigenen Mitte wegzerren können.

Hestia repräsentiert das Selbst, das intuitiv erfaßbare, spirituelle Zentrum der Persönlichkeit einer Frau, das ihrem Leben einen Sinn verleiht. Diese für Hestia typische Zentriertheit kann außer Kraft gesetzt werden, wenn Hestia «Apollon nachgibt». Apollon war der Gott der Sonne und wird mit Logos, der Intellektualität, dem Primat von Logik und Ratio gleichgesetzt. Wenn Apollon eine Frau dazu verleitet, ihre Hestia-Jungfräulichkeit aufzugeben, wird sie ihre innere, intuitiv gefühlte Erfahrung mit wissenschaftlicher Akribie überprüfen. Was sie fühlt, jedoch nicht in Worten auszudrücken vermag, wird somit außer Kraft gesetzt; was sie als weise Frau weiß, wird somit entwertet, es sei denn, es kann durch klare Beweise erhärtet werden. Wird es dem «männlichen» wissenschaftlichen Skeptizismus gestattet, in spirituelle Erfahrungen einzudringen und «Beweise» zu verlangen, so endet diese Invasion ausnahmslos damit, daß das Gefühl der Unversehrtheit und des Sinns einer Frau vergewaltigt wird.

Wird die Hestia-Frau «von Poseidon verführt», so wird sie vom Gott des Meeres überwältigt. Poseidon repräsentiert die Gefahr, von ozeanischen Gefühlen oder von aus dem Unbewußten aufsteigenden Inhalten überschwemmt zu werden. Wird die Hestia-Frau von einer solchen Flut bedroht, kann es zu Träumen kommen, in denen eine riesige Welle über sie hinwegfegt. Tagsüber kann es dazu kommen, daß sie sich gedanklich ständig mit einer emotionalen Situation beschäftigt, so daß sie nicht zentriert sein kann. Falls der emotionale Aufruhr zu einer Depression führt, kann der wäßrige Einfluß Poseidons vorübergehend «die Flamme im Zentrum von Hestias Herd löschen».

Wird die Hestia-Frau entweder von Apollon oder von Poseidon bedroht, so muß sie ihr Mit-sich-selbst-eins-Sein in der Einsamkeit suchen. In der Ruhe und Stille kann sie erneut intuitiv den Weg zurück zu ihrem Zentrum finden.

7. Kapitel

Die verletzlichen Göttinnen: Hera, Demeter und Persephone

Die drei verletzlichen Göttinnen sind Hera, die Göttin der Ehe, Demeter, die Göttin der Kornfelder, und Persephone, bekannt als Kore oder Mädchen und als Königin der Unterwelt. Diese drei Göttinnen verkörpern Archetypen, die die traditionellen Frauenrollen – Ehefrau, Mutter und Tocher – repräsentieren. Sie sind die auf Beziehungen ausgerichteten Göttinnen, deren Identität und Wohlergehen davon abhängen, ob sie eine sinnvolle Beziehung haben. Sie bringen das Bedürfnis von Frauen nach Kontakt zum Ausdruck.

Wie aus ihrem jeweiligen Mythos hervorgeht, wurden diese drei Göttinnen von männlichen Gottheiten vergewaltigt, entführt, beherrscht oder gedemütigt. Jede dieser drei Göttinnen litt darunter, wenn eine Beziehung in die Brüche ging oder entehrt wurde. Jede erfuhr Machtlosigkeit, und eine jede reagierte auf die für sie charakteristische Art: Hera mit Wut und Eifersucht, Demeter und Persephone mit Depressionen. Jede Göttin wies Symptome auf, die einer psychischen Störung gleichkommen. Frauen, bei denen diese Göttinnen als Archetypen vorhanden sind, sind ebenso verletzlich wie die Göttinnen selbst. Das Wissen von Hera, Demeter und Persephone kann Frauen Erkenntnisse über das Wesen ihres Bedürfnisses nach Beziehungen und über das Verhaltensmuster ihrer Reaktion auf einen Verlust vermitteln.

Wenn Hera, Demeter oder Persephone als Archetyp dominiert, ist die Frau vom Wunsch nach einer Beziehung und nicht

197

vom Wunsch nach Leistung und Autonomie oder nach einer neuen Erfahrung beseelt. Der Fokus der Aufmerksamkeit wird auf andere Menschen gerichtet, nicht auf ein äußeres Ziel oder einen inneren Seinszustand. Folglich sind Frauen, die sich mit diesen Göttinnen identifizieren, anderen Menschen gegenüber aufmerksam und rezeptiv. Ihre Motivation ist die Belohnung, die sie in einer Beziehung finden – Anerkennung, Liebe, Aufmerksamkeit – sowie das Bedürfnis des Archetyps nach einem Partner (Hera), das Bedürfnis, nährend zu wirken (Demeter) oder abhängig zu sein (Persephone als Kore). Die Erfüllung einer traditionellen Frauenrolle kann für diesen Typ Frauen persönlich sinnvoll sein.

QUALITÄT DES BEWUSSTSEINS: WIE DIFFUS STRAHLENDES LICHT

Jeder der drei Göttinnen-Kategorien kommt eine bestimmte Bewußtseinsqualität zu. Die mit den verletzlichen Göttinnen assoziierte Bewußtseinsqualität ist das «schwebende Bewußtsein». Irene Claremont de Castillejo, eine Jungsche Analytikerin, hat diese Art der Aufmerksamkeit (in ihrem Buch *Die Töchter der Penelope*) als «eine annehmende, eine ahnende Wahrnehmung der Einheit allen Lebens und eine Bereitschaft für Beziehungen»[1] beschrieben. Diese Bewußtseinsqualität ist typisch für beziehungsorientierte Menschen beiderlei Geschlechts.

Ich stelle mir diese Art von Bewußtsein wie eine brennende Lampe in einem Zimmer vor, die alles, was sich innerhalb ihres Radius befindet, beleuchtet und mit einem warmen Schimmer versieht. Es ist eine breit gefächerte Aufmerksamkeit, die es einem Menschen gestattet, gefühlsmäßige Nuancen zu registrieren, für die Gestimmtheit einer Situation empfänglich zu sein und sowohl das, was im Hintergrund vor sich geht, als auch das, was im Zentrum der Aufmerksamkeit steht, wahrzunehmen. Das schwebende Bewußtsein liefert eine Erklärung für das sogenannte Scan-

198

ner-Bewußtsein, dank dem ein Elternteil ein Kind durch den Lärm einer Konversation hindurch wimmern hört oder das einer Ehefrau, sobald ihr Mann zur Tür hereinkommt, wissen läßt, daß er Sorgen hat, sich krank fühlt oder unter Druck steht (manchmal sogar bevor er selbst etwas davon weiß). Dieses rezeptive, schwebende Bewußtsein kann das Ganze oder die «Gestalt» einer Situation unmittelbar erfassen. Im Gegensatz dazu konzentriert sich das für Artemis, Athene und Hestia – die drei jungfräulichen Göttinnen – charakteristische «fokussierte Bewußtsein» auf ein einziges Element und schaltet alles andere aus.

Als meine zwei Kinder knapp aus den Windeln waren, wurde mir klar, wie Kinder das Verhalten einer Mutter verändern können und sie ständig in einem Zustand des schwebenden Bewußtseins halten. Während der Zeit, die ich mit meinen Kindern verbrachte, war ich überwiegend auf sie eingestimmt; ich befand mich in einem Zustand der geistigen Rezeptivität, des nicht fokussierten Bewußtseins. Ich entdeckte, daß die Kinder, sobald ich mich in einem anderen Zustand befand und mich intensiv auf etwas konzentrierte, stets sofort dabei störten.

Wenn sie zum Beispiel ruhig im Nebenzimmer spielten und ich währenddessen das Waschbecken reinigte, Kleider aussortierte oder auch versuchte, eine leichte Lektüre zu überfliegen, bestand die Chance, daß ich eine Weile lang mit meiner «geistlosen» Aktivität fortfahren konnte. Doch kaum hatte ich beschlossen, mir das ruhige Spielen der Kinder zunutze zu machen, um eine Zeitung zu lesen oder etwas zu studieren, das meine fokussierte Aufmerksamkeit erforderte, war ein bis zwei Minuten später das Trippeln kleiner Füße hörbar, und die Kinder kamen und unterbrachen mich. Es war, als besäßen die Kinder die Gabe der außersinnlichen Wahrnehmung (ASW), sobald mein Zustand der auf sie gerichteten schwebenden Aufmerksamkeit, mein Scanner-Bewußtsein einem fokussierten Bewußtsein Platz machte, das die Kinder «ausschaltete». Der Versuch, inmitten wiederholter Störungen zu fokussieren, ist frustrierend. Zumeist bestand das Ergebnis darin, daß ich vom fokussierten Bewußtsein abgehalten wurde – und somit mein geistiges Verhalten modifizierte.

Als mir dies alles klar wurde, führte ich ein Experiment durch, das Sie ebenfalls ausprobieren können. Warten Sie einen jener ruhigen Zeitpunkte ab, wenn das Kind im Vorschulalter aufgeweckt genug ist, um sich zufrieden mit sich allein zu beschäftigen. Sie können währenddessen etwas tun, das keine Konzentration erfordert. Dann werfen Sie einen Blick auf die Uhr und schalten vom schwebenden Bewußtsein auf eine Tätigkeit, die fokussiertes Bewußtsein erfordert, um. Achten Sie darauf, wie lange Sie sich auf diese Tätigkeit konzentrieren können, bevor das Kind Sie unterbricht.

Nicht nur kleine Kinder reagieren auf diese Weise, wenn die Frau, die in ihrem Leben wichtig ist, sie aus ihrer Aufmerksamkeit ausschaltet, um auf ihre eigenen Interessen zu fokussieren. Meine Patientinnen haben mir viele diesbezügliche Begebenheiten mit anderen Menschen geschildert. Wenn sich zum Beispiel eine beziehungsorientierte Frau für einen Kurs einschreibt oder sich zwecks Studienabschluß wieder aufs College begibt, so kommt es dadurch, daß ihr Ehemann, Freund oder ihre älteren Kinder sie immer wieder beim Lernen stören oder unterbrechen, häufig zu Konflikten. Die Frau selbst hat Schwierigkeiten, sich auf ihre Arbeit zu konzentrieren: Der Zustand des rezeptiven, schwebenden Bewußtseins, dank dem eine Frau für andere sorgen kann, sorgt auch dafür, daß sie leicht abzulenken ist.

Und wenn die Frau sich auf eine Aufgabe konzentriert, kann es sein, daß der Mann ihres Lebens unbewußt auf ihre Arbeit reagiert, als ob er es mit einem Rivalen zu tun hätte, der ihm die Frau wegnehmen wollte. Im Grunde genommen reagiert er auf den Verlust ihrer Aufmerksamkeit, die bis zu jenem Zeitpunkt Bestandteil seines Zuhauses gewesen ist. Es kann sein, daß er auf die vorübergehende Abwesenheit von Hera oder Demeter bei seiner Frau reagiert, die sich ihm gegenüber nicht wie gewohnt verhält.

Es ist, als wäre ein verborgenes, warmes Licht ausgeschaltet worden, so daß nun vage Ängste und Unsicherheitsgefühle in ihm aufsteigen – die ihm das unbestimmte Gefühl vermitteln, etwas stimme nicht mehr. Er verschlimmert die ganze Situation jedoch noch, wenn er «ohne ersichtlichen Grund» in ihre Sphäre eindringt, denn normalerweise reagiert ein Mensch, wenn er während des bewußten Fokussierens in irgend einer Weise gestört wird, mit Gereiztheit. Es ist folglich sehr wahrscheinlich, daß die Frau verärgert oder wütend reagiert, und auf diese Weise dem Gefühl ihres Partners, er werde abgelehnt, dem Schein nach noch Nahrung gibt. In allen mir bekannten Partnerschaften – in denen der Mann das Studium oder die Karrierebestrebungen seiner Frau durchaus unterstützt, und er von seiner Frau wirklich geliebt wird und ihr wichtig ist – fanden beide Partner es hilfreich, dieses konfliktträchtige Verhaltensmuster zu erkennen. Sobald der Mann den Wechsel seiner Partnerin vom schwebenden zum fokussierten Bewußtsein nicht mehr persönlich nimmt, verschwindet das Verhaltensmuster seiner ungerechtfertigten Unterbrechungen und dem daraus resultierenden Ärger und Groll seiner Partnerin, und die Spannung löst sich auf.

VERLETZLICHKEIT, OPFERHALTUNG UND SCHWEBENDES BEWUSSTSEIN

Die verletzlichen Göttinnen wurden zu Opfern gemacht. Hera wurde von ihrem Ehemann Zeus, der sich nicht um ihr Bedürfnis nach Treue scherte, gedemütigt und mißbraucht. Die Verbundenheit Demeters mit ihrer Tochter wurde ignoriert, genau wie auch ihr Leiden, als Persephone in die Unterwelt entführt und dort gefangen gehalten wurde. Demeter und Persephone wurden beide vergewaltigt. Die drei verletzlichen Göttinnen entwickelten genau wie sterbliche Frauen, die sich in Situationen der Unterlegenheit, des Leide-und-sei-machtlos befinden, psychische Symptome.

Frauen, die diesen Göttinnen innerlich ähnlich sind und deren Bewußtseinsmodus der schwebenden Aufmerksamkeit entspricht, sind potentielle Opfer. Im Gegensatz dazu stehen die jungfräulichen unverletzlichen Göttinnen, denen man die Fähigkeit zuschreibt, Grenzen zu setzen und Ziele anzuvisieren (Artemis) oder Probleme durchzudenken und Strategien zu entwickeln (Athene), was ein fokussiertes Bewußtsein voraussetzt. Frauen, die diesen Göttinnen ähnlich sind, laufen weniger Gefahr, Opfer zu werden.

Um vermeiden zu können, daß sie in die Opferrolle gedrängt wird, muß eine Frau den Eindruck von Fokussiertheit und Zuversicht erwecken. Sie muß entschlossenen Schrittes daherkommen, wie wenn sie es eilig hätte, zu einem bestimmten Ziel zu gelangen – wirkt sie ziellos oder geistesabwesend, beschwört sie förmlich Unheil herauf. Obwohl eine rezeptive und offene Frau Wärme in Beziehungen und in das Zuhause bringt, kann es zu unerwünschten Einmischungen kommen, wenn sie diese Eigenschaften in die Welt hinausträgt. Jede Frau, die allein irgendwo herumsteht und wartet oder in einem Restaurant oder einer Halle allein herumsitzt, kann damit rechnen, daß sie von Männern angesprochen wird, die davon ausgehen, daß eine Frau ohne männliche Begleitung Freiwild für Kommentare oder Aufmerksamkeit ist. Ist die Frau rezeptiv und offen, so läßt sich der Mann durch ihre Freundlichkeit leicht zur Annahme verleiten, sie sei ein bereitwilliges Sexualobjekt. So kann es vorkommen, daß er ihr unerwünschte sexuelle Avancen macht und sie sexuell belästigt oder zur Zielscheibe seiner Wut macht, wenn sie ihn ablehnt. Zwei Faktoren prädisponieren sie zur Opferrolle: Die Fehlinterpretation des Mannes, ihre Rezeptivität oder Freundlichkeit sei als Einladung zum Sex gemeint sowie die allgemeine Annahme, daß jede Frau, die allein ist, angesprochen werden kann und potentiell zur Verfügung steht. Ein weiterer Faktor, der in dieser Situation mitwirkt, ist die stillschweigende Annahme der Gesellschaft, daß Frauen Besitz sind. Diese Annahme verbietet es Männern, über Frauen, die sich in männlicher Begleitung befinden, Kommentare abzugeben, sie anzusprechen oder gar den Begleiter zu «übersehen».

Frauen, die wie Demeter und Persephone sind, die sich verletzlich oder unbeschützt fühlen, haben oft Angstträume. Sie träumen zum Beispiel, daß Männer in ihr Schlafzimmer oder ihr Haus eindringen und daß aggressive Männer ihnen auflauern, sie bedrohen oder verfolgen. Manchmal sind ihnen die feindlichen Männer, die in ihren Träumen auftreten, vertraut: Es sind Männer, deren Kritik sie fürchten, Männer, die sie mit groben physischen Drohungen oder mit Wutausbrüchen einschüchtern. Wenn eine Frau sich in ihrer Kindheit unbeschützt gefühlt hat oder wenn sie tatsächlich mißbraucht wurde, so stammen die sie im Traum angreifenden Gestalten oft aus ihrer Kindheit, oder die Träume finden in einer Umgebung statt, die ihr in ihrer Kindheit vertraut war. Nicht alle beziehungsorientierten Frauen vom Typ der verletzlichen Göttin haben Träume, in denen sie zum Opfer werden. So wie die Göttinnen selbst verschiedene Phasen durchmachten, kann es sein, daß Frauen, die ihnen ähnlich sind, sich während einer bestimmten Zeitspanne ihres Lebens sicher und geborgen fühlen. Ihr Traumleben wird sich entsprechend freundlicher gestalten. Es kommt jedoch vor, daß Frauen auch in einer guten Lebensphase Opferträume haben, als ob sie an ihre Verletzlichkeit erinnert werden sollten. Auf jeden Fall treten in den Träumen verletzlicher Frauen stets viele Menschen auf, und die Träume spielen sich oft in Gebäuden ab; zudem rufen die Träume Erinnerungen an vergangene affektive Bindungen wach und schildern gegenwärtige Beziehungen in symbolischer Weise.

SEINS- UND VERHALTENSMUSTER

Jede der drei verletzlichen Göttinnen erlebt innerhalb ihres Mythos' eine Phase des Glücks und der Erfüllung, eine Phase, in der sie Opfer ist, leidet und Symptome entwickelt, und eine Phase der Wiederherstellung und Wandlung. Eine Frau kann eine jede dieser Lebensphasen schnell durchlaufen oder während einer Weile darin steckenbleiben.

Wenn eine Frau entdeckt, daß sie Hera, Demeter oder Persephone gleicht, so kann sie mehr über sich selbst, über ihre Stärken, Neigungen und ihr negatives Potential erfahren, und zwar indem sie die Parallelen zwischen sich und diesen archetypischen Göttinnen zu verstehen sucht. Wenn sie lernen kann, ihre eigenen Probleme zu prophezeien, kann sie sich etwas Leiden und einige Schmerzen ersparen. So zum Beispiel kann eine Hera-Frau viel Kummer vermeiden, indem sie es nicht zuläßt, daß sie sich törichterweise und Hals über Kopf in eine Ehe stürzt. Sie muß lernen, den Charakter eines Mannes und seine Liebesfähigkeit richtig einzuschätzen, bevor sie heiratet, denn ihr Schicksal wird durch ihren Mann bestimmt werden. Ähnliches gilt für die Demeter-Frau, der klar sein sollte, unter welchen Umständen sie schwanger zu werden wünscht, damit sie andernfalls die entsprechenden Verhütungsmaßnahmen ergreifen kann, denn die Göttin in ihr – die sich als zwanghafter Mutterinstinkt manifestiert – kümmert sich nicht um eventuelle Konsequenzen. Und eine junge Persephone-Frau täte gut daran, zu Hause auszuziehen, sobald sie das College besucht oder einer Arbeit nachgeht, damit sie die Chance hat, über den Status von Mamis willfähriger Tochter hinauszuwachsen.

Das Transzendieren der verletzlichen Göttinnen

Obwohl die verletzlichen Göttinnen keine Eigenschaften verkörpern, die zu Erfolg und Leistung führen, kann die Frau, in der diese Archetypen aktiv sind, über sie hinauswachsen. Sie kann entweder ihre Athene- oder Artemis-Eigenschaften entdecken, oder sie stellt vielleicht fest, daß sie es mit dem Leistungswettbewerb in der Welt aufnehmen und sich behaupten kann, wenn sie das, was sie als «männlichen» Teil ihrer selbst betrachtet, entwickelt. Zudem kann sie die mit Hestia, der Göttin des Herdes, und mit Aphrodite, der Göttin der Liebe, verknüpften Dimensionen der Spiritualität und Sinnlichkeit erkunden.

In den folgenden drei Kapiteln befasse ich mich eingehend mit den Mythen und charakteristischen Merkmalen von Hera, Demeter und Persephone. In jedem Kapitel werden die von einer Göttin verkörperten archetypischen Verhaltensmuster beschrieben, und es wird dargelegt, wie eine Göttin das Leben der Frau beeinflußt, in der sie präsent ist, und wie sie auch auf andere Menschen wirkt, die in ihrer Funktion als Ehemann, Eltern, Freund, Geliebter oder Kinder mit einer solchen Frau zu tun haben.

Jede Frau, die jemals den Drang verspürte, zu heiraten oder ein Kind zu haben oder merkte, wie sie darauf wartete, daß etwas in ihrem Leben geschehen sollte, damit es sich änderte – das heißt also praktisch fast alle Frauen – wird zu irgend einem Zeitpunkt in ihrem Leben eine Verwandtschaft mit einer der verletzlichen Göttinnen feststellen.

8. Kapitel

Hera: Die Göttin der Ehe, die Frau, die Bindungen eingeht, die Ehefrau

Die stattliche, hoheitsvolle, schöne Hera, die römische Juno, war die Göttin der Ehe. Sie war die Gemahlin von Zeus (Jupiter), dem höchsten Gott auf dem Olymp, der über Himmel und Erde herrschte. Der Name Hera, die weibliche Form des griechischen *heros*, soll «Herrin» bedeuten. Die griechischen Dichter schilderten Hera als «die Kuhäugige» – ein Kompliment für ihre großen und wunderschönen Augen. Ihre Symbole waren die Kuh, die Milchstraße, die Lilie und die in allen Regenbogenfarben schillernden Augenflecken auf den Schwanzfedern des Pfaus, die Heras Vorsicht symbolisierten.

Die heilige Kuh galt als Vermittlerin von Nahrung als Symbol, das lange mit den verschiedenen Gottheiten der Großen Mutter assoziiert wurde, während das Symbol der Milchstraße – unsere Galaxie, aus dem griechischen *gala* «Muttermilch» – den vorolympischen Glauben widerspiegelt, wonach die Milchstraße von den Brüsten der Großen Göttin, der Königin des Himmels, stammte. Dies wurde ein Bestandteil des Hera-Mythos: Als Milch aus Heras Brüsten hervorschoß, entstand die Milchstraße. Die Tropfen, die zur Erde fielen, verwandelten sich in Lilien, jene Blumen, die einen weiteren prä-hellenischen Glauben widerspiegeln, wonach den weiblichen Genitalien eine selbstbefruchtende Kraft innewohnt. Heras Symbole (sowie ihre Konflikte mit Zeus) spiegelten die Macht wider, die ihr zukam, als sie einst von Zeus als Große Göttin verehrt wurde. In der griechischen Mythologie wurden

Hera zwei im Gegensatz zueinander stehende Aspekte zugeschrieben: Einerseits wurde Hera feierlich gewürdigt und in Ritualen als machtvolle Göttin der Ehe verehrt und andererseits
wurde sie von Homer als rachsüchtiges, streitsüchtiges und eifer-
süchtiges Weib verunglimpft.

GENEALOGIE UND MYTHOLOGIE

Hera war ein Kind von Rhea und Kronos. Unmittelbar nach
ihrer Geburt wurde sie wie vier ihrer Geschwister von ihrem Vater
verschlungen. Als sie wieder aus ihrer Gefangenschaft im Leib
von Kronos auftauchte, war sie bereits ein junges Mädchen. Das
Mädchen wurde zwei Naturgottheiten in Pflege gegeben, die das
Äquivalent für hochgestellte, ältere Pflegeeltern darstellten.
Hera wuchs zu einer lieblichen Göttin heran. Zeus, der unterdessen Kronos und die Titanen bezwungen hatte und zum höchsten Gott avanciert war, fand Gefallen an ihr. (Man soll sich nicht
daran stören, daß er ihr Bruder war – die Olympier hatten ihre
eigenen Gesetze, die sie zudem nicht immer einhielten, wenn es
um Beziehungen ging.) Um sich dem jungfräulichen Mädchen nähern zu können, verwandelte Zeus sich in einen zitternden, bemit-
leidenswerten kleinen Vogel, der Hera leid tat. Um das frierende
Geschöpf zu wärmen, hielt Hera es an ihre Brust. Daraufhin ließ
Zeus von seiner Verkleidung ab, nahm seine männliche Gestalt
wieder an und versuchte, Hera zu überwältigen. Doch seine Bemühungen waren nicht erfolgreich. Sie widerstand seinen amourösen Anstrengungen, bis er versprach, sie zu heiraten. Die Hochzeitsnacht soll dreihundert Jahre gedauert haben.
    Als die Hochzeitsnacht vorbei war, war alles vorbei. Zeus
kehrte zu seiner vorehelichen Lebensweise der Promiskuität zurück. Er hatte vor der Heirat mit Hera sechs verschiedene Gattin-
nen und zahlreiche Nachkommen gehabt. Immer wieder wurde er
seiner Gemahlin untreu und weckte damit bei der betrogenen
Hera rachsüchtige Eifersucht. Heras Zorn richtete sich jedoch

nicht gegen ihren untreuen Gemahl, sondern vielmehr gegen «die andere Frau» (die meistens von Zeus verführt, vergewaltigt oder getäuscht worden war), gegen von Zeus gezeugte Kinder oder gegen unschuldige Drittpersonen.

Es gibt zahlreiche Geschichten, die Heras Zorn zum Thema haben. Als Zeus Ägina auf eine Insel führte, um sie dort zu vergewaltigen, ließ Hera einen mächtigen Drachen los, der den größten Teil der Inselbevölkerung tötete. Und als sie sich über die Geburt des Dionysos erzürnte, trieb sie, in einem erfolglosen Versuch, ihn zu vernichten, seine Pflegeeltern in den Wahnsinn.

Kallisto gehörte ebenfalls zu jenen Unglückseligen, die ins Kreuzfeuer von Hera und Zeus gerieten. Zeus täuschte Kallisto, indem er in die Gestalt von Artemis, der Göttin der Jagd, schlüpfte und Kallisto verführte. Hera reagierte auf diese Affäre so, daß sie Kallisto in einen Bären verwandelte, so daß Kallistos Sohn seine Mutter beinahe unwissentlich getötet hätte. Doch Zeus holte sowohl die Mutter als auch den Sohn in den Himmel, und zwar als die Konstellationen Ursa Major und Ursa Minor (der Große Bär und der Kleine Bär, auch als Großer und Kleiner Wagen bekannt).

Hera wurde durch die zahllosen Liebesabenteuer von Zeus gedemütigt. Er entehrte ihre Ehe, die ihr heilig war und fügte seiner Gemahlin zusätzlichen Kummer zu, indem er seine außerehelichen Kinder den Kindern, die er mit Hera gezeugt hatte, vorzog. Um das Maß der Kränkungen voll zu machen, gebar er selbst seine Tochter Athene, die Göttin der Weisheit, und demonstrierte damit, daß er seine Frau nicht einmal mehr in dieser Hinsicht benötigte.

Hera hatte mehrere Kinder. In einer Vergeltungsreaktion auf die Geburt Athenes beschloß Hera, einen parthenogenen Sohn zu gebären. Sie empfing Hephaistos, den Gott der Schmiede. Als er mit einem Klumpfuß zur Welt kam – ein mißgestaltetes Kind im Gegensatz zur makellosen Athene – verstieß ihn Hera und stürzte ihn vom Olymp.

Gewissen Berichten zufolge soll Hera auch den parthenogenen Typhaon geboren haben, ein unmenschliches, zerstörungswütiges, «schreckliches und giftiges» Ungeheuer. Ares, der Kriegsgott, war der Sohn von Hera und Zeus (Zeus verachtete Ares, weil er in der Hitze des Gefechts den Kopf verlor). Hera hatte auch zwei unscheinbare Töchter: Hebe, ein jungendlicher Mundschenk, und Eileithyria, die Göttin der Geburt, die diese Funktion mit Artemis teilte (Frauen in den Wehen riefen sie als Artemis Eileithyria an).

Gewöhnlich reagierte Hera auf jede neue Demütigung mit Taten. Doch waren Wut und Rachsucht nicht ihre einzigen Waffen. Es gab auch Zeiten, in denen sie sich zurückzog. Es gibt Mythen, die von Wanderungen Heras bis ans Ende der Welten und Meere berichten; dabei hüllte sie sich in tiefste Dunkelheit und trennte sich von Zeus und den anderen Olympiern. In einem dieser Mythen kehrte Hera zu jenen Bergen zurück, wo sie ihre glücklichen Tage der Jugend verbracht hatte. Als Zeus merkte, daß seine Gemahlin nicht die Absicht hegte zurückzukehren, versuchte er, ihre Eifersucht zu entfachen, indem er verkündete, er werde eine ortsansässige Prinzessin heiraten. Daraufhin inszenierte er eine Scheinhochzeit mit der Statue einer Frau. Diese Posse amüsierte Hera, sie vergab Zeus und kehrte auf den Olymp zurück.

Obwohl die griechischen Mythen die Demütigungen Heras sowie ihre Rachsucht immer wieder betonten, wurde die Göttin in ihrem Kult sehr verehrt.

In ihren Ritualen verfügte Hera über drei Attribute und drei ihnen entsprechende Heiligtümer, in denen sie während des Jahres verehrt wurde. Im Frühling war sie Hera *Parthenos* (Hera, das Mädchen, oder Hera, die Jungfrau), im Sommer und Herbst wurde sie als Hera *Teleia* (Hera, die Vollkommene, oder Hera, die Erfüllte) gefeiert und im Winter als Hera *Chera* (Hera, die Witwe).

Diese drei Aspekte Heras repräsentierten die drei Abschnitte im Leben einer Frau, die symbolisch in verschiedenen Riten zum Ausdruck gebracht wurden. Im Frühling wurde ein Bild, das Hera darstellte, in ein Bad getaucht, womit auf symbolische Weise die Jungfräulichkeit der Göttin wiederhergestellt wurde. Im Sommer erlangte die Göttin in einem Hochzeitsritual Vollkommenheit. Im

Winter fand ein weiteres Ritual statt, das einen Streit der Göttin mit Zeus und die darauffolgende Trennung symbolisierte und zur Phase Hera die Witwe überleitete, während derer sie sich verbarg.

HERA – DER ARCHETYP

Als Göttin der Ehe wurde Hera verehrt und verunglimpft, gewürdigt und gedemütigt. Mehr als irgend einer anderen Göttin wurden ihr ausgesprochen positive und negative Attribute zugeschrieben. Dasselbe gilt für den Hera-Archetyp, der in der Persönlichkeit einer Frau eine höchst machtvolle Quelle der Freude und des Schmerzes darstellt.

DIE EHEFRAU

In allererster Linie repräsentiert der Hera-Archtyp die Sehnsucht einer Frau nach dem Status der Ehefrau. Eine Frau mit einem ausgeprägten Hera-Archtyp fühlt sich ohne Ehepartner grundsätzlich unvollständig. Ein von der «Göttin gegebener» Instinkt drängt sie zur Heirat. Ihr Kummer darüber, daß sie keinen Partner hat, kann ebenso tief und schmerzlich sein wie der Kummer einer Frau, deren stärkster Drang ein Kind ist.[1]

Als Psychiaterin kenne ich das Leiden von Hera-Frauen, die in ihrem Leben keinen Mann haben, der für sie eine wichtige Rolle spielt. Viele Frauen haben ihren persönlichen Schmerz mit mir geteilt. Eine Rechtsanwältin sagte schluchzend: «Ich bin neununddreißig Jahre alt und nicht verheiratet, ich schäme mich so.» Eine attraktive Krankenschwester, geschieden, zweiunddreißig, sagte traurig: «Ich fühle mich, als hätte ich ein großes Loch in meiner Seele, oder vielleicht ist es eine Wunde, die niemals heilt. Mein Gott, ich fühle mich so einsam. Ich gehe oft genug aus, doch keiner der Männer, die ich treffe, hat ernste Absichten.» Wenn eine Frau, die einen starken Drang nach einem Ehepartner empfindet, eine feste Beziehung eingeht, so wird zwar der größte Teil der vom Hera-Archtyp erzeugten Sehnsucht nach dem Status einer Ehefrau gestillt, doch empfindet die Frau trotzdem noch einen dringenden Wunsch nach der Heirat selbst. Sie braucht das Prestige, den Respekt und die Ehre, die mit einer Heirat für sie verbunden sind, und möchte als «Frau Jemand» anerkannt werden. Sie möchte nicht bloß mit jemandem zusammenleben, auch in einem Zeitalter nicht, in dem das Konkubinat nicht mehr stigmatisiert wird. Sie drängt folglich auf die offizielle Anerkennung der Beziehung durch den Trauschein; dabei zieht sie es bei weitem vor, festlich in der Kirche getraut zu werden als nur vor dem Standesamt.

Wenn eine Frau vom Hera-Archetyp dominiert wird, so fühlt sie sich an ihrem Hochzeitstag unter Umständen wie eine Göttin. Die bevorstehende Trauung erweckt in ihr eine Vorahnung künftiger Erfüllung und Ganzheit, was sie mit großer Freude erfüllt. Dies ist die strahlende Braut, von Hera erfüllt.

Die ehemalige First Lady der Vereinigten Staaten, Mrs. Nancy Reagan verkörpert diesen Ehefrau-Archetyp. Sie hat klargestellt, daß ihre wichtigste Priorität darin besteht, Ronald Reagans Frau zu sein. Wenn sie über die Bedeutung ihrer Ehe spricht, so spricht sie für alle Frauen, die Hera in einer glücklichen Ehe verkörpern:

«Was mich anbelangt, so habe ich nie wirklich gelebt, bis zu dem Tag, an dem ich Ronnie traf. Ich weiß, daß eine solche Ansicht in der heutigen Zeit nicht modern ist. Heutzutage muß eine Frau völlig unabhängig sein, oder sie hat allerhöchstens aus Gründen der Konvention noch einen Ehemann. Aber ich kann nun mal nicht anders fühlen. Ronnie ist der Grund meines Glücks. Ohne ihn würde ich mich ziemlich elend fühlen, und mein Leben hätte keinen richtigen Sinn und kein Ziel.»[2]

Wir leben in einer Zeit, in der der Standpunkt von Nancy Reagan noch bis vor kurzem allgemeingültig war: «Heiraten können» wurde als Hauptleistung einer Frau betrachtet. Auch heute noch, wo Bildung und Karriereziele für Frauen an Bedeutung gewonnen haben, fühlen sich die meisten Frauen dem Druck der von der Gesellschaft an sie gestellten Erwartungen, «doch endlich zu heiraten», ausgesetzt. Auf diese Weise wird der Hera-Archetyp enorm unterstützt. Zudem ist eine Art «Arche-Noah-Mentalität» vorherrschend: Es wird erwartet, daß die Menschen stets paarweise auftauchen, wie Schuhe oder Socken. Wo solche gesellschaftlichen Normen herrschen, müssen alleinstehende Frauen das Gefühl haben, der Zug sei für sie abgefahren. So wird der Hera-Archtyp durch negative Folgen gestärkt, wenn die Frau sich nicht Hera-entsprechend verhält, oder aufgewertet, wenn sie es tut.

Zum Beweis dafür, daß Hera nicht nur ein von einer patriarchalischen Gesellschaft geschaffenes Geschöpf sein muß – das Geschöpf einer Kultur, die die Frau solange als wertlos betrachtet, bis sie von einem Mann auserwählt worden ist (je mächtiger der Mann, desto besser für die Frau) – kann auf einen ähnlichen Drang bei vielen Lesbierinnen hingewiesen werden. Zahlreiche Lesbierinnen verspüren denselben dringenden Wunsch wie die Hera-Frau nach einer Partnerin und nach Treue, hegen dieselben Erwartungen, daß ihnen dank einer Partnerin Erfüllung zuteil werde und wünschen sich ebenso sehnlichst eine rituelle Zeremonie, die ihre Beziehung gesellschaftlich legalisieren würde. Auf jeden Fall aber reagiert die lesbische Frau, die Hera verkörpert, nicht auf den gesellschaftlichen Druck oder die Erwartungen ihrer Familie, wonach ihre Beziehung eher verurteilt als anerkannt wird.

DIE FÄHIGKEIT, BINDUNGEN EINZUGEHEN

Der Hera-Archetyp ist für die Fähigkeit verantwortlich, eine Bindung eingehen zu können, loyal und treu zu sein, Schwierigkeiten aushalten und gemeinsam mit einem Partner bewältigen zu können. Wenn der Hera-Archetyp die treibende Kraft der Persönlichkeit einer Frau darstellt, so geht diese Frau Bindungen ein, ohne Bedingungen zu stellen. Ist sie einmal verheiratet, so hat sie die feste Absicht, es «in guten und in bösen Tagen» zu bleiben.

Ohne den Hera-Archetyp hat eine Frau vielleicht eine Reihe

von kurzfristigen Beziehungen, aus denen sie aussteigt, sobald die unvermeidlichen Schwierigkeiten auftauchen oder der Zauber des ersten Verliebtseins abbröckelt. Vielleicht heiratet sie nie und ist auch als ledige Frau durchaus glücklich. Es kann aber auch sein, daß sie sich standesgemäß verhält – festliche Trauung in der Kirche und so weiter – sich jedoch nicht in der für Hera typischen vitalen Art dem Mann, den sie geheiratet hat, verbunden fühlt. Wenn Frauen ohne Hera heiraten, «fehlt etwas». Dies genau waren die Worte, die eine meiner Patientinnen gebrauchte, eine fünfundvierzigjährige Fotografin, die keine tiefe Beziehung zu ihrem Mann herstellen konnte. «Ich mag ihn ganz gern, und ich bin eine gute Ehefrau», sagte sie, «doch ich denke oft, daß es richtiger für mich wäre, allein zu leben. Wenn Frauen in meiner Anwesenheit mit ihm flirten, so ermutigt er sie manchmal dazu – wahrscheinlich meinetwegen. Er hofft, daß ich eifersüchtig werde, und dann ärgert er sich, weil ich mich nicht ärgere. Ich vermute, er hat den Verdacht, er sei für mich nicht wesentlich – was stimmt. In meinem tiefsten Inneren bin ich wirklich überhaupt keine hingebungsvolle Ehefrau, obwohl mein Verhalten als Ehefrau über jede Kritik erhaben ist.» Ein trauriger Tatbestand für beide; sogar nach zwanzigjähriger Ehe war Hera als Archetyp nicht aktiv.

DIE HEILIGE EHE

Zwei der drei Bedeutungen der Ehe sind einerseits die Erfüllung eines inneren Bedürfnisses nach einem Partner und andererseits die gesellschaftliche Anerkennung von Mann und Frau. Der Ehe-Archetyp kommt auch noch auf einer dritten mystischen Ebene zum Ausdruck als Streben nach Ganzheit mittels der «heiligen Ehe». Religiöse Trauungszeremonien, die den heiligen Charakter der Ehe betonen – wobei die Ehe als spirituelle Verbindung oder als Sakrament charakterisiert wird, das ein Gnadenmittel darstellt – sind moderne Neuinszenierungen der heiligen Rituale Heras.

Ich habe durch eine unmittelbare Erfahrung Einblick in diesen heiligen Aspekt des Hera-Archetyps bekommen. Ich bin als gemäßigte Protestantin aufgewachsen. Unsere religiösen Rituale waren weder von Mystik noch von Wunderglauben begleitet. Das Sakrament des Abendmahls war als Gedächtnisfeier gedacht, bei der Traubensaft verwendet wurde. So stellte ich mit völligem Erstaunen und tiefer Bewegung fest, welch ehrfurchtgebietende innere Erfahrung meine Trauung in der San Francisco Grace Cathedral in mir auslöste. Ich hatte das Gefühl, an einem machtvollen Ritual teilzunehmen, bei welchem das Heilige angerufen wurde. Ich hatte den Eindruck von einer Erfahrung, die über die gewöhnliche Wirklichkeit hinausging, von etwas Numinosem – ein Merkmal einer archetypischen Erfahrung. Als ich das Ehegelöbnis ablegte, hatte ich das Gefühl, an heiligen Riten teilzunehmen.

Wenn die heilige Ehe in einem Traum vollzogen wird, kommt es zu einem ähnlichen Wechsel in der Gefühlsintensität. Was als Erinnerung bleibt, ist das Ehrfurchtgebietende der Erfahrung. Oft entlehnen Menschen Metaphern aus dem Gebiet der elektrischen oder chemischen Energie, um die Gefühle zu beschreiben, die sie anläßlich der Verbindung mit jenem Menschen spürten, der im Traum ihren heiligen Partner darstellte. Als Symbol der intrapsychischen Vereinigung zwischen Weiblich und Männlich stellt der Traum eine Erfahrung der Ganzheit dar. Im Augenblick, da die Träumerin von ihrem heiligen Partner umarmt wird, stellt sich eine Mischung aus erotischen Gefühlen, Ekstase und Vereinigung ein. Der Traum ist «numinos» (das heißt, er übt eine unbeschreibliche, mysteriöse und göttliche gefühlsmäßige Wirung auf die Träumerin aus). Sie erwacht denn auch erschüttert und bewegt: «Als ich aufwachte, kam mir der Traum wirklicher als die Wirklichkeit vor. Ich werde ihn nie vergessen. Als mein Partner mich umarmte, fühlte ich mich einfach wunderbar. Es war wie eine mystische Vereinigung. Ich kann es nicht erklären: ich empfand einen tiefen inneren Frieden und fühlte mich gleichzeitig wie elektrisiert. Dieser Traum war ein wesentliches Ereignis in meinem Leben.»

Bei dieser rein inneren Erfahrung der heiligen Ehe erfährt die Träumerin sich als Hera, die Vollkommene oder Erfüllte. Ein solcher Traum hat oft eine beruhigende Wirkung auf den starken Drang nach einem Partner oder nach der Ehe.

Die verschmähte Frau: Das negative Hera-Verhaltensmuster

Die Göttin Hera richtete ihren Zorn über die öffentliche Untreue ihres Gemahls nicht gegen Zeus. Der Schmerz, den sie empfand, weil er sie zurückwies und mit seinen Affären demütigte, wurde bei ihr in rachsüchtige Wut umgeleitet, die sie gegen die andere Frau oder gegen die von Zeus gezeugten Kinder richtete. Der Hera-Archetyp prädisponiert Frauen dazu, an Stelle ihres Partners – von dem sie gefühlsmäßig abhängig sind – die andern zur Verantwortung zu ziehen. Hera-Frauen reagieren zudem auf einen Verlust und auf Schmerz mit Wut und Taten (und nicht mit einer Depression, wie dies für Demeter und Persephone typisch ist). Im Lauf meiner analytischen Tätigkeit habe ich immer wieder feststellen können, daß Rachsucht ein geistiger Taschenspielertrick ist, dank dem die Hera-Frau sich nicht abgewiesen, sondern mächtig vorkommt.

Jean Harris ist eine moderne Personifikation der verschmähten Hera. Die stolze Direktorin der exklusiven Madeira-School wurde des Mordes an ihrem langjährigen Geliebten, Dr. Herman Tarnover, dem Begründer der berühmten Scarsdale-Diät, für schuldig befunden. Es war bekannt, daß Frau Harris eifersüchtig und wütend war, weil Tarnover einer jüngeren Frau den Vorzug gab, die ihrer Meinung nach aus weniger guten Kreisen kam, weniger gebildet war und weniger Stil hatte als sie. Sie wurde des Mordes für schuldig befunden, nachdem ihr roher Haß gegen die andere Frau in einem langen Brief, den sie kurz vor Tarnovers Tod an ihn geschrieben hatte, enthüllt wurde. Sie schrieb:

«Du bist in meinem Leben das Wichtigste gewesen, der allerwichtigste Mensch in meinem Leben, und daran wird sich nie etwas ändern. Du hältst mich in Schach, indem Du mir drohst, mich zu verstoßen – eine einfache Drohung, und Du weißt, daß ich damit nicht leben könnte –, so bleibe ich also allein zu Hause, während Du mit jemandem schläfst, der mich beinahe völlig zerstört hat. Ich bin immer wieder öffentlich gedemütigt worden.» [3]

Trotz ihrer Leistungen und ihres Prestiges war Jean Harris davon überzeugt, sie sei ohne Tarnover nichts wert. Sie behauptete hartnäckig, der Mord sei ein Unfall gewesen. Als eine Aussage Heras, die Zeus für all seine Liebesaffären nie zur Verantwortung zog, könnte dies sogar zutreffen, denn Jean Harris konnte sich ein Leben ohne Tarnover nicht vorstellen.

DIE ENTWICKLUNG DES HERA-ARCHETYPS

Das Bedürfnis, mehr wie Hera zu sein, wird einigen Frauen kurz nach ihrer Lebensmitte bewußt, nachdem sie eine Reihe von Beziehungen gehabt oder sich dermaßen auf ihre Karriere konzentriert haben, daß der Wunsch nach einer eventuellen Heirat nicht im Vordergrund stand. Bislang haben sie Aphrodites Neigung, von einer Beziehung zur anderen zu gehen, nachgegeben oder Persephones Tendenz, Bindungen zu meiden, oder sie haben sich die Entschlossenheit von Artemis und Athene zunutze gemacht, um Ziele zu erreichen. Oder die Göttinnen haben einander unbewußt entgegengearbeitet, und Heras Drang nach einem Partner wurde dadurch sabotiert, daß die Frau andere Männer wählte, eine Wahl, die von anderen Göttinnen beeinflußt wurde.

Wenn der Wunsch nach einem Ehemann nicht einem starken Instinkt entspringt, muß er bewußt gefördert werden. Dies ist gewöhnlich nur dann möglich, wenn eine Frau ihr Bedürfnis nach einer Bindung erkennt, die feste Absicht hat, die Bindung nicht aufzulösen und die Möglichkeit für eine Bindung hat. Liebt sie einen Mann, der ihre Treue braucht oder fordert, muß sie sich entscheiden können. Sie muß sich dazu entschließen können, Aphrodites Promiskuität oder die Unabhängigkeit von Artemis zu zügeln und Hera den Vorzug zu geben. Die bewußte Entscheidung, eine Hera-Ehefrau zu sein, kann die Verbindung mit dem Archetyp stärken.

Falls Beziehungen zu eingefleischten Junggesellen eine Frau daran hindern, Ehefrau zu werden, muß sie ihre Illusion über jenen Typ von Männern, von dem sie sich immer wieder angezogen fühlt, und über die Art und Weise, wie sie von ihm behandelt wird, abbauen. Außerdem muß sie ihre Haltung Männern gegenüber, die traditionelle Werte hochhalten, neu überdenken, und vielleicht entdeckt sie dabei, daß sie ein Vorurteil gegen jene Männer hegte, die heiraten und eine Familie gründen wollen. Ändert sich ihre Vorstellung in bezug auf das, was einen Mann begehrenswert macht, so daß sie sich nun einen bindungsfähigen Mann wünscht, dann kann unter Umständen Heras Wunsch, Ehefrau zu werden, Erfüllung finden.

Hera – die Frau

Die moderne Hera ist leicht zu erkennen. Als strahlende Braut, die mit ihrem Bräutigam zum Altar schreitet, ist sie die freudestrahlende Hera, in Erwartung ihrer Erfüllung. Als betrogene Gattin, die entdeckt, daß ihr Gatte eine Affäre hat, und die gegen die andere Frau wütet, ist sie Hera, das böse Weib. Die Hera-Frau wird von zahllosen Frauen verkörpert, die die Rolle der «Gnädigen Frau» spielen – jungfräulich bis zur Hochzeit oder zumindest bis zur Verlobung, dann während Jahrzehnten eine treue Ehegattin, bis sie Witwe werden und von der Sozialfürsorge leben.

Eine Hera-Frau findet Gefallen daran, ihren Mann in den Mittelpunkt ihres Lebens zu rücken. Jeder weiß, daß ihr Ehemann an erster Stelle kommt. Die Kinder einer Hera-Frau sind sich sehr wohl darüber im klaren, welche Art Hierarchie im Universum ihrer Mutter herrscht: das Beste ist stets für den Ehemann. Auch andere Menschen ahnen bald, woher der Wind weht: Sie werden «hingehalten», bis die Hera-Frau sich mit ihrem Mann besprochen hat.

Viele Frauen, die dem Hera-Modell entsprechen, haben matronenhafte Eigenschaften und werden von anderen Menschen als «in festen Händen» betrachtet. Und bei vielen anderen Frauen ist Hera als einer von vielen Aspekten der Persönlichkeit vorhanden. Oberflächlich betrachtet scheinen sie nicht unbedingt Hera-

218

Frauen zu sein, doch wenn sie mehr über Hera erfahren, erkennen sie, daß Hera ihnen eine vertraute innere Gestalt ist.

KINDHEIT

Im Alter von vier bis fünf Jahren spielt die kleine Hera gern Hausmütterchen und sagt dann beispielsweise: «Du bist Papi und gehst arbeiten» und geleitet ihren Spielgefährten zur Tür. Dann rennt sie wie eine Erwachsene geschäftig hin und her, fegt mit dem Besen und kocht ein Essen aus Grassalat und Sandkuchen und freut sich auf den Höhepunkt im Tagesablauf einer Hera-Frau: wenn ihr Mann nach Hause kommt und sich zu Tisch setzt. Im Gegensatz dazu fährt die kleine Demeter, für die Muttersein die Hauptsache ist, ihre Puppe im Puppenwagen spazieren und verbringt Stunden damit, ihr «Baby» anzukleiden, zu füttern und ins Bett zu bringen.

Doch im Alter von sechs bis sieben Jahren, wenn Buben nur noch mit Buben und Mädchen nur noch mit Mädchen spielen und die meisten kleinen Mädchen der Ansicht sind, die meisten kleinen Jungen seien «doof», wird es für das Hera-Mädchen fast unmöglich, Jungen zu finden, mit denen es «Hausmütterchen» spielen kann. Ab und zu kommt es zwar noch vor, daß sich Pärchen bilden, doch im wesentlichen manifestiert Hera sich erst wieder in dem Alter, in dem Kinder «einen festen Freund oder eine feste Freundin» haben.

ELTERN

Heras Eltern waren Kronos und Rhea – ein gefühlskalter Vater, der seine Kinder verschlang, weil ihm vorausgesagt worden war, eines seiner Kinder würde ihn entthronen, und eine machtlose Mutter, die ihre Kinder nicht vor ihrem Vater beschützen konnte. Kronos und Rhea vermitteln uns ein negatives und übertriebenes Bild einer Ehe nach patriarchalischem Muster: Der Ehemann ist ein mächtiger, dominierender Mann, der keinerlei Wettbewerb seitens seiner Kinder duldet und es seiner Frau nicht gestattet, eigene Interessen zu verfolgen. Sie leistet passiven Widerstand, indem sie Geheimnisse vor ihrem Mann hat und Täuschungsmanöver benützt. Von allen Kindern, die Kronos verschluckte, war Hera das einzige, das zwei Elternpaare hatte. Sobald sie von ihrem Vater befreit war, wurde sie von zwei Naturgottheiten, die die Rolle von Pflegeeltern übernahmen, in einer idyllischen Umgebung großgezogen.

Das Thema von zwei verschiedenen Elternpaaren – oder zwei Ehemodellen – ist vielen Hera-Frauen vertraut. In einer Familiensituation, die alles andere als ideal ist, und in der andere Kinder nur noch eine pessimistische oder zynische Einstellung in punkto Ehe haben können, hält die junge Hera an einem idealisierten Bild der Ehe fest und versucht, es als Ausweg aus ihrer schlechten Familiensituation für sich selbst zu verwirklichen. Unter glücklicheren Umständen sieht eine Hera-Tochter in der stabilen Ehe ihrer Eltern das, was sie für sich selbst wünscht.

Adoleszenz und erste Erwachsenenjahre

Die heranwachsende Hera ist völlig zufrieden, wenn sie eine feste Beziehung hat. Sie gehört zu jenen Mädchen, die voller Stolz den Ring ihres Freundes an einer Halskette tragen, die von einer festlichen Hochzeit träumen und immer wieder die beste Ehenamensvariante ausprobieren, indem sie beispielsweise folgendes in ihr Notizbuch schreiben: «Mrs. Bob Smith», «Mrs. Robert Smith» oder «Mrs. Robert Edwin Smith».

Es ist für das Hera-Mädchen von entscheidender Bedeutung, einen festen Freund zu haben. Besucht es eine statusbewußte High-School in einem teuren Vorort, so ist es ziemlich wichtig, wer ihr Freund ist – ob er der Klassensprecher ist, Mitglied einer Universitäts-Fußballmannschaft oder Mitglied des Clubs, der gerade «in» ist. Besucht es eine Stadtschule, so sind die Statuskriterien zwar etwas anders, doch das Muster ist dasselbe. Die junge Hera-Frau strebt danach, die Freundin eines jungen Mannes zu werden, der Ansehen genießt, und sehnt sich nach der emotionalen Sicherheit, die ihr eine solche Beziehung vermittelt. Sobald sie die eine

Hälfte eines solchen Pärchens darstellt, das «in» ist, organisiert sie Paartreffen und Partys, bei denen sie dann von ihren olympischen Hera-Höhen auf diejenigen Sterblichen herabblicken kann, die noch keinen Partner oder keine Partnerin gefunden haben. Dasselbe Verhaltensmuster kann sowohl während ihrer College-Zeit als auch in ihrem späteren Leben beobachtet werden.

Einige Hera-Frauen heiraten bereits während ihrer High-School-Zeit oder unmittelbar nach dem High-School-Abschluß, damit sie sobald wie möglich «Hausmütterchen» spielen können. Doch die meisten High-School-Romanzen gehen in die Brüche, und das Ende der ersten ernsthaften Beziehung ist gewöhnlich auch die erste ernste seelische Verwundung, die die junge Hera-Frau erleidet.

Hera betrachtet das College als die Zeit und den Ort, um einen Partner zu finden. Ist sie intelligent und fähig, so erbringt sie während ihrer College-Zeit oft gute Leistungen, nur um dann ihre Lehrer und Lehrerinnen zu enttäuschen, die von der Annahme ausgingen, sie nehme ihre Fähigkeiten ernst. Für eine Hera-Frau ist die Ausbildung an und für sich nicht wichtig, sondern wird unter Umständen nur als Bestandteil des für sie wichtigen gesellschaftlichen Backgrounds betrachtet.

Da sie in der Absicht, einen Ehepartner zu finden, aufs College geht, wächst ihre Angst, wenn die Zeit verstreicht und noch kein Ehemann in Sicht ist. Als College-Studentin der fünfziger Jahre erinnere ich mich daran, daß Hera-Mädchen ohne festen Freund bereits in den unteren Klassen zusehends Angst entwickelten und in den oberen Klassen, wenn sie immer noch nicht verlobt waren, mit einem Ausdruck der Verzweiflung umhergingen und das Gefühl hatten, sie seien dazu verurteilt, eine alte Jungfer zu werden. Taktlose Fragen von Verwandten, die wissen wollten: «Wann heiratest du denn?» waren außerordentlich schmerzhaft, da eine unverheiratete Hera-Frau an einer inneren Leere und einem Mangel an Sinn leidet; beides verstärkt sich unter dem Druck der Erwartungen anderer Menschen, für die die Ehe ebenfalls sehr wichtig ist.

Im Leben einer Hera-Frau spielen sowohl Ausbildung als auch Beruf nur eine zweitrangige Rolle. Unabhängig von ihrer Ausbildung, Karriere, ihrem Beruf oder ihrem Titel ist die Arbeit für eine Frau, in deren Psyche Hera als starke Kraft vertreten ist, einfach etwas, das sie tut, und nicht ein wichtiger Teil ihrer Persönlichkeit.

Eine Hera-Frau kann auf ihrem Tätigkeitsgebiet gute Leistungen erbringen, Anerkennung gewinnen und befördert werden. Wenn sie jedoch nicht verheiratet ist, scheint nichts davon für sie von Bedeutung zu sein. In ihren Augen hat sie nämlich, unabhängig von ihren anderen Leistungen, auf dem einen Gebiet, das für sie zählt, versagt.

Wenn eine Frau sich im Berufsleben behauptet, so sind gewöhnlich noch andere Göttinnen präsent. Dominiert jedoch Hera, so hat die Frau das Gefühl, ihre Arbeit sei nicht von entscheidender Bedeutung. Ist sie verheiratet, wird sie ohne zu zögern ihre Karriere zugunsten derjenigen ihres Mannes opfern, und sie wird ihre Arbeitsstunden und ihr Berufsleben auf seine Bedürfnisse ausrichten. Es sieht nur auf den ersten Blick so aus, als ob Hera-Frauen in einer Doppelkarriere – Ehe leben würden: Ihre Karriere ist in der Tat die Ehe.

In unserem heutigen Zeitalter der Doppelkarrieren, wo oft zwei Gehälter nötig scheinen, sind viele berufstätige Frauen Hera-Frauen. Die Hera-Frau sagt jedoch immer wieder: «Wo du hingehst, da will auch ich hingehen.» Sie wird keine zeitweilige geographische Trennung vorschlagen, so daß der eine oder der andere Partner dauernd hin und her pendeln müßte. Auch wird sie nicht darauf beharren, daß ihre Karriere ebenso wichtig ist wie diejenige ihres Partners. In diesem Fall müßte eine andere Göttin eine Rolle spielen.

Gewöhnlich mißt die Hera-Frau einer Freundschaft mit anderen Frauen keinen großen Wert bei, und sie hat meistens keine beste Freundin. Sie zieht es vor, ihre Zeit mit ihrem Ehemann zu verbringen und mit ihm gemeinsam etwas zu unternehmen. Pflegt sie trotzdem eine enge und dauerhafte Beziehung zu einer Frau, so sind andere Göttinnen dafür verantwortlich.

Ist die Hera-Frau nicht verheiratet, so ist es für sie von größter Wichtigkeit, daß sie Männer trifft, die als zukünftige Ehepartner in Frage kommen. Es kann sein, daß sie sich zu diesem Zweck mit einer anderen Frau zusammentut, damit sie gemeinsam Orte aufsuchen können, wo eine Frau sich allein nicht wohlfühlen würde, wie zum Beispiel Bars und Discos. Doch sobald sie einen festen Partner hat, widmet sie ihren ledigen Freundinnen kaum noch Zeit und läßt sie gewöhnlich fallen.

Die Hera-Frau hält normalerweise eine gesellschaftliche Gewohnheit aufrecht, die bei gewissen Frauen üblich ist und darin besteht, daß Abmachungen mit Freundinnen rückgängig gemacht werden, falls zur selben Zeit ein Mann mit ihr ausgehen will. Sobald die Hera-Frau verheiratet ist, läuft diese Gewohnheit darauf hinaus, daß Freundschaften mit Frauen abgebrochen werden.

Die verheiratete Hera-Frau tritt mit anderen verheirateten Frauen als Hälfte eines Ehepaars in Beziehung. Ledige Frauen betrachtet sie, wenn ihr Ehemann ihnen auch nur die geringste Aufmerksamkeit schenkt, als potentielle Bedrohung, oder sie sind für sie nicht weiter von Belang, weil sie ja keinen Mann haben. Nach der Eheschließung agiert sie gesellschaftlich stets in ihrer Eigenschaft als Hälfte eines Ehepaars. Wenn eine verheiratete Hera-Frau mit anderen Frauen etwas unternimmt, dann handelt es sich dabei stets um etwas, das mit dem Beruf oder der Tätigkeit ihres Ehemanns in Zusammenhang steht. Diese Tendenz wird beispielsweise durch Frauenhilfsorganisationen institutionalisiert. Bei solchen Organisationen ist die Position des Ehemanns gewöhnlich für die Wahlchancen seiner Frau ausschlaggebend. Wenn Hera-Frauen innerhalb einer solchen Organisation beispielsweise ein Vorstandsmitglied wählen müssen, so wird dabei stets der Status ihres Ehemannes mit in Betracht gezogen.

Wenn Hera-Frauen im Rahmen von Ehepaaren mit anderen Frauen in Kontakt treten, so entspricht die Bindung zwischen solchen Frauen meistens eher einer freundlichen Allianz als einer persönlichen Freundschaft. Deshalb wird die geschiedene oder verwitwete «Freundin» einer Hera-Frau oft nach Jahren intensiver gesellschaftlicher Beziehungen einfach fallengelassen, weil sie nun nicht mehr als Ehehälfte auftreten kann. Hera-Frauen lassen einander fallen und verstärken damit ihre innere Überzeugung, wonach eine Frau ohne Ehemann nichts ist. Viele verbitterte Witwen sind in sonnigere Gefilde ausgewandert, aber nicht des wärmeren Klimas wegen, sonder aus Wut und Stolz, weil sie feststellen mußten, daß in ihrem früheren Freundeskreis plötzlich kein Platz mehr für sie war.

BEZIEHUNG ZU MÄNNERN: ERFÜLLUNGSERWARTUNGEN

Als die Göttin Hera noch in griechischen Tempeln verehrt und die Trauung von Zeus und Hera rituell nachvollzogen wurde, nannte man Zeus *Zeus Teleios*, das heißt: «Zeus, der die Erfüllung bringt.» Die moderne Hera-Frau überträgt die archetypische Erwartung, daß ihr Ehemann ihr Erfüllung bringen wird, auf ihren Gatten.

Die Hera-Frau fühlt sich von einem kompetenten, erfolgreichen Mann angezogen – eine Definition, die gewöhnlich von ihrem gesellschaftlichen Status und ihrer Familie abhängig ist. Hungernde Künstler, sensible Dichter und geniale Wissenschaftler sind nichts für sie. Hera-Frauen interessieren sich nicht für Männer, die um ihrer Kunst oder ihrer politischen Überzeugung willen leiden.

Manchmal jedoch scheinen Hera-Frauen besonders für jene Kombination von Eigenschaften empfänglich zu sein, mit der die Göttin Hera selbst schließlich gewonnen werden konnte. Zeus näherte sich Hera zuerst in der Gestalt eines zitternden Vogels, bevor er sich als oberster Gott zu erkennen gab. Nur allzuoft heiratet die Hera-Frau genau diese Kombination von armseligem kleinem Geschöpf, das der Wärme bedarf (die sie vermittelt) und großem mächtigem Mann. Viele Männer, die in der Welt großen Erfolg zu verbuchen haben, weisen oft wie Zeus einen Aspekt eines rührenden, emotional unreifen kleinen Jungen auf, und dieser Aspekt kann die Hera-Frau rühren, wenn er in Zusammenhang mit Macht auftritt, die sie so fasziniert. Der Mann hat unter Umständen keine engen Freunde, nimmt nicht am Kummer und an den Sorgen der anderen teil und hat vielleicht keine Fähigkeit für Empathie entwickelt.

Die emotionale Unreife des Mannes ist auch dafür verantwortlich, daß er bei Frauen eher Abwechslung als Tiefe sucht und folglich dazu neigt, zahlreiche Affären einzugehen, die die Hera-Frau nicht dulden kann. Es kann zum Beispiel sein, daß er ein Geschäftsmann ist und daß es auf seinen Geschäftsreisen zu zahlreichen sexuellen Einmalbegegnungen kommt. Es macht ihm Spaß, eine Frau zum erstenmal zu erobern, und er genießt die mit der ersten Nacht verbundene sexuelle Erregung, wobei er sich vorstellt, daß das, was seine Frau nicht weiß, ihr nicht wehtut. Er haßt es, Gespräche über die Beziehung zu führen oder auf sein Verhalten aufmerksam gemacht zu werden – folglich vermeidet eine Hera-Frau beides.

Wenn eine Hera-Frau einen Mann heiratet, der sich wie Zeus als Schürzenjäger und Lügner erweist, und wenn sie ihm zudem alles glaubt – was ziemlich typisch für Hera-Frauen ist, die ja Sicherheit suchen –, dann wird sie immer wieder verletzt werden. Viele Hera-Frauen sind insofern einem Handikap ausgesetzt, als es ihnen schwerfällt, den wahren Charakter eines Menschen richtig einzuschätzen oder sich über Verhaltensmuster klar zu werden. Wenn sie sich ein Urteil über jemanden bilden, so nehmen solche Frauen eher die Oberfläche als die latenten Möglichkeiten wahr (wie wenn sie ein zum Verkauf ausgeschriebenes Haus besichtigen würden und nur das sähen, was da ist, und nicht, was es früher war oder was es werden könnte). Die Enttäuschung und der Schmerz einer Hera-Frau, die sich später einstellen, entsprechen der Diskrepanz zwischen ihren archetypischen Erfüllungserwartungen und der Wirklichkeit, und die Kluft kann tief sein.

Die Hera-Frau geht davon aus, daß Sexualität und Ehe zusammengehören. So kann es sein, daß sie bis zur Verlobung oder bis zur Heirat Jungfrau geblieben ist. Da sie vor der Ehe keine sexuellen Erfahrungen gesammelt hat, ist sie gänzlich davon abhängig, daß ihr Ehemann ihr Interesse an Sexualität erweckt. Ist dies nicht der Fall, so wird sie trotzdem regelmäßig Geschlechtsverkehr mit ihrem Mann haben, weil dies einfach zu ihrer Rolle als Ehefrau gehört, die sie sehr ernst nimmt. Die Vorstellung von Geschlechtsverkehr als Pflichtübung tauchte vermutlich zum erstenmal mit den Hera-Frauen auf.

Es ist keineswegs außergewöhnlich für eine Hera-Frau, daß sie zu Beginn der Ehe keinen Orgasmus haben kann. Ob sich diese Situation im Lauf der Jahre ändert oder nicht, hängt davon ab, ob der Aphrodite-Archetyp innerhalb der Ehe aktiviert wird oder nicht.

Eheleben

Die Hera-Frau betrachtet ihren Hochzeitstag als den wichtigsten Tag ihres Lebens. An jenem Tag erwirbt sie einen neuen Namen. (Sie behält ihren alten Namen nie bei – für sie ist er ausschließlich ihr Mädchenname.) Und jetzt wird sie endlich Ehefrau, ein Status, der einen Trieb befriedigt, den sie gespürt hat, soweit sie sich zurückerinnern kann.

In konservativen Kreisen herrscht ein gesellschaftliches Klima, das Hera– Frauen sehr entgegenkommt. Ehemänner und Ehefrauen verbringen ihre Wochenenden und Ferien gemeinsam. Der Ehemann geht zur Arbeit und kommt regelmäßig zur selben Zeit zum Essen nach Hause. Sein Freundeskreis setzt sich aus Männern zusammen, mit denen er sich ab und zu trifft. Er respektiert seine Frau, erwartet, daß sie ihre Pflicht als Ehefrau gut erfüllt und geht davon aus, daß seine Ehe bis ans Lebensende dauern wird. Die Routine, das Gemeinschaftliche ihres gesellschaftlichen Lebens und die Rolle, die jeder der beiden Ehepartner aufrechterhält, tragen zur Stabilität der Ehe und zur Befriedigung bei, die diese der Hera-Frau vermittelt.

Ein weiteres Klima, in dem sich die Hera-Frau wohl fühlt, ist die Betriebsatmosphäre. Die Hera-Frau kann die Betriebsleiter mit ihrem Ehemann Sprosse um Sprosse hinaufsteigen, sich aus beruflichen Gründen an einem neuen Ort niederlassen oder eine weitere Sprosse hinaufsteigen und diejenigen hinter sich lassen, deren beruflicher Aufstieg nicht so rasch vonstatten geht. Da das Band, das sie mit ihrem Ehemann verbindet, ihre hauptsächliche Sinnquelle darstellt und da ihre Beziehungen zu anderen Menschen oberflächlich sind, fällt es ihr nicht schwer, sich mit ihrem Mann an einem fremden Ort einzuleben. Im Gegensatz dazu leiden Frauen mit starken freundschaftlichen Banden sehr unter Beziehungsverlust und Einsamkeit, wenn sie umziehen müssen, wie auch jene Frauen, denen die eigene Arbeit etwas bedeutet und die an einem fremden Ort wieder von vorn anfangen müssen.

Der Grad des Glücklichseins einer Hera-Frau ist von der Treue ihres Gatten abhängig, von der Bedeutung, die er der Ehe beimißt und davon, wie sehr er seine Frau als Ehefrau zu schätzen weiß. Doch sie fühlt sich von erfolgreichen Männern angezogen, von denen viele den Erfolg der Tatsache zu verdanken haben, daß sie sich ihrem Beruf voller Hingabe widmen oder mit ihrem Beruf verheiratet sind. Deshalb kann es vorkommen, daß die Hera-Frau trotz Ehe unglücklich ist, auch wenn ihr Mann ihr sexuell nicht untreu ist. Es kann sein, daß eine Hera-Frau keine Erfüllung in der Ehe finden kann, dann nämlich, wenn die Ehe ihrem Mann nicht sehr wichtig ist.

Der moderne Zeus-ähnliche Ehemann betrachtet die Ehe oft hauptsächlich als Teil seiner gesellschaftlichen Fassade. Er heiratet eine Frau aus der gesellschaftlichen Schicht, aus der er selbst stammt oder aus einer höheren Schicht und kann dann mit der liebenden Gattin am Arm auftauchen, wo dies nötig ist. Bei einem solchen Arrangement kann es sich für ihn um eine Zweckehe und für seine Frau um eine persönliche Katastrophe handeln. Wäre noch ein anderer Archetyp in ihr dominant, könnte sie eine Ehe, die eher der Form als des Inhalts wegen geschlossen wurde, akzeptieren. Doch die Hera-Frau leidet unter dem mangelnden Engagement ihres Mannes, der sich häufig anderen Interessen zuwendet, die oft viel mit Macht zu tun haben – wie zum Beispiel geschäftliche Transaktionen und politische Vereinigungen – und der seine Hauptanliegen nicht mit seiner Frau teilt. Folglich empfindet sie eine innere emotionale Leere.

Vielleicht versucht die Hera-Frau in einem solchen Fall ihr Gefühl der Leere zu kompensieren (oder zu begraben), indem sie sich in hektische gesellschaftliche Tätigkeiten stürzt, um nach außen hin das Bild des perfekten Paars zu präsentieren. Dieses Bild entspricht den Vorstellungen von vielen berühmten Paaren, die bei Anlässen wie zum Beispiel der Premiere im Opernhaus oder dem Presseball versuchen, den Schein zu wahren. Doch das Element der Gemeinsamkeit, das sie in der Öffentlichkeit zur Schau tragen, fehlt gänzlich in ihrem Privatleben. Solche Zweckehen kommen selbstverständlich nicht nur innerhalb einer bestimmten gesellschaftlichen Schicht vor, sondern sind auf allen Ebenen der Gesellschaft anzutreffen.

Ungeachtet der Enttäuschungen ihres Ehelebens wird sich die Hera-Frau von allen Göttinnen-Typen am wenigsten um eine Scheidung bemühen. Wie die Göttin Hera, die gedemütigt und mißbraucht wurde, kann auch die Hera-Frau eine schlechte Behandlung durchaus ertragen. Sie fühlt sich im tiefsten Wesenskern als Ehefrau und eine Scheidung ist für sie unvorstellbar – auch wenn sie für die Hera-Frau Wirklichkeit wird.

Wenn ihr Ehemann sie wegen einer anderen Frau verlassen möchte und ihr dies mitteilt, weigert sich die Hera-Frau schlicht zu hören, was er sagt. Die Ehe ist für sie eine archetypische Erfahrung – in ihrer Vorstellung wird sie stets die Ehefrau sein. Auch nach einer eventuellen Ehescheidung betrachtet sich die Hera-Frau unter Umständen immer noch als verheiratet und leidet somit jedesmal erneut, wenn sie an die Realität erinnert wird. Diese Reaktion schafft Probleme für andere und verursacht ihr selbst Schmerzen.

Es kann sein, daß sie viele Stunden beim Psychiater verbringen und mit Schwierigkeiten kämpfen muß, die auf den archetypischen Einfluß zurückzuführen sind, den die Ehe (oder Hera) auf eine Frau ausüben, und zwar auch dann noch, nachdem die Ehe bereits aufgelöst wurde. Ich habe im Verlauf meiner Tätigkeit als Psychiaterin feststellen können, welche Wirkung Hera auf alle Betroffenen ausüben kann. So zum Beispiel kann die Patientin die geschiedene Hera-Frau sein, die zwischen Schmerz und Zorn hin und her gerissen ist und dabei das Gefühl hat, sie sei immer noch die rechtmäßige Gattin. Oder es kann sich beim Patienten um den Ex-Ehemann handeln, der sich durch die täglichen Telefonanrufe seiner Ex-Gattin belästigt fühlt. Oder die Patientin ist die grollende neue Ehefrau, die über das Eindringen der Ex-Ehefrau in ihr Eheleben erzürnt ist oder sich über die Verwirrung ärgert, die dadurch entsteht, daß die ehemalige Ehefrau darauf besteht, weiterhin den Namen ihres Ex-Mannes für Konten, Kreditkarten und Ähnliches zu benutzen.

KINDER

Gewöhnlich hat eine Hera-Frau Kinder, weil diese Funktion Bestandteil ihrer Rolle als Ehefrau ist. Sie verfügt jedoch nicht über einen ausgeprägten Mutterinstinkt, es sei denn, Demeter spielt in ihrer Psyche als Archetyp ebenfalls eine wichtige Rolle. Auch wird sie kaum Spaß daran haben, mit ihren Kindern etwas zu unternehmen, wenn nicht Artemis oder Athene ebenfalls präsent ist.

Wenn eine Hera-Frau Kinder hat und keine archetypische Mutter-Kind-Beziehung herstellen kann, werden ihre Kinder ihr Versagen als Mangel an Liebe und Schutz empfinden. Auch wenn sie hauptamtlich Ehefrau und Mutter ist und eine starke physische Präsenz im Leben ihrer Kinder ausübt, werden die Kinder trotzdem den Mangel an Nähe empfinden und sich emotional vernachlässigt fühlen.

Wenn eine Hera-Frau zwischen ihrem Mann und ihren Kindern wählen muß, wird sie in den meisten Fällen die Hauptinteressen ihrer Kinder opfern, um ihren Mann behalten zu können. In meiner Praxis habe ich es oft mit Erwachsenen zu tun, die in traditionell strukturierten Familien aufgewachsen sind, wo der Vater das Oberhaupt der Familie, der Ernährer und ein unfreundlicher Tyrann war. Solche Patienten haben ihre Mutter zwar als stützend und nährend erfahren, doch agierte sie nie als Puffer zwischen Ehemann und Kindern. Die Kinder blieben in den Konfrontationen mit ihrem Vater stets auf sich allein angewiesen, unabhängig davon, wie unvernünftig oder unbeherrscht er wurde.

Zu Beginn ihrer Analyse haben solche Patienten, wenn sie sich an die schmerzhaften Erlebnisse ihrer Kindheit erinnern, das Gefühl, ihre Hauptschwierigkeiten seien auf ihren Vater zurückzuführen. Manchmal wünschen sie dann eine Konfrontation mit ihrem Vater und möchten vielleicht Eingeständnisse oder Entschuldigungen in bezug auf Ereignisse der Vergangenheit hören. An diesem Punkt wird ihnen meistens bewußt, welche Rolle ihre Mutter spielte.

Eine Patientin, eine berufstätige Frau Ende Dreißig, die während ihrer ganzen Adoleszenz immer wieder Kämpfe mit ihrem Vater hatte ausfechten müssen, sagte: «Nichts von dem, was ich jemals tat, war gut genug. In seinen Augen war ich entweder verrückt, weil ich etwas tun wollte, oder zu inkompetent, um es zu tun – egal worum es sich handelte, er behandelte mich mit Verachtung. Er verhöhnte das, was mir wichtig war und zerstörte sogar mehrere Male etwas, das für mich einen großen Wert hatte.» Jetzt wollte sie für ihre Leistungen – für ihre Diplome und ihre Karriere – etwas Anerkennung von ihm. Sie wollte ihn auch darüber in Kenntnis setzen, wie sehr sein Verhalten ihr geschadet hatte.

Eines Tages rief sie ihre Eltern, die stets zuammen waren, an. Wie gewöhnlich hörte ein Elternteil an einem Nebenanschluß mit (sie konnte sich nicht daran erinnern, jemals mit einem Elternteil allein telefoniert zu haben). Sie wandte sich an ihren Vater, wobei sie betonte, daß sie ihm «etwas Wichtiges» mitzuteilen habe, und bat ihn, sie nicht zu unterbrechen, bis sie fertig sei. Sie redete ausführlich über Beschwerden, die sie bereits früher erhoben hatte, jedoch ohne sich aufzuregen oder zu ärgern. Ihr Vater überraschte sie, indem er tat, worum sie gebeten hatte: Er hörte einfach zu. Ihre Mutter reagierte jedoch, als ob ihre Tochter etwas Ungehöriges täte: «Du hast kein Recht, so mit deinem Vater zu reden!» Als die Mutter in dieser Weise eingriff, vermittelte sie ihrer Tochter eine Erkenntnis: Die Tochter erkannte, welche Rolle ihre Mutter die ganze Zeit über gespielt hatte. Die Reaktion der Mutter ist eine typische Hera-Reaktion. Ihre Loyalität gilt ganz dem Ehemann. Wie kann ein Kind es wagen, ihn zur Rede zu stellen! Er ist Zeus, der unumschränkte Herrscher. Wie kann ein Kind es wagen, ihm Schuldgefühle anhängen zu wollen! Er ist verletzlich, genau wie der zitternde Vogel, der Heras Wärme und Schutz benötigte.

DIE MITTLEREN LEBENSJAHRE

Ob die mittleren Lebensjahre der Hera-Frau Erfüllung bringen oder nicht, hängt davon ab, ob und mit wem sie verheiratet ist. Die mittleren Lebensjahre sind die besten Jahre für Hera-Frauen, die sich in einer stabilen Ehe mit Männern befinden, welche einigermaßen erfolgreich sind, eine gewisse Position aufzuweisen haben und ihre Frau schätzen. Eine unverheiratete, geschiedene oder verwitwete Hera-Frau hingegen ist unglücklich.

In der Lebensmitte kriselt es oft in vielen Ehen, und die Hera-Frau kann mit diesen Krisen nicht sonderlich gut umgehen. Ist eine Ehe gefährdet, so verschlimmert die Hera-Frau die Situation häufig wegen ihrer besitzergreifenden Art und ihrer Eifersucht. Hegt sie zum erstenmal in ihrem Eheleben den Verdacht oder weiß sie sogar, daß eine andere Frau ihrem Mann wichtiger ist, kann eine nie zuvor geahnte Rachsucht plötzlich in ihrer ganzen Häßlichkeit in ihr aufsteigen und die Ehe, die der Hera-Frau ja so wichtig ist, in noch größere Gefahr bringen.

DIE SPÄTEREN LEBENSJAHRE

Für die Hera-Frau, die eine Entwicklung von Hera, der Jungfrau, zu Hera, der Erfüllten, durchgemacht hat, ist das Stadium Hera, die Witwe, die härteste Lebensphase. Millionen von Frauen, die ihren Gatten überleben, befinden sich in dieser Lage.

Hera-Frauen, die Witwen werden, verlieren nicht bloß ihren Ehemann, sondern zudem ihre Rolle als Ehefrau, die ihnen Sinn und Identität vermittelte. Sie fühlen sich nun unbedeutend.

Es kann vorkommen, daß eine Hera-Frau, die keine anderen Aspekte ihrer Persönlichkeit entwickelt hat, nach dem Tod ihres Ehemannes von einem Zustand der Trauer in eine chronische Depression fällt, sich treiben läßt und unter Einsamkeit leidet. Diese Reaktion ist eine Konsequenz der früheren eingeschränkten Lebenshaltung und Handlungsweisen der Hera-Frau. Die Hera-Frau steht ihren Kindern meistens nicht sehr nahe, denn der Ehemann stand für sie an erster Stelle. Sie hat auch keine engen Freunde, da sie ihr gesellschaftliches Leben ganz darauf ausgerichtet hat, in ihrer Eigenschaft als Ehehälfte aufzutreten. Und wie bereits früher erwähnt, kann es sein, daß in ihrem Bekanntenkreis plötzlich kein Platz mehr für sie ist, weil die anderen, genau wie sie, dazu neigen, alleinstehende Frauen fallenzulassen.

Die Lebensqualität der verwitweten Hera-Frau ist von der Präsenz anderer Göttinnen abhängig und natürlich auch davon, wie gut oder schlecht es um ihre finanzielle Situation bestellt ist. Manche Hera-Frauen erholen sich nie mehr vom Verlust ihres Ehegatten.

Hera-Frauen, die Glück haben, können das Alter an der Seite ihres Gatten erleben und gemeinsam das Fest der goldenen Hochzeit begehen. Sie gehören zu den gesegneten Frauen; sie sind in der Lage gewesen, den besonderen Archetyp, der ihrem Leben Sinn verleiht, zu verwirklichen.

Psychische Schwierigkeiten

Hera übt im Leben vieler Frauen einen unleugbaren Einfluß aus. Einige andere Göttinnen mögen zwar weniger Erfüllung bringen, wenn sie sich im Leben positiv manifestieren können, doch sind sie in ihren negativen Aspekten auch weniger zerstörerisch als Hera. Deshalb ist es für die Hera-Frau besonders wichtig, die

Schwierigkeiten zu verstehen, die im Umgang mit dem Archetyp auftreten können, denn Hera kann eine zwingende Macht ausüben.

IDENTIFIKATION MIT HERA

Wenn eine Frau «als Hera» lebt, so heißt das, daß sie sich mit ihrer Rolle als Ehefrau identifiziert. Ob diese Rolle ihr Sinn und Zufriedenheit vermitteln oder in Kummer und Wut münden wird, hängt von der Qualität der Ehe und der Treue des Ehemannes ab.

Werden die Instinkte der Hera-Frau nicht befriedigt, so besteht ihre Hauptbeschäftigung darin, einen Mann zu suchen; die Tatsache, daß sie keinen Partner hat, ist die Hauptleidensquelle für eine Hera-Frau. Während sie auf der Suche nach einem Ehemann ist, muß sie sich oft noch um ihre Schularbeiten oder ihren Beruf kümmern, besucht ihre Freunde und geht viel aus – alles in der Hoffnung, einen Ehemann zu finden.

Sobald die Hera-Frau verheiratet ist, schränkt sie ihr Leben meistens stark ein und fügt sich völlig in ihre Rolle und die Interessen ihres Ehemanns. Ist er auf finanzielle Unterstützung angewiesen, um seine Studien beenden zu können, so wird sie arbeiten gehen. Wünscht er, daß seine Frau ganz Hausfrau ist, so wird sie ihren Beruf an den Nagel hängen oder ihr Studium abbrechen. Ist sie berufstätig, so macht es ihr nichts aus, den gewohnten Ort zu verlassen, wenn er umzuziehen wünscht. Häufig hält sie Freundschaften, die vor der Ehe geschlossen wurden, und Interessen, die sie verfolgte, bevor sie ihrem Mann begegnete, nach der Ehe nicht mehr aufrecht.

Heiratet ein Mann eine Hera-Frau, so muß er unter Umständen nach der Trauung feststellen, daß seine Frau nicht mehr dieselbe Frau ist, wie vor der Hochzeit. Bevor sie sich auf ihre Rolle als Ehefrau beschränkte, hatte sie noch umfassendere Interessen. Sogar der voreheliche Sex scheint besser gewesen zu sein. Die Veränderung der Sexualität ist nicht ungewöhnlich und kann auf die Hochzeitsnacht zurückgehen. Der Einfluß all der anderen Göttinnen kann drastisch abnehmen, sobald die Hera-Frau heiratet.

Es gibt jedoch auch Hera-Frauen, die nach der Eheschließung

aufblühen. Die strahlende Braut wandelt sich zur glücklichen Ehefrau. Ist ihr Ehemann ein ihr ergebener Zeus, der sie liebt, so wird die Ehe der tiefe und sinnvolle Mittelpunkt ihres Lebens sein. Es kann sein, daß auch Aspekte anderer Göttinnen zum Ausdruck kommen, doch werden sie, da der Rolle der Ehefrau überragende Bedeutung zukommt, stets als zweitrangig betrachtet werden. Ob eine Hera-Frau ihre Aktivitäten nach der Heirat einschränkt oder nicht und ob sie ihre Rolle auf ein Hera-Dasein begrenzt oder nicht, hängt davon ab, wie stark der Archetyp ist, wie stark sie andere Facetten ihrer Persönlichkeit vor der Ehe entwickelt hat und ob sie von ihrem Ehemann darin unterstützt wird, über die Hera-Rolle hinauszuwachsen. Besitzergreifende und eifersüchtige Ehemänner, die von ihren Frauen erwarten, daß sie den Ansprüchen des Mannes gerecht werden, bewirken gemeinsam mit dem Hera-Archetyp, daß eine Frau ausschließlich auf die Hera-Rolle reduziert wird.

ENTTÄUSCHTE ERWARTUNGEN

Wenn eine Frau sich mit Hera identifiziert, so geht sie oft von der Annahme aus, die Ehe werde sowohl sie als auch ihren Mann verändern; unbewußt erwartet sie, daß ihr Mann sich in *Zeus Teleios*, Zeus, der Erfüllung bringt, verwandelt. Es kann sein, daß sie nach der Hochzeitszeremonie enttäuscht ist und das Gefühl hat, betrogen worden zu sein, so als hätte er implizit etwas versprochen und es ihr nicht gegeben. Der Schuldige ist in der Tat jedoch nicht der Ehemann, sondern die archetypische Erwartung eines *Zeus Teleios*, die sie auf ihn projizierte.

Viele Hera-Frauen projizieren das Bild eines idealisierten Ehemannes auf ihren Mann und werden streitsüchtig und wütend, wenn er ihre Erwartungen nicht erfüllt. In diesem Fall kann es vorkommen, daß eine solche Frau «zänkisch» wird (Homers Beurteilung der Göttin Hera), wenn sie ihren Mann immer wieder dazu drängt, sich zu ändern. Ein anderer Frauentyp könnte den Mann von Anbeginn an klarer einschätzen, er würde nicht erwarten, daß die Ehe ihn veränderte, oder wäre in der Lage, ihn zu verlassen.

GEFANGEN ZWISCHEN ARCHETYP UND GESELLSCHAFT

Hera-Frauen können durch das Zusammenwirken von archetypischen gesellschaftlichen Kräften in eine Ehe hineinkatapultiert werden oder in der Ehe wie in einer Falle gefangen sein. Der Archetyp wird durch den von Betty Friedan beschriebenen Weiblichkeitswahn oder die «Erfüllung durch andere» unterstützt. Beide Kräfte vermitteln implizit das Versprechen, daß das Märchen mit dem Satz: «Und sie lebten glücklich bis an ihr Lebensende» aufhören wird. Ist die Hera– Frau einmal verheiratet, so fühlt sie sich (mehr als irgendein anderer Typ Frauen) gebunden – in guten und in bösen Tagen. Sind die Zeiten schlecht, so widersetzt sich der Hera-Archetyp, oft mit Unterstützung durch die Gesellschaft, ihrem Wunsch, aus einer schlechten Ehe auszubrechen. Religiöse Überzeugungen sowie die Erwartungen der Familie können gemeinsam dazu «beitragen», daß die Frau an einen Alkoholiker oder einen Mann, der sie mißhandelt, gebunden bleibt.

UNTERDRÜCKTE ODER UNTERDRÜCKERIN

In Anbetracht der Konsequenzen, die sich aus einer Identifikation mit dem Hera-Archetyp ergeben können, ist es klar, daß dieser Archetyp Frauen unterdrücken kann. So kann eine unverheiratete Hera-Frau das Gefühl haben, sie sei unvollständig oder eine Versagerin, oder sie wird unter Umständen in eine schlechte Ehe hineinkatapultiert. Eine verheiratete Hera-Frau mag unfähig sein, eine schlechte Ehe aufzugeben und entwickelt die negativen Hera-Aspekte. Sie kann sich in eine nörglerische, unzufriedene Frau verwandeln, die verbittert ist, wenn ihr Ehemann die Erwartungen Heras nicht erfüllen kann. Oder sie kann sich in eine wütende, verletzte, eifersüchtige Ehefrau verwandeln, wenn ihr Mann ihr untreu ist oder sie das Gefühl hat, er sei ihr untreu. Oder sie ist vielleicht unfähig, aus einer Ehe auszubrechen, die für sie äußerst schädlich ist.

Die Göttin Hera litt mehr als irgend eine andere Göttin – mit Ausnahme von Demeter (deren Leiden anderer Art war). Doch sie verfolgte auch andere mit ihrer Rachsucht und war somit die destruktivste aller Göttinnen. Wie Frauen unserer Zeit bezeugen, manifestiert sich der unterdrückerische Aspekt Heras einerseits in einer verurteilenden Haltung anderen gegenüber und andererseits in einem offenen Ausdruck ihrer Destruktivität.

Hera-Frauen urteilen über andere Frauen und bestrafen sie – gewöhnlich, indem sie sie und ihre Kinder ausschließen oder ächten – weil sie die Normen der Hera-Frauen nicht erfüllen. Solche Frauen spielen sich als gesellschaftliche Schiedsrichterinnen auf und zeigen sich vor allem Aphrodite gegenüber feindlich. Wann immer sie die Möglichkeit dazu haben, schließen sie attraktive, sinnliche Frauen aus, um die die Männer sich scharen sowie geschiedene und sexuell aktive, alleinstehende Frauen – Frauen also, von denen sich ihre Männer angezogen fühlen könnten und die folglich eine Bedrohung darstellen. Doch ihre verurteilende Haltung erstreckt sich auch auf die Frauen, die keine persönliche Bedrohung für sie darstellen – so zum Beispiel stehen sie unverheirateten Müttern, die von der Sozialfürsorge leben müssen, und Frauen, die vergewaltigt wurden, eher kritisch denn empathisch gegenüber. Für Hera besteht die einzig wirklich annehmbare Rolle darin, die Frau eines erfolgreichen Mannes zu sein.

Lange nachdem ich angefangen hatte, mich als Feministin zu betrachten, entdeckte ich bei mir selbst ein unbewußtes Hera-Verhaltensmuster, das darin bestand, daß ich andere Frauen herabsetzte, wenn ich in Begleitung meines Mannes zu einer Veranstaltung ging. Die Erkenntnis wurde ausgelöst, als mir plötzlich auffiel, daß ich bei solchen Treffen stets die Gesellschaft von Paaren suchte, aber «ungebundene» Frauen, deren Gesellschaft ich ansonsten sehr schätzte, wenn ich allein war, in seiner Gegenwart vermied. Als mir dieses für Hera typische Muster bewußt wurde, schämte ich mich meines antifeministischen Verhaltens. Gleichzeitig mußte ich mit äußerster Beschämung zugeben, daß ich mich früher Hera-Frauen überlegen gefühlt hatte, wo doch in der Tat ein negativer Hera-Aspekt ebenfalls in mir vorhanden war. Nach dieser Erkenntnis konnte ich frei wählen, mit wem ich meine Zeit verbringen wollte. Und nachdem mir klar geworden war, daß ich mit den Frauen, die ich früher verachtet hatte, einiges gemeinsam hatte, verschwand auch meine verurteilende Haltung, um die es gar nicht schade war.

DAS MEDEA-SYNDROM

Der Begriff «Medea-Syndrom» ist eine treffende Beschreibung der rachsüchtigen Hera-Frau, die sich verraten und verstoßen vorkommt und die in ihren Rachebestrebungen extrem werden kann. Der Medea-Mythos eignet sich als Metapher für die Fähigkeit der Hera-Frau, ihre Bindung an einen Mann an allererste Stelle zu setzen sowie für ihre Fähigkeit, Rache zu nehmen, wenn sie herausfindet, daß ihr Engagement in seinen Augen nichts gilt.

Gemäß der griechischen Mythologie war Medea die sterbliche Frau, die ihre eigenen Kinder umbrachte, um sich auf diese Weise an ihrem Mann zu rächen, weil er sie verlassen hatte. Medea ist ein «Fall für die Psychiatrie», eine Frau, die vom destruktiven Aspekt Heras besessen war.

Medea war die Priesterinnen-Tochter des Königs von Kolchis. Das Goldene Vlies, das Jason und die Argonauten suchten, gehörte diesem Königreich. Jason brauchte Hilfe, wollte er das Goldene Vlies in seinen Besitz bringen, denn es war gut bewacht. Hera und Athene, seine Schutzgöttinnen, bewogen Aphrodite dazu, dafür zu sorgen, daß Medea sich in Jason verliebte und ihm helfe, das Goldene Vlies zu rauben. Jason flehte Medea an, ihm zu helfen, versprach, daß er sie heiraten würde und gelobte ihr ewige Treue. Aus Leidenschaft und Loyalität zu Jason half Medea ihm also, das Vlies zu stehlen. Zu diesem Zweck verriet sie ihren Vater und ihr Land und führte den Tod ihres Bruders herbei.

Jason und Medea ließen sich in Korinth nieder und hatten zwei Söhne. Da Medea eine Fremde war, entsprach ihre Stellung demjenigen Rang einer Frau, die in wilder Ehe lebte. Der opportunistische Jason nutzte die Gelegenheit, um Glauke, die Tochter Kreons, des Königs von Korinth, zu heiraten. Eine der Bedingungen für die Ehe bestand darin, daß Medea und ihre Kinder das Land verlassen sollten. Jason willigte ein.

Durch Jasons Tücke verletzt und gedemütigt, weil all ihre Opfer und Verbrechen, die sie für ihn begangen hatte, nun mit einem Schlag sinnlos geworden waren, wurde Medea zur Mörderin. Erst gab sie ihrer Rivalin ein vergiftetes Gewand. Als Glauke es überzog, wirkte es wie ein Napalmmantel, der ihr Fleisch verbrannte und zerstörte. Als nächstes geriet Medea in einen Konflikt wegen ihrer Liebe zu ihren Kindern und ihrem Verlangen nach Rache. Raserei und Stolz gewannen die Oberhand, und um sich an Jason zu rächen, brachte sie ihre Kinder um.

Medea benahm sich wie ein Ungeheuer, doch war sie eindeutig das Opfer ihrer zwanghaften Liebe zu Jason. Doch im Gegensatz zu jenen Frauen, die, wenn sie verstoßen und verschmäht werden, mit Depression reagieren oder Selbstmordgedanken hegen, plante Medea aktiv Rache und verwirklichte sie. Ihre Beziehung zu Jason bildete den Mittelpunkt ihres Lebens. Alles, was Medea tat, war eine Konsequenz ihrer Liebe zu ihm und eine Folge des Verlustes seiner Liebe. Medeas Bedürfnis, Jasons Partnerin zu sein, war zwanghaft; sie war von diesem Bedürfnis besessen, und es trieb sie in den Wahnsinn. Die Intensität des Hera-Instinkts sowie die Tatsache, daß ihre Wünsche nicht in Erfüllung gingen, bildeten die Ursachen ihrer psychischen Krankheit.

Obwohl der Medea-Mythos glücklicherweise kaum jemals wieder in Wirklichkeit aufgeführt wird, kommen Inszenierungen auf metaphorischer Ebene ziemlich häufig vor. Wenn eine Frau durch die doppelte Intervention von Hera und Aprodite an einen Mann gebunden wird, wie dies mit Medea geschah, wird sie aufgrund ihres Bedürfnisses, seine Frau zu werden, und aufgrund der Leidenschaft, die sie für ihn empfindet, dazu gezwungen, die Beziehung über alles zu setzen. Sie wird ihre Familie verlassen, deren Werte verraten und Familienbande, wenn nötig, zerreißen. Viele Frauen glauben wie Medea an das Versprechen der ewigen Treue und bringen ungeheure Opfer für ihren Mann, nur um von skrupellosen und ambitiösen Jasons mißbraucht und verlassen zu werden.

Wenn ein Ehepaar das Drama von Medea und Jason auslebt,

so kommt es zwar meistens nicht gerade dazu, daß «Medea» die Frau, wegen der ihr Mann sie verläßt, buchstäblich verbrennt und vernichtet, doch tut sie zumindest das emotionale Äquivalent oft in ihren Tagträumen. So zum Beispiel kann es sein, daß «Medea» den guten Ruf der anderen Frau durch Lügen zu zerstören versucht oder ernsthaft versucht, ihr Schaden zuzufügen.

Und falls ihre Rachsucht stärker ist als die Liebe zu ihren Kindern und ihre Sorge für das, was für die Kinder am besten ist – was wiederum eine Parallele zum Jason/Medea-Mythos darstellt –, so kann es vorkommen, daß sie versucht, die Beziehung der Kinder zum Vater zu zerstören. Vielleicht bringt sie die Kinder weg, damit er sie nicht mehr sehen kann, oder sie versteht es, seine Besuche bei den Kindern in derart traumatische Ereignisse umzuwandeln, daß er seine Bemühungen, weiterhin eine Beziehung zu ihnen aufrechtzuerhalten, aufgibt.

Es muß betont werden, daß Medea, getreu dem destruktivsten Aspekt Heras, Jason nicht tötete. Genauso verletzt die feindselige, verschmähte Hera oft andere Menschen weitaus mehr als den Mann, der sie verläßt. Sie fügt besonders ihren Kindern Schaden zu.

MÖGLICHKEITEN DER SEELISCHEN ENTWICKLUNG

Wird Heras Einfluß anerkannt und bringt man ihren Schwächen Verständnis entgegen, so ist damit ein erster Schritt getan, um über sie hinauswachsen zu können. Viele Frauen können auf frühere Beziehungen zurückblicken und werden sich rückwirkend darüber klar, daß sie nur allzu bereitwillig hätten heiraten wollen. Eine solche Frau hätte ihren festen Freund aus ihren High-School-Tagen geheiratet oder eine Sommerromanze oder irgend einen der zahlreichen Männer, die sie nicht sehr gut kannte, wenn «Hera» damals in ihrer Psyche dominiert hätte, und man ihr die Gelegenheit geboten hätte zu heiraten.

Steht eine Frau unter Heras Einfluß, so ist es ziemlich wahrscheinlich, daß sie den ersten respektablen Mann, der ihr einen Heiratsantrag macht, oder sonst einen in Frage kommenden Mann, mit dem sie ausgeht, heiratet, ohne auch nur eine Sekunde zu überlegen, was für sie am besten wäre. Es wäre jedoch gut für sie, wenn sie sich solange nicht auf eine Ehe einlassen würde, bis sie ziemlich viel über ihren zukünftigen Gatten weiß. Was für einen Charakter hat er? Wie reif ist er in gefühlsmäßiger Hinsicht? Ist er bereit, sich fest niederzulassen? Wie ernst nimmt er es mit der Treue? Was empfindet sie als Mensch wirklich für ihn? Wie gut passen sie beide wirklich zusammen? Die ehrliche Beantwortung dieser Fragen ist für das zukünftige Glück der Hera-Frau entscheidend. Ist sie einmal verheiratet, so wird sie vom Charakter des Mannes, den sie geheiratet hat, und von seiner Liebesfähigkeit abhängig sein. Er wird entscheiden, wer sie sein wird – eine erfüllte Hera oder eine wütende, desillusionierte Hera.

ÜBER HERA HINAUSWACHSEN

Obwohl dem Leben einer Hera-Frau hauptsächlich durch eine gute Ehe Sinn verliehen wird, bedeutet die Tatsache, daß die Hera-Frau sich darauf beschränkt, die Rolle der Ehefrau zu spielen, eine mögliche Begrenzung ihres Wachstums und ihrer Anpassungsfähigkeit, sollte dieser Rolle durch den Tod des Gatten oder durch eine Ehescheidung ein plötzliches Ende gesetzt werden. Es mag sein, daß die Hera-Frau sich den Entscheidungen ihres Mannes in bezug auf Aktivitäten und den Freundeskreis unbewußt unterwirft und darüber befinden läßt, wie sie ihr Leben verbringen soll. Es ist jedoch auch möglich, daß sie sich ihres Verhaltensmusters bewußt wird und erkennt, daß sie andere Facetten ihrer Persönlichkeit vernachlässigt hat, die sowohl ihr Leben als auch ihre Ehe bereichern könnten.

In einer traditionellen Ehe bilden Mann und Frau je die Hälfte eines Ganzen; jeder Ehepartner erfüllt eine von der Gesellschaft bestimmte Rolle. Diese Spezialisierung auf bestimmte Aufgaben verhindert die Entwicklung zur Ganzheit eines jeden Partners. Das, was von der betreffenden Gesellschaft als «maskulin» betrachtet wird, findet in der Frau keine Entwicklungsmöglichkeit. Die Hera-Frau wird leicht Opfer dieses Musters. Sie kann sogar einen unnatürlichen Stolz darauf empfinden, daß sie nichts von Autos oder Mathematik versteht, oder nicht weiß, wie man in der Geschäftswelt mit Menschen umgeht – weil ihr Ehemann all diese Aufgaben für sie beide erledigt. Somit schränkt Hera, wenn man sie gewähren läßt, die Kompetenzen einer Frau ein. Doch die Frau kann aufhören, bloß zu reagieren, und sie kann über das Muster ihrer Ehe zu reflektieren beginnen. Sie kann erkennen, daß sie in einer Rolle gefangen ist, die ihr im besten Fall Grenzen auferlegt und sich im schlimmsten Fall destruktiv auf sie auswirkt. Dieses Bewußtsein ist der erste Schritt, der es ihr möglich macht, Hera Widerstand zu leisten und über dieses Verhaltensmuster hinauszuwachsen. Die Hera-Frau muß sich bewußt und wiederholt mit anderen Göttinnen verbünden, die ihr gestatten, über ihre Rolle als Ehefrau hinauszuwachsen.

DIE EHE ALS ERFAHRUNG DES SEELISCHEN WACHSTUMS

Eine unsichere Hera-Frau ist hochgradig für Eifersucht empfänglich. Ein geringfügiger Anlaß genügt, damit sie ihren Mann der Untreue verdächtigt und sich wegen einer mangelnden Aufmerksamkeit öffentlich geringschätzig behandelt und gedemütigt fühlt. Wenn ihre Reaktionen ungerechtfertigt sind, kommt es entweder wegen ihrer Anklagen zu einer Entfremdung in der Ehe oder aber die Frau versucht, ihrem Mann klar zu machen, welche Wirkung er auf sie ausübt. Die Ehe verschlechtert sich dann entweder, und somit werden die Ängste der Frau bestätigt, oder beide Ehepartner machen eine Phase gemeinsamen seelischen Wachstums durch.

So zum Beispiel kann der Ehemann lernen, auf das Bedürfnis seiner Frau, die wissen möchte, wo er sich befindet, mit Einfühlung anstatt mit Groll und ungenügenden Informationen zu reagieren. Ist er zu einer derartigen Reaktionsweise fähig, wird ihr Vertrauen wachsen. Ein solcher Ehemann sagte: «Jetzt teile ich ihr mit, wann ich ungefähr nach Hause komme, und falls nicht alles nach Plan läuft, rufe ich sie an, statt sie den eifersüchtigen Dämonen zu überlassen, die ihre Phantasie quälen.» Die Hera-Frau muß sich immer wieder neu entscheiden, wem sie ihr Vertrauen schenken will – jener mißtrauischen Hera in ihr selbst oder ihrem Ehemann. Um wachsen zu können, muß sie Hera Widerstand leisten und ihrem Mann zutrauen, daß er sie unterstützt und ihr treu ist.

DIE UMWANDLUNG VON WUT UND SCHMERZ IN KREATIVES ARBEITEN: DIE HEPHAISTOS-LÖSUNG

Wenn eine Hera-Frau unglücklich verheiratet ist oder kämpfen muß, um sich von der rachsüchtigen Hera, die sich als Opfer fühlt, befreien zu können, so bietet sich ihr im Mythos von Heras Sohn Hephaistos, dem Gott der Schmiede, eine potentielle Lösung an. Hepahistos symbolisiert ein inneres Kräftepotential, das die Göttin selbst zurückwies, den Hera-Frauen jedoch immer noch zur Verfügung steht. Hera bevorzugte ihren anderen Sohn, den Kriegsgott Ares. «Wie die Mutter, so der Sohn» – die unkontrollierte Raserei von Ares auf dem Schlachtfeld spiegelt die Rachsucht wider, über die Hera keine Kontrolle hatte.

Hephaistos, der römische Vulcanos, hatte seine Schmieden im Innern eines Vulkans. Symbolisch repräsentiert er die Möglichkeit, daß vulkanische Wut eingedämmt und in kreative Energie umgesetzt werden kann, um Rüstungen und Kunstwerke herzustellen.

Eine verschmähte und wütende Hera-Frau hat die Wahl, sich entweder von ihrer Wut verzehren zu lassen oder ihre feindseligen Impulse einzudämmen und über die ihr zur Verfügung stehenden Möglichkeiten nachzudenken. Wenn sie erkennen kann, daß ihre Wut und ihre Eifersucht sie seelisch zum Krüppel machen und einschränken, sollte es ihr möglich sein, ihre Wut in Arbeit zu kanalisieren. Sie kann buchstäblich dem Beispiel von Hephaistos Folge leisten (dessen Gemahlin Aphrodite ihm wiederholt untreu war) und sich künstlerisch betätigen. Sie könnte zum Beispiel mit Ton arbeiten, ihre Erzeugnisse im Ofen brennen und sich während des ganzen Prozesses selbst verändern lassen – metaphorisch: sich durch das Feuer ihrer Emotionen in eine Kunsthandwerkerin verwandeln lassen, statt sich verzehren und zerstören zu lassen. Oder sie könnte die Intensität ihrer Gefühle in Malerei oder Schreiben kanalisieren. Irgend eine Arbeit, sei es geistiger oder manueller Natur, kann als Mittel dazu dienen, Wut zu sublimieren. Und Sublimierung ist wesentlich gesünder, als es der Wut zu gestatten, sich selbst immer wieder Nahrung zu verschaffen und die Frau zu zerstören.

BEURTEILUNG DER MÖGLICHKEIT EINER VERSÖHNUNG: WIRKLICHKEIT KONTRA MYTHOS

Die Hera-Frau muß wissen, daß sie, wenn sie von einem Mann verlassen worden ist, Mühe haben wird, den Verlust anzuerkennen. In einer solchen Situation fällt es ihr schwer, die Wirklichkeit zu akzeptieren, und sie läßt sich gern dazu hinreißen, an ein mythisches Ende zu glauben – nämlich, daß ihr Mann wie Zeus sie vermissen und zu ihr zurückkehren wird. Die Hera-Frau kann es sich jedoch nicht leisten, die Beweise zu mißachten, sondern sie muß die Realität akzeptieren und darf sie nicht verleugnen. Erst wenn sie aufhört, auf eine eventuelle Versöhnung zu hoffen, kann sie den Verlust betrauern, sich erholen und ihr Leben fortführen.

Viele Hera-Frauen hoffen, daß ihr Ehemann, der sie wegen einer anderen Frau verlassen hat, zurückkehrt. In einem der Mythen über Hera findet tatsächlich eine solche Versöhnung statt, doch erst nachdem Hera in der Lage gewesen ist, Zeus zu verlassen. Wie bereits früher erwähnt, begab sich Zeus nach jenem Mythos in die Berge, wo Hera Zuflucht gesucht hatte und führte eine Hochzeitszeremonie mit einer als Frau verkleideten Statue durch. Hera amüsierte diese Szene, und es konnte anschließend eine Versöhnung stattfinden.

Hier haben wir es mit mehreren wichtigen psychologischen Elementen zu tun. Bevor eine Versöhnung stattfinden konnte, mußte Hera auf mehr verzichten als bloß auf Zeus. Sie mußte auch ihre Hoffnung aufgeben, daß Zeus sich ändern würde, und von ihrer Rolle der rachsüchtigen Hera, die sich als Opfer fühlte, ablassen. Zeus seinerseits entdeckte, daß Hera ihm wirklich viel bedeutete und ließ sie dies wissen. Vielleicht konnte Hera nun erst lächeln – weil sie schließlich erkennen konnte, daß Zeus die ganze Zeit über an keiner anderen Frau ernsthaft interessiert gewesen war. Jede seiner Affären war für ihn (genau wie die Statue) eher eine symbolische als eine wichtige Beziehung gewesen. Manchmal inszeniert das Leben dieses mythologische Happy-End, doch meistens nicht. Eine Frau muß unter Umständen feststellen, daß die Trennung das Herz ihres Gatten nicht verändert hat, daß er nicht zurückgekehrt ist, sondern im Gegenteil offensichtlich eng mit einer anderen Frau liiert ist oder erleichtert ist, weil er nicht mehr mit seiner Frau zusammensein muß. In diesem Fall muß die Hera-Frau der Wirklichkeit ins Auge sehen. Erst dann kann sie trauern und weiterleben.

ENDE UND NEUANFANG

Die Möglichkeit, eine Phase abzuschließen und neu zu beginnen, ist der Hera-Mythologie inhärent. Wie bereits erwähnt, wurde die Göttin im Rahmen des jährlichen Kultzyklus im Frühling als Hera, die Jungfrau, im Sommer und Herbst als Hera, die Erfüllte, und im Winter als Hera, die Witwe, verehrt. Im Frühling wurde ihr jedesmal die Jungfräulichkeit wiedergegeben, und der Zyklus begann erneut. Wenn eine Hera-Frau diese archetypische Möglichkeit erkennt, kann sie, falls sie das Opfer einer schlechten Ehe ist «sich emotional selbst zur Witwe machen», indem sie eine Beziehung, die nur Leere, Mißbrauch oder Untreue für sie bringt, aufgibt. Sie kann dann neu anfangen und diesmal eine weisere Wahl treffen. In ihrer neuen Ehe kann ihr Bedürfnis, eine Ehefrau zu sein, auf positive Weise gestillt werden.

Der Zyklus kann jedoch auch als innere Erfahrung ausgelebt werden, wenn eine Frau das Bedürfnis, Ehefrau zu sein, oder die Erwartung, daß die Rolle der Ehefrau ihr Erfüllung bringen wird, aufgeben kann. Eine verwitwete Großmutter träumte zum Beispiel, daß sie wieder menstruiere – zehn Jahre nach der Menopause – und erkannte, daß der Traum eine präzise symbolische Aussage hatte. An der Schwelle zu einer neuen Phase ihres Lebens fühlte sie sich «ganz» und war psychologisch gesehen erneut die Jungfrau.

9. Kapitel

Demeter: Göttin der Kornfelder, Ernährerin und Mutter

DEMETER – DIE GÖTTIN

Demeter, die Göttin der Kornfelder, war die Herrin ertragreicher Ernten. Den Römern war sie unter dem Namen Ceres bekannt – von dem das Wort *Zerealie* (englisch *cereal*, französisch *céreale*) abstammt. Im Homerischen «Hymnos auf Demeter» ist die Rede «von der umlockten Demeter, der heiligen ... von der goldenen Früchteverleiherin»[1] (vermutlich eine dichterische Freiheit für eine reife Weizengarbe, die das wichtigste Symbol Demeters war). Sie wurde als wunderschöne Frau dargestellt, mit goldenem Haar und einem blauen Gewand, oder in der Bildhauerei meistens als matronenhafte, sitzende Gestalt.

Ein Teil von Demeters Name, nämlich *meter*, scheint «Mutter» zu bedeuten, doch ist nicht ganz klar, worauf sich das «de-» oder das frühere «da-» bezieht. Demeter wurde als Muttergöttin verehrt, insbesondere als Kornmutter und Mutter der Jungfrau Persephone (der römischen Proserpina).

Demeters Leben nahm auf dieselbe schreckliche Art seinen Anfang wie dasjenige von Hera. Demeter war das zweitgeborene Kind von Rhea und Kronos, und das zweite, das er verschlang. Sie war die vierte göttliche Gemahlin von Zeus (Jupiter), der zugleich ihr Bruder war. Sie kam vor Hera, seiner siebten und letzten Gemahlin. Aus dieser Verbindung entstand das einzige Kind von

247

Zeus und Demeter, nämlich ihre Tochter Persephone, die in Mythos und Verehrung eng mit Demeter verbunden war. Die Geschichte von Demeter und Persephone, die in der Homerischen «Hymne auf Demeter» ausführlich und wunderschön geschildert wird, kreist um Demeters Reaktion auf Persephones Entführung durch Demeters Bruder Hades, den Gott der Unterwelt. Dieser Mythos bildete mehr als zweitausend Jahre lang die Grundlage der Eleusinischen Mysterien, der heiligsten und wichtigsten religiösen Rituale des alten Griechenland.[2] Diese Götterverehrung fand jedoch im fünften Jahrhundert nach Christus ein Ende, als die Kultstätte in Eleusis von einfallenden Goten zerstört wurde.

DIE ENTFÜHRUNG PERSEPHONES

Persephone pflückte mit Freundinnen Blumen auf einer Wiese, als sie sich von einer außergewöhnlich schönen Narzisse angezogen fühlte. Als Persephone die Hand ausstreckte, um die Blume zu pflücken, spaltete sich die Erde vor ihr. In seiner goldenen, von schwarzen Pferden gezogenen Kutsche erschien Hades aus dem tiefen Inneren der Erde, packte Persephone und tauchte genauso schnell im Schlund unter wie er hochgekommen war. Persephone setzte sich zur Wehr und rief Zeus um Hilfe an, doch vergebens.

Demeter hörte das Echo von Persephones Schreien und machte sich unverzüglich daran, sie zu suchen. Neun Tage und neun Nächte lang suchte sie im ganzen Land und überall auf dem Meer nach ihrer entführten Tochter. Bei ihrer frenetischen Suche rastete sie keinen Augenblick, weder zum Essen, noch zum Schlafen oder zum Baden.

In einem anderen Mythos wird hinzugefügt, daß Demeter während ihrer fruchtlosen Suche nach ihrer entführten Tochter von Poseidon (Neptun), dem Gott des Meeres, gesehen, begehrt und verfolgt wurde. Sie versuchte, ihn zu meiden, indem sie sich in eine Stute verwandelte und sich unter eine Gruppe von Pferden mischte. Poseidon, der sich durch diese Tarnung jedoch nicht täuschen ließ, verwandelte sich in einen Hengst, konnte Demeter unter den Pferden ausmachen und vergewaltigte sie.

In der Morgendämmerung des zehnten Tages begegnete Demeter Hekate, der Göttin des Dunklen Mondes und der Wegkreuzungen, die vorschlug, sie sollten zusammen zu Helios, dem Sonnengott, gehen (eine Naturgottheit, die diesen Titel mit Apollon teilte). Helios erzählte ihnen, Hades habe Persephone entführt und sie als unfreiwillige Braut in die Unterwelt mitgenommen. Er teilte ihnen überdies mit, Zeus habe die Entführung und die Vergewaltigung gebilligt. Helios befahl Demeter, aufzuhören zu weinen und die Geschehnisse zu akzeptieren; Hades wäre ja schließlich «kein unwürdiger Schwiegersohn».

Demeter befolgte seinen Rat jedoch nicht. Sie fühlte sich von Zeus beleidigt und verraten und war voller Gram. Sie zog sich vom Olymp zurück, verkleidete sich als alte Frau und wanderte, ohne erkannt zu werden, durch die Städte und das Land. Eines Tages erreichte sie Eleusis und setzte sich in der Nähe des Brunnens hin, wo die Töchter von Keleus, des Herrschers von Eleusis sie bemerkten. Die Mädchen fühlten sich von Demeters Schönheit und von irgend etwas in ihrem Verhalten angezogen. Als Demeter ihnen sagte, sie suche eine Stelle als Amme, führten die Mädchen sie zu ihrer Mutter Metaneira, denn in ihrer Familie hatte es einen Nachkömmling gegeben, ihren vielgeliebten Bruder Demophoon.

Demophoon wuchs unter Demeters Obhut wie ein Gott auf. Sie ernährte ihm mit Ambrosia und hielt ihn im Verborgenen über ein Feuer, das ihn unsterblich gemacht hätte, wäre nicht Metaneira hinzugekommen, die aus Angst um ihren Sohn Schreie ausstieß. Demeter reagierte zornig, schalt Metaneira wegen ihrer Dummheit und enthüllte ihre wahre Identität. In dem Augenblick, wo sie sich als Demeter zu erkennen gab, veränderte sich die Göttin in Größe und Gestalt und offenbarte ihre göttliche Schönheit. Ihr goldenes Haar fiel ihr auf die Schultern, ihr Wohlgeruch und ihr Glanz erfüllten dasHaus mit Licht.

Nun befahl Demeter, es müsse ein Tempel für sie errichtet werden. Sie ließ sich dort nieder, allein mit ihrem Kummer um ihre entführte Tochter und weigerte sich, weiterhin ihre Aufgabe zu erfüllen, weshalb nichts mehr wachsen und geboren werden konnte. Eine Hungersnot drohte die menschliche Rasse zu zerstören, und die Olympischen Götter und Göttinnen gingen ihrer Opfer und Gaben verlustig. Schließlich nahm Zeus von den Vorkommnissen Notiz. Zuerst sandte er seine Botin Iris, die Demeter bitten sollte zurückzukommen. Da sich Demeter jedoch nicht zu einer Rückkehr bewegen ließ, erschien jede Olympische Gottheit mit Geschenken und versöhnenden Gaben bei ihr. Demeter ließ jeden einzelnen Gott und jede einzelne Göttin wissen, daß sie keinen Fuß auf den Olymp setzen und auch nichts wachsen lassen würde, solange Persephone nicht zu ihr zurückgekehrt sei.

Schließlich handelte Zeus. Er sandte Hermes, den Götterboten, zu Hades und befahl Hermes, Persephone zurückzubringen, damit «ihre Mutter, wenn sie die Tochter mit eigenen Augen sehe, ihren Zorn vergesse.» Hermes ging in die Unterwelt und fand Hades vor, wie er neben der deprimierten Persephone auf einer Lagerstätte saß.

Als Persephone hörte, daß sie die Unterwelt verlassen durfte, war sie sehr erfreut und sprang voller Begeisterung auf, um Hermes zu begleiten. Doch zuerst gab ihr Hades einige süße Granatapfelkerne, die Persephone aß.

Hermes lieh sich den Wagen von Hades, um Persephone nach Hause zu bringen. Die Pferde jagten aus der Unterwelt zur Erde hinauf und hielten vor dem Tempel, wo Demeter wartete. Als Demeter sie sah, lief sie mit ausgestreckten Armen auf ihre Tochter zu, um sie zu umarmen; Persephone stürzte sich ebenfalls voller Freude in die Arme ihrer Mutter. Dann erkundigte sich Demeter ängstlich, ob Persephone in der Unterwelt irgend etwas gegessen hätte. Hätte sie nichts zu sich genommen, hätte Persephone Demeter wieder vollständig gehört. Da Persephone jedoch die Granatapfelkerne gegessen hatte, sollte sie in Zukunft zwei Drittel des Jahres mit Demeter und ein Drittel des Jahres mit Hades in der Unterwelt verbringen.

Nachdem Mutter und Tochter wieder vereint waren, ließ Demeter Fruchtbarkeit und Wachstum zur Erde zurückkehren. Dar-

aufhin schuf Demeter die Eleusinischen Mysterien, ehrfurchtgebietende religiöse Zeremonien, die von den Eingeweihten nicht
preisgegeben werden durften. Die Mysterien befähigten die Menschen, sich am Leben zu erfreuen und zu sterben, ohne den Tod
fürchten zu müssen.

DEMETER – DER ARCHETYP

Demeter ist der Mutter-Archetyp. Sie repräsentiert den Mutterinstinkt, der seine Erfüllung in einer Schwangerschaft findet
oder dadurch, daß er anderen Menschen Nahrung für Körper,
Seele und Geist verschafft. Dieser machtvolle Archetyp kann die
zukünftige Lebensgeschichte einer Frau festlegen, er kann einen
bedeutenden Einfluß auf andere Menschen haben, mit denen sie
zusammen ist, und er kann sie für Depressionen empfänglich machen, falls ihr Bedürfnis, nährend zu wirken, nicht beachtet wird
oder ungestillt bleibt.

DIE MUTTER

Der Mutter-Archetyp wurde auf dem Olymp durch Demeter
vertreten, deren wichtigste Rollen die der Mutter (von Persephone), die der Besorgerin von Nahrung für den Körper (als Göttin der Kornfelder) und die der Besorgerin von Nahrung für den
Geist (die Eleusinischen Mysterien) waren. Zwar waren auch andere Göttinnen Mütter (Hera und Aphrodite), doch war Demeter
die einzige Göttin, deren wichtigste Beziehung die Beziehung zur
Tochter war. Demeter erwies sich zudem auch als jene Göttin, die
am nährendsten wirkte.
    Eine Frau mit einem starken Demeter-Archetyp sehnt sich
danach, Mutter zu sein. Ist sie Mutter geworden, findet sie in dieser Rolle Erfüllung. Wenn der Demeter-Archetyp in der Psyche
einer Frau dominiert, so ist das Muttersein die wichtigste Rolle
und Aufgabe in ihrem Leben. Das Bild von Mutter mit Kind – in

251

der westlichen Kunst meist als Madonna mit Kind dargestellt –
entspricht einem inneren Bild, das sie tief berührt.

Der Mutter-Archetyp drängt Frauen dazu, andere zu ernähren, großzügig und freigiebig zu sein sowie ihre Befriedigung im
Pflegen und Nähren zu finden. Der nährende Aspekt des Demeter-Archetyps kann folglich in den sozialen Berufen – Lehrerin,
Krankenschwester, Anwältin oder irgend einem anderen Beruf,
bei dem das Helfen eine Rolle spielt – seinen Ausdruck finden
sowie auch in einer Beziehung, in der die Frau nährend wirken
kann. Der Archetyp ist nicht nur auf biologische Mutterschaft beschränkt.

DER MUTTERINSTINKT

Auf der biologischen Ebene repräsentiert Demeter den Mutterinstinkt, das heißt den Wunsch, schwanger zu werden und ein
Kind zu bekommen; einige Frauen verspürten diese Sehnsucht bereits als Kind.

Der Demeter-Archetyp ist eine unwiderstehliche Kraft, die
die Frau dazu drängt, schwanger zu werden. Es kann zwar sein,
daß eine Frau genau weiß, wie stark dieser Instinkt ist, und daß sie
entscheiden kann, zu welchem Zeitpunkt sie sich diesen tiefen
Wunsch erfüllen wird, doch falls ihr der Demeter-Instinkt nicht
bewußt ist, kann sie unter Umständen «zufällig» schwanger werden.

Das Verhalten einer Frau, die entdeckt, daß sie ungewollt
schwanger geworden ist, macht deutlich, welche Macht dieser Archetyp in ihr ausübt. Ist eine Abtreibung eindeutig der vernünftig-
ste und verantwortungsvollste Weg, kann eine Nicht-Demeter-
Frau die Abtreibung in die Wege leiten und sich dann erleichtert
fühlen. Von diesem Moment an wird sie mit peinlicher Genauig-
keit darauf achten, daß es nie mehr zu einer ungewollten Schwangerschaft kommt. Übt hingegen Demeter einen starken Einfluß
aus, so ist eine Frau, auch wenn eine Abtreibung die beste Lösung
für sie wäre, unter Umständen nicht in der Lage, diesen Schritt zu
vollziehen: Das tiefliegende innere Gebot, ein Kind zu haben,

252

läßt es nicht zu, abzutreiben. Aus diesem Grund wird sie eher das Kind behalten als abtreiben und damit ihrem ganzen weiteren Lebenslauf eine andere Wende geben.

Entscheidet die Frau sich trotzdem für die Abtreibung, so wird sie sich während des Entscheidungsprozesses und der Abtreibung sowie auch hinterher in einem Zustand des Konflikts und des Aufruhrs befinden. So wird sie eher Schmerz als Erleichterung empfinden, oder zumindest verspürt sie eine Mischung dieser Gefühle. Man könnte denken, daß eine Frau, die derart unglücklich gewesen ist, dafür sorgt, daß das Gleiche nicht noch einmal passiert. Oft ist jedoch das Gegenteil der Fall – sie durchlebt Zyklen der Schwangerschaft, des inneren Aufruhrs, der Abtreibung und der Depression, denn der Drang nach einer Schwangerschaft, der schon einmal vereitelt wurde, verstärkt sich sogar noch.

Demeters Mutterinstinkt beschränkt sich nicht bloß darauf, eine biologische Mutter zu sein oder nur die eigenen Kinder zu ernähren. Viele Frauen haben als Pflegemutter oder Babysitter die Möglichkeit, ihre Mutterliebe auch dann noch auszudrücken, nachdem ihre eigenen Kinder großgeworden sind oder das Elternhaus verlassen haben. Die Göttin Demeter selbst übernahm diese Rolle bei Demophoon. Emilie Applegate, eine Frau aus San Diego, die als außergewöhnliche Pflegemutter bekannt geworden ist, verkörpert diesen Aspekt von Demeter.[3] Emilie Applegate kümmert sich um mexikanische Kleinkinder, die so unterernährt oder krank sind, daß sie in Lebensgefahr schweben, wobei Mrs. Applegate die Kinder in ihre eigene Familie aufnimmt, zu der bereits drei Söhne und eine Adoptivtochter zählen. Sie wird als «Mama Segunda» oder als Ersatzmutter betrachtet. Mrs. Applegate – wie auch die bekannteren DeBolts, die behinderte Kinder vieler verschiedener Rassen adoptiert haben – verfügt über einen äußerst starken Mutterinstinkt sowie über die Fähigkeit, das für Demeter typische Wachstum zu fördern und zu pflegen.

DIE ERNÄHRERIN

Eine weitere Aufgabe, die einer Demeter-Frau Befriedigung gibt, besteht darin, andere Menschen zu ernähren. Die Demeter-Frau findet eine enorme Erfüllung darin, ihr Kind zu stillen. Es bereitet ihr Freude, reichhaltige Mahlzeiten für Familie und Gäste zuzubereiten. Wenn ihnen das Essen schmeckt, sonnt sie sich im Gefühl, eine gute Mutter zu sein (und nicht – wie dies bei einer Athene-Frau der Fall sein könnte – im Gefühl, eine Chefköchin zu sein). Arbeitet sie in einem Büro, serviert sie ihren Mitarbeitern gern Kaffee (was im starken Gegensatz zu einer Artemis-Frau steht, die sich dadurch erniedrigt fühlt und diese Aufgabe nur erfüllt, wenn sich auch die Männer daran beteiligen).

In ihrer Eigenschaft als Göttin der Kornfelder weckte Demeter in den Menschen die Fähigkeit, Land zu bebauen und Ernten einzubringen; zudem war sie für die Fruchtbarkeit der Natur verantwortlich. Frauen, die aufs Land ziehen, um ihr Gemüse selbst anzupflanzen, um Brot zu backen, Früchte einzumachen und um ihre Ernte mit anderen zu teilen, bringen auf ähnliche Art den Mutter-Natur-Aspekt von Demeter zum Ausdruck.

DIE BEHARRLICHE MUTTER

Mütterliche Beharrlichkeit ist ein weiteres Demeter-Attribut. Demeter-Mütter geben trotz Schwierigkeiten nicht auf, wenn das Wohlergehen ihrer Kinder auf dem Spiel steht. So sind zum Beispiel viele Sonderschulen für behinderte Kinder ins Leben gerufen worden, weil eine Demeter-Mutter für das kämpfte, was ihr Kind brauchte. Auch die argentinischen Mütter von vermißten, von der Staatspolizei entführten Söhnen und Töchtern, waren genauso beharrlich wie Demeter. Diese Frauen *Madres de la Plaza de Mayo* (Mütter der Plaza de Mayo) genannt, weigerten sich, sich mit dem Verlust ihrer Kinder abzufinden und gaben den Protest gegen die Diktatur nicht auf, obwohl sie sich damit selbst in Gefahr brachten. Beharrlichkeit, Geduld und Ausdauer sind Demeter-Eigenschaften, die – wie Zeus reuevoll feststellen mußte – letzten Endes möglicherweise einen Einfluß auf einen mächtigen Mann oder eine Institution haben können.

DIE GROSSZÜGIGE MUTTER

Wie aus ihrem Mythos hervorgeht, galt Demeter als die großzügigste aller Göttinnen. Von ihr erhielten die Menschen die Landwirtschaft und die Ernten, sie half Demophoon zu erziehen (und hätte ihn unsterblich gemacht), und sie schuf die Eleusinischen Mysterien. Ein solch großzügiges Verhalten ist allen Demeter-Frauen eigen. Die einen sind um Nahrungsmittel und körperliche Pflege besorgt, die anderen lassen anderen Menschen Unterstützung auf gefühlsmäßiger und psychologischer Ebene zukommen, und andere wiederum vermitteln spirituelle Nahrung. Vielen berühmten Religionsführerinnen wohnten Demeter-Eigenschaften inne, und sie wurden von ihrer Anhängerschaft als Mutterfigur betrachtet; so zum Beispiel die fromme Mutter Teresa aus Kalkutta, Trägerin des Friedensnobelpreises, Mary Baker Eddy, Gründerin der Christian Science-Bewegung sowie die Frau, von der einfach als der «Mutter» gesprochen wird, die spirituelle Führerin des Aurobindo Ashrams in Indien.

Diese drei Ebenen des Gebens lassen sich mit dem vergleichen, was Demeter-Mütter ihren eigenen Kindern geben. Zuerst sind die Kinder abhängig von ihrer Mutter, die sich um deren körperliche Bedürfnisse kümmern muß. Dann wenden sie sich an ihre Mutter, um bei ihr gefühlsmäßige Unterstützung und Verständnis zu finden. Schließlich wenden sich die Kinder vielleicht an ihre Mutter, wenn sie spirituelle Weisheit suchen, um mit Enttäuschungen und Kummer fertigzuwerden oder einen Lebenssinn zu finden.

DIE SICH GRÄMENDE MUTTER: NEIGUNG ZU DEPRESSIONEN

Ist der Demeter-Archetyp eine treibende Kraft und kann ihn eine Frau nicht ausleben, so leidet sie möglicherweise an einer charakteristischen Depression des «leeren Nests und der Leere».

Eine Frau, die sich danach sehnt, ein Kind zu haben, mag unfruchtbar sein; ein Kind kann unter Umständen sterben oder das Elternhaus verlassen. Es ist auch möglich, daß ihre Aufgabe als Ersatzmutter ein Ende nimmt oder daß sie ihre ehemaligen Klienten oder Studenten vermißt. In diesem Fall neigt die Demeter-Frau eher dazu, in eine Depression zu fallen als zornig zu werden und aktiv etwas gegen diejenigen zu unternehmen, die ihrer Meinung nach an ihrem Elend schuld sind (die Reaktionsweise von Hera). Sie grämt sich, sie findet ihr Leben sinnlos und leer.

Dr. Pauline Bart, Soziologieprofessorin an der University of Illinois, schrieb einen Artikel («Mother Portnoy's Complaint»[4]) über depressive Demeter-Frauen. Mrs. Bart studierte die Krankengeschichten von über 500 Frauen, die im Alter von vierzig bis neunundfünfzig Jahren zum ersten Mal hospitalisiert wurden. Sie stellte fest, daß extrem nährende, übermäßig engagierte Mütter, die ihre Mutterrolle nicht weiter ausüben konnten, die stärksten Depressionen aufwiesen.

Vor ihrer Krankheit waren diese Frauen «Super-Mütter» gewesen, deren Lebensgeschichte von Opferbereitschaft geprägt war. Die Angaben, die diese depressiven Frauen machten, enthüllen die gefühlsmäßigen Investitionen, die sie aufgebracht hatten, um andere zu ernähren sowie die Leere, die sie überfiel, nachdem ihre Kinder das Elternhaus verlassen hatten. Eine Frau sagte: «Selbstverständlich haßt eine Mutter es, wenn die Tochter das Elternhaus verläßt. Ich meine, es entsteht dann eine Leere.» Eine andere Frau erzählte: «Ich war eine so dynamische Frau; ich hatte ein großes Haus und eine Familie. Meine Tochter sagte: ‹Mutter trug nicht acht Gänge auf, sie servierte zehn.›» Wurden diese Frauen gefragt, worauf sie am meisten stolz seien, antworteten alle: «Auf meine Kinder.» Keine erwähnte irgend eine andere Leistung, die sie selbst vollbracht hatte. Als sie ihre Mutterrolle nicht länger ausüben konnten, war das Leben sinnlos geworden.

Wird eine Frau gegen Ende der mittleren Lebensjahre depressiv, zornig und enttäuscht, weil ihre erwachsenen Kinder sich gefühlsmäßig oder körperlich von ihr entfernt haben, entwickelt sie sich zu einer sich grämenden Demeter. Sie ist besessen von ihrem Gefühl des Verlusts und interessiert sich kaum noch für etwas. Ihr psychologisches Wachstum hört auf. «Besessen» vom Demeter-Archetyp-Aspekt des Sich-Grämens, unterscheidet sie sich praktisch nicht von anderen Frauen, die auf ähnliche Art leiden. Patientinnen, die an einer solchen Art der Depression leiden, weisen alle ähnliche Symptome auf: der deprimierte Gesichtsausdruck, die Art, wie sie sitzen, stehen, gehen und seufzen, die Art, wie sie ihren Schmerz ausdrücken und andere in die Defensive treiben oder dazu bringen, sich schuldig, zornig und hilflos zu fühlen.

DIE DESTRUKTIVE MUTTER

Als die sich grämende Demeter ihre Aufgabe nicht mehr erfüllte, wuchs nichts mehr, und eine Hungersnot drohte die Menschheit zu vernichten. Auf ähnliche Weise drückt sich der destruktive Aspekt von Demeter aus, nämlich indem eine solche Frau das zurückhält, was eine andere Person benötigt (im Gegensatz zu Hera und Artemis, die in ihrer Wut auf aktive Weise destruktiv sind). Eine stark depressive Frau, die Mutter geworden ist, kann eine Lebensgefahr für ihren Säugling darstellen: Das Notfallpersonal oder der Kinderarzt diagnostizierten unter Umständen eine «Wachstumsstörung». Der Säugling hat nicht zugenommen, ist apathisch und sieht vielleicht auch ausgemergelt aus. Ein Säugling kann nicht wachsen, wenn ihm seine Mutter die gefühlsmäßigen und körperlichen Kontakte sowie die nötige Nahrung vorenthält.

Mütter, die sich tagelang oder sogar noch länger weigern, mit ihren Kleinkindern zu sprechen, oder die ihre Kleinkinder isolieren, fügen ihnen mit dieser Art der Vorenthaltung psychischen Schaden zu. Solche Mütter sind meist selbst schwer depressiv und voller Haß.

Demeter-Mütter, die diese extreme Form der Vorenthaltung ausüben, sind relativ selten anzutreffen; weitaus häufiger kommt es vor, daß Demeter-Mütter ihren Kindern Anerkennung vorenthalten, wenn diese sich von ihnen zu lösen beginnen. Obwohl die

257

Depression der Mutter in diesem Fall weniger offensichtlich ist, steht das Vorenthalten der Anerkennung (die das Kind für sein Selbstwertgefühl braucht) mit einer Depression in Zusammenhang. Die Mutter erfährt die wachsende Autonomie des Kindes als einen gefühlsmäßigen Verlust für sich selbst. Sie spürt, daß sie weniger gebraucht wird, hat das Gefühl, sie werde zurückgewiesen und wird infolgedessen vielleicht depressiv und zornig.

DIE ENTWICKLUNG DES DEMETER-ARCHETYPS

Ohne es zu bemerken, entwickeln und aktivieren Frauen den Demeter-Archetyp, wenn sie sich ernsthaft überlegen, ob sie ein Kind haben wollen oder nicht. Während dieses Prozesses fallen ihnen schwangere Frauen auf, die es früher scheinbar nicht gab und die nun überall zu sein scheinen, sie bemerken Kleinkinder, sie besuchen Leute mit Kindern und bekunden Aufmerksamkeit für Kinder. (All dies tun Demeter-Frauen instinktmäßig.) Frauen entwickeln den Demeter-Archetyp, indem sie sich vorstellen, sie seien schwanger und hätten Kinder. Wenn sie schwangere Frauen sehen, einen Säugling in den Armen halten und Kindern ihre ganze Aufmerksamkeit schenken, kann es sein, daß dieser Archetyp in ihnen wachgerufen wird. Bemühungen, die Stärke des Mutterinstinkts zu prüfen, haben nur dann Erfolg, wenn der Archetyp leicht wachgerufen werden kann, sonst nicht.

Vielleicht möchte eine Frau einen anderen Aspekt ihrer Persönlichkeit verwirklichen und sich einem bestimmten Kind gegenüber mütterlicher verhalten, oder vielleicht will sie von einem bestimmten Kind geliebt werden. Das Kind bringt den Archetyp in der Frau hervor (oder konstelliert ihn). Angespornt durch die Gefühle, die sie diesem Kind entgegenbringt, strengt sie sich an, um des Kindes willen geduldiger oder beharrlicher zu sein. Dadurch daß sie mütterlicher wirkt und sich auch um mehr Mütterlichkeit bemüht, wächst der Demeter-Archetyp in ihr.

DEMETER – DIE FRAU

Eine Demeter-Frau ist in erster Linie eine mütterliche Frau. In ihren Beziehungen nimmt sie eine nährende und unterstützende, eine helfende und gebende Rolle ein. Oft ist sie die Gabenreiche, die andere Menschen mit dem versorgt, was ihrer Meinung nach nötig ist – eine warme Suppe, eine aufmunternde Umarmung, Geld, um einem Freund oder einer Freundin aus der Patsche zu helfen, eine stets gültige Einladung «nach Hause zu Mutter» kommen zu können. Eine Demeter-Frau ist oft von der Aura einer Erdmutter umgeben. Sie ist beständig und zuverlässig. Andere Menschen beschreiben sie als Frau, die «mit beiden Füßen fest auf der Erde steht» und die das, was gemacht werden muß, mit Sinn für das Praktische und mit Wärme tut. Normalerweise ist sie großzügig, nach außen gewandt, altruistisch und sowohl Einzelpersonen als auch Prinzipien gegenüber loyal, und zwar in einem solchen Maß, daß andere Menschen sie möglicherweise für halsstarrig halten. Sie vertritt klare Anschauungen und ist nur schwer von etwas abzubringen, wenn es um eine für sie wichtige Sache oder eine ihr nahestehende Person geht.

DIE JUNGE DEMETER

Bei einigen kleinen Mädchen ist eine eindeutige Entwicklung Richtung Demeter festzustellen – sie sind bereits «kleine Mütter», die Babypuppen in ihren Armen wiegen. (Die kleine Hera bevorzugt Barbie-Puppen, und die kleine Athene hat unter Umständen eine Sammlung von antiken Puppen in einer Vitrine stehen.) Die junge Demeter hält auch gern richtige Säuglinge in den Armen, und im Alter von neun oder zehn Jahren ist sie erpicht darauf, sich bei den Nachbarn als Babysitterin zu betätigen.

ELTERN

Die Beziehung zwischen Demeter-Frauen und ihren Eltern kann besser verstanden werden, wenn wir zuerst die Beziehung, die die Göttin Demeter zu ihren Eltern gehabt hat, betrachten. Die Göttin Demeter war die Tochter von Rhea und die Enkelin von Gaia. Gaia war die uranfängliche Erdmutter, von der alles Leben kam, einschließlich dasjenige von Uranos, dem Gott des Himmels, der ihr Gatte wurde. Auch ihre Tochter Rhea war als Erdgöttin bekannt, obwohl sie eher als Mutter der ersten Generation der Olympier berühmt wurde.

Als Göttin der Kornfelder setzte Demeter die Linie der weiblichen Gottheiten fort, die sich um die Fruchtbarkeit kümmerten. Sie wies jedoch noch weitere Ähnlichkeiten mit ihrer Mutter und Großmutter auf. So zum Beispiel litten alle drei, wenn ihre Gatten den Kindern ein Leid zufügten. Gaias Gatte vergrub ihre Kinder sogleich nach deren Geburt in ihrem Körper. Rheas Gatte verschluckte die neugeborenen Kinder, und Demeters Gatte ließ es zu, daß ihre Tochter in die Unterwelt entführt wurde. Alle drei leiblichen Väter bekundeten einen Mangel an väterlichen Gefühlen.

Während dreier Generationen litten diese Muttergöttinnen. Da sie über weniger Macht verfügten als ihre Gatten, konnten sie letztere nicht daran hindern, den Kindern ein Leid zuzufügen. Sie weigerten sich jedoch, die Mißhandlung zu akzeptieren, und sie gaben nicht auf, bis die Kinder wieder frei waren. Im Gegensatz zu Hera, deren stärkste Bindung die Beziehung Ehefrau-Ehemann war, bestand die stärkste Bindung für die Erdmutter-Göttinnen in der Mutter-Kind-Beziehung.

Im realen Leben besteht eine Parallele zum Demeter-Mythos, wenn mütterliche Frauen mit nicht-väterlichen Männern verheiratet sind. In dieser Situation wächst eine Demeter-Tochter heran, die sich stark mit der Mutter identifiziert und keine Beziehung zum Vater entwickelt. Die Haltung, die ein solcher Vater seinen Kindern gegenüber einnimmt, kann von Desinteresse bis zu Konkurrenzdenken und Groll oder sogar bis zur Mißhandlung reichen

260

– falls er die Kinder als Rivalen betrachtet, die mit Erfolg um die Zuneigung seiner Frau buhlen. In einem solchen Elternhaus leidet das Selbstwertgefühl einer jungen Demeter, und sie entwickelt eine Opferhaltung. Es kann auch sein, daß die mütterlichen Eigenschaften einer Demeter-Tochter zu einem Rollentausch mit ihren unreifen und inkompetenten Eltern führen. Sobald das Mädchen alt genug ist, wird es sich möglicherweise um seine Eltern kümmern oder zur Ersatzmutter seiner jüngeren Geschwister werden.

Hat eine junge Demeter jedoch einen Vater, der sie gern hat und sie in ihrer Wesensart billigt, wächst sie mit dem Gefühl auf, daß er sie in ihrem Wunsch, ihrerseits eine gute Mutter zu werden, unterstützt. Sie wird ein positives Männerbild entwickeln und von einem zukünftigen Ehemann Positives erwarten. Eine mögliche archetypische Neigung zur Opferhaltung wird dann nicht durch ihre Erfahrungen in der Kindheit gefördert werden.

ADOLESZENZ UND ERSTE ERWACHSENENJAHRE

Wenn sich der archetypische Muttertrieb in der Pubertät durch die Hormone verstärkt, so wird der Wunsch nach einem eigenen Kind eine biologische Möglichkeit. Zu diesem Zeitpunkt setzt bei einigen Demeter-Mädchen die Sehnsucht nach einer Schwangerschaft ein. Hat das Leben eines solchen Mädchens in anderen Bereichen keinen Inhalt, und ist das Mädchen selbst kaum mehr als ein vernachlässigtes Kind, dann kann eine junge Demeter-Frau, die zum Sex gezwungen wurde und schwanger wird, diese Tatsache freudig aufnehmen. Ein vierzehnjähriges schwangeres Mädchen in einem Heim für ledige Mütter sagte: «Wenn andere Mädchen in meinem Alter ein Fahrrad oder sonst etwas wollten, wollte ich stets ein eigenes Kind. Ich bin glücklich, daß ich schwanger bin.»

Die meisten Demeter-Teenager werden jedoch nicht schwanger. Da ihnen der tiefe Wunsch Heras, Teil eines Paares zu sein oder die erotische Triebkraft Aphrodites fehlt, hegen sie nicht den Wunsch, früh sexuelle Erfahrungen zu machen.

Viele Demeter-Frauen heiraten jung. Bei Familien der Arbeiterklasse wird ein Mädchen unter Umständen dazu ermuntert, gleich nach dem High-School-Abschluß zu heiraten. Dieser Druck seitens der Familie mag zur eigenen Demeter-Neigung des Mädchens passen, das sich eher eine Familie als eine Ausbildung oder einen Beruf wünscht.

Sofern eine junge Demeter-Frau nicht heiratet und keine Familie gründet, wird sie arbeiten gehen oder das College besuchen. Besucht sie das College, so belegt sie wahrscheinlich Fächer, mit denen sie sich auf einen sozialen Beruf vorbereiten kann. Eine Demeter-Frau ist vom Typ her nicht ambitiös oder intellektuell und sie kämpft auch nicht für gute Noten, obwohl sie eine gute Schülerin oder Studentin sein kann, wenn sie intelligent und am Unterricht interessiert ist. Der für Hera-Frauen so wichtige gesellschaftliche Status ist für Demeter-Frauen nur von geringer Bedeutung. Ihre Freunde stammen oft aus den verschiedensten sozialen Schichten und gehören den unterschiedlichsten Rassen an. Die Demeter-Frau wird keine Mühe scheuen, um einem ausländischen Studenten, der sich in der ungewohnten Umgebung nicht zu Hause fühlt, ein Gefühl der Geborgenheit zu vermitteln, oder um einem körperlich behinderten Studenten oder einem Außenseiter zu helfen.

BERUF

Aufgrund ihres mütterlichen Wesens neigt die Demeter-Frau dazu, einen Sozial- oder Pflegeberuf zu ergreifen. Sie fühlt sich von «traditionell weiblichen» Berufen, wie zum Beispiel vom Lehrberuf, von der Sozialarbeit oder von der Krankenpflege angezogen. Menschen dabei zu helfen, gesund zu werden oder sich zu entwickeln, ist befriedigend und eine grundlegende Motivation, wenn der Demeter-Archetyp vorhanden ist. Eine Frau, die Psychotherapeutin, Physiotherapeutin, Therapeutin in einer Rehabilitationsklinik oder Kinderärztin wird, drückt durch diese Berufswahl oft ihre Demeter-Neigung aus. Viele Frauen, die unbezahlt in einer Schule für Krankenschwestern, in Krankenhäusern und Pflegeheimen arbeiten, bringen auf diese Weise ihre Demeter-Neigung zum Ausdruck.

Einige Demeter-Frauen werden bei Organisationen, in die sie ihre mütterliche Energie stecken, zu einer Schlüsselfigur. Charakteristischerweise ist die Demeter-Frau in einer solchen Situation eine beeindruckende Persönlichkeit. Sie hat unter Umständen die Organisation geplant und ins Leben gerufen, beträchtliche Energie dafür aufgewendet und ist für den ersten Erfolg persönlich verantwortlich gewesen.

Demeter-Frauen in leitenden Positionen und Demeter-Frauen, die eine Organisation gegründet haben, mögen aus verschiedenen Gründen psychologische Hilfe suchen: Die Organisation erfordert vielleicht einen solch großen Einsatz, daß der Demeter-Frau praktisch keine Zeit und keine Energie für etwas anderes bleiben. Die persönliche Sehnsucht nach einem Partner (sofern auch Hera vorhanden ist) und nach einem eigenen Kind wird nicht erfüllt. Die Demeter-Frau gerät deshalb in Konflikt mit sich selbst und mit ihren Untergebenen, denn sie ist eine Autoritätsperson, die sich selbst als nährende Gestalt sieht und auch von den anderen als solche betrachtet wird. Es bereitet ihr zum Beispiel Schwierigkeiten, einen unfähigen Angestellten zu entlassen oder zu konfrontieren, denn sie empfindet Mitleid mit der betreffenden Person und fühlt sich schuldig, wenn sie jemandem wehtut. Überdies erwarten die Angestellten von ihr, daß sie sich persönlich um sie kümmere (eine Erwartung, die die Angestellten bei einem männlichen Vorgesetzten normalerweise nicht haben), und ihre Untergebenen sind wütend und zornig, wenn sie es nicht tut.

BEZIEHUNGEN ZU FRAUEN

Demeter-Frauen wetteifern nicht mit anderen Frauen, weder um Männer noch um Erfolg. Neid und Eifersucht auf andere Frauen sind eigentlich Neid und Eifersucht auf deren Kinder. Eine kinderlose Demeter-Frau hat das Gefühl, sie sei weniger wert als Frauen ihres Alters, die Mütter sind. Kann sie keine Kinder bekommen, ist sie unter Umständen verbittert über die Leichtigkeit, mit der andere Frauen schwanger werden – vor allem, wenn jene abtreiben. Wenn eine Demeter-Frau älter ist und ihre Kinder nicht in ihrer Nähe wohnen oder ihr gefühlsmäßig fern sind, beneidet sie diejenigen Mütter, die in häufigem Kontakt mit ihren Kindern sind. In diesem Lebensabschnitt – das heißt ungefähr fünfundzwanzig Jahre später – mag sie erneut Eifersucht empfinden, diesmal wegen der Enkelkinder.

Demeter-Frauen haben in bezug auf Feminismus und Frauenbewegung gemischte Gefühle. Viele Demeter-Frauen verübeln es den Feministinnen, daß sie die Mutterrolle abwerten; die Demeter-Frauen wollen hauptberuflich Mutter sein, und nun fühlen sie sich dazu gedrängt, eine Arbeit außer Haus anzunehmen. Es gibt jedoch nicht wenige Frauenfragen, die Demeter-Frauen vollumfänglich unterstützen, wie zum Beispiel den Schutz von Kindern gegen Mißhandlungen oder das Bereitstellen von Zufluchtstätten für geschlagene Frauen.

Normalerweise pflegen Demeter-Frauen dauerhafte Freundschaften mit anderen Demeter-Frauen, und viele dieser Freundschaften stammen aus der Zeit, wo die Demeter-Frauen frisch gebackene Mütter waren. Sowohl in bezug auf gefühlsmäßige Unterstützung als auch für praktische Hilfe verlassen sich viele von ihnen mehr auf ihre Freundinnen als auf ihre Ehemänner. So erzählte zum Beispiel eine Frau: «Als ich im Krankenhaus lag, kümmerte sich meine Freundin Ruth um die Kinder, und mein Mann Joe begab sich jeden Abend zum Essen zu ihr ... zwei Wochen lang kochte sie für neun Kinder, für ihre vier eigenen und meine fünf, und für drei Erwachsene ... Ich hätte dasselbe für sie getan.» Charakteristischerweise sah sich diese Frau nach Hilfe um, anstatt von ihrem Ehemann zu erwarten, daß er sich während ihrer Abwesenheit um Haus und Kinder kümmerte.

Innerhalb einer Familie stehen sich Mütter und Töchter, die alle Demeter-Frauen sind, oft während Generationen nahe. Diese Familien weisen eine deutlich matriarchalische Prägung auf. Zudem sind die Frauen solcher Familien weit besser als ihre Ehemänner über das informiert, was in der Verwandtschaft geschieht.

Dieses Mutter-Tochter-Verhaltensmuster kann ebenfalls auf

gleichaltrige Bekannte und Freundinnen übertragen werden. Eine Demeter-Frau kann die Demeter-Mutterrolle bei einer Persephone-ähnlichen Freundin übernehmen, die unerfahren und unentschlossen ist. Oder die zwei Frauen können, wenn sie beide Demeter-Frauen sind, denen zudem Persephone-Eigenschaften innewohnen, sich abwechselnd bemuttern; zu anderen Zeiten können beide ihre Demeter-Aspekte ausleben, indem sie Einzelheiten ihres Lebens zusammen teilen und ihre Freuden und Probleme miteinander besprechen. Sie können jedoch auch spielerische, kichernde Persephones sein.

Lesbische Paare passen manchmal in das Demeter-Persephone-Verhaltensmuster, bei dem das Wohlergehen der Demeter-Frau von der Unversehrtheit ihrer Beziehung zu einer jüngeren oder unreiferen Geliebten abhängt. Solange die Beziehung funktioniert, fühlt sich die Demeter-Frau schöpferisch und fruchtbar. Aufgrund der Tatsache, daß sie mit einer Frau zusammen ist, die ihr wie eine Göttin vorkommt, blühen ihre Arbeit und ihre Kreativität auf. Unter Umständen ist sie gegenüber ihrer Persephone besitzergreifend, dann nämlich, wenn sie befürchtet, daß sie ihre Geliebte verlieren könnte. Zudem kann sie Abhängigkeits- und Ausschließlichkeitsgefühle fördern, was der Beziehung letzten Endes schadet.

Eine Persephone-Frau ist jedoch eine junge, undifferenzierte Persönlichkeit. Sie ist eine rezeptive, feminine Frau, deren sexuelle Vorliebe genauso beeinflußbar ist wie der Rest ihrer Persönlichkeit. Obwohl sie zum Beispiel eine lesbische Beziehung unterhält, kann sie dennoch von einem Mann angezogen werden. Verläßt eine Persephone-Frau ihre Demeter-Geliebte, wenn ihre Heterosexualität als Erwiderung auf die Bemühungen eines Mannes erwacht, hat die Demeter-Frau das Gefühl, als hätte sich der Mythos wiederholt. Ihre Persephone ist unerwarteterweise «von Hades entführt worden» – ein verheerender Verlust für die Demeter-Frau.

Eine Demeter-Frau zieht Männer an, die eine Affinität zu mütterlichen Frauen fühlen. Eine Frau, die die charakteristischen Kennzeichen von Demeter aufweist, wählt sich den Partner nicht selbst aus. Sie geht auf das Verlangen des Mannes, das er ihr gegenüber hegt, ein und lebt unter Umständen sogar deshalb mit einem Mann zusammen, weil er ihr leid tut. Demeter-Frauen stellen keine hohen Erwartungen an Männer, sondern haben eher das Gefühl, daß «Männer nur kleine Jungen» sind.

Eine weitverbreitete Art der Partnerschaft, die eine Demeter-Frau aufrechterhält, entspricht dem Muster der Großen Mutter, die sich mit einem Sohn-Geliebten zusammenschloß. Diese archetypische Mutter-Sohn-Beziehung ist nicht auf einen realen Altersunterschied zurückzuführen, obwohl der Mann jünger sein kann. Normalerweise handelt es sich um einen talentierten, sensiblen Mann, der sich von anderen Menschen nicht anerkannt oder gar mißverstanden fühlt, weil sie seine Besonderheit nicht würdigen (wie sie es tut) und seine Verantwortungslosigkeit nicht übersehen (wie sie es tut). Er ist eher ein unreifer, in seine eigene Gedankenwelt versunkener Junge, der das Gefühl hat, etwas Besonderes zu sein, als ein Mann. Sie ist der Ansicht, daß seine Selbsteinschätzung stimmt, und übersieht immer wieder seine Verhaltensweisen ihr gegenüber, die andere als egoistisch und gedankenlos einstufen.

Was sie betrifft, so ist sie der Meinung, die Welt sei ihm gegenüber rücksichtslos, und es sollten Ausnahmen für ihn gemacht werden, genauso wie sie es tut. Seine Gedankenlosigkeit verletzt und erzürnt sie oft – doch wenn er ihr dann sagt, wie sehr er sie schätze, oder daß sie die einzige Person in seinem Leben sei, die sich etwas aus ihm mache, vergibt sie ihm sofort alles.

Genau wie die Mutter eines gutaussehenden Sohns, die sich fragt, wie sie wohl solch einen jungen Gott hat gebären können, kann auch die Demeter-Frau, die für ihren Sohn-Geliebten die Rolle der Großen Mutter spielt, Ehrfurcht vor seiner Erscheinung (oder seinem Talent) empfinden. Sie mag Ähnliches sagen, wie das, was mir einst eine Demeter-Frau erzählt hat: «Er sah für mich wie

Michelangelos Statue von David aus. Ich war glücklich, für ihn sorgen zu dürfen. Ich habe ihn völlig verzogen.» Sie sagte dies eher mit Stolz als mit Verbitterung.

Die mütterlichen Eigenschaften einer Demeter-Frau und ihr Problem, nicht nein sagen zu können, gefährden sie insofern, als sie von einem Soziopathen, einem weiteren Männertyp, der oft eine Beziehung mit einer Demeter-Frau eingeht, ausgenützt werden kann. Die Beziehung zwischen einer Demeter-Frau und einem Soziopathen mag zwar, oberflächlich betrachtet, der Beziehung zwischen einer Großen Mutter und einem Sohn-Geliebten ähnlich sein – und es gibt auch gewisse Überschneidungen –, doch der Sohn-Geliebte verfügt über die Fähigkeit zu lieben, loyal oder reumütig zu sein, während dem Soziopathen diese Fähigkeiten abgehen, was ein grundlegender Unterschied ist. Der Soziopath handelt in der Überzeugung, daß seine Bedürfnisse ihn dazu berechtigen, etwas zu bekommen. Er ist zur gefühlsmäßigen Intimität oder zum gefühlsmäßigen Verständnis unfähig. Seine Haltung suggeriert die Frage: «Was hast du in letzter Zeit für mich getan?» Er vergißt einstige Großzügigkeiten oder Opfer der Demeter-Frau, genauso wie er auch sein früheres ausnützerisches Verhalten vergißt. Er übertreibt seine Bedürfnisse – und diese extremen Bedürfnisse rufen die großzügige Reaktion einer Demeter-Frau hervor. Eine Beziehung mit einem Soziopathen kann das Gefühlsleben einer Demeter-Frau jahrelang hemmen und ruiniert sie unter Umständen finanziell.

Ein weiterer typischer Partner einer Demeter-Frau ist der Mann, der «ein Mädchen will, das genauso ist wie das Mädchen, das der gute alte Papa geheiratet hat». Als kleiner Ödipus hat er vielleicht nur seine Zeit abgewartet – er war der kleine Junge von vier oder fünf, der seine Mutter heiraten wollte. Nun ist er ein erwachsener Mann, der eine mütterliche Frau sucht, die ihm eine gute Mutter ist. Sie soll nährend, warm, verständnisvoll und umsorgend sein, sie soll sich um sein Essen kümmern, seine Kleider einkaufen gehen und sie in Ordnung halten, dafür sorgen, daß er zum Arzt oder Zahnarzt geht, wenn sich dies als nötig erweist, und sie soll sein gesellschaftliches Leben organisieren.

Von allen Männern, die sich von Demeter-Eigenschaften angezogen fühlen, ist der «Familien-Mann» der einzige, der reif und großzügig ist. Dieser Männertyp wird vom starken Wunsch beseelt, eine Familie zu gründen, und er sieht in der Demeter-Frau eine Partnerin, die diesen Traum mit ihm teilt. Abgesehen davon, daß dieser Mann «ein guter Vater» für ihre Kinder ist, kümmert er sich auch um seine Frau. Wenn es ihr schwerfällt zu Menschen, die ihre gutmütige Demeter-Natur auszunützen versuchen, nein zu sagen, kann er ihr helfen, mehr auf ihre eigenen Wünsche zu achten. Der Familien-Mann verhilft ihr auch zur persönlichen Erfüllung dank Schwangerschaft. Die anderen drei Typen von Männern fühlen sich vom Gedanken, Kinder zu haben, bedroht und bestehen unter Umständen auf einer Abtreibung, wenn die Frau schwanger wird, was sie in eine Mutterschaftskrise stürzt: Entweder muß sie den Mann, den sie bemuttert, zurückweisen oder das Muttersein aufgeben. Durch die Wahl, die sie treffen muß, fühlt sie sich wie eine Mutter, die vor der unmöglichen Wahl steht, eines von zwei Kindern zu opfern.

SEXUALITÄT

Ist die Demeter-Göttin das stärkste Element in der Persönlichkeit einer Frau, so ist ihr die Sexualität normalerweise nicht sehr wichtig. Der Sexualtrieb einer Demeter-Frau ist im allgemeinen nicht sonderlich stark. Sie ist oft eine warme, liebevolle, feminine Person, die sich ebenso gern an jemanden anschmiegt, wie sie Geschlechtsverkehr haben würde. Sie ist eher eine «Knuddel-Frau» als eine sexy Frau. Viele Demeter-Frauen haben eine puritanische Haltung in bezug auf Sex. Für sie ist der Geschlechtsverkehr zur Fortpflanzung bestimmt und nicht als Vergnügen gedacht. Gewisse Demeter-Frauen betrachten Sex als etwas, das eine Frau im Zusammenhang mit Geben und Nähren zur Verfügung stellt – sie stellt ihrem Mann das zur Verfügung, was er braucht. Zudem gibt es viele Demeter-Frauen, die mit Schuldgefühlen ein Geheimnis wahren – für sie ist der sinnlichste körperliche Akt das Stillen des Säuglings und nicht der Geschlechtsverkehr mit dem Ehemann.

EHELEBEN

Für eine Demeter-Frau kommt der Ehe an sich keine ausschlaggebende Bedeutung zu, wie dies bei der Hera-Frau der Fall ist. Die meisten Demeter-Frauen wollen hauptsächlich heiraten, weil sie dann Kinder haben können. Sofern eine Demeter-Frau nicht Aphrodite oder Hera als aktiven Archetyp in sich hat, betrachtet sie die Ehe einfach als einen notwendigen Schritt, der den Weg für Kinder ebnet, und als die beste Situation, um Kinder zu haben.

KINDER

Eine Demeter-Frau ist vom tiefen Wunsch beseelt, eine biologische Mutter zu sein. Sie will ein Kind gebären und ihr eigenes Kind stillen. Sie mag auch eine liebevolle Pflegemutter, Adoptivmutter oder Stiefmutter sein, doch wenn sie kein eigenes Kind haben kann, wird eine tiefliegende Sehnsucht nicht erfüllt, und sie fühlt sich unfruchtbar und wertlos. (Im Gegensatz dazu übernehmen viele Artemis- oder Athene-Frauen genauso gern eine schon bestehende Familie, indem sie einen Mann mit Kindern heiraten.)

Demeter-Frauen betrachten sich einmütig als gute Mütter, die für ihre Kinder nur das Beste wollen. Wird jedoch der Einfluß untersucht, den sie auf ihre Kinder ausüben, dann scheinen sie entweder außerordentlich fähige Mütter oder alles verschlingende Mütter zu sein.

Wenn sich die erwachsenen Kinder einer Demeter-Frau über ihre Mutter ärgern, so ist sie zutiefst verletzt und verwirrt. Sie kann nicht begreifen, wieso ihre Kinder sie so schlecht behandeln, während andere Mütter Kinder haben, von denen sie geliebt und geachtet werden. Zudem kann sie nicht erkennen, daß auch sie ihren Teil zu den Schwierigkeiten ihrer Kinder beigetragen haben mag. Sie ist sich nur ihrer positiven Absichten bewußt, nicht aber

269

der negativen Elemente, die die Beziehung zu ihren Kindern vergiftet haben.

Ob eine Demeter-Mutter einen positiven Einfluß auf ihre Kinder ausgeübt hat oder nicht und ob ihre Kinder einen positiven Eindruck von ihr haben oder nicht, hängt davon ab, ob sie wie die Göttin Demeter «vor der Entführung» oder wie die Göttin Demeter «nach der Entführung» gewesen ist. Bevor Persephone entführt wurde, war Demeter davon überzeugt, daß alles in Ordnung sei (als Persephone auf der Wiese spielte) und kümmerte sich um ihre eigenen Belange. Nach der Entführung war Demeter depressiv und zornig; sie verließ den Olymp und erfüllte ihre Aufgabe nicht mehr.

Die «Vor-der-Entführung-Phase» nimmt im realen Leben viele verschiedene Formen an. Für die Frau, die sich einem leeren Nest gegenübersieht, wenn ihr letztes Kind das Elternhaus verlassen hat, und dann das Gefühl hat, ihr Lebenssinn sei «entführt» worden, besteht diese Phase im etwa fünfundzwanzig Jahre dauernden harmonischen Familienleben. Für die Frau, deren Tochter der Mutter Trotz bietet, um mit dem Mann zusammenzuziehen, den die Mutter als Hades, den Entführer, betrachtet, war die «Vor-der-Entführung-Phase» jene Zeit, wo ihre Tochter eine Verlängerung ihrer selbst zu sein schien und dieselben Vorstellungen und Hoffnungen in bezug auf die Zukunft hegte wie sie.

Gewisse Demeter-Mütter fürchten ständig, daß ihren Kindern etwas Schreckliches zustoßen könnte. Diese Mütter verhalten sich unter Umständen so, als würden sie vom Zeitpunkt der Geburt des Kindes an die Möglichkeit einer «Entführung» vorausahnen. Aus diesem Grund schränken sie die Unabhängigkeit des Kindes ein und entmutigen es, Beziehungen zu anderen Kindern anzuknüpfen. Der Besorgnis, die solche Mütter dazu treibt, auf diese Weise zu handeln, liegt die Angst zugrunde, die Zuneigung des Kindes zu verlieren.

Auch die Umstände können dafür verantwortlich sein, daß der negative Aspekt Demeters aktiviert wird. Eine Frau erinnert sich, daß sie während der ersten sechs Jahre nach der Geburt ihrer Tochter wie in einem Zustand der Gnade lebte. Die Welt war sicher, das Muttersein brachte Erfüllung und Freude. Dann ereignete sich ein Vorfall, der genauso schmerzlich und unvermittelt war, wie das Auftauchen von Hades aus einer Erdspalte. Eines Nachmittags ließ die Frau ihre Tochter in der Obhut eines Babysitters. Die Tochter begab sich zu einem Nachbarhaus und wurde dort sexuell belästigt. Daraufhin wurde das Kind ängstlich und furchtsam, hatte Alpträume und fürchtete sich vor Männern – sogar vor ihrem eigenen Vater.

Die Mutter raste, grämte sich und fühlte sich schuldig, weil sie nicht zugegen gewesen war, um den Zwischenfall zu verhindern. Hatte sie vorher Vertrauen gehabt und war großzügig und in ihrer Mutterrolle etwas nonchalant gewesen, so quälten sie nun Schuldgefühle, glaubte sie für den Vorfall verantwortlich zu sein, war unsicher und hatte Angst, es könne erneut etwas Schreckliches passieren. Sie wurde übermäßig kontrollierend und beschützend. Ihre Freude und Spontaneität, ihr Gefühl, in einer sicheren Welt zu leben, sowie ihre Selbstsicherheit waren verflogen.

Eine Demeter-Mutter hat unter Umständen das Gefühl, sie sei an jedem Ereignis, das sich nachteilig auf ihr Kind auswirkt, schuld. Solange sie nicht erkennt, daß sie unrealistische Erwartungen an sich selbst stellt, indem sie von sich verlangt, eine perfekte Mutter zu sein, wird sie von sich erwarten, allwissend und allmächtig zu sein, Ereignisse voraussehen zu können und ihr Kind vor jedem Schmerz zu schützen.

Eine Demeter-Frau, die die Absicht hegt, ihr Kind zu beschützen, wird möglicherweise übermäßig kontrollierend. Sie zögert bei jeder Entscheidung, die sie trifft, interveniert im Interesse des Kindes und übernimmt die Führung, wenn die geringste Möglichkeit besteht, daß das Kind zu Schaden kommen könnte. Folglich bleibt das Kind von ihr abhängig und kann nicht selbständig mit anderen Leuten und Problemen umgehen.

Die Kinder einer kontrollierenden Demeter-Mutter bleiben ihr manchmal ein ganzes Leben lang gefühlsmäßig nahe; die psychologische Nabelschnur wird nicht durchtrennt. Von der Persönlichkeit ihrer Mutter beherrscht, bleiben die Kinder bis ins hohe Erwachsenenalter Mutters kleines Mädchen oder Mutters kleiner Junge. Einige dieser Kinder heiraten womöglich nie. Heiraten sie dennoch, so haben sie oft eine stärkere Bindung an die Mutter als an den Ehepartner. So kann es zum Beispiel sein, daß der Sohn einer Demeter-Frau nur auf einen Wink seiner Mutter wartet, um ihr zu Diensten zu sein, was natürlich seine Frau, deren Wünsche stets zweitrangig behandelt werden, sehr bekümmert. Oder die Tochter einer Demeter-Frau lehnt es womöglich stets ab, lange Ferien mit ihrem Ehemann zu machen, weil sie ihre Mutter für eine solch lange Zeitspanne nicht verlassen kann.

Im Bestreben, ihr eigenes Leben zu leben, mögen manche Kinder einer allzu kontrollierenden Demeter-Mutter das Elternhaus verlassen und ihm fernbleiben und schaffen damit sowohl eine geographische als auch eine gefühlsmäßige Distanz. Dies wird oft getan, wenn eine Mutter unbewußt zu bewirken versucht, daß sich die Kinder ihr gegenüber verpflichtet, schuldig oder abhängig fühlen.

Ein weiteres negatives Muttermodell für Demeter-Frauen ist die Mutter, die nicht nein zu ihren Kindern sagen kann. Sie sieht sich selbst als die selbstlose, großzügige, nährende Mutter, die gibt und gibt. Schon wenn die Kinder noch ganz klein sind, möchte diese Demeter-Mutter ihnen alles geben, was sie haben wollen. Sind die Sachen, die die Kinder wollen, zu teuer, als daß die Frau es sich leisten könnte, sie zu kaufen, bringt sie Opfer, um diese Sachen zu erstehen, oder aber sie fühlt sich schuldig. Überdies ist sie nicht in der Lage, dem Benehmen der Kinder Grenzen zu setzen. Schon vom Kleinkindalter an gibt sie den Forderungen ihrer Kinder nach, und nährt damit deren Egoismus. Die Folge ist, daß ihre Kinder mit dem Gefühl aufwachsen, sie hätten Anrecht auf eine Sonderbehandlung und sie werden zudem Schwierigkeiten haben, sich anzupassen. Ihre Verhaltensprobleme manifestieren sich in der Schule; ihre Autoritätskonflikte führen zu häufigen Kündigungen im Berufsleben. Im Bemühen, eine allesgebende «gute Mutter» zu sein, kann eine solche Frau genau zum Gegenteil werden.

Die mittleren Lebensjahre sind eine wichtige Zeit für Demeter-Frauen. Hat eine Demeter-Frau kein Kind gehabt, beschäftigt sie das Wissen, daß die biologische Uhr – die Möglichkeit schwanger zu werden – am Ablaufen ist. Verheiratete Demeter-Frauen schneiden das Thema bei Ehemännern an, die keine Kinder haben wollen und suchen auf Fertilität spezialisierte Gynäkologen auf, falls sie Schwierigkeiten mit der Empfängnis haben oder eine Fehlgeburt vermutet werden muß. In diesen Fällen wird unter Umständen eine Adoption ins Auge gefaßt. Unverheiratete Frauen erwägen, ob sie eine alleinstehende Mutter werden sollen.

Sogar dann, wenn eine Demeter-Frau Kinder hat, sind die mittleren Lebensjahre für sie nicht weniger wichtig, obwohl sie sich der Bedeutung, die dieser Lebensabschnitt für den Rest ihres Lebens hat, nicht bewußt ist. Ihre Kinder werden größer, und jeder Schritt, den sie in Richtung eines selbständigen Lebens machen, ist ein Prüfstein für die Mutter, anhand dessen sie lernen muß, ihre Kinder aus der Abhängigkeit zu entlassen. Sie mag nun vom Wunsch beseelt sein, noch einen Nachzügler zu gebären. Einmal suchte mich eine Frau auf, die sich mitten in einer Midlife-Krise befand: Ihre Kinder besuchten die Schule, und nun war es für sie als Vierzigjährige an der Zeit, selbst wieder zur Schule zu gehen, wollte sie über Demeter hinauswachsen. Die Frau mußte feststellen, daß sie Angst davor hatte, den Universitätsabschluß nicht zu bestehen, und daß nur ein weiteres Kind als Entschuldigung für sie selbst gälte, um das Studium nicht wieder aufzunehmen. In der Folge war es ihr möglich, den Wunsch nach einem weiteren Kind von der Angst, als Studentin nicht zu bestehen, zu trennen, und sie konnte sich nun darauf konzentrieren, dieses Problem genauer zu betrachten. Es ergab sich dann, daß sie die Universität besuchte, Fächer belegte, die sie interessierten, und heute ist sie eine begeisterte Lehrerin.

Die Gründerin einer Organisation kann in ihren mittleren Lebensjahren ebenfalls in eine Krise geraten, dann nämlich, wenn die Organisation so groß geworden ist, daß andere nach der Posi-

tion und Macht der Frau trachten. Sofern sie nicht auch über
Athenes strategischen Verstand verfügt und die hohe Schule der
Geschäftsdiplomatie beherrscht, können ehrgeizige Manager die
Organisation «entführen», die sie ins Leben gerufen hat und um
deren Wachstum sie sich während der ersten Jahre gekümmert
hat. Der Verlust wird sie in eine zornige, sich grämende Demeter
verwandeln.

Auch wenn es nicht zu Machtkämpfen kommt oder wenn sie
diese Krise übersteht, wird sie nun mit persönlichen Fragen konfrontiert – wie alle Demeter-Frauen, die ihre mütterliche Energie
in ihre Arbeit investiert haben. Nun ist es an der Zeit zu überdenken, was in ihrem Leben fehlt und was sie tun kann, um Erfüllung
zu finden.

Die späteren Lebensjahre

In den späteren Lebensjahren lassen sich Demeter-Frauen oft
in zwei Kategorien aufteilen. Viele ältere Demeter-Frauen betrachten diesen Lebensabschnitt als äußerst lohnend. Es handelt
sich dabei um – seit jeher – aktive, geschäftige Frauen, die etwas
vom Leben gelernt haben und die ihrer erdverbundenen Weisheit
und ihrer Großzügigkeit wegen von anderen Menschen geschätzt
werden. Es sind Demeter-Frauen, die gelernt haben, andere Personen nicht an sich zu binden oder sich von ihnen ausnützen zu
lassen; im Gegenteil, sie haben Unabhängigkeit und gegenseitigen
Respekt gefördert. Kinder, Enkelkinder, Klienten, Studenten
oder Patienten, die vielen verschiedenen Generationen angehören, können eine solche Demeter-Frau lieben und respektieren.
Sie ist wie die Göttin Demeter am Ende des Mythos, die der
Menschheit ihre Gaben schenkte und sehr verehrt wurde.

Das gegenteilige Schicksal befällt eine Demeter-Frau, die sich
als Opfer betrachtet. Die Quelle ihres Unglücklichseins findet sich
gewöhnlich in den Enttäuschungen und unerfüllten Erwartungen
ihrer mittleren Lebensjahre. Weil eine solche Frau sich mit der
trauernden, verratenen, zornigen Demeter, die in ihrem Tempel
saß und nichts wachsen ließ, identifiziert, macht sie nun nichts aus

ihrem späteren Leben, außer älter und immer verbitterter zu werden.

PSYCHISCHE SCHWIERIGKEITEN

Die Göttin Demeter war eine bedeutende Gestalt. Als sie zu wirken aufhörte, wuchs nichts mehr, und alle Olympier eilten zu ihr, um sie zu bitten, die Fruchtbarkeit wiederherzustellen. Sie konnte jedoch die Entführung von Persephone weder verhindern noch die unmittelbare Rückkehr ihrer Tochter erzwingen, sie war zum Opfer gemacht worden, ihr Bitten wurde ignoriert, und sie litt an Depressionen. Die Schwierigkeiten, denen sich Demeter-Frauen gegenübersehen, kreisen um ähnliche Themen: Die Übernahme der Opferrolle, Macht und Kontrolle, Ausdruck des Zorns und Depressionen.

IDENTIFIKATION MIT DEMETER

Eine Frau, die sich mit Demeter identifiziert, verhält sich wie eine großzügige, mütterliche Göttin, deren Fähigkeit zu geben nie versiegt. Sie kann nicht nein sagen, wenn jemand ihre Aufmerksamkeit oder Hilfe benötigt. Aufgrund dieser Demeter-Eigenschaft telefoniert eine Frau beispielsweise mit einer deprimierten Freundin länger als sie eigentlich wollte, sie erklärt sich damit einverstanden, sich um die Kinder der Nachbarn zu kümmern, wenn sie im Grunde genommen gar keine Lust dazu verspürt, oder sie verzichtet auf ihren einzigen freien Nachmittag, um jemandem zu helfen, anstatt sich diese Zeit für sich selbst zu nehmen. Demeter ist auch in einer Therapeutin präsent, die ihrer aufgeregten Klientin die einzige Stunde ihres harten Arbeitstags einräumt, während der sie eine Pause hätte einschalten können, deren Feierabende ständig von langen Telefonanrufen unterbrochen werden und deren gestaffelte Honorare sich immer am unteren Ende der Skala bewegen. Dieser nährende Instinkt kann schließlich dazu führen,

275

daß eine Frau, die in einem sozialen Beruf tätig ist, an Symptomen des «Ausgebranntseins» wie Müdigkeit und Apathie leidet.

Sagt eine Frau instinktiv ja zu jedem, der etwas von ihr will, hat sie sich in kürzester Zeit zu viele Verpflichtungen aufgebürdet. Sie ist keine unversiegbare natürliche Quelle, auch wenn andere Menschen sowie die ihr innewohnende Demeter dies von ihr erwarten. Eine Demeter-Frau muß die Göttin immer wieder konfrontieren, wenn sie ihr Leben in die eigenen Hände nehmen will. Anstatt eines instinktiven Ja, der Demeter-Reaktion, muß sie in der Lage sein auszuwählen, wann und wem sie etwas geben will. Damit sie dies tun kann, muß sie lernen – sowohl einem Menschen, der etwas von ihr will, als auch der Göttin in ihr – nein zu sagen.

DER MUTTERINSTINKT

Wenn dieser Archetyp das Sagen hat, besteht die Möglichkeit, daß eine Demeter-Frau auch zu einer Schwangerschaft nicht nein sagen kann. Da das Muttersein für sie ein inneres Gebot ist, mag eine Demeter-Frau mit dem Demeter-Archetyp unbewußt kollaborieren; sie «vergißt» unter Umständen ihre fruchtbaren Tage, oder sie ist «sorglos» in bezug auf die Empfängnisverhütung. Vielleicht muß sie nun plötzlich feststellen, daß sie schwanger ist, auch wenn die Umstände alles andere als ideal dazu sind.

Eine Demeter-Frau muß in der Lage sein, sich zu entscheiden, wann und mit wem sie ein Kind haben will. Sie muß erkennen, daß sich der Demeter-Archetyp in ihr nicht für die realen Gegebenheiten ihres Lebens interessiert und sich nicht um eine Geburtenplanung kümmert. Will sie, daß die Schwangerschaft zum richtigen Zeitpunkt in ihrem Leben eintritt, so muß sie sich dem Demeter-Archetyp widersetzen, indem sie eine rigorose Geburtenkontrolle betreibt.

Müdigkeit, Kopfschmerzen, Menstruationsbeschwerden, Geschwüre, hoher Blutdruck und Rückenschmerzen treten häufig bei Demeter-Frauen auf, die Mühe haben, nein zu sagen oder ihre Wut auszudrücken, wenn sie überarbeitet oder durch eine zu große Verantwortung oder zu viele Kinder überlastet sind. Die durch diese Symptome indirekt übermittelte Botschaft lautet: «Ich bin verbraucht, ich stehe unter Druck und habe Schmerzen – verlangt nicht von mir, daß ich noch mehr tue!» Diese Symptome sind auch der Ausdruck einer leichten chronischen Depression, die dann entsteht, wenn sich eine Frau nicht erfolgreich wehren kann, wenn sie ihren Zorn unterdrückt und sich über eine Situation ärgert, die das Ergebnis des Demeter-Archetyps in ihr ist.

DIE ABHÄNGIGKEIT FÖRDERN

Die bei einer Demeter-Frau im Übermaß vorhandene Fähigkeit zum Bemuttern kann durch ihr Bedürfnis, von ihrem Kind gebraucht zu werden und durch ihre Besorgnis, wenn sich das Kind «nicht in ihrem Blickfeld befindet», entstellt werden. Eine solche Mutter fördert die Abhängigkeit ihres Kindes, das ihr «am Rockzipfel hängen» wird. Unter Umständen verhält sie sich in anderen Beziehungen genauso. Sie tut beispielsweise nichts anderes als «das abhängige Kind» zu bemuttern, wenn sie «den armen kleinen Jungen» in ihrem Geliebten bemuttert und sich um «das verängstigte Kind» in ihrer Freundin kümmert.

Eine solche Frau infantilisiert andere Menschen mit ihren Versuchen, sich unentbehrlich zu machen («Mutter weiß es am besten») oder eine zu große Kontrolle auszuüben («Komm, ich mache es für dich»). Diese Neigung fördert bei der anderen Person Unsicherheits- und Unzulänglichkeitsgefühle. Die Frau kann zum Beispiel ihre Tochter dazu ermutigen, kochen zu lernen, doch überwacht sie sie ständig ganz genau und gibt dann selbst dem Essen «den letzten Schliff». Was auch immer die Tochter macht, die Mutter vermittelt ihr das Gefühl «es ist nicht gut genug» und «du brauchst mich, um es richtig machen zu können». Bei der Arbeit verhält es sich nicht anders. Eine solche Frau ist die Aufseherin, die Redakteurin oder Mentorin, die «am besten weiß», wie die Arbeit getan werden wollte und deshalb vielleicht alles selbst macht, wodurch sie die Originalität und das Selbstwertgefühl in ihrem «Kind» erstickt und ihre eigene Arbeitslast vergrößert.

Eine ängstliche Demeter-Frau fühlt sich sicher, wenn andere Leute sie brauchen. Werden diese Menschen in der Folge selbständiger und kompetenter, fühlt sie sich unter Umständen bedroht. Wollen solche Menschen weiterhin in ihrer Gunst bleiben und sich ihre Zuwendung und Besorgnis erhalten, müssen sie oft in einer Rolle der Abhängigkeit verharren. Ob eine Demeter-Frau die Abhängigkeit fördert oder im Gegenteil ein Klima der Sicherheit schafft, in dem der andere Mensch wachsen und sich entwickeln kann, hängt davon ab, ob die Demeter-Frau selbst großzügig oder engstirnig denkt und handelt. Hat sie Angst, sie könnte den anderen Menschen verlieren oder ihr «Kind» sei «nicht gut genug», kann sie besitzergreifend, kontrollierend und einengend werden. Diese Unsicherheit macht aus ihr eine zaudernde oder erdrückende Mutter.

Eine Patientin von mir, eine junge Mutter, wurde sich, als ihr Kind immer noch ein Säugling war, der Tatsache bewußt, daß sie zu jener Art von Frauen gehört, die es schwierig findet, ihre Tochter älter werden zu lassen. Der erste Kampf wurde ausgefochten, als es an der Zeit war, dem Kleinkind Säuglingsnahrung zu geben. Das Kind war zuvor von der Mutter gestillt worden, die die Ausschließlichkeit der Beziehung und die Abhängigkeit des Säuglings genossen hatte. Als es nun soweit war, dem Kleinkind auch feste Nahrung zu geben, freute sich der Ehemann darauf, das Mädchen mit dem Löffel füttern zu können, was einen wichtigen neuen Schritt in der Vater-Tochter-Beziehung darstellen würde. Glücklicherweise wußte die altruistische Mutter in der Frau, daß nun der Augenblick für feste Nahrung gekommen war und sie das Kind auch mehr mit ihrem Mann teilen sollte, obwohl die besitzergreifende Mutter in ihr so lange wie möglich Widerstand leisten wollte. Ihr Wunsch, das zu tun, was für das Kind am besten war, gewann schließlich die Oberhand. Dennoch fühlte sie sich vorübergehend wie die trauernde Demeter, die sich über den Verlust grämte.

Besitzergreifende Demeter-Frauen entwickeln sich weiter, wenn sie das Bedürfnis, andere Menschen in ihrer Abhängigkeit zu behalten und stark an sich zu binden, überwinden können. Indem sie dies tun, kann sich die gegenseitige Abhängigkeit in gegenseitige Wertschätzung und Liebe verwandeln.

Eine Demeter-Frau, die nicht nein sagen kann, wird überbürdet werden. Sie ist dann unter Umständen erschöpft und apathisch oder reagiert empfindlich und zornig. Wenn sie sich ausgenützt vorkommt, wird sie dies bezeichnenderweise nicht direkt ausdrükken, wobei sie nun den gleichen Mangel an Selbstbewußtsein bekundet, wie in jenen Augenblicken, wo sie ja gesagt hat und hätte nein sagen sollen. Anstatt ihrem Zorn Ausdruck zu verleihen oder darauf zu bestehen, daß sich etwas ändert, tut eine Demeter-Frau ihre Gefühle mit großer Wahrscheinlichkeit als kleinlich ab und arbeitet härter, damit alles erledigt wird.

Wenn sie versucht, ihre wahren Gefühle zu unterdrücken, sie aber dennoch durchsickern, beginnt die Frau, ein passiv-aggressives Verhalten an den Tag zu legen. In diesem Fall vergißt sie, daß sie sonst «gar keine Mühe scheut» und geht die Sachen nicht einkaufen, um die sie ihre Nachbarin gebeten hat, hält einen Termin nicht ein oder kommt zu einer wichtigen Versammlung zu spät. Auf diese Weise entledigt sie sich der Lasten, die man ihr aufgebürdet hat, und lebt ihre Feindseligkeit unbewußt durch ein nicht willfähriges Verhalten aus, wobei sie ihrem Ärger auf indirekte Art Ausdruck verleiht und sich ihre Unabhängigkeit sichert. Es wäre jedoch viel besser, wenn sie lernen könnte, von Anfang an nein zu sagen, denn durch ihr passiv-aggressives Verhalten erweckt sie den Eindruck von Inkompetenz, und sie fühlt sich schuldig.

Zielgerichtetheit verändert die gleiche Handlung auf signifikante Weise. Wenn ein Mensch sich offen weigert, das zu tun, was ein anderer von ihm erwartet und den Grund für seine Haltung angibt, so vermittelt er damit eine klare Botschaft, während die passiv-aggressive Haltung eine verworrene Botschaft ist, die durch eine feindselige Tat verschlüsselt ist. Wenn sich die andere Person etwas aus ihren Bedürfnissen macht, dann genügt eine klare Aussage. Eine solche Aussage muß jedoch oft durch Taten unterstrichen werden, wenn die andere Person eine ausbeuterische Tendenz hat und erwartet, er oder sie könne auf ihre Kosten seinen oder ihren Willen haben. Zeus schenkte Demeter keine Beachtung, bis sie «in den Streik trat». Erst als Demeter sich weigerte, ihre Aufgabe als Getreidegöttin weiterhin zu erfüllen, nahm Zeus von ihrem Leiden Notiz. Als die Menschheit aufgrund von Demeters Weigerung, irgend etwas wachsen zu lassen, von einer Hungersnot bedroht wurde, machte Zeus sich Sorgen, weil es, sollte sich Demeter weiterhin hartnäckig zeigen, bald keine Sterblichen mehr geben würde, die die Götter verehren würden. Erst zu diesem Zeitpunkt schenkte er ihr Beachtung und sandte Hermes in die Unterwelt, um Persephone zurückzuholen. Ist sich eine Demeter-Frau ihrer Bedürfnisse (die sie selbst unterdrückt) und ihres Zorns, daß diese Bedürfnisse von anderen Menschen entwertet werden, bewußt geworden, kann sie es ins Auge fassen, Demeters Beispiel zu folgen. Es kann zum Beispiel sein, daß eine unterbezahlte und überarbeitete unentbehrliche Angestellte, die ihren Wunsch nach einer gerechtfertigten Lohnerhöhung und einer zusätzlichen Mitarbeiterin vorbringt, von ihrem Vorgesetzten solange nicht angehört wird, bis sie ihm klarmacht, daß sie so nicht weitermacht.

DEPRESSION DES LEEREN NESTS UND INNERE LEERE

Wenn bei einer Demeter-Frau eine Beziehung in die Brüche geht, in der sie als Mutterfigur fungierte, hat sie nicht nur diese Beziehung aufgeben müssen und vermißt den Partner, sondern sie wird auch ihrer Mutterrolle beraubt, die ihr ein Gefühl der Macht, der Wichtigkeit und einen Lebenssinn verliehen. Sie wird mit einem leeren Nest und dem Gefühl der inneren Leere zurückgelassen.

Der Begriff «Depression des leeren Nests» erklärt die Reaktion von Frauen, die ihr Leben ihren Kindern gewidmet haben, nur um eines Tages von ihnen verlassen zu werden. Demeter-Frauen können auf die gleiche Weise reagieren, wenn eine Liebes-

beziehung auseinanderbricht oder wenn sie jahrelang ein Projekt
«bemuttert» haben, nur um irgendwann feststellen zu müssen, daß
es fehlschlägt oder von anderen übernommen wird. Aufgrund solcher organisatorischer Schwierigkeiten fühlt sie sich «beraubt»
und wertlos.

Übt der Archetyp seinen stärkstmöglichen Einfluß aus, ist
eine an einer Depression leidende Demeter-Frau nicht mehr in
der Lage zu funktionieren und muß in eine psychiatrische Klinik
eingewiesen werden. Sie wird unter Umständen zur Personifizie-
rung der sich grämenden Göttin, die vergeblich die Erde nach Persephone absuchte. Genau wie dies bei Demeter der Fall war, kann
es sein, daß die Frau weder ißt noch schläft und sich auch nicht
wäscht. Es kann sein, daß sie in ihrer tiefen agitierten Depression
ruhelos umherwandert, die Hände ringt und sich grämt, oder daß
sie – wie Demeter in Eleusis – in sich gekehrt, unbewegt und teil-
nahmslos dasitzt. In ihren Augen ist alles freudlos und wertlos, die
Welt sinnlos. Sie hat das Gefühl, in ihrem öden Leben würde
nichts mehr wachsen und grünen. Dies ist die Reaktionsweise, die
bei einer schweren apathischen Depression eintritt. Sowohl der
agitierten als auch der apathischen Depression liegt Feindseligkeit
zugrunde: die Frau ist zornig, daß ihr eine Quelle der Sinngebung
entzogen wurde.

Wird eine sich grämende Demeter-Frau hospitalisiert,
braucht sie selbstverständlich Hilfe von Fachleuten. Hätte sie jedoch gewußt, daß sie so anfällig für eine Depression des leeren
Nests ist, und hätte sie vier Präventivmaßnahmen zur Beibehal-
tung der geistigen Gesundheit ergriffen, wäre die Reaktion weitaus schwächer ausgefallen. Indem eine Frau lernt, ihren Zorn auszudrücken, anstatt ihn hinunterzuschlucken, vermindert sie den
Intensitätsgrad der Depression. Indem eine Frau lernt, nein zu
sagen, kann sie Erschöpfungszustände und Depressionen vermeiden helfen, die darauf zurückzuführen sind, daß sie sich zu sehr
verausgabt hat, keine Bestätigung findet und sich als Märtyrerin
fühlt. Indem eine Frau lernt, «loszulassen und wachsen zu lassen»
wird ihr der tiefe Schmerz erspart, Kinder (oder Vorgesetzte, Ar-
beitskollegen oder Klienten) zu haben, die sich über sie ärgern

und sich von ihr distanzieren müssen. Dadurch, daß sie andere Göttinnen in sich entwickelt, werden noch andere Interessen als nur das Bemuttern in ihr wachgerufen.

MÖGLICHKEITEN DER SEELISCHEN ENTWICKLUNG

Demeter-Frauen haben keine Schwierigkeiten, die ihnen innewohnenden mütterlichen Verhaltensmuster zu erkennen, einschließlich der Schwierigkeit, nein zu sagen. Viele Demeter-Frauen haben jedoch mit einem «blinden Fleck» zu kämpfen, wenn es darum geht, ihre negativen Gefühle und ihr negatives Verhalten in bezug auf andere Menschen anzusehen. Da es genau diese Gefühle und Handlungen sind, die am ehesten verändert werden müssen, ist die Entwicklung einer Demeter-Frau gehemmt, bis sie das ganze Bild sehen kann. Demeter-Frauen haben zwar gute Absichten – die jedoch gekoppelt mit dem Bedürfnis, sich als gute Mütter zu sehen, ihre Empfänglichkeit für diese Einsichten blockieren. Solche Frauen sind oft sehr defensiv. Einer Kritik begegnen sie mit Hinweisen auf ihre gute Absicht («Ich habe nur versucht zu helfen») oder mit einer Liste der vielen positiven und großzügigen Handlungen, die sie in der Tat ja auch tun.

Genauso wie eine Demeter-Frau Schwierigkeiten hat, nein zu sagen, weil sie sich mit der guten und gebenden Mutter identifiziert, genauso weigert sie sich, ihren Zorn auf diejenigen, die sie liebt, zuzugeben. Aus den gleichen Gründen bestreitet sie auch die Möglichkeit, daß sie unter Umständen in einem passiv-aggressiven Verhaltensmuster gefangen ist und übermäßig kontrollierend sein kann oder möglicherweise Abhängigkeit schürt. Sie weiß jedoch, daß sie enttäuscht ist, wenn sie nicht geschätzt wird, und sie kann zugeben, daß sie deprimiert ist. Ist sie bereit, diese Möglichkeiten zu erforschen, kann sie eine allmähliche Bewußtwerdung der negativen Demeter-Eigenschaften zulassen. Das größte Hindernis besteht darin, sich diese Züge einzugestehen. Die Änderung des Verhaltensmusters ist die einfachere Aufgabe.

SICH SELBST EINE GUTE MUTTER WERDEN

Eine Demeter-Frau sollte Demeter für sich selbst «einsetzen», anstatt instinktiv auf andere Menschen zu reagieren, als wäre sie Demeter in Person. Wenn sie gebeten wird, eine weitere Verantwortung zu übernehmen, muß sie lernen, die umsorgende Teilnahme, die sie so schnell für andere verspürt, sich selbst zuteil werden zu lassen. Sie kann sich etwa fragen: «Willst du dies jetzt wirklich tun?» oder: «Hast du genug Zeit und Energie?» Wenn sie schlecht behandelt wurde, muß sie sich selbst mit den Worten: «Du hast eine bessere Behandlung verdient» beruhigen und sich ermutigen, «den anderen zu sagen», wie es um ihre Bedürfnisse steht.

ÜBER DEMETER HINAUSWACHSEN

Sofern eine Demeter-Frau in ihrem Leben nicht bewußt Raum für Beziehungen schafft, die keine Demeter-Beziehungen sind, bleibt sie unter Umständen in einem einzigen Verhaltensmuster, nämlich demjenigen der «Nur-Demeter» gefangen. Wird sie, falls sie verheiratet ist und Kinder hat, den Versuch machen, die Kinder zu Hause zu lassen und mit ihrem Ehemann etwas allein zu unternehmen? Wird sie sich Zeit für sich selbst einräumen, um beispielsweise einen Waldlauf zu machen, zu meditieren, zu malen oder ein Instrument zu spielen? Oder wird sie, wie dies für Demeter-Frauen charakteristisch ist, nie Zeit für sich selbst finden? Ist sie eine berufstätige Demeter-Frau, kann es sein, daß sie ihre ganze Energie für ihre Arbeit aufwendet. Vielleicht leitet sie eine Krankenpflegerinnenschule oder einen Fachkurs und widmet dabei dieser Arbeit ihre ganze Zeit und Energie und kommt jeden Abend erschöpft nach Hause. Die berufstätige Demeter-Frau muß sich genauso stark wie die Demeter-Frau mit fünf Kindern dagegen wehren, gemäß dem «Nur-Demeter»-Verhaltensmuster zu leben. Wächst die Frau nicht über Demeter hinaus, erhöht sich die Wahrscheinlichkeit einer Depression des leeren Nests, dann nämlich, wenn sie nicht länger gebraucht wird und schließlich feststellen muß, daß sie doch nicht unersetzlich ist.

VON DER DEPRESSION GENESEN

Eine Demeter-Frau, die sich in eine grämende, depressive Demeter verwandelt, hat einen großen Verlust erlitten. Der Verlust kann sich auf irgend etwas beziehen, das für sie einen großen gefühlsmäßigen Wert hatte – sei es eine Beziehung, ein Verhalten, eine Arbeitsstelle, ein Ideal –, oder was auch immer es war, das ihrem Leben einen Sinn verlieh und nun nicht mehr vorhanden ist. Und genau wie es beim Mythos jeder einzelnen Göttin der Fall war, kann eine Frau in irgendeiner Phase «hängenbleiben» oder durch ein Mythos-Muster hindurchgehen und sich seelisch weiterentwickeln. Gewisse Demeter-Frauen bleiben ihr ganzes Leben in ihren Depressionen gefangen; ihr Dasein bleibt leer, bitter und öde.

Doch Genesung und seelische Entwicklung sind möglich. Der Mythos selbst bietet zwei Lösungen an. Nachdem Demeter erfahren hatte, daß Persephone entführt worden war, verließ sie den Olymp, um auf der Erde herumzuwandern. In Eleusis wurde die an Depressionen leidende und sich grämende Göttin in einem Haushalt willkommen geheißen, wo sie die Amme Demophoons wurde. Sie ernährte ihn mit Nektar und Ambrosia und hätte ihm die Unsterblichkeit geschenkt, wäre nicht seine Mutter Metaneira dazwischengekommen. Auf diese Weise, das heißt, indem sie einen anderen Menschen liebte und sich um ihn kümmerte, konnte sie ihren Verlust überwinden. Für die sich grämende Demeter-Frau besteht die eine Möglichkeit der Gesundung und der Wiederherstellung ihrer Funktionstüchtigkeit darin, daß sie eine neue Beziehung wagt.

Überdies führte die Wiedervereinigung mit Persephone zu Demeters Genesung. Die sich grämende Mutter wurde mit ihrer ewig mädchenhaften Tochter wiedervereint und überwand ihre

Depression; sie übte ihr Amt als Göttin des Getreides und der Früchte wieder aus, und brachte der Erde erneut Fruchtbarkeit und Wachstum.

Metaphorisch gesprochen wird eine Depression beendet, wenn der Archetyp der Jugend zurückkehrt. Die Art, wie dies geschieht, scheint oft mysteriös zu sein. Er löst die Trauer und den Zorn ab. Die Zeit verstreicht. Dann keimen neue Gefühle. Vielleicht stellt die Frau fest, wie wunderschön blau der Himmel ist. Oder sie wird durch das Mitgefühl eines anderen Menschen berührt. Oder sie verspürt den Drang, eine lange beiseite geschobene Arbeit zu beenden. Gefühlsmäßig gesehen sind dies erste Anzeichen eines neuen Frühlings. Kurz nachdem sich die ersten Vorboten des zurückkehrenden Lebens eingestellt haben, ist die Frau wieder sie selbst, erneut voller Lebenskraft und Großzügigkeit, wiedervereinigt mit jenem Teil in ihr, der ihr gefehlt hatte.

Es ist jedoch mehr als eine bloße Genesung möglich. Die Demeter-Frau kann mit größerer Weisheit und mit größerem spirituellem Verständnis aus einer Zeit des Leidens auftauchen. Als innere Erfahrung betrachtet, zeigt der Mythos von Demeter und Persephone die Fähigkeit auf, wie ein Mensch am Leiden wachsen kann. Genau wie die Göttin Demeter kann auch die Demeter-Frau vielleicht akzeptieren, daß auch die Seele der Menschen verschiedene Jahreszeiten kennt. Sie erwirbt sich vielleicht eine Erdweisheit, die ein Spiegel der Natur ist. Eine solche Frau lernt, daß sie weiterleben kann, was auch immer geschehen mag, denn sie weiß, daß die sich verändernden menschlichen Erfahrungen einander genauso ablösen wie der Frühling den Winter ablöst.

10. Kapitel

Persephone: Das Mädchen und die Göttin der Unterwelt, die rezeptive Frau und die Mutterstochter

PERSEPHONE – DIE GÖTTIN

Die Göttin Persephone, die von den Römern Proserpina oder Kora genannt wurde, ist hauptsächlich durch Homers «Hymnos auf Demeter», der ihre Entführung durch Hades schildert, bekannt geworden. Sie wurde auf zwei Arten verehrt, nämlich als Mädchen oder Kore (was «junges Mädchen» bedeutet) einerseits und als Königin der Unterwelt andererseits. Kore war eine schlanke, äußerst schöne junge Göttin, die mit Fruchtbarkeitssymbolen in Verbindung gebracht wurde – dem Granatapfel, dem Getreide und dem Korn, sowie auch der Narzisse, der Blume, die sie angelockt hatte. Als Königin der Unterwelt ist Persephone eine reife Göttin, die über die toten Seelen herrscht, die Lebenden führt, die die Unterwelt besuchen, und die das, was sie will, auch für sich in Anspruch nimmt.

Obwohl Persephone nicht zu den zwölf Olympiern gehörte, war sie die Hauptfigur in den Eleusinischen Mysterien, die in den letzten zweitausend Jahren vor dem Auftreten des Christentums die wichtigste Religion der Griechen darstellten. In den Eleusinischen Mysterien erlebten die Griechen durch Persephones jährliche Wiederkehr aus der Unterwelt die Wiederkehr oder Erneuerung des Lebens nach dem Tod.

GENEALOGIE UND MYTHOLOGIE

Persephone war die einzige Tochter von Demeter und Zeus. Die griechische Mythologie hüllt sich über die Umstände von Demeters Empfängnis in ungewöhnliches Schweigen. Zu Beginn des Demeter-Persephone-Mythos (der im vorhergehenden Kapitel ausführlich beschrieben wurde) war Persephone ein sorgenfreies Mädchen, das Blumen pflückte und mit seinen Freundinnen spielte. Dann tauchte plötzlich Hades in seinem Wagen aus einer Erdspalte auf, packte das schreiende Mädchen mit Gewalt und brachte es in die Unterwelt, wo es seine unfreiwillige Braut sein sollte. Demeter akzeptierte die Situation nicht, verließ den Olymp, setzte sich beharrlich dafür ein, Persephones Rückkehr zu erwirken und zwang Zeus schließlich, von ihren Wünschen Notiz zu nehmen.

Daraufhin beauftragte Zeus den Götterboten Hermes, Persephone aus der Unterwelt zurückzuholen. Hermes fand bei seiner Ankunft in der Unterwelt eine untröstliche Persephone vor. Ihre Verzweiflung verwandelte sich jedoch in Freude, als sie herausfand, daß Hermes gekommen war, um sie abzuholen, und Hades sie nicht zurückhalten würde. Bevor sie Hades verließ, gab er ihr jedoch einige Granatapfelkerne, die sie aß. Dann stieg sie zu Hermes in den Wagen, der sie umgehend zu Demeter brachte.

Nachdem Mutter und Tochter einander in freudiger Wiedervereinigung umarmt hatten, erkundigte sich Demeter ängstlich, ob Persephone in der Unterwelt irgend etwas gegessen habe. Persephone erwiderte, sie hätte Kerne eines Granatapfels gegessen – weil Hades sie «gewaltsam und gegen ihren Willen» dazu gezwungen habe (was nicht der Wahrheit entsprach). Demeter akzeptierte die Geschichte und den daraus folgenden Zyklus. Hätte Persephone nicht gegessen, wäre sie Demeter wieder ganz zurückgegeben worden. Da sie jedoch die Granatapfelkerne gegessen hatte, würde sie nun ein Drittel des Jahres bei Hades in der Unterwelt und zwei Drittel des Jahres bei Demeter auf der Erde verbringen.

Zu einem späteren Zeitpunkt wurde Persephone die Königin der Unterwelt. Jedesmal, wenn Helden oder Heldinnen der griechischen Mythologie in den Tartaros hinabstiegen, war Persephone da, um sie zu empfangen und um ihnen das Geleit zu geben. (Sie war stets anwesend. Es war nie ein Schild an der Tür, auf dem zu lesen war: «Bin nach Hause gegangen zu Mutter», obwohl der Persephone-Demeter-Mythos besagt, daß sie sich während zweier Drittel des Jahres bei ihrer Mutter aufhielt.)

In der *Odyssee* begab sich der Held Odysseus (lateinisch Ulysses oder Ulixes) in die Unterwelt, wo Persephone ihm die Seelen von Frauen zeigte, die einen legendären Ruf genossen hatten. Im Mythos von Psyche und Eros bestand Psyches letzte Aufgabe darin, mit einer Büchse in die Unterwelt hinunterzusteigen, die Persephone mit einer Schönheitssalbe für Aphrodite füllen sollte. Die letzte der zwölf Arbeiten des Herakles (Herkules) brachte auch ihn zu Persephone: Herakles mußte sie um Erlaubnis bitten, um Kerberos (Zerberus) den grausamen dreiköpfigen Wachhund auszuleihen, den er bändigte und an die Leine nahm.

Persephone kämpfte mit Aphrodite um Adonis, den schönen Jüngling, der von beiden Göttinnen geliebt wurde. Aphrodite hatte Adonis in einer Truhe versteckt und ihn Persephone zur sicheren Verwahrung geschickt. Als die Königin der Unterwelt die Truhe jedoch öffnete, war auch sie von der Schönheit des Jünglings betört und weigerte sich, ihn zurückzugeben. So wie einst Demeter und Hades um Persephone gekämpft hatten, kämpfte nun Persephone mit einer mächtigen Gottheit um Adonis. Der Zwist wurde Zeus vorgetragen, der verfügte, daß Adonis ein Drittel des Jahres mit Persephone, ein Drittel des Jahres mit Aphrodite und die restliche Zeit allein verbringen sollte.

PERSEPHONE – DER ARCHETYP

Im Gegensatz zu Hera und Demeter, die mit starken Instinkten verknüpfte archetypische Verhaltensmuster repräsentieren, weist Persephone als Persönlichkeitsmuster weniger zwanghafte Züge auf. Wenn Persephone die Persönlichkeitsstruktur einer Frau bestimmt, so neigt die Frau dazu, nicht von sich aus zu handeln und sich von andern beeinflussen zu lassen – das heißt, sie richtet sich in ihren Handlungen nach anderen Menschen und ist in ihrer Haltung passiv. Abgesehen davon ermöglicht Persephone, das Mädchen, es einer Frau, ewig jung zu wirken. Die Göttin Persephone wies zwei Aspekte auf, nämlich den der Kore und den der Königin der Unterwelt. Diese Dualität manifestiert sich auch in zwei archetypischen Verhaltensmustern. Eine Frau kann von einem der beiden Aspekte beeinflußt werden, sie kann durch den einen Aspekt auf den andern hinwachsen, oder es können sowohl Kore als auch die Königin in ihrer Psyche präsent sein.

KORE – DAS ARCHETYPISCHE MÄDCHEN

Kore war das «namenlose Mädchen» und repräsentiert das junge Mädchen, das nicht weiß, «wer es ist» und sich seiner Wünsche oder Stärken noch nicht bewußt ist. Die meisten jungen Frauen machen, bevor sie heiraten oder sich für eine Karriere entscheiden, eine Phase durch, in der sie «die Kore» sind. Andere Frauen bleiben während des größten Teils ihres Lebens das Mädchen. Sie wollen sich durch keinerlei verpflichtende Bindungen festlegen, weder in einer Beziehung noch in ihrer Arbeit oder in bezug auf ein Ausbildungsziel, obwohl sie unter Umständen eine Beziehung pflegen, einer Arbeit nachgehen, das College oder sogar eine Hochschule besuchen. Was auch immer sie tun, es scheint nicht «für das wirkliche Leben» zu sein. Ihre Haltung entspricht der eines ewigen Teenagers: Sie können sich nicht entscheiden, wer oder was sie sein wollen, wenn sie einmal «erwachsen» sind und warten auf jemanden oder auf etwas, der oder das ihr Leben verändern wird.

DIE MUTTERSTOCHTER

Persephone und Demeter repräsentieren ein weitverbreitetes Mutter-Tochter-Muster, bei dem die Tochter ein zu enges Verhältnis zur Mutter hat, als daß sie ein eigenständiges Selbstgefühl entwickeln könnte. Das Motto dieser Beziehung lautet: «Mutter weiß es am besten.»

Die Persephone-Tochter will ihrer Mutter gefallen. Dieser Wunsch drängt sie dazu, ein «braves Mädchen» zu sein – gehorsam, gefügig, vorsichtig; zudem wird sie oft vor Erfahrungen bewahrt oder «beschützt», die auch nur die allerkleinste Gefahr in sich bergen könnten. Dieses Muster wird im folgenden englischen Kinderreim ausgedrückt:

«Mother, may I go out to swim?»
«Yes, my darling daughter.
Hang your clothes on a hickory limb,
but don't go near the water.»

«Mutter, darf ich schwimmen gehn?»
«Ja, liebe Tochter.
Häng deine Kleider über einen Ast,
aber halt dich fern vom Wasser.»

Obwohl die Mutter stark und unabhängig wirkt, ist dieser Eindruck oft trügerisch. Unter Umständen fördert sie die Abhängigkeit ihrer Tochter, damit die Tochter sie nicht verläßt. Es kann auch sein, daß sie ihre Tochter gleichsam als Verlängerung ihrer selbst braucht, durch die sie stellvertretend leben kann. Ein klassisches Beispiel für eine solche Beziehung ist die Mutter als Theaterregisseurin und die Tochter als Schauspielerin.

Hin und wieder ist der Vater der dominierende und aufdringliche Elternteil, der die Abhängigkeit der Tochter fördert. Seine überkontrollierende Haltung mag ebenfalls eine Täuschung sein, mit der eine zu starke gefühlsmäßige Zuneigung zu seiner Tochter verdeckt wird.

Abgesehen vom Einfluß der Familiendynamik werden Mädchen auch durch die Gesellschaft, in der wir leben, darauf konditioniert, Femininität mit einem passiven, abhängigen Verhalten gleichzusetzen. Sie werden ermutigt, sich wie Aschenputtel zu verhalten, die auf einen Prinzen warten, oder wie Dornröschen, die darauf warten, geweckt zu werden. Passivität und Abhängigkeit stellen das Hauptproblem für viele Frauen dar, weil die Umwelt diesen Archetyp verstärkt und andere Aspekte der Persönlichkeit deswegen nicht entwickelt werden können.

«ANIMA-FRAUEN»

M. Esther Harding, eine berühmte Jungsche Analytikerin, beschreibt zu Beginn ihres Buchs *Der Weg der Frau* denjenigen Frauentyp, der die «Frau für jeden» ist. Bei diesem Typ handelt es sich um die «Anima-Frau», und «sie paßt sich seinen Wünschen an, macht sich schön und anziehend für ihn». «Anima-Frauen» sind «sich zu wenig über sich selbst klar, um zeigen zu können, worin ihr subjektives Erleben besteht.» Sie sind «im allgemeinen sehr unbewußt; sie zergliedern weder sich noch ihre Motive: sie *leben* einfach und können sich darüber nicht äußern.»[1]

Harding beschreibt die Leichtigkeit, mit der eine «Anima-Frau» das von einem Mann projizierte unbewußte Bild in bezug auf Frauen aufnimmt (seine Anima) und sich diesem Bild unbewußt anpaßt. Harding schildert sie folgendermaßen: «Sie ist wie ein vielseitiger Kristall, der sich ohne sein Zutun unter dem Einfluß und Wechsel seiner Umgebung ändert. Bei dieser unbewußten Anpassung wird einmal die eine Schleiffläche, dann die andere dem Blick zugedreht; immer ist es die zur Animaspiegelung geeignetste Fläche, die sich dem Betrachter darbietet.»[2]

Die einer Persephone-Frau angeborene Rezeptivität macht sie äußerst gefügig. Wenn wichtige Personen ein Bild oder eine Erwartung auf sie projizieren, so widersetzt sie sich anfänglich nicht. Es entspricht ihrem Verhaltensmuster, chamäleonartig zu sein, sich anzupassen, zu tun, was andere von ihr erwarten. Es ist genau diese Eigenschaft, die sie dazu prädisponiert, eine «Anima-Frau» zu sein; sie verhält sich unbewußt genauso, wie dies der Mann von ihr erwartet. Bei einem Mann ist sie ein Tennis-Fan, der in die Clubatmosphäre auf dem Land paßt; in der nächsten Beziehung sitzt sie auf dem Soziussitz seines Motorrads, während sie auf der Autobahn dahinrasen; dem dritten steht sie Modell, und er malt sie als unschuldiges und schlichtes Mädchen – was sie für ihn auch ist.

KIND-FRAU

Vor ihrer Entführung war Persephone eine Kind-Frau, die sich ihrer sexuellen Anziehung und ihrer Schönheit nicht bewußt war. Diese archetypische Kombination von Sexualität und Unschuld durchtränkt die Kultur der Vereinigten Staaten, wo eine begehrenswerte Frau ein Sexkätzchen ist, eine Frau mit einem Mädchen-von-Nebenan-Blick, die nackt für die Zeitschrift *Playboy* posiert. Im Film *Pretty Baby* zum Beispiel spielte Brooke Shields die archetypische Kind-Frau – ein jungfräuliches, begehrenswertes zwölfjähriges Mädchen in einem Bordell, dessen Jungfräulichkeit dem Meistbietenden verkauft wurde. Dieses Bild wurde später sowohl in ihren weiteren Filmen *Die blaue Lagune* und *Endlose Liebe* als auch in ihren Reklamen für Calvin Klein-Jeans verwendet. Zugleich wurde sie in den Medien als behütete und gehorsame Persephone-Tochter beschreiben, deren Leben von ihrer Mutter mit strenger Hand gemanagt wird.

Eine Persephone-Frau muß nicht unbedingt jung oder sexuell unerfahren sein, um des Selbstgefühls einer sinnlichen oder sexuellen Frau zu ermangeln. Solange sie psychologisch gesehen die Kore ist, ist ihre Sexualität nicht erwacht. Obwohl sie es mag, wenn Männer sie mögen, geht ihr die Leidenschaft ab, und sie ist vermutlich nicht orgasmusfähig.

Mehr noch als in den Vereinigten Staaten gleicht in Japan die ideale Frau Persephone. Sie ist ruhig, zurückhaltend, willfährig –

sie lernt, daß sie nie direkt nein sagen darf; sie wird so erzogen, daß sie es vermeidet, die Harmonie zu stören, indem sie widersprechen würde oder nicht liebenswürdig wäre. Die ideale japanische Frau ist auf anmutige Art anwesend, jedoch nur im Hintergrund, ahnt die Bedürfnisse der Männer voraus und akzeptiert nach außen hin ihr Schicksal.

FÜHRERIN ZUR UNTERWELT

Obwohl Persephone zum ersten Mal mit der Unterwelt in Berührung kam, als sie das Opfer einer Entführung war, wurde sie später Königin der Unterwelt, die Führerin der Besucher der Unterwelt. Dieser Aspekt des Persephone-Archetyps entwickelt sich, wie auch im Mythos, als Folge von Erfahrungen und der seelischen Entwicklung.

Symbolisch betrachtet kann die Unterwelt tiefere Schichten der Psyche darstellen, einen Ort, wo Erinnerungen und Gefühle «begraben» wurden (das persönliche Unbewußte) und wo Bilder, Verhaltensmuster, Instinkte und Gefühle, die archetypisch und der ganzen Menschheit eigen sind, auftreten (das kollektive Unbewußte). Werden diese Gebiete in der Analyse erforscht, treten in den Träumen Bilder von unterirdischen Räumen auf. Die träumende Person befindet sich unter Umständen in einem Kellergeschoß, das häufig eine Flucht von Fluren und Zimmern aufweist, die manchmal wie Labyrinthe angelegt sind. Oder sie findet sich vielleicht in einer unterirdischen Welt oder in einer tiefen Höhle vor, wo sie Menschen, Gegenständen oder Tieren begegnet und voller Ehrfurcht, erschrocken oder interessiert ist – je nachdem, ob sie sich vor diesem Reich in ihr selbst fürchtet oder nicht.

Persephone, die Königin und Führerin der Unterwelt repräsentiert die Fähigkeit, sich zwischen der auf dem Ich beruhenden Wirklichkeit der «realen» Welt und der unbewußten oder archetypischen Wirklichkeit der Psyche hin und her bewegen zu können. Ist der Persephone-Archetyp aktiv, so kann eine Frau zwischen den zwei Ebenen vermitteln und beide in ihre Persönlichkeit integrieren. Sie kann überdies als Führerin für andere dienen, die die

Unterwelt in ihren Träumen und Phantasien «besuchen», oder sie kann jenen helfen, die «entführt» werden und den Kontakt zur Realität verlieren.

In *Ich hab dir nie einen Rosengarten versprochen* schrieb Hannah Green die autobiographische Geschichte der Krankheit, Hospitalisierung und Genesung, die sie als sechzehnjähriges schizophrenes Mädchen erlebte, das sich aus der Realität in die Gefangenschaft eines imaginären Königreichs zurückgezogen hatte. Green mußte sich ihrer Erfahrung lebhaft erinnern, damit sie diese Geschichte niederschreiben konnte. Zu Beginn war «das Reich Yr» die Zufluchtsstätte des Mädchens, eine Phantasiewelt mit ihrem eigenen «geheimen Kalender», ihrer eigenen Sprache und ihren eigenen Gestalten. Doch schließlich wurde diese «Untergrund»-Welt zur erschreckenden Realität. Das Mädchen wurde die Gefangene dieser Welt und konnte sie nicht verlassen; es merkte, daß es «nur in Umrissen sehen konnte, grau in grau, und ohne Tiefenschärfe, eindimensional wie ein Bild.»[3] Dieses Mädchen war eine entführte Persephone.

Ehemalige Psychiatriepatientinnen können wie Persephone helfen, andere Personen durch die Unterwelt zu führen. Hannah Greens *Ich hab dir nie einen Rosengarten versprochen,* Sylvia Plaths Roman *Die Glasglocke* sowie ihre Gedichte und Doree Previns Lieder haben anderen Menschen, die in ihre seelischen Tiefen hinabgezogen wurden und Hilfe brauchten, um ihrer Erfahrung einen Sinn zu verleihen, als Wegweiser gedient. Bei diesen drei Frauen handelte es sich um ehemals hospitalisierte Psychiatriepatientinnen, die genasen und über ihre «Entführung» in die Welt der Depression und des Wahnsinns berichteten. Ich kenne auch mehrere ausgezeichnete Therapeutinnen, die als junge Frauen wegen psychischer Krankheiten hospitalisiert worden waren. Sie wurden für eine gewisse Zeit von bestimmten Faktoren des Unbewußten «gefangen gehalten» und hatten den Kontakt mit der gewohnten Realität verloren. Durch ihre persönliche Erfahrung mit diesen tiefliegenden Schichten und dank ihrer Genesung sind diese Frauen heute für andere Menschen äußerst hilfreich. Solche Menschen kennen sich in der Unterwelt aus.

Es gibt jedoch auch Menschen, die Persephone die Führerin kennen, ohne daß sie die Erfahrung der gefangenen Kore gemacht haben. Dies trifft auf viele Therapeuten und Therapeutinnen zu, die mit Träumen und Bildern arbeiten, die aus der Vorstellung ihrer Patienten aufsteigen. Sie haben eine Empfänglichkeit für das Unbewußte, ohne je dort gefangengehalten worden zu sein. Sie Erfassen das Reich der Unterwelt intuitiv und sind mit ihm vertraut. Persephone die Führerin ist jener Teil ihrer Psyche oder jener Archetyp, der dafür verantwortlich ist, daß sie ein Gefühl der Vertrautheit verspüren, wenn sie mit einer symbolischen Sprache, mit einem Ritual, mit dem Wahnsinn, mit Visionen oder mit einer ekstatisch-mystischen Erfahrung in Berührung kommen.

DAS SYMBOL DES FRÜHLINGS

Persephone, die Kore oder das «namenlose Mädchen», ist manch einer Frau von derjenigen Lebensphase her bekannt, in der sie jung, unsicher und voller Entwicklungsmöglichkeiten war. Es war jene Zeit, da sie darauf wartete, daß ein anderer Mensch in ihr Leben treten würde oder ein Ereignis stattfände, der oder das ihrem Leben Gestalt verleihen würde, bevor ein anderer (irgendein anderer) Archetyp aktiviert wurde und eine neue Lebensphase einleitete. In den Jahreszeiten des Lebens einer Frau stellt Persephone den Frühling dar.

So wie der Frühling zyklisch auf die Brache nach der Ernte und auf die unfruchtbaren Wintermonate folgt und wärmere Tage, mehr Licht und neues, grünendes Wachstum mit sich bringt, so kann Persephone nach Zeiten der Entbehrung und der Depression in einer Frau reaktiviert werden. Jedesmal, wenn Persephone wieder in der Psyche einer Frau auftaucht, kann die Frau wieder für neue Einflüsse und Veränderungen rezeptiv sein.

Persephone ist gleichbedeutend mit Jugendfrische, Vitalität und dem Potential für neues Wachstum. Frauen, bei denen Persephone einen Teil des Wesens darstellt, können ihr ganzes Leben lang rezeptiv für Veränderungen sein und jung im Geist bleiben.

Die Entwicklung des Persephone-Archetyps

Die Rezeptivität des Persephone-Archetyps ist diejenige Eigenschaft, die viele Frauen entwickeln müssen. Dies trifft besonders auf fokussierte Athene- und Artemis-Frauen zu, die daran gewöhnt sind zu wissen, was sie wollen und entschlossen zu handeln. Sie sind jedoch nicht sonderlich erfolgreich, wenn ihnen einmal nicht klar ist, wie und wann gehandelt werden sollte oder wenn sie nicht mit Sicherheit wissen, was nun den Vorrang hat. Aus diesem Grund müssen sie Persephones Fähigkeit, warten zu können, bis sich die Situation verändert oder bis ihnen ihre Gefühle klar geworden sind, entwickeln.

Bei der für Persephone typischen Fähigkeit, offen und flexibel (oder gefügig) zu sein (die bei ihr manchmal im Übermaß entwickelt ist), handelt es sich um ein Merkmal, das auch Demeter- und Hera-Frauen oft entwickeln müssen, wenn sie in ihren Erwartungen (Hera) oder in ihrer Überzeugung, sie wüßten alles am besten (Demeter) gefangen sind.

Der Rezeptivität einen positiven Wert beimessen ist der erste Schritt, um sie zu entwickeln. Eine rezeptive Haltung anderen Menschen gegenüber kann bewußt entwickelt werden, indem man zuhört, wenn andere reden, indem man versucht, die Dinge aus ihrem Blickwinkel zu betrachten und indem man sich der Kritik (oder Vorurteilen) enthält.

Es kann auch eine rezeptive Haltung der eigenen Psyche gegenüber entwickelt werden. Der hierzu notwendige erste Schritt besteht darin, sich selbst gegenüber liebenswürdig (anstatt ungeduldig und selbstkritisch) zu sein, vor allem in Zeiten, da eine Frau das Gefühl hat, sie «liege brach». Daß brache Zeiten heilende Ruhepausen sein können, die einer Woge der Aktivität oder Kreativität vorausgehen, ist ein Umstand, dessen viele Frauen sich erst bewußt werden, nachdem sie gelernt haben, eine solche Zeit als vorübergehende Phase zu akzeptieren und nicht als Sünde zu betrachten.

Den eigenen Träumen Beachtung zu schenken, kann sich als höchst lohnenswert erweisen. Dadurch, daß die Anstrengung un-

ternommen wird, sie sich jeden Morgen ins Gedächtnis zurückzu-
rufen und sie niederzuschreiben, behalten die Bilder ihre Leben-
digkeit. Da man sich nun an die Träume erinnert und darüber
nachdenkt, wird oft ein Einblick in ihre Bedeutung gewonnen.
Viele Menschen können die Fähigkeit zur außersinnlichen Wahrnehmung entwickeln, wenn sie versuchen, ASW-Eindrücke auf-
zufangen, und wenn sie lernen, für Bilder, die spontan vor ihrem
inneren Auge auftauchen, rezeptiv zu sein.

PERSEPHONE – DIE FRAU

Die Persephone-Frau hat etwas Jugendliches an sich. Sie mag
denn auch jünger aussehen als sie tatsächlich ist, oder sie kann
einen «mädchenhaften» Persönlichkeitszug aufweisen, ein Element des «Kümmere dich um mich, die ich so klein bin», das auch
in den mittleren Lebensjahren und noch später bestehen bleiben
kann. Meiner Ansicht nach hat die Persephone-Frau etwas Wei-
denartiges an sich, das sich biegt, um sich den Umständen oder
Menschen mit einer stärkeren Persönlichkeit anzupassen. Während sie sich, je nachdem, woher «der Wind weht», zuerst in die
eine Richtung und dann in die andere bewegt, schnellt sie wieder
zurück, wenn ihre Kraft nachläßt, wobei sie bezeichnenderweise
von Erfahrungen unberührt bleibt, es sei denn, sie geht eine Bindung oder Verpflichtung ein, die sie verändert.

DIE JUNGE PERSEPHONE

Die typische kleine Persephone ist ein ruhiges und anspruchs-
loses «braves, kleines Mädchen», ein Kind, das oft «puppenhaft»
angezogen ist und rosafarbene Rüschenkleider trägt. Es handelt
sich meist um ein wohlerzogenes Kind, das Gefallen erwecken
will, das tut, was man ihm sagt und das diejenigen Kleider trägt,
die man für es ausgesucht hat.
Eine überbesorgte Mutter verstärkt die der kleinen Perse-

298

phone eigene Tendenz, vorsichtig und gefügig zu sein, wenn sie ihre Tochter von klein auf wie eine zerbrechliche Puppe behandelt, die beschützt und überwacht werden muß. Wenn sie sich eher Sorgen darüber macht, daß ihr kleines Mädchen umfallen und sich verletzen könnte, anstatt sich zu freuen, wenn ihre Tochter die ersten wackligen Schritte macht, übermittelt sie die ersten von vielen ähnlichen Botschaften, wonach das Ausprobieren von etwas Neuem und folglich etwas Schwierigem einem Wagnis und etwas Besorgniserregendem gleichzusetzen sei. Schilt die Mutter ihre Tochter, weil diese von sich aus etwas ausprobiert hat und sagt sie in diesem Zusammenhang: «Du hättest mich zuerst fragen sollen», so lautet ihre Botschaft sicher: «Warte, bis ich dir helfe.» «Bleib abhängig!» ist die unausgesprochene Ermahnung.

Die Wahrscheinlichkeit ist groß, daß eine junge Persephone ein introvertiertes Kind ist, das von Natur aus vorsichtig wirkt, weil es zuerst beobachten und erst später mitmachen will. Es schaut lieber aus einiger Entfernung zu, bis es weiß, was vor sich geht und wie die Regeln lauten, anstatt ein Wagnis einzugehen und aus eigener Erfahrung zu lernen, wie es ein extrovertiertes Kind tun würde. Die kleine Persephone muß sich zuerst vorstellen, wie es wäre, wenn sie etwas täte, bevor sie mitmachen will. Ihre Mutter legt ihre Introversion jedoch fälschlicherweise oft als Schüchternheit aus. Indem sie ihre Tochter drängt, etwas zu tun, bevor sie dazu bereit ist, ermöglicht es eine wohlmeinende extrovertierte Mutter ihrer Persephone-Tochter nicht, sich Zeit zu lassen, um herauszufinden, was ihre eigenen Vorlieben sind. Wenn eine Persephone-Tochter mit dem Kommentar: «Entscheide dich!» zur Eile angetrieben wird, macht sie mit großer Wahrscheinlichkeit das, was der anderen Person gefällt, anstatt sich zu widersetzen; auf diese Weise lernt sie, sich passiv zu verhalten.

Im Gegensatz dazu kann eine junge Persephone, die in ihrer Wesensart unterstützt wird lernen, ihrem inneren Wissen um das, was sie will, zu vertrauen. Allmählich lernt sie, ihrem angeborenen rezeptiven Wesen zu vertrauen, und sie glaubt an ihre Fähigkeit, Entscheidungen auf die ihr eigene Art fällen zu können und zu einem Zeitpunkt, der für sie richtig ist. Sie entdeckt ihre Vorlieben auf subjektive Weise, die für sie denn auch richtig sind; sie kann ihre Gründe jedoch nicht erklären, weil sie innerlich fühlt, was zu tun ist und ihre Wesensart nicht logisch erklären kann.

Eltern

Eine Persephone-Tochter ist oft «Mutters kleines Mädchen» und mit ihrer Mutter auf ein Demeter-Persephone-Verhaltensmuster fixiert. Eine Mutter dieser Art behandelt ihre Tochter, die entweder ihre eigene Selbstachtung steigert oder vermindert, oft wie eine Verlängerung ihrer selbst. Dieses Verhaltensmuster kann zu einer Beziehung führen, in der sich die Psyche der Mutter und diejenige der Tochter überschneiden. Die Mutter wählt die Partys, die Tanz- oder Klavierstunden, ja sogar die Freunde ihrer Tochter aus, wie wenn sie sich selber bemuttern würde. Sie gibt ihrer Tochter das, was sie als Kind selbst gewollt oder verpaßt hat, ohne zu bedenken, daß ihre Tochter vielleicht andere Bedürfnisse haben könnte.

Eine Persephone-Tochter trägt nicht viel dazu bei, um der Vorstellung, sie selbst wolle die gleichen Dinge, die ihre Mutter für sie will, entgegenzuwirken. Sie ist von Natur aus rezeptiv und nachgiebig und will gefallen. Im Gegensatz dazu sagen kleine Artemis- oder Athene-Mädchen im Alter von zwei Jahren entschieden «Nein!» zu einem Kleid, das sie nicht tragen wollen, oder «Nein!» zu Bemühungen, die darauf abzielen, sie von einer Tätigkeit abzulenken.

Eine karriereorientierte Athene-Mutter mit einer Persephone-Tochter mag sich erstaunt fragen: «Wie bin ich zu einer solchen kleinen Prinzessin gekommen?» Sie kann unter Umständen einen Augenblick lang daran Gefallen finden, die Mutter dieses Kindes zu sein, aber im nächsten Augenblick bereits durch die scheinbare Unentschlossenheit ihrer Tochter und deren Unfähigkeit zu sagen, wozu sie Lust hat, frustriert sein. Die Frustration einer Artemis-Mutter ist anders gelagert. Sie kann die subjektiven Gefühle ihrer Tochter besser akzeptieren; es ist der fehlende Willen ihrer Tochter, der ihren Ärger erregt. Sie treibt ihre Tochter mit Kommentaren wie: «Setz dich für dich ein!» dazu an, ihren eigenen Willen zu manifestieren. Sowohl Artemis- als auch Athene-Mütter können ihren Persephone-Töchtern helfen, die Eigenschaften, denen sie Wert beimessen, zu entwickeln, oder aber sie flößen ihnen ein Gefühl der Unzulänglichkeit ein.

Viele junge Persephone-Töchter haben keine eigene Beziehung zum Vater. Der Vater mag von der besitzergreifenden Demeter-Mutter, die mit ihrer Tochter eine exklusive Beziehung haben wollte, entmutigt worden sein. Oder er hat sich, falls er ein traditioneller Ehemann war, der sich damit brüstete, niemals Windeln gewechselt zu haben, unter Umständen dazu entschlossen, ein Außenstehender zu bleiben, wie gewisse Männer es tun, wenn sie die Erziehung der Tochter der Mutter überlassen, dem Sohn gegenüber jedoch lebhaftes Interesse bekunden.

Der Idealfall für eine junge Persephone wäre, Eltern zu haben, die ihr inneres Wissen um das, was für sie wichtig ist, respektieren und die ihren Schlußfolgerungen vertrauen. Sie könnten ihr zu verschiedenen Erfahrungen verhelfen, ohne sie jedoch zu etwas drängen zu wollen. Bei solchen Eltern handelt es sich um Menschen, die ihre eigene Introversion schätzen gelernt haben.

ADOLESZENZ UND FRÜHE ERWACHSENENJAHRE

Die Erfahrungen, die die junge Persephone in der High-School macht, entsprechen gewöhnlich den Erfahrungen ihrer Kindheit. Ist sie in einer «Mutter-weiß-es-am-besten»-Beziehung aufgewachsen, so geht ihre Mutter mit ihr einkaufen, wählt die Kleider für sie aus und beeinflußt die Wahl ihrer Freunde und Freundinnen, ihrer Interessen und nun auch ihrer Verabredungen. Da die Mutter stellvertretend durch die Erfahrungen ihrer Tochter lebt, ist sie an den Einzelheiten der Verabredungen und an der Freizeitgestaltung ihrer Tochter brennend interessiert, und unter Umständen erwartet sie von ihrer Tochter, daß sie sich ihr anvertraut und ihre Geheimnisse mit ihr teilt.

Jugendliche müssen jedoch gewisse Geheimnisse für sich behalten können und eine gewisse Privatsphäre haben dürfen. In dieser Phase des seelischen Wachstums hemmt ein allzu aufdringlicher Elternteil die Entwicklung der eigenen Identität. Wenn die heranwachsende Tochter alles mit der Mutter teilt, so gestattet sie ihrer Mutter, Einfluß auf das zu nehmen, was ihre ureigensten Erfahrungen sein sollten. Die Ängste, Meinungen und Wertvorstellungen ihrer Mutter beeinflussen ihre eigenen Wahrnehmungen.

Es ist charakteristisch für eine Persephone-Frau der Mittel- oder Oberschicht, daß sie das College besucht, denn dies ist der Ort, wo junge Frauen ihrer Gesellschaftsschicht und ihres Milieus erwartet werden – das heutige Gegenstück zu den Wiesen, auf denen Persephone und ihre Freundinnen einst spielten. Für ein solches Mädchen ist die Ausbildung normalerweise ein Zeitvertreib und nicht eine Vorbereitung auf das spätere Berufsleben. Es müht sich mit den Hausaufgaben ab und hat Schwierigkeiten, Semesterarbeiten zu verfassen, weil es leicht abgelenkt wird und / oder weil es ihm an Vertrauen fehlt. Es ist typisch für eine junge Persephone-Frau, daß sie mehrere akademische Studienrichtungen ausprobiert. Kann sie sich schließlich für eine Richtung entscheiden, so geschieht dies entweder rein zufällig oder weil sie den Weg des geringsten Widerstands geht und nicht weil sie sich aktiv für etwas entschieden hätte.

BERUF

Die Persephone-Frau mag eine «professionelle Studentin» bleiben oder arbeiten gehen. Ob sie nun nach der High-School oder erst nach dem College arbeiten geht, sie wird in beiden Fällen eher dazu neigen, an verschiedenen Orten zu arbeiten statt einen bestimmten Beruf auszuüben oder Karriere zu machen; sie wird auch instinktiv von Orten angezogen, die sich in der Nähe ihrer Freunde oder Familienangehörigen befinden. In der Hoffnung, eines Tages eine Arbeit zu finden, die sie wirklich interessieren würde, wechselt sie häufig die Stelle. Es kann auch vorkommen, daß sie entlassen wird, weil sie die Termine nicht einhalten kann oder zuviel freimacht.

Persephone-Frauen eignen sich am besten für jene Berufe, die keine Initiative, Ausdauer oder Führungsqualitäten erfordern. Die Persephone-Frau leistet gute Arbeit, wenn sie einen Vorgesetzten hat, dem sie gefallen will, und wenn er ihr klar umrissene Aufgaben erteilt, die sofort erledigt werden müssen. Längerfristige Aufgaben schiebt Persephone gern auf. Sie verhält sich dann so, als würde sie erwarten, vor dieser Arbeit gerettet zu werden, oder als hätte sie alle Zeit der Welt. Wenn sich herausstellt, daß beides nicht zutrifft und der Abgabetermin gekommen ist, ist sie schlecht darauf vorbereitet. Bestenfalls gelingt es ihr, die Arbeit in der letzten Minute zu erledigen, indem sie die ganze Nacht dafür aufwendet.

Obwohl der Beruf für eine Frau, die Kore ähnlich ist, nie wichtig ist, tritt eine ganz andere Situation ein, wenn sie zur Königin der Unterwelt heranreift. Dann ist es sehr wahrscheinlich, daß sie sich einem kreativen, psychologischen oder spirituellen Bereich zuwendet; sie arbeitet zum Beispiel als Künstlerin, Dichterin, Therapeutin oder Psychologin. Was auch immer sie macht, ihre Arbeit ist normalerweise etwas höchst Persönliches und oft Unorthodoxes; sie arbeitet auf äußerst individuelle Art und meist ohne den «korrekten» akademischen Grad aufweisen zu können.

BEZIEHUNGEN ZU FRAUEN

Eine junge Persephone-Frau fühlt sich in der Gesellschaft von anderen jungen Frauen, die wie sie selbst sind, wohl. In der High-School oder im College tritt sie oft einer Studentinnengruppe bei und erprobt normalerweise neue Situationen lieber in Begleitung anderer Mädchen als allein.

Ist sie hübsch, so zieht sie unter Umständen Freundinnen an, die sich selbst als nicht sehr feminin betrachten, ihre eigene unterentwickelte Weiblichkeit auf sie projizieren und die Persephone-Frau dann für etwas Besonderes halten. Wurde sie schon ihr ganzes Leben als zerbrechliches und wertvolles Kind behandelt, nimmt sie eine solche Behandlung als selbstverständlich hin. Ihre engste Freundin ist oft ein Mädchen mit einer stärkeren Persönlichkeit. Persephone ruft mütterliche Reaktionen bei Gleichaltrigen und älteren Frauen hervor, die ihr des öfteren einen Gefallen erweisen und sich um sie kümmern.

BEZIEHUNGEN ZU MÄNNERN
(DIE MÄDCHEN VORZIEHEN)

Männern gegenüber ist eine Persephone-Frau eine Kind-Frau, in ihrer Haltung unsicher und jugendlich. Sie entspricht dem Muster von Persephone, die in ihrer Eigenschaft als Kore die unprofilierteste und am wenigsten bedrohliche aller Göttinnen war. Wenn sie sagt: «Laß uns das machen, was du willst», dann meint sie dies auch wirklich.

Drei Kategorien von Männern werden von Persephone-Frauen angezogen: Männer, die genauso jung und unerfahren sind wie sie, «harte Männer», die sich von ihrer Unschuld und Zerbrechlichkeit angezogen fühlen, und Männer, die sich mit «erwachsenen» Frauen nicht wohl fühlen.

Das Etikett «Jugendliebe» paßt zur ersten Kategorie. In diesen Beziehungen, die in die Zeit der High-School und des Colleges fallen, erforschen der junge Mann und die junge Frau als gleichberechtigte Partner das Zusammensein mit dem anderen Geschlecht. Die zweite Kategorie bringt Persephone – das archetypische «nette Mädchen aus guten Haus» – mit einem harten Mann zusammen, der die Tücken des Lebens kennt und sich überall durchschlagen kann. Er ist von diesem behüteten und privilegierten Mädchen, das so sehr das Gegenteil von ihm ist, fasziniert. Sie ihrerseits ist von seiner persönlichen Ausstrahlung, seiner sexuellen Aura und seiner dominierenden Persönlichkeit gefesselt.

Die dritte stereotype Kategorie umfaßt Männer, die sich aus verschiedenen Gründen mit «erwachsenen» Frauen nicht wohlfühlen. So zum Beispiel stellt die «Mai-Dezember»-Beziehung zwischen einem älteren Mann und einer wesentlich jüngeren Frau eine Übertreibung dieses archetypischen, patriarchalischen Modells dar. Es wird erwartet, daß der Mann älter, erfahrener, größer, stärker und klüger ist als seine Ehefrau. Die Frau sollte jünger, weniger erfahren, kleiner, schwächer, ungebildeter und weniger intelligent sein. Die Art Frau, die diesem Ideal am besten entspricht, ist eine junge Persephone. Zudem entspricht Persephone kaum dem Bild, das viele Männer von «der Mutter» – als einer mächtigen oder nur schwer zufriedenzustellenden Frau – haben, was ein weiterer Grund ist, weshalb gewisse Männer jüngere Mädchen bevorzugen. Bei einer Persephone-Frau hat ein Mann das Gefühl, er gelte als starker, dominanter Mann, dessen Autorität oder Ideen nicht in Frage gestellt werden. Er fühlt auch, daß er unschuldig, unerfahren oder inkompetent sein darf, ohne kritisiert zu werden.

Eine Beziehung zu einem Mann kann das Mittel sein, durch das eine Persephone-Frau sich von einer dominanten Mutter löst. In diesem Fall erlebt sie eine Phase, in der sie Persephone, «die Schachfigur», ist, ein Objekt, das sowohl ein Mann als auch ihre Mutter besitzen wollen, und um das ein Machtkampf entsteht. Sie verliebt sich in einen Mann, den ihre Mutter nicht mag, der anders ist, als «der nette junge Mann», den sich ihre Mutter vorgestellt hat. Manchmal entscheidet sich Persephone für einen Mann, der einer anderen sozialen Schicht oder sogar einer anderen Rasse angehört. Die Mutter erhebt unter Umständen Einwände gegen seine Person: «Er ist überheblich und grob!» oder: «Er ist unfreundlich ... er muß immer anderer Meinung sein!» Unter Umständen ist er der erste Mensch, der die Tochter nicht wie eine verzärtelte Prinzessin behandelt und der es nicht duldet, wenn sie diese Rolle spielt. Ihre Mutter ist entsetzt. Voller Zuversicht, daß sie ihre normalerweise nachgiebige Tochter beeinflussen kann, kritisiert sie die Wahl ihrer Tochter. Sie mißbilligt die Persönlichkeit, den Charakter oder das Vorleben und die Herkunft des Mannes, wobei sie manchmal auch die Urteilskraft, den Sachverstand und die Moral ihrer Tochter in Zweifel zieht. Oft erkennt die Mutter, daß dieser Mann ein potentieller Gegner ist – in der Tat ist seine Fähigkeit, sich der Mutter seiner Freundin zu widersetzen, ein Grund dafür, daß sich die Persephone-Tochter zu ihm hingezogen fühlte.

Nun ist die Persephone-Tochter unter Umständen zum ersten

Mal in ihrem Leben mit ihrer Mutter und deren Normen für das Verhalten eines braven Mädchens nicht einverstanden. Ihre Mutter oder ihre Familie verbietet ihr möglicherweise den Umgang mit dem Mann, für den sie sich entschieden hat. Sie erklärt sich vielleicht damit einverstanden (statt ihrer Familie offen Trotz zu bieten), schleicht sich dann aber heimlich zu ihm. Oder sie versucht unter Umständen, ihre Mutter von seinen guten Eigenschaften zu überzeugen.

Nachdem dieser Kampf eine gewisse Weile gedauert hat, verlangt der Mann normalerweise, daß sie sich ihrer Mutter entweder entgegenstellt oder ansonsten aufhört, die Zustimmung ihrer Mutter erlangen zu wollen. Unter Umständen verlangt er, daß sie mit ihm zusammenlebt, ihn heiratet, mit ihm an einen anderen Ort zieht oder den Kontakt zu ihrer Mutter abbricht. Gefangen zwischen diesen zwei Menschen, geht die Persephone-Tochter entweder zurück zur Mutter und spielt die Rolle der zurückgekehrten, willfährigen Tochter, oder sie entscheidet sich für den Mann und vollzieht den Bruch mit der Mutter.

Zieht sie im tatsächlichen oder im übertragenen Sinn von ihrer Mutter fort, hat sie unter Umständen den ersten Schritt zu einer Reise unternommen, die darin besteht, ein eigenständiger Mensch zu werden, der seine Entscheidungen selbst fällt. Sie tut diesen Schritt auf die Gefahr hin, eine dominante Mutter gegen einen dominanten Mann einzutauschen, doch normalerweise hat sie sich, nachdem sie ihrer Mutter die Stirn geboten hat, verändert und ist nicht länger das willfährige Mädchen von früher. Die Versöhnung mit ihrer Mutter kann zu einem späteren Zeitpunkt stattfinden, nachdem auch die Mutter gefühlsmäßig Abstand gewonnen hat.

SEXUALITÄT

Eine Frau, die sich in der Phase von Persephone, dem Mädchen, befindet, ist wie Dornröschen oder Schneewittchen – sie schlummert oder ist sich ihrer Sexualität nicht bewußt; sie wartet auf den Prinzen, damit er sie aufweckt. Viele Persephone-Frauen werden auf sexuellem Gebiet schließlich geweckt. Sie entdecken, daß sie leidenschaftliche und orgasmusfähige Frauen sind, eine Entdeckung, die eine positive Wirkung auf ihr Selbstwertgefühl hat. Zuvor fühlten sie sich wie ein Mädchen, das sich als Frau verkleidete.

EHELEBEN

Die Ehe ist etwas, das einer Persephone-Frau oft «passiert». Sie wird in die Ehe «entführt», wenn ein Mann heiraten will und er sie davon überzeugt, ja zu sagen. Ist sie eine typische Persephone-Frau, kann es sein, daß sie nicht mit Sicherheit weiß, ob sie heiraten will oder nicht. Sie wird durch die Beharrlichkeit und Sicherheit des Mannes überfahren, und sie ist beeinflußt von der von der Gesellschaft vertretenen Annahme, daß heiraten das ist, was sie tun sollte. Von Natur aus haben Persephone-Frauen eine «traditionell feminine» Persönlichkeit. Sie beugen sich der stärkeren Person, sind eher rezeptiv als aktiv und sind weder wetteifernd noch energisch. Die Männer wählen sie aus, nicht umgekehrt.

Ist die Persephone-Frau verheiratet, so durchläuft sie möglicherweise Phasen, die eine Parallele zum Persephone-Mythos aufweisen, und sie wird womöglich die unfreiwillige Braut oder Schachfigur, die zwischen ihrem Ehemann und ihrer Mutter gefangen ist. Die Ehe kann sich auch als das unbeabsichtigte transformierende Ereignis herausstellen, durch das das ewige Mädchen zur verheirateten Matrone, Mutter oder sexuellen Frau wird, sofern durch die Heirat der Hera- und / oder Aphrodite-Archetyp aktiviert wird.

Ein frischvermählter Ehemann beschrieb die schmerzlichen Dramen, die sich zwischen ihm und seiner Persephone-Frau abspielten, folgendermaßen: «Sie behandelt mich, als hätte ich ihr Leben ruiniert, wo ich doch nicht mehr tat, als daß ich mich in sie verliebte und sofort heiraten wollte. Letzte Woche mußte ich ein Formular zur Bank bringen, doch da ich an jenem Tag eine Geschäftsbesprechung an der anderen hatte, bat ich meine Frau, zur Bank zu gehen – worauf sie mir vorwarf, ich behandle sie wie ein

Dienstmädchen. Wir haben nur Geschlechtsverkehr, wenn ich die Initiative ergreife, und dann verhält sie sich so, als wäre ich ein Vergewaltiger.» Er war verwirrt, wütend und deprimiert angesichts dessen, was zwischen ihnen vorging. Er hatte das Gefühl, sie behandle ihn wie eine gefühllose, grausame Bestie; er fühlte sich verletzt und machtlos, weil seine Frau reagierte, als sei sie eine gefangene Persephone und er Hades, der Entführer, der sie gefangenhielt.

Persephone-Frauen, die gegen ihren Willen verheiratet sind, können sich nicht mit Leib und Seele für ihre Ehe engagieren. Sie heiraten mit einem inneren Vorbehalt. Eine Frau erzählte: «Ich teilte mit einigen anderen Leuten eine Wohnung und hatte eine langweilige Arbeit. Er war nicht der Märchenprinz, von dem ich geträumt hatte, doch wollte er die gleichen Dinge, die ich glaubte, haben zu wollen – ein Heim und eine Familie –, und er war zuverlässig; deshalb habe ich ja gesagt.» Diese Persephone-Frau fühlte sich ihrem Ehemann nur teilweise verpflichtet. Gefühlsmäßig führte sie bloß eine «Teilzeit-Ehe» und verbrachte den Rest der Zeit damit, sich in Phantasien über andere Männer zu flüchten.

KINDER

Obwohl eine Persephone-Frau unter Umständen Kinder hat, fühlt sie sich nicht wirklich als Mutter, sofern der Demeter-Archetyp in ihr nicht aktiviert wird. Sie bleibt unter Umständen eine Tochter, die ihre Mutter als «reale Mutter» betrachtet, sich selbst jedoch als eine Frau sieht, die diese Rolle nur spielt. Eine aufdringliche Mutter, die als Großmutter die Erziehung der Kinder in die Hand nimmt, vermittelt dadurch ihrer Tochter das Gefühl, sie sei inkompetent, und verstärkt auf diese Weise die Schwierigkeiten. Sie mag zum Beispiel so etwas sagen wie: «Du weißt nicht, wie du ein aufgeregtes Baby halten mußt, komm, laß mich das machen!» oder: «Ich kümmere mich schon um diese Angelegenheit, du ruhst dich aus!» oder: «Du hast nicht genug Milch für den Säugling – vielleicht solltest du ihm nun die Flasche geben.» Solch typische Bemerkungen unterminieren das Selbstvertrauen ihrer Tochter.

Die Kinder einer Persephone-Frau reagieren unterschiedlich auf ihre Mutter. Eine Tochter, die einen stärkeren Willen und klarere Vorstellungen als ihre Persephone-Mutter hat, sagt womöglich mit der Zeit ihrer Mutter, was sie tun sollte, anstatt umgekehrt. Ist die Tochter älter, tauscht sie unter Umständen die Rolle mit ihrer abhängigen Persephone-Mutter – was bereits im Alter von zwölf Jahren geschehen kann. Blicken erwachsene Frauen auf ihre Kindheit und Jugend zurück, sagen viele solche Töchter: «Ich habe keine Mutter gehabt – *ich* war die Mutter.» Sind sowohl Mutter als auch Tochter Persephone-Frauen, so werden sie einander unter Umständen zu ähnlich, vor allem dann, wenn sie zusammenleben und in eine gegenseitige Abhängigkeit geraten. Im Lauf der Zeit können sie wie unzertrennliche Schwestern wirken.

Persephone-Mütter von selbstbewußten Söhnen fühlen sich von ihnen manchmal «überrannt». Schon im Kleinkindalter können Jungen ihre Persephone-Mutter erschrecken, denn wenn die Jungen hartnäckig und wütend sind, wirken sie wie eine kleinere Ausgabe eines machtvollen Mannes. Da es einer Persephone-Frau fremd ist, in irgendeiner Beziehung Macht auszuüben, ist es unwahrscheinlich, daß sie einem solchen Kind zeigt, «wer das Sagen hat». Sie mag seinen Forderungen Folge leisten, ist womöglich nicht in der Lage, Grenzen zu setzen und fühlt sich unter Umständen hilflos und als Opfer. Vielleicht findet sie einen indirekten Weg, um ihren Sohn von seinem Ziel abzubringen: Sie kann ihn mit Charme in eine andere Stimmung versetzen, ihn dazu verführen, seine Meinung zu ändern, seine Aufmerksamkeit ablenken oder sich ärgern und auf diese Weise Schuld- oder Schamgefühle bei ihm auslösen.

Es gibt Söhne und Töchter von Persephone-Müttern, die das Glück haben, unaufdringliche Mütter zu haben, von denen sie geliebt werden, und die den unabhängigen Geist ihrer Kinder bewundern, der so verschieden von dem ihrigen ist. Eine Persephone-Mutter nährt unter Umständen die Vorstellungskraft der Kinder und deren Fähigkeit zu spielen, indem sie diese ihr eigenen Aspekte mit ihren Kindern teilt. Ist sie selbst über Persephone, die Kore, hinausgewachsen, so kann sie ihre Kinder dazu bringen, daß sie ihr Innenleben als eine Quelle der Kreativität schätzen lernen.

DIE MITTLEREN LEBENSJAHRE

Obwohl der Archetyp von Persephone, der Kore, ewig jung bleibt, wird die Frau selbst älter. Wenn sie ihre jugendliche Frische verliert, fühlt sie sich unter Umständen über jede Runzel und Falte im Gesicht unglücklich. Jetzt stellen sich ihr konkrete Schranken in den Weg, die sie darauf aufmerksam machen, daß Träume, die sie einst als reale Möglichkeit betrachtet hatte, nun außer Reichweite liegen. Eine Midlife-Depression tritt ein, wenn ihr diese Fakten klar werden.

Identifiziert sie sich weiterhin mit «dem Mädchen», so versucht sie vielleicht, die Realität zu leugnen. Konzentriert sie sich darauf, die Illusion der Jugendlichkeit aufrechtzuerhalten, läßt sie unter Umständen ein Facelifting an sich vornehmen. Ihre Frisur und ihre Kleider würden Frauen stehen, die viel jünger sind als sie; vielleicht versucht sie, sich hilflos zu geben und anziehend zu wirken. Und mit jedem Jahr, das verstreicht, ist ihr Verhalten unpassender. Bei einer solchen Frau liegt eine Depression nie weit unter der Oberfläche.

Identifiziert sie sich in den mittleren Lebensjahren nicht länger mit Persephone der Kore – weil sie Verpflichtungen eingegangen ist oder Erfahrungen gemacht hat, die sie verändert haben –, bleibt ihr eine Depression erspart. Andernfalls wird eine Depression den Wendepunkt in ihrem Leben darstellen, der positive oder negative Folgen haben kann. Er mag den Beginn einer dauernden Depression markieren, so daß die Frau sich vom Leben besiegt fühlt, oder die Depression markiert das Ende einer langfristigen Adoleszenz und den Beginn der Reife.

Die späteren Lebensjahre

Hat sich eine Persephone-Frau in ihrem Leben von der Kore zur Königin entwickelt, mag ihr im Alter von fünfundsechzig oder mehr Jahren die stattliche Erscheinung einer weisen älteren Frau eigen sein, die die Geheimnisse kennt, welche dem Leben und dem Tod eine Bedeutung verleihen. Sie hat mystische oder psychische Erfahrungen gemacht und tief in sich eine Quelle der Spiritualität erschlossen, die ihre Ängste über das Altwerden und den Tod zerstreuen. Ist sie zur reifen Persönlichkeit herangewachsen, ist sie Verpflichtungen eingegangen, hat sie andere Aspekte ihres Wesens entwickelt, aber dennoch eine Verbindung zu Persephone der Kore aufrechterhalten, so bleibt ein Teil von ihr ewig jung im Geist.

Es ist auch möglich, daß bei einer Frau, die zu Beginn des Lebens einem Persephone-Verhaltensmuster gefolgt ist und dann im frühen oder mittleren Erwachsenenalter den Hera-, Demeter- oder Aphrodite-Archetyp aktiviert hat, im Alter kaum noch eine Spur von Persephone vorhanden ist. Folgt die Frau jedoch dem schlimmstmöglichen Skript, das für Persephone geschrieben worden ist, kommt sie unter Umständen nie mehr aus der Depression heraus und bleibt von diesem Punkt an – vom Leben besiegt oder der Realität entfremdet – in ihrer eigenen Unterwelt gefangen.

Psychische Schwierigkeiten

Die Göttin Persephone war die sorgenlose Tochter, bis sie von Hades entführt und vergewaltigt wurde und eine Zeitlang eine machtlose, unfreiwillige Braut war, die gefangengehalten wurde. Sie wurde zwar dank der Bemühungen ihrer Mutter befreit, doch aß sie jene Granatapfelkerne, was bedeutete, daß sie einen Teil des Jahres auf der Erde mit Demeter und den restlichen Teil der Zeit in der Unterwelt mit Hades verbringen würde. Erst später wurde sie als Göttin und Führerin der Unterwelt gebührend gewürdigt. Jede Phase des Mythos, die sich von den anderen klar unterscheidet, hat im realen Leben eine entsprechende Parallele. Wie die Göttin können auch Persephone-Frauen sich aufgrund dieser Phasen entwickeln und dank der gemachten Erfahrungen zur reifen Persönlichkeit heranwachsen. Sie können jedoch auch in einer bestimmten Phase steckenbleiben.

Im Gegensatz zu Hera und Demeter, die starke Instinkte repräsentieren, denen sich eine Frau oft widersetzen muß, damit sie sich entwickeln kann, verleitet Persephone eine Frau zu Passivität und Willfährigkeit. Aus diesem Grund läßt sich die Frau dann leicht von anderen Menschen beherrschen. Als form- und ausdrucksloseste Göttin der sieben Göttinnen ist Persephones Wesen durch einen Mangel an Zielgerichtetheit und Antrieb gekennzeichnet. Es stehen ihr jedoch auch die meisten Entwicklungsmöglichkeiten von allen Göttinnen offen.

IDENTIFIKATION MIT PERSEPHONE, DER KORE

Als Kore leben bedeutet, das ewige Mädchen zu sein, das sich nichts und niemandem verpflichtet, denn eine endgültige Wahl treffen, heißt andere Möglichkeiten ausschalten. Abgesehen davon hat eine solche Frau das Gefühl, es stünde ihr alle Zeit der Welt zur Verfügung, bis sie sich entscheiden könne, und somit kann sie warten, bis sie von etwas berührt wird. Sie lebt in einem «Niemals-Land», wie Wendy mit Peter Pan und den verlorenen Jungen, wobei sie das Leben als Spiel betrachtet und sich von ihm treiben läßt. Soll sie wachsen, so muß sie ins reale Leben zurückkehren. Wendy hat selbstverständlich eben diese Wahl getroffen. Sie verabschiedete sich von Peter, kehrte durch das Fenster ins Kinderzimmer zurück, das sie vor langer Zeit verlassen hatte und wußte nun, daß sie jetzt älter werden würde. Die Schwelle, die eine Persephone-Frau überschreiten muß, ist psychologischer Natur.

Damit sich eine Persephone-Frau entwickeln kann, muß sie lernen, Verpflichtungen einzugehen und zu erfüllen. Es bereitet ihr Schwierigkeiten, ja zu sagen und sich an das zu halten, was sie versprochen hat. Termine einhalten, die Schule beenden, heiraten, ein Kind großziehen oder an einem Arbeitsplatz bleiben, dies alles sind schwierige Aufgaben für jemanden, der das Leben als Spiel betrachtet. Eine seelische Weiterentwicklung erfordert ein Ankämpfen gegen Unentschlossenheit, Passivität und Trägheit; die Persephone-Frau muß Entscheidungen treffen und ihre Verpflichtungen einhalten, auch wenn die gefällte Entscheidung keinen Spaß mehr macht.

Ist die Persephone-Frau im Alter zwischen dreißig und vierzig Jahren, so wird ihre Illusion, sie bliebe ewig jung, durch die Wirklichkeit zerstört. Sie beginnt vielleicht zu spüren, daß etwas nicht stimmt. Gemäß der biologischen Uhr läuft ihre Zeit, in der sie ein Kind haben kann, langsam ab. Sie wird sich womöglich klar darüber, daß ihr Beruf keine Zukunft hat, oder sie mag sich im Spiegel betrachten und muß feststellen, daß sie älter geworden ist. Wenn sie sich in ihrem Freundeskreis umsieht, wird ihr bewußt, daß ihre Freundinnen erwachsen geworden sind und sie hinter sich gelassen haben. Sie sind verheiratet und haben eine Familie gegründet oder eine Karriere aufgebaut. Auf eine endgültige, aber unfaßbare Art sind ihre Freundinnen anders als sie, weil sie mit dem Leben, das seine Spuren hinterlassen hat, in Berührung gekommen sind.

Solange sich eine Frau wie Persephone, die Kore, verhält, wird sie entweder nicht heiraten oder nur so tun, als würde sie sich binden, die Verpflichtung jedoch als nicht «real» betrachten. Sie widersetzt sich der Ehe, weil sie sie von der archetypischen Perspektive des Mädchens aus betrachtet, für welches das Modell der Ehe den Tod bedeutet. Von Persephones Standpunkt aus gesehen, bestand die Ehe in einer Entführung durch Hades, den Todbringer. Diese Anschauung von Ehe und Ehemann stand in schroffem Gegensatz zu Heras Modell von der Ehe als Erfüllung und zu Heras Erwartung an ihren Ehemann Zeus, der die Erfüllung bringen sollte. Die Hera-Frau muß den Mann kennen und sich dagegen wehren, aufgrund der positiven Erwartungen des Hera-Archetyps eine schlechte Ehe einzugehen. Tut sie dies nicht, wird sie desillusioniert sein, wenn das Eheleben ihr keine Erfüllung bringt. In ausgeprägtem Gegensatz dazu muß sich die Persephone-Frau gegen ein genauso unbegründetes Gefühl wehren, daß eine Heirat immer eine Entführung darstellt oder den Tod bedeutet und deshalb bekämpft oder mit Groll betrachtet werden muß.

FALLGRUBEN FÜR PERSEPHONE: CHARAKTERSCHWÄCHEN

Als Persephone wieder mit ihrer Mutter vereint war, lautete die erste Frage, die Demeter ihr stellte: «Hast du irgend etwas in der Unterwelt gegessen?» Persephone antwortete, sie hätte einige Granatapfelkerne gegessen und erzählte dann eine Lüge, indem sie sagte, sie hätte dies nur getan, weil sie von Hades dazu gezwungen worden sei. Persephone tat, was sie tun wollte, ohne das Bild zu zerstören, das sich ihre Mutter von ihr machte. Obwohl sie den Eindruck erweckte, sie hätte keine Kontrolle über ihr Schicksal und könne deshalb nicht dafür zur Verantwortung gezogen werden, besiegelte sie ihr Schicksal selbst. Indem Persephone die Kerne aß, stellte sie sicher, daß sie einen Teil der Zeit mit Hades verbringen würde.

Ausflüchte, Lüge und Manipulation sind potentielle Charakterprobleme für Persephone-Frauen. Da sie sich machtlos und von anderen Menschen, die mehr Macht haben als sie selbst, abhängig fühlen, lernen Persephone-Frauen unter Umständen auf indirektem Weg zu dem zu kommen, was sie wollen. Vielleicht warten sie auf den günstigen Zeitpunkt zu handeln, oder sie bedienen sich der Schmeichelei. Möglicherweise sagen sie nur einen Teil der Wahrheit, oder sie lügen geradeheraus, anstatt die andere Person direkt zu konfrontieren.

Normalerweise gehen Persephone-Frauen dem Konflikt aus dem Weg. Sie wollen nicht, daß andere Leute zornig auf sie werden. Sie fühlen sich von der Großzügigkeit und dem Wohlwollen anderer Menschen abhängig, die sie richtigerweise als mächtiger einschätzen, als sie selbst es sind. Aus diesem Grund behandeln sie Mutter, Vater, Vorgesetzte und Lehrer wie Gönner, um deren Gunst man buhlen muß.

Der Narzißmus ist eine weitere Fallgrube für manche Persephone-Frauen. Mit der Zeit sind sie unter Umständen so ängstlich auf sich selbst fixiert, daß ihnen die Fähigkeit verlorengeht, eine Beziehung zu anderen Menschen herzustellen. Ihre Gedanken sind von Selbstzweifeln beherrscht: «Wie sehe ich aus? Bin ich witzig genug? Klingt das, was ich sage, intelligent?» Und sie verbrauchen ihr ganzes Geld für Make-up und Kleider. Solche Frauen verbringen Stunden vor dem Spiegel. Die anderen Menschen sind nur dazu da, um ihnen Aufschluß über sich selbst zu geben und ihnen reflektierende Flächen zur Verfügung zu stellen, in denen sie sich selbst bewundern können.

In der Unterwelt: Psychische Krankheit

Im Mythos war Persephone eine gewisse Zeitlang, nämlich als sie in der Unterwelt gefangengehalten wurde, ein trauriges Mädchen, das nicht aß und nicht lächelte. Diese Phase entspricht einer Phase psychischer Krankheit, die einige Persephone-Frauen durchmachen müssen.

Eine Persephone-Frau ist für Depressionen anfällig, wenn sie von Menschen dominiert und eingeschränkt wird, die sie eng an sich binden. Als unsichere Frau hält sie ihren Zorn oder ihre eigene Meinung eher zurück, statt ihnen Ausdruck zu verleihen oder die Situation auf aktive Art zu verändern. Sie behält ihre negativen Gefühle für sich und wird depressiv (nach innen gerichteter Zorn – der *re*pressiv ist – wird zur *De*pression). Gefühle der Isolation, der Unzulänglichkeit und der Selbstkritik tragen das ihrige zur Depression bei.

Wird eine Persephone-Frau depressiv, so handelt es sich dabei um eine undramatische Depression ohne Relief. Ihre zurückhaltende Persönlichkeit tritt noch mehr in den Hintergrund, ihre Passivität wird noch größer, und es gibt keinen Zugang zu ihren Gefühlen. Sie wirkt schmächtig und unwirklich. Genau wie Persephone, die nichts gegessen hatte, als sie zum ersten Mal in die Unterwelt entführt wurde, ißt auch sie nicht, und sie hat nichts zu sagen. Physisch wie auch psychisch wird die Unwirklichkeit mit der Zeit immer ausgeprägter. Eine depressive Persephone ist einer welkenden Blume vergleichbar.

Im Gegensatz dazu ist eine an einer Depression leidende Demeter-Frau wie eine drohend aufragende Gestalt, die eine starke
Wirkung auf jeden Menschen ausübt, der sich in ihrer Nähe befindet. Bevor sie an Depressionen zu leiden begann, war sie unter
Umständen eine energische Frau, eine Zentralfigur, und die Ver-
haltensveränderung, die aufgrund ihrer Depression eintritt, wirkt
um so dramatischer; die Persephone-Frau hingegen, die seit jeher
anspruchslos und bescheiden war, schwindet einfach dahin, wenn
sie einer Depression verfällt.

Dazu kommt, daß eine depressive Demeter-Frau bei allen
Menschen um sich herum wegen der Schuld, die sie ihnen unterstellt, Gefühle der Schuld, der Machtlosigkeit oder des Zorns
wachruft. Im Gegensatz dazu löst eine depressive Persephone-
Frau keine solchen Gefühle in anderen Menschen aus; stattdessen
fühlen sich die anderen von ihr ausgeschlossen. Sie ist diejenige,
die sich schuldig, tadelnswert und machtlos fühlt. Und es kommt
oft vor, daß sie sich für etwas schuldig fühlt, das sie gesagt, gedacht
oder getan hat. Während die depressive Demeter-Frau eine außergewöhnliche Präsenz im Zentrum der Familie ausübt, scheint
die depressive Persephone-Frau im Hintergrund zu verschwinden.

Manche Persephone-Frauen ziehen sich in eine Schattenwelt
aus inneren Bildern, Träumereien und in ein imaginäres Leben
zurück – in eine Welt, zu der nur sie allein Zutritt haben. Eine Frau
hat unter Umständen zu viel Zeit allein verbringen müssen, oder
sie mag sich dorthin zurückgezogen haben, um einer aufdringlichen Mutter oder einem zudringlichen Vater zu entkommen. Eine
meiner Persephone-Patientinnen sagte mir: «Ich hatte meine besonderen Plätze – hinter dem großen braunen Sessel in der Ecke
des Wohnzimmers, unter meinem Baum, dessen Äste den Boden
berührten und mich den Blicken anderer entzogen – wo ich mich
verbergen konnte. Ich befand mich dann jeweils irgendwo, nur
nicht in jenem Haus mit diesen Menschen.»

Hin und wieder wird sie durch ihre Beschäftigung mit ihrer
inneren Welt von den anderen Menschen isoliert, und sie zieht sich
immer dorthin zurück, wenn ihr die reale Welt zu schwierig oder
zu fordernd erscheint. An einem bestimmten Punkt wird unter

Umständen das, was einmal eine Zufluchtsstätte gewesen ist, zum Gefängnis. Wie Laura in Tennessee Williams' Stück *Die Glasmenagerie* kann eine Persephone-Frau in ihrer Phantasiewelt gefangengehalten werden und nicht mehr in der Lage sein, in die Realität zurückzukehren.

Dadurch, daß sie sich allmählich von der Realität entfernen, scheinen einige Persephone-Frauen unmerklich in eine Psychose zu gleiten. Sie leben in einer Welt, die voll symbolischer Bilder und esoterischer Bedeutung ist und haben ein verzerrtes Selbstbild. Manchmal können solche Frauen aufgrund einer Psychose eine Metamorphose durchmachen und diesen Weg benutzen, um aus den Einschränkungen und Verboten auszubrechen, die ihr Leben eingeengt haben. Indem sie vorübergehend psychotisch werden, können sie unter Umständen Zugang zu einer größeren Palette von Gefühlen bekommen und das Bewußtsein ihrer selbst vertiefen.

Psychotiker laufen jedoch Gefahr, in der Unterwelt gefangen zu bleiben. Manche Persephone-Frauen (wie Ophelia in Shakespeares Tragödie *Hamlet*) entfliehen dem realen Geschehen, indem sie psychotisch bleiben, wenn die Realität für sie zu schmerzhaft ist. Viele andere Frauen durchleben diese Erfahrung jedoch mit Hilfe einer Therapie und lernen dadurch, sich zu entwickeln, sich durchzusetzen und unabhängig zu werden.

Nachdem Persephone aus der Unterwelt auftauchte, war Hekate ihre ständige Begleiterin. Hekate, die Göttin des Dunklen Mondes und Hüterin des Dreiweges, herrschte über das unheimliche Reich der Geister und Dämonen, der Hexen und Magier. Die Persephone-Frau, die aus einer Psychose auftaucht, kann eine reflektierende Wahrnehmungsfähigkeit erwerben und die symbolische Bedeutung von Ereignissen intuitiv erkennen. Ist sie wieder gesund und kehrt sie nach dem Aufenthalt in der Klinik wieder in die Welt zurück, so hat sie oft ein Bewußtsein einer anderen Dimension, das symbolisch durch das Motiv von Hekate als ihrer Begleiterin ausgedrückt werden kann.

MÖGLICHKEITEN DER SEELISCHEN
ENTWICKLUNG

Eine Persephone-Frau muß mit der Kore in sich ringen, damit sie sich dazu überwinden kann, eine Verpflichtung einzugehen. Sie muß sich für die Ehe entscheiden und vorbehaltlos ja sagen können. Wenn sie heiratet, kann sie sich dank der Ehe allmählich vom ewigen Mädchen zur reifen Frau entwickeln. Entscheidet sie sich für eine Karriere, so muß sie auch auf diesem Gebiet Verpflichtungen eingehen und sie dann einhalten, was sowohl für ihre persönliche Entwicklung als auch für den beruflichen Erfolg nötig ist.

Die Persephone-Frau kann über Persephone, die Kore, hinauswachsen, wenn sie das Leben selbständig konfrontieren und sich um sich selbst kümmern muß. Bei vielen Töchtern aus dem sogenannten guten Hause ist eine solche Unabhängigkeit zum ersten Mal nach einer Ehescheidung möglich. Bis zu diesem Zeitpunkt haben sie genau das getan, was von ihnen erwartet wurde. Sie sind behütete Töchter gewesen, die den passenden jungen Mann heirateten. Einer der Gründe, weshalb sie sich scheiden lassen, besteht darin, daß sie die Ehe als Gefängnis betrachten. Die Ehe hat sie nicht verändert; statt dessen sind sie nun der Ansicht, daß die Scheidung zu ihrem *Rite de passage*, einer vorübergehenden Zeit des Leidens, wird. Manche Persephone-Frauen können sich nur dann seelisch entwickeln, wenn sie niemanden haben, der die Dinge für sie erledigt oder zum Sündenbock gemacht werden kann. Die Notwendigkeit wird ihr Lehrmeister, wenn sie sich um undichte Wasserhähne und Bankangelegenheiten kümmern oder sich eine Arbeit suchen müssen.

Eine Persephone-Frau kann sich in mehrere verschiedene Richtungen entwickeln, die inhärente Möglichkeiten dieses Archetyps sind, und zwar durch die Aktivierung anderer Göttinnen-Archetypen oder indem sie ihren Animus entwickelt (wie im Kapitel «Aphrodite» beschrieben).

Die Entwicklung zur leidenschaftlichen, sexuellen Frau

Die Persephone-Frau ist unter Umständen eine sexuell teilnahmslose Frau, die entweder das Gefühl hat, sie werde vergewaltigt oder die beim Geschlechtsverkehr einfach willfährig ist. Eine solche Frau mag etwa folgendes sagen: «Eine Woche verstreicht, und ich weiß, daß er sich ärgert, weil wir keinen Sex haben», «ich denke an Kochrezepte, wenn wir Sex haben», «manchmal habe ich tatsächlich Kopfschmerzen», oder «ich mag Sex nicht.» Sie kann sich jedoch auch zu einer sinnlichen Frau wandeln. Viele Frauen, die zu mir in die Praxis kommen, haben mir erzählt, bei ihnen habe eine solche Wandlung stattgefunden; ebenso haben mir dies Männer, die mit mir über dieses Thema gesprochen haben, in bezug auf ihre Ehefrauen bestätigt.

In der Tat ist denn auch eine sexuelle Initiation, die eine Frau mit ihrer eigenen Sexualität in Berührung bringt, ein Potential des Persephone-Archetyps, der mit dem Mythos übereinstimmt. Sobald Persephone zur Königin der Unterwelt geworden war, hatte sie Verbindung oder eine Beziehung zu Aphrodite, der Göttin der Liebe und der Schönheit. Persephone mag den Unterweltsaspekt von Aphrodite repräsentieren; Persephone weist eine mehr introvertierte oder schlummernde Sexualität auf. In der Mythologie wurde Adonis sowohl von Aphrodite als auch von Persephone geliebt, und beide Göttinnen hatten den Granatapfel als Symbol.

Da Persephone die Granatapfelkerne von Hades annahm, stellte sie überdies sicher, daß sie freiwillig zu ihm zurückkehren würde. Mit dieser Handlung endete ihr Dasein als unfreiwillige Braut von Hades. Sie wurde seine Frau und die Königin der Unterwelt, anstatt eine Gefangene zu bleiben. Es kann sein, daß eine Persephone-Frau im realen Leben manchmal erst nach Jahren der Ehe das Gefühl verliert, sie sei die Gefangene eines tyrannischen, selbstsüchtigen Mannes, mit dem sie nur widerwillig verheiratet geblieben ist. Sie kann ihm gegenüber erst dann andere Gefühle entwickeln, wenn sie fähig ist, ihn als verletzlichen, gütigen, unvollkommenen Mann zu sehen, und wenn sie zu würdigen weiß, daß er sie liebt. Verändert sich ihre Vorstellung von ihrer Beziehung, so ist er unter Umständen das erste Mal in ihrer Ehe sicher, daß sie bei ihm bleiben wird und ihn liebt. In diesem neuen Klima des Vertrauens und des Verständnisses wird sie womöglich zum ersten Mal einen Orgasmus erleben und vermag ihren Mann eher als Dionysos, den Gott der Ekstase, denn als Hades, den Entführer, zu betrachten.

Im alten Griechenland führte der berauschende Geist von Dionysos die Frauen zu ekstatischen sexuellen Höhepunkten. Er wurde von den griechischen Frauen verehrt, die in gewissen Zeitabständen ihre traditionelle respektable Rolle aufgaben und Herd und Heim verließen, um an religiösen Orgien teilzunehmen, die in den Bergen stattfanden. Dionysos verwandelte sie in leidenschaftliche Mänaden. Und Tradition und Mythos stellen eine Verbindung zwischen Hades und Dionysos her: Es wurde gesagt, Dionysos habe in den Zeiten, bevor er jeweils auftauchte, in Persephones Haus geschlafen. Der Philosoph Heraklit sagte: «Hades und Dionysos, mit dem sie [die Frauen] rasen und toben, sind einer und derselbe.»[4]

Eine Persephone-Frau der Gegenwart kann eine entsprechende «Dionysos»-Begegnung haben. Eine Frau sagte: «Nachdem ich meinen Mann verlassen hatte, versuchte ich herauszufinden, was in der Ehe fehlgeschlagen war. Ich mußte feststellen, daß einiges meine Schuld gewesen war – ich war verklemmt, gut erzogen und fühlte mich für alles zu fein.» In einem Restaurant traf sie einen Mann, der ihr Geliebter wurde. Er war sehr sinnlich und half ihr, «Gefühle zu haben, von denen ich zuvor nicht einmal gewußt habe, daß es sie gibt.»

DIE AUFDECKUNG DER FÄHIGKEIT ZU EKSTATISCHEN
RELIGIÖSEN ERFAHRUNGEN

Die archetypische Affinität der Göttin Persephone zu Hekate und Dionysos mag einen Schlüssel zu den ekstatischen, numinosen Priesterinnen-Eigenschaften liefern, die gewisse Persephone-Frauen entwickeln. Sie werden von Ritualen berauscht und fühlen sich von einem Gott oder einer Göttin besessen. Im christlichen Glauben können sie «charismatische Persönlichkeiten» sein, die «mit Zungen reden», wenn sie vom Geist ergriffen werden. Und heutzutage, mit dem Wiederaufleben der Verehrung von Göttinnen, wo Kulttänze ihren Geist beschwören, werden gewisse Frauen, die tagsüber gewöhnliche Persephone-Frauen zu sein scheinen, in der Nacht zu einer unheimlichen Hekate oder zu einer dionysischen Mänade.

DAS POTENTIAL, MEDIALE ODER PSYCHOLOGISCHE KRÄFTE ZU ENTWICKELN

Als Führerin der Sterblichen, die die Unterwelt besuchten, um mit den Schatten der Toten zu sprechen, nahm Persephone eine Funktion ein, die metaphorisch gesehen derjenigen von Medien ähnlich ist, die Seancen abhalten und es den Geistern der Toten erlauben, durch sie zu sprechen. Die diffuse Persönlichkeit dieser Medien, ihre generelle Rezeptivität und ihr Fokusmangel erleichtert es ihnen denn auch, ASW aufzunehmen. Damit sie ihre medialen Fähigkeiten entwickeln kann, muß eine Persephone-Frau ihre Identifizierung mit der Kore transzendieren, um das Persephone-Hekate-Element zu entdecken, das keine Angst hat vor dem Unheimlichen, das sich in der Unterwelt zu Hause fühlt und das in seiner Weisheit sieht, wann sich die Frau an einer gefährlichen Kreuzung befindet und den sicheren Weg finden muß.

EINE FÜHRERIN ZUR UNTERWELT WERDEN

Ist eine Persephone-Frau einmal in ihre eigenen Tiefen hinabgestiegen, hat sie das tiefliegende Reich der archetypischen Welt erforscht, und sie hat keine Angst, zurückzukehren und die Erfahrung erneut zu erleben. Erst dann kann sie zwischen der gewohnten und der ungewohnten Realität vermitteln. Sie hat furchteinflößende oder schreckliche irrationale Erfahrungen, Visionen oder Halluzinationen gehabt oder eine numinose, spirituelle Begegnung erlebt. Ist sie in der Lage, das weiterzugeben, was sie dabei gelernt hat, kann sie zur Führerin anderer Menschen werden. Als ich Psychiaterin an einer Klinik war, schrieb Renée ein Buch mit dem Titel *Autobiography of a Schizophrenic Girl,* das mir einen lebhaften Einblick in die subjektive Erfahrung der Psychose gewährte.[5] Eine Persephone-Frau, die in der Unterwelt war und wieder zurückgekommen ist, kann zudem eine Therapeutin und Führerin sein, der es möglich ist, andere Menschen in Fühlung mit ihren eigenen Tiefen zu bringen, indem sie sie dabei anleitet, eine symbolische Bedeutung und ein symbolisches Verständnis von dem, was sie dort antreffen, zu finden.

11. Kapitel

Die Alchimistische Göttin: Aphrodite

Für Aphrodite, die Göttin der Liebe und der Schönheit, stelle ich eine eigene Kategorie auf, der sie als einzige Göttin angehört, nämlich die Kategorie der alchimistischen Göttin; eine angemessene Bezeichnung für den magischen Prozeß oder die Macht der Wandlung, die ihr – als einziger Göttin – eigen war.

In der griechischen Mythologie war Aphrodite eine ehrfurchtsvolle Gestalt, die bewirken konnte, daß sich sowohl Sterbliche als auch Gottheiten (mit Ausnahme der drei jungfräulichen Göttinnen) verliebten und neues Leben empfingen. Für Pygmalion verwandelte sie eine Statue in eine lebende Frau (im Gegensatz dazu verwandelte Athene Menschen in Stein). Sie inspirierte die Dicht- und Redekunst und symbolisiert die transformative und kreative Macht der Liebe.

Obwohl ihr gewisse Eigenschaften eigen sind, die sowohl die jungfräulichen als auch die verletzlichen Göttinnen aufweisen, gehört sie keiner dieser Kategorien an. Als Göttin mit den meisten sexuellen Verbindungen war Aphrodite bestimmt keine jungfräuliche Göttin – obwohl sie wie Artemis, Athene und Hestia das machte, was ihr gefiel. Sie war auch keine verletzliche Göttin – obwohl sie wie Hera, Demeter und Persephone mit Männern eine Beziehung einging und/oder Kinder hatte. Im Gegensatz zu den verletzlichen Göttinnen wurde Aphrodite jedoch nie in die Opferrolle gedrängt und litt auch nie. In all ihren Beziehungen beruhten die Gefühle der Leidenschaft auf Gegenseitigkeit. Aphrodite wurde nie das Opfer einer von ihr nicht gewollten Leidenschaft eines Mannes. Sie maß der gefühlsmäßigen Erfahrung mit anderen mehr Bedeutung bei als der eigenen Unabhängigkeit von anderen (ein Merkmal der jungfräulichen Göttinnen) oder dauernden Bindungen an andere (ein Merkmal der verletzlichen Göttinnen).

Als alchimistische Göttin hat Aphrodite einerseits eine gewisse Ähnlichkeit mit den Göttinnen der anderen zwei Kategorien, andererseits unterscheidet sie sich jedoch deutlich von den Göttinnen beider Kategorien. Für Aphrodite sind Beziehungen wichtig, aber nicht als langfristige Verpflichtungen anderer Menschen gegenüber (die die verletzlichen Göttinnen charakterisieren). Aphrodite sucht sexuelle Beziehungen und erzeugt neues Leben. Dieser Archetyp kann durch den Geschlechtsverkehr oder durch einen kreativen Prozeß ausgedrückt werden. Was sie sucht, weicht von dem ab, was die jungfräulichen Göttinnen suchen, doch dadurch, daß sie ihr Bewußtsein auf das fokussiert, was für sie persönlich von Bedeutung ist, ähnelt sie den jungfräulichen Göttinnen, denn sie läßt sich von anderen nicht von ihrem Ziel ablenken. Dazu kommt, daß ihre Wertvorstellungen völlig subjektiv sind und nicht in Begriffen wie Leistung oder Anerkennung ausgedrückt werden können, weshalb Aphrodite (paradoxerweise) der anonymen, introvertierten Hestia am ähnlichsten ist – die, oberflächlich betrachtet, diejenige der Göttinnen ist, die Aphrodite am wenigsten gleicht.

Wen oder was auch immer Aphrodite mit Schönheit erfüllt, hat eine unwiderstehliche Wirkung. Daraus resultiert eine magnetische Anziehung, «Chemie» findet zwischen den beiden Partnern statt, und sie wünschen sich nichts sehnlicher als eine Vereinigung. Sie verspüren den starken Drang, einander näherzukommen, den Geschlechtsverkehr zu vollziehen – oder den anderen «zu erkennen», wie der biblische Ausdruck dafür lautet. Obwohl dieser Drang rein sexueller Natur sein kann, liegt der Antrieb dazu oft tiefer und repräsentiert einen Drang, der sowohl psychologischer als auch spiritueller Art ist. Geschlechtsverkehr ist synonym mit Kommunikation oder Kommunion: die Vollziehung des Akts mag von einem Drang nach Ganzheit und Vollendung zeugen; Vereinigung ist das zum Einen Verschmelzen, und Erkennen ist sich gegenseitig wirklich verstehen. Der Wunsch zu erkennen und erkannt zu werden ist das, was Aphrodite erzeugt. Führt dieser Wunsch zu körperlicher Intimität, so kann daraus eine Schwangerschaft und neues Leben entstehen. Ist die Vereinigung eine Vereinigung des Geistes, des Herzens oder der Spiritualität, dann entsteht neues Wachstum auf der psychologischen, gefühlsmäßigen oder spirituellen Ebene.

Beeinflußt Aphrodite eine Beziehung, so ist ihre Wirkung nicht auf das Gefühlsleben oder das Sexuelle beschränkt. Eine platonische Liebe, eine Seelenverwandtschaft, eine tiefe Freundschaft, ein psychischer Rapport oder ein empathisches Verständnis, all dies sind Ausdrucksformen der Liebe. Immer wenn Wachstum erzeugt, eine Vision unterstützt, ein Potential entwickelt, ein Funke der Kreativität entzündet wird – wie dies bei der Tätigkeit als Mentor, Berater oder bei Eltern, bei leitenden Funktionen, beim Unterrichten, Redigieren sowie in der Psychotherapie und Analyse geschehen kann – ist Aphrodite zugegen, die auf die beiden Menschen einwirkt.

Die Qualität des Bewusstseins: Wie «Rampenlicht»

Die Qualität des mit Aphrodite assoziierten Bewußtseins ist einzigartig. Die jungfräulichen Göttinnen werden mit einem fokussierten Bewußtsein in Verbindung gebracht und verkörpern diejenigen Archetypen, die eine Frau dazu befähigen, sich auf das zu konzentrieren, was für sie von Bedeutung ist. Die Rezeptivität der verletzlichen Göttinnen wird mit dem schwebenden Bewußtsein gleichgesetzt. Aphrodite hingegen weist eine ihr völlig eigene Qualität des Bewußtseins auf; ich nenne es das Aphrodite-Bewußtsein. Das Aphrodite-Bewußtsein ist sowohl fokussiert als auch rezeptiv; mit einem solchen Bewußtsein kann eine Situation überschaubar werden und man wird gleichzeitig von ihr beeinflußt.

Das Aphrodite-Bewußtsein ist fokussierter und intensiver als das schwebende Bewußtsein der verletzlichen Göttinnen. Es ist jedoch gegenüber dem, auf das fokussiert wird, rezeptiver und rücksichtsvoller als das fokussierte Bewußtsein der jungfräulichen Göttinnen. Folglich ist es weder wie eine Wohnzimmerlampe, die innerhalb ihres Lichtkegels alles in ein warmes, sanftes Licht taucht, noch ist es wie das Licht eines Spots oder eines Laserstrahls. Ich stelle mir das Aphrodite-Bewußtsein wie eine Theaterbeleuchtung vor, die die Bühne erhellt. Betrachten wir etwas in diesem Rampenlicht, so wird die Wirkung, die die Erfahrung auf uns ausübt, gesteigert, dramatisiert oder wie durch eine Linse vergrößert. Wir nehmen das, was wir sehen und hören, in uns auf und reagieren darauf. Diese spezielle Beleuchtung hilft uns dabei, von einer Symphonie gefühlsmäßig mitgerissen oder von einem Schauspiel oder den Worten eines Redners berührt zu werden; Gefühle, Sinneseindrücke und Erinnerungen werden als Reaktion auf das, was wir sehen und hören, aus uns herausgeholt. Die Menschen auf der Bühne können ihrerseits vom Publikum inspiriert werden und von dem auf sie gerichteten Rapport Energie empfangen.

Das, was im «Rampenlicht» steht, absorbiert unsere Aufmerksamkeit. Wir werden mühelos von dem, was wir sehen, angezogen, und wir sind in unserer Konzentration entspannt. Was auch immer wir im goldenen Licht des Aphrodite-Bewußtseins sehen, wirkt faszinierend: Das Gesicht oder der Charakter eines Menschen, eine Idee über das Wesen des Universums oder die Transparenz oder Form einer Porzellanvase.

Jeder, der sich in einen Menschen, einen Ort, eine Idee oder einen Gegenstand verliebt, fokussiert und nimmt es mit dem Aphrodite-Bewußtsein in sich auf. Doch nicht jeder, der über das Aphrodite-Bewußtsein verfügt, ist verliebt. Aphrodites «verliebte» Art, sich um einen anderen Menschen zu kümmern, als wäre dieser Mensch faszinierend und schön, ist charakteristisch für Frauen, die diesen Archetyp personifizieren, und es ist für viele Frauen (und Männer), die die Menschen gern haben und ihre totale Aufmerksamkeit intensiv auf sie fokussieren, ein natürlicher Weg, um eine Beziehung zu ihnen herzustellen und Informationen zu sammeln.

Eine solche Frau erfaßt die Menschen auf die gleiche Art wie ein Weinkenner die Eigenschaften eines interessanten, ihm unbekannten Weins feststellt und sich damit befaßt. Um diese Metapher völlig würdigen zu können, sollten Sie sich einen Weinliebhaber vorstellen, der sich darauf freut, einen ihm nicht bekannten Wein kennenzulernen. Er (oder sie) hält den Kelch gegen das Licht, um Farbe und Klarheit des Weins bestimmen zu können, er atmet das Bukett des Weins ein, kostet langsam ein Schlückchen, um den Charakter und die Weichheit des Weins zu erfassen und genießt sogar den Nachgeschmack. Es wäre jedoch ein Fehler, nun anzunehmen, der Wein sei etwas Besonderes, er werde geschätzt oder sogar genossen, bloß weil der Weinliebhaber ihm diese «liebevolle Aufmerksamkeit» und dieses Interesse zuteil werden läßt.

Dies ist der Fehler, den Menschen oft machen, wenn sie auf eine Frau mit einem Aphrodite-Bewußtsein reagieren. Sie sonnen sich im Glanz ihres Fokus, sie fühlen sich attraktiv und interessant, während Aphrodite sie flink ins Rampenlicht stellt und (statt urteilend oder kritisch) liebevoll oder positiv auf sie reagiert. Es ist ihre Art, sich auf das, was sie interessiert, aufrichtig und ganz einzulassen, wenn auch vielleicht nur vorübergehend. Dies kann eine verführerische Wirkung auf den anderen Menschen haben – und auch irreführend sein, wenn ihre Art des Interagierens den Eindruck erweckt, sie sei fasziniert oder verliebt, wenn sie es nicht ist.

DAS APHRODITE-BEWUSSTSEIN: KREATIVITÄT UND KOMMUNIKATION

Ich entdeckte das Aphrodite-Bewußtsein, als ich feststellen mußte, daß das, was ich bei meiner psychotherapeutischen Arbeit tue, weder mit dem Begriff des «fokussierten Bewußtseins» noch mit demjenigen des «schwebenden Bewußtseins» beschrieben werden kann. Als ich mich mit Künstlern und Schriftstellern über dieses Thema unterhielt, fand ich heraus, daß bei der kreativen Arbeit eine weitere Form des Bewußtseins am Werk ist, das ich schließlich «Aphrodite-Bewußtsein» nannte.

Ich bemerkte, daß während einer therapeutischen Sitzung verschiedene Prozesse gleichzeitig ablaufen. Ich bin darin vertieft, meinem Patienten zuzuhören, der meine Aufmerksamkeit und mein Mitgefühl ganz in Anspruch nimmt. Zugleich ist mein Verstand aktiv und stellt Assoziationen zu dem her, was ich höre. Dinge, die ich von dieser Person bereits weiß, kommen mir in den Sinn – vielleicht ein früherer Traum, irgend etwas, das ich über ihre Familie weiß, Vorfälle der Vergangenheit oder Ereignisse der Gegenwart, die die betreffende Person erlebt hat und die von Bedeutung sein könnten. Manchmal steigt ein Bild auf, oder es stellt sich eine Metapher ein. Oder ich habe vielleicht in bezug auf das vom Patienten oder der Patientin vorgebrachte Material oder auf die Art und Weise, wie es mir mitgeteilt wird, eine gefühlsmäßige Reaktion, die ich mir dann merke. Mein Verstand arbeitet aktiv, jedoch auf rezeptive Art und wird dadurch, daß ich ganz in die andere Person versunken bin, stimuliert.

Das, worauf ich während einer analytischen Sitzung reagiere, ist wie ein Stein eines großen Mosaiks, ein wichtiges Detail eines viel größeren, nur teilweise vollständigen Bildes dieses Menschen, der bei mir in Therapie ist, eines Menschen, mit dem zusammen ich in einem gegenseitigen Prozeß involviert bin. Wenn wir uns mit der Wandlungsarbeit beschäftigen, wird ein gefühlsmäßiges Klima erzeugt, das kraftvoll genug ist, um uns beide zu berühren. Wie Jung bemerkt, umfaßt die Analyse die Gesamtheit der Persönlichkeit beider Personen. Sowohl bewußte Haltungen als auch unbewußte Elemente des Arztes und des Patienten sind in einem Prozeß enthalten, von dem beide tief berührt werden: «Das Zusammentreffen von zwei Persönlichkeiten ist wie die Mischung zweier verschiedener chemischer Körper: tritt eine Verbindung überhaupt ein, so sind beide gewandelt.» [1]

Bei meiner Arbeit als Therapeutin wurde mir allmählich klar, daß ich – zusätzlich zum interaktiven, rezeptiven Aphrodite-Bewußtsein, das Veränderungen und eine seelische Entwicklung erleichtert – auch eine optimale gefühlsmäßige Distanz aufrechterhalten muß. Wenn ich zu sehr mit meinem Patienten mitfühle oder mich zu stark mit ihm identifiziere, mangelt es mir an der notwendigen Objektivität. Ist meine Distanz zu meinem Patienten

328

jedoch zu groß, und mangelt es mir an Liebe ihm gegenüber, bin ich nicht fähig, die entscheidene empathische Verbindung herzustellen, ohne die nicht genug Wandlungsenergie vorhanden ist, damit eine tiefgreifende Veränderung stattfinden kann. Gemäß Aphrodite, welche so unverletzlich wie eine jungfräuliche Göttin und so beziehungsorientiert wie eine verletzliche Göttin war, wohnen dem Aphrodite-Bewußtsein beide Eigenschaften inne.

Das Aphrodite-Bewußtsein ist bei jeder kreativen Arbeit präsent, einschließlich derjenigen Arbeit, die in der Abgeschiedenheit durchgeführt wird. Der «Beziehungs»-Dialog, aus dem etwas Neues entsteht, läuft dann zwischen der Person und der Arbeit ab. Beobachten Sie zum Beispiel einmal den Prozeß, der stattfindet, wenn eine Malerin sich mit Farbe und Leinwand auseinandersetzt. In völliger Versunkenheit findet ein Austausch statt: Die Malerin reagiert auf die kreativen Zufälle, die durch Farbe und Pinsel hervorgerufen werden, sie ist dafür rezeptiv; sie setzt energisch und mit kühnen Strichen Nuancen und Farben; und dann, wenn sie sieht, was geschieht, reagiert sie darauf. Es findet eine Wechselwirkung statt; Spontaneität wird mit Können kombiniert. Es entsteht ein wechselseitiges Spiel zwischen Künstlerin und Leinwand, und als Resultat ist etwas erschaffen worden, das zuvor noch nie existierte.

Dazu kommt, daß die Malerin, während sie auf das Detail fokussiert, sich in ihrem Bewußtsein gleichzeitig der ganzen Leinwand bewußt ist. Hin und wieder tritt sie einen Schritt zurück und betrachtet objektiv, was sie so subjektiv und versunken geschaffen hat. Sie ist absorbiert, versunken – aber doch gleichzeitig irgendwie losgelöst und objektiv.

Bei positiven Kommunikationsvorgängen wie auch bei kreativen Prozessen ist eine Wechselwirkung vorhanden. Eine Konversation kann zum Beispiel banal, sinnlos, verletzend sein – oder es kann sich dabei um eine Kunstform handeln, die genauso spontan, bewegend und wunderbar ist wie eine musikalische Improvisation oder eine *Jam Session*, bei der die Seele mit der Musik zu fliegen beginnt, sich im einen Augenblick zu ekstatischen Höhen emporschwingt und im nächsten bei einem tiefen Akkord verweilt. Die Wechselwirkung ist in ihrer Form spontan, mag in ihrer Substanz jedoch tief und bewegend sein. Die Gesprächspartner sind begeistert und machen neue Entdeckungen, da jeder beim anderen eine Antwort auslöst. Sie erfahren gegenseitig das Aphrodite-Bewußtsein, das das Energiefeld oder den Hintergrund schafft, indem sich Kommunikation oder Kreativität entfalten kann. Wie die Musik weitergeht oder wie sich das Gespräch entwickeln wird, ist zu Beginn ungewiß und auch nicht geplant. Das Entdecken – die Geburt von etwas Neuem – ist ein Schlüsselelement der Kreativität wie auch der Kommunikation.

Immer wenn das Aphrodite-Bewußtsein zugegen ist, wird Energie erzeugt: Liebende strahlen vor Wohlbehagen und vermehrter Energie; die Konversation ist sprühend und stimuliert Gedanken und Gefühle. Wenn zwischen zwei Menschen eine wirkliche Begegnung stattfindet, empfangen beide Energie aus der Begegnung und fühlen sich vitaler als zuvor, und zwar unabhängig vom Thema – das in einer Therapie sehr schmerzlich sein kann. Die Arbeit wirkt eher belebend denn auslaugend. Sind wir ganz in den Menschen, bei dem wir uns befinden oder in das, was wir tun, versunken, so verlieren wir das Zeitgefühl – eine Eigenschaft , die Aphrodite und Hestia gemeinsam ist.

TRÄGER VON VISIONEN

Damit ein Traum wahr wird, muß man einen Traum haben, daran glauben und auf seine Verwirklichung hinarbeiten. Wenn ein anderer Mensch, der einem wichtig ist, daran glaubt, daß der Traum Wirklichkeit werden kann, so ist dies oft wesentlich: Dieser Mensch ist Träger einer Vision, und sein Glaube daran ist oft von grundlegender Bedeutung. Daniel Levinson beschreibt in *Seasons of a Man's Life* die Funktion, die eine «besondere Frau» ausübt, wenn sie einem Mann nahesteht, der sich in der Übergangsphase zwischen Adoleszenz und Erwachsenenalter befindet. Levinson vertritt die Ansicht, daß eine solche Frau in einem besonderen Zusammenhang mit der Verwirklichung seines Traums steht. Sie hilft dem jungen Mann, den Traum zu gestalten und ihn auszuleben. Sie teilt ihn mit dem Mann, sie glaubt an ihn als den Helden des Traums, sie erteilt dem Traum ihren Segen, sie begleitet den Jüngling auf der Reise und bietet ihm eine Zufluchtsstätte, wo er sich seine Sehnsüchte ausmalen kann und wo seine Hoffnungen genährt werden.[2] Diese besondere Frau ist der «Hetaira»[3], die Toni Wolff beschreibt, ähnlich (im Altgriechischen kennzeichnete der Begriff Hetaira (Hetäre) eine gebildete, kultivierte und für jene Zeiten außergewöhnlich freie Frau; in gewisser Hinsicht kann sie mit einer japanischen Geisha verglichen werden) – sie ist eine Art Frau, deren Beziehungen zu Männern sowohl erotische als auch kameradschaftliche Aspekte aufweisen. Sie kann seine *femme inspiratrice* oder seine Muse sein. Gemäß Toni Wolff befruchtet die Hetaira die Kreativität eines Mannes und hilft ihm dabei, sie zu entwickeln. Toni Wolff, Analytikerin Jungscher Richtung und ehemalige Patientin von Jung, war seine Kollegin, und, manche behaupten es zumindest, auch seine Geliebte. Sie selbst mag vielleicht Jungs «besondere Frau» gewesen sein, eine Hetaira, die Jung zu seiner Theorie inspirierte.

Manchmal hat eine Frau die Gabe, mehrere oder viele Männer anzuziehen, die sie alle als ihre besondere Frau betrachten; sie besitzt die Fähigkeit, das Potential dieser Männer zu erkennen, an ihre Träume zu glauben und die Männer dazu zu inspirieren, sie zu verwirklichen. Lou Andreas Salomé war zum Beispiel die besondere Frau, Muse, Kollegin und erotische Gefährtin einer Anzahl berühmter und kreativer Männer, einschließlich Rilke, Nietzsche und Freud.[4] Frauen wie Männer müssen sich vorstellen können, daß ihr Traum möglich ist, und sie müssen einen anderen Menschen haben, der sie und ihren Traum mit dem wachstumsfördernden Aphrodite-Bewußtsein betrachtet. Es wird darüber spekuliert, weshalb es so wenig berühmte Künstlerinnen, Küchenchefinnen, Dirigentinnen oder Philosophinnen gibt – einer der Gründe mag darin bestehen, daß es Frauen an Trägern von Träumen mangelt. Frauen haben die Träume der Männer genährt, während die Männer im allgemeinen die Träume der Frauen in ihrem Leben nicht sehr gut genährt haben.

Diese Sachlage ist zum Teil eine Folge der stereotypen Rollen, die die Phantasie eingeschränkt und die Möglichkeiten der Frauen beschnitten haben. Greifbare Hindernisse werden jedoch langsam abgebaut, und es gibt heutzutage auch eine breite Palette an neuen Rollenmodellen.

DER PYGMALION-EFFEKT

Ich glaube, daß der Träger einer Vision – es kann sich dabei um einen Therapeuten, Mentoren, Lehrer oder Elternteil männlichen oder weiblichen Geschlechts handeln –, unter dessen Einfluß andere Menschen aufblühen und ihre Talente zu entwickeln beginnen, das hervorruft, was Robert Rosenthal, ein Experimentalpsychologe, den Pygmalion-Effekt nannte.[5] Dieser Begriff beschreibt die kraftvolle Wirkung, die positive Erwartungen auf das Verhalten anderer Menschen ausüben können. Rosenthal hat diesen Effekt nach Pygmalion benannt, der sich in die von ihm selbst geschaffene Statue einer vollkommenen Frau verliebte, eine Statue, die von Aphrodite zum Leben erweckt und zur Galatea wurde. (In ähnlicher Weise verwandelte Henry Higgins in George Bernard Shaws Komödie *Pygmalion* ein Cockney-Blumenmädchen in eine elegante Dame – in die er sich dann verliebte. Shaws Komödie bot die Grundlage für Alan Jay Lerners Broadway-Stück *My Fair Lady*.)

Rosenthal hat herausgefunden, daß die Schüler sich gemäß den positiven oder negativen Erwartungen entwickeln, die die Lehrer in sie setzen. Er führte eine Studie über Schulkinder aus Ghettos durch, deren schulische Leistungen schlechter wurden, je länger sie zur Schule gingen. Diese Kinder haben meistens Lehrer, die davon überzeugt sind, daß diese Kinder minder intelligent und nicht lernfähig sind. Rosenthal stellte ein Forschungsprojekt auf, um herauszufinden, was zuerst kommt: Die Erwartung der Lehrer oder die Leistung der Kinder. Aufgrund seiner Studie kam er zu dem Schluß, daß unsere Erwartungen einen außerordentlich großen Einfluß auf andere Menschen haben, dessen wir uns meist nicht bewußt sind.

Als ich Rosenthals Forschungsbericht las, dachte ich an meine Patientin Jane, die aus einem spanischsprachigen Elternhaus stammt und zuerst als langsame Schülerin betrachtet wurde. Als sie in die vierte Klasse kam, war sie, was den Lernstoff betraf, hinter ihren Klassenkameradinnen zurückgeblieben, und ich hatte genau wie ihre früheren Lehrer das Gefühl, sie sei nicht intelligent. Ihre Lehrerin sah Jane jedoch in einem anderen Licht, brachte sie zum Sprechen und übertrug ihr Aufgaben, wobei sie erwartete, daß Jane sie erfüllen würde. Die ihr entgegengebrachte Aufmerksamkeit machte aus dem neunjährigen Mädchen eine erstklassige Schülerin, die nun in der Klasse ungezwungen sprach und sich in ihrer Haut wohlfühlte. Jahre später wurde Jane selbst eine begeisterte Lehrerin, die das Potential ihrer Schüler erkannte und hervorbrachte.

Aphrodites Pygmalion-Effekt steht ebenfalls mit dem, was ich als ihre Alchemie betrachte, in Zusammenhang. Im mittelalterlichen Europa war die Alchemie einerseits ein physikalischer Vorgang, bei dem verschiedene Substanzen im Bemühen gemischt wurden, weniger wertvolle Materialien in Gold zu verwandeln; andererseits handelte es sich bei der Alchemie um ein esoterisches und psychologisches Bestreben, die Persönlichkeit des Alchemisten zu verändern. Wir erfahren Aphrodites Alchemie, wenn wir uns von einer andern Person angezogen fühlen und uns in sie verlieben; wir spüren sie, wenn wir von ihrer Kraft der Wandlung und Kreativität berührt werden; wir erkennen sie, wenn wir unsere Fähigkeit zu schätzen wissen, mit der wir das, worauf wir fokussieren, schön und wertvoll machen, weil es von unserer Liebe erfüllt ist. Was auch immer gewöhnlich und unentwickelt ist, ist das «weniger wertvolle» Material des täglichen Lebens, das durch Aphrodites kreativen, alchemistischen Einfluß in «Gold» verwandelt werden kann – und zwar auf die gleiche Art, wie Pygmalions Galatea-Statue durch die Liebe in eine echte, lebende Frau verwandelt wurde.

12. Kapitel

Aphrodite: Göttin der Liebe und der Schönheit, kreative Frau und Geliebte

APHRODITE – DIE GÖTTIN

Aphrodite, die Göttin der Liebe und der Schönheit, von den Römern Venus genannt, war die schönste aller Göttinnen. Dichter schilderten die Schönheit ihres Gesichts und ihrer Gestalt, das goldene Haar und die schimmernden Augen, die weiche Haut und die wunderschönen Brüste. Für Homer war sie die «Freundin des Lächelns», voller unwiderstehlichem Charme. Sie war das bevorzugte Thema von Bildhauern, die sie nackt oder nur teilweise bekleidet darstellten, so daß ihr anmutiger, sinnlicher Körper zur Geltung kam – die Venus von Milo und die Aphrodite von Knidos, die uns nur durch römische Nachahmungen bekannt sind, stellen die berühmtesten von vielen Skulpturen dar.

«Golden» war das von den Griechen am häufigsten verwendete Beiwort, mit dem Aphrodite beschrieben wurde – es hatte für die Griechen die Bedeutung von «schön». Und gemäß Paul Friedrich, einem bekannten Wissenschaftler auf dem Gebiet der Aphrodite-Forschung, stehen *Gold/Honig, Gold/Reden, Gold/ Samen* in einem linguistischen Zusammenhang, ein Symbol für Aphrodites tiefere Werte der Hervorbringung von Leben und der verbalen Kreativität.[1] Aphrodite wurde mit den Tauben assoziiert, jenen schnäbelnden und turtelnden Vögeln, mit den Schwänen, die für ihre Schönheit und Paarung bekannt sind, mit Blu-

men, vor allem mit Rosen, dem traditionellen Geschenk der Lie-
benden, mit süßen Düften und Früchten, vor allem mit goldenen
Äpfeln und sinnlichen, leidenschaftlich-roten Granatäpfeln (ein
Symbol, das sie mit Persephone gemeinsam hat).

GENEALOGIE UND MYTHOLOGIE

Es gibt zwei Versionen der mythologischen Geburt und Herkunft von Aphrodite. Hesiod und Homer erzählen zwei einander
widersprechende Geschichten.

Nach Homers Version verlief Aphrodites Geburt auf herkömmliche Weise. Sie war einfach die Tochter von Zeus und Dione,
einer Meeresnymphe.

In Hesiods Version war Aphrodites Geburt die Frucht einer
gewalttätigen Handlung. Kronos (der spätere Herrscher der Titanen und Vater der ersten Generation der Olympier), nahm eine
Sichel zur Hand, schnitt die Genitalien seines Vaters Uranus ab und
warf sie ins Meer. Als sich das Sperma mit dem Meer vermischte,
sammelte sich um die Genitalien weißer Schaum, aus dem Aphrodite geboren wurde, die nach dieser ozeanischen Empfängnis als
ausgewachsene Göttin den Wellen entstieg.

Das Bild von Aphrodites Auftauchen aus dem Meer ist in der
Renaissance von Botticelli mit der «Geburt der Venus» unsterblich
gemacht worden. Sein Gemälde zeigt eine anmutige und zierliche
Gestalt, die auf einer Muschel steht und von fliegenden Windgöt-
tern unter einem Schauer von Rosen an Land geblasen wird.

Man sagt, Aphrodite sei zum ersten Mal entweder auf der Insel
Kythera oder auf Kypros an Land gekommen. Dann wurde sie in
Begleitung von Eros (Liebe) und Himeros (liebendes Verlangen)
zu den versammelten Göttern geleitet und als eine der Ihren empfangen.

Nicht wenige der von Aphrodites Schönheit geblendeten Götter wetteiferten darum, wer um ihre Hand anhalten dürfe. Im Gegensatz zu anderen Göttinnen, die weder ihren Ehemann noch
ihren Geliebten selbst gewählt hatten (Persephone war entführt,
Hera verführt, Demeter vergewaltigt worden), konnte Aphrodite

frei wählen. Sie entschied sich für Hephaistos, den lahmen Gott der Handwerker und Schmiedegott. Auf diese Weise wurde Heras verstoßener Sohn Aphrodites Ehemann – und sollte von ihr des öfteren zum Hahnrei gemacht werden. Ihre Ehe mag die Verbindung von Schönheit und Handwerk bedeuten, aus der die Kunst entstand.

In ihren Liebschaften vereinigte sich Aphrodite mit olympischen Göttern der zweiten Generation, also eher mit Vertretern der Generation der Söhne als mit solchen der Generation der Vater-Figuren wie Zeus, Poseidon und Hades. Aphrodite unterhielt eine Beziehung zu Ares, dem Kriegsgott, mit dem sie eine langfristige Liebesaffäre und mehrere Kinder hatte. Ein weiterer Geliebter war Hermes, der Götterbote, der die Seelen zur Unterwelt führte, und der Patron der Reisenden, Athleten, Diebe und Kaufleute sowie auch der Gott der Kommunikation, der Erfinder der Musikinstrumente und der Schelm der Olympier war.

Mit Ares hatte Aphrodite drei Kinder: Eine Tochter, Harmonia (Eintracht), und zwei Söhne, Deimos (Gewalt) und Phobos (Angst), die ihren Vater in die Schlachten begleiteten. Aphrodite und Ares repräsentieren die Verbindung der zwei am wenigsten zu kontrollierenden Leidenschaften – nämlich die Liebe und den Haß, die in vollkommener Ausgewogenheit Eintracht erzeugen könnten.

Das Kind, das der Vereinigung von Aphrodite mit Hermes entsprang, war der zweigeschlechtliche Gott Hermaphroditos, der die Schönheit beider Elternteile erbte, ihre beiden Namen trug, und die sexuellen Merkmale von beiden aufwies. Symbolisch gesehen kann Hermaphroditos die Bisexualität repräsentieren (erotische Anziehung zu beiden Geschlechtern) oder die Androgynität (wenn Eigenschaften oder Fähigkeiten in einer einzigen Person vorhanden sind, die herkömmlicherweise als rein maskulin oder rein feminin betrachtet werden).

Einigen Schilderungen zufolge handelte es sich bei Eros, dem Gott der Liebe, um einen weiteren Sohn Aphrodites. Wie auch bei Aphrodite sind die Berichte über seinen mythologischen Ursprung und sein Auftauchen im Kosmos widersprüchlich. Hesiod erzählt, Eros sei eine der Urkräfte der Schöpfung gewesen und vor den Titanen und Olympiern dagewesen. Eros wurde auch als ein Gott betrachtet, der Aphrodite begleitete, als sie dem Meer entstieg. Spätere Mythen beschreiben ihn jedoch als vaterlosen Sohn von Aphrodite. Die Griechen stellten ihn normalerweise als virilen jungen Mann dar, wie auch die Römer, die ihn Amor nannten. Mit der Zeit wurde Eros, der mythologisch als Urkraft begann, immer unbedeutender, und heute wird er nur noch als Säugling in Windeln mit einem Bogen und einem Köcher voll Pfeilen dargestellt und ist unter dem Namen Cupido bekannt.

APHRODITE UND DIE STERBLICHEN

Aphrodites Beziehungen zu sterblichen Männern spielten in ihrem Mythos ebenfalls eine wichtige Rolle. In einigen Mythen eilte sie Männern zu Hilfe, die sie um Beistand anflehten. Sie reagierte zum Beispiel auf die Gebete von Hippomenes, am Vorabend seines Wettlaufs mit Atalanta. Aphrodite schenkte ihm das Leben und half ihm, die Frau zu bekommen, die er liebte.

Wie schon früher erwähnt, kam Aphrodite auch in der Legende von Pygmalion, dem König von Zypern vor. Pygmalion gestaltete eine Statue aus Elfenbein, die seine Idealfrau verkörperte – und je länger er sie betrachtete, desto mehr verliebte er sich in sein eigenes Werk. Bei einem Fest zu Ehren der Göttin Aphrodite bat er die Göttin um eine Frau, die wie seine Statue wäre. Als er später die Elfenbeinstatue küßte, wurde sie lebendig. Aus der Statue war Galatea geworden, die er heiratete – Aphrodite hatte sein Gebet erhört.

Die Göttin der Liebe und der Schönheit hatte auch viele Liebesverhältnisse mit sterblichen Männern. Als Aphrodite zum Beispiel Anchises sah, der sein Vieh an einer Berglehne weiden ließ, wurde sie von leidenschaftlichem Verlangen nach ihm ergriffen (ein Sterblicher «begabt mit göttlicher Schönheit», wie Homer ihn beschrieb). Indem sie vorgab, eine wunderschöne Jungfrau zu sein, entfachte sie mit ihren Worten seine Leidenschaft und verführte ihn.

Als er später einschlief, entledigte sie sich ihrer weltlichen Verkleidung und weckte ihren schlafenden Geliebten. Sie tat ihm kund, sie würde einen Sohn, Äneas, gebären, der als der legendäre Gründer von Rom berühmt werden würde; zugleich warnte sie ihn, jemandem zu enthüllen, daß sie die Mutter seines Sohns sei. Es wird berichtet, daß Anchises später einmal zuviel getrunken habe und mit seiner Liebesaffäre mit Aphrodite geprahlt habe – worauf er von einem Blitz getroffen und zum Krüppel gemacht wurde. Ein weiterer berühmter sterblicher Geliebter war Adonis, ein gutaussehender junger Jäger. Aphrodite bangte um sein Leben und warnte ihn, er solle wilden Tieren aus dem Weg gehen, doch der Reiz der Jagd und Adonis' Unerschrockenheit waren stärker als Aphrodites Rat. Eines Tages stöberten seine Hunde auf der Jagd einen wilden Eber auf. Adonis verwundete das Tier mit seinem Speer, worauf es vor Schmerz rasend, auf ihn losrannte und ihn auf grausame Art in Stücke riß.

Nach seinem Tod wurde es Adonis erlaubt, für einen Teil des Jahres aus der Unterwelt zu Aphrodite zurückzukehren (Aphrodite teilte ihn mit Persephone). Dieser mythische Zyklus von Tod und Wiederkehr bildete die Grundlage für den Adonis-Kult. Seine jährliche Wiederkehr zu Aphrodite symbolisiert die Wiederkehr der Fruchtbarkeit.

Auch Frauen wurden stark von Aphrodite beeinflußt. Da sie sich Aphrodites Diktat unterwerfen mußten und sich nicht dagegen wehren konnten, sich zu jemandem hingezogen zu fühlen, den Aphrodite für sie bestimmt hatte, fand sich eine Sterbliche unter Umständen in großer Gefahr wieder, wie dies der Mythos von Smyrna belegt.

Smyrna, die Tochter eines Priesters von Aphrodite, verliebte sich leidenschaftlich in ihren eigenen Vater. In den verschiedenen Versionen dieser Geschichte war Aphrodite die Urheberin dieser verbotenen Leidenschaft, und zwar entweder weil Smyrnas Mutter sich damit gebrüstet hatte, ihre Tochter sei schöner als Aphrodite oder weil Smyrna es unterlassen hatte, Aphrodite in gebührender Weise zu verehren. Auf jeden Fall näherte sich die verkleidete Smyrna ihrem Vater in der Dunkelheit und wurde seine geheime Geliebte. Nach verschiedenen heimlichen Treffen entdeckte er, daß es sich bei dieser verführerischen Frau um seine eigene Tochter handelte. Von Schrecken und Ekel erfaßt und vom Bedürfnis getrieben, sie für das, was sie zusammen genossen hatten zu bestrafen, versuchte er, sie zu töten. Smyrna floh. Genau in dem Augenblick, wo er sie einholte, rief sie die Götter an, sie zu retten. Unverzüglich wurde ihr Gebet erhört: Sie wurde in den wohlriechenden Myrrhenbaum verwandelt.

Phaidra war ein weiteres Opfer der Macht, die Aphrodite ausübte. Sie war die unglückliche Stiefmutter von Hippolytos, einem gutaussehenden jungen Mann, der sein Leben Artemis und der Keuschheit geweiht hatte. Aphrodite benutzte Phaidra als Werkzeug, um ihr Mißfallen Hippolytos gegenüber kundzutun, der sich weigerte, die Göttin der Liebe oder deren Riten zu ehren – Aphrodite veranlaßte, daß Phaidra sich hoffnungslos in ihren Stiefsohn verliebte.

Im Mythos versuchte Phaidra ihrer Leidenschaft zu widerstehen und kämpfte gegen ihr verbotenes Verlangen, worauf sie krank wurde. Schließlich fand eine Magd den Grund für Phaidras Elend heraus und wandte sich an Phaidras Stelle an den jungen Mann. Er war derart empört und entsetzt über die Andeutung, er solle mit seiner Stiefmutter eine Liebesbeziehung anknüpfen, daß er – in Phaidras Hörweite – eine Schimpftirade gegen sie losließ.

Die gedemütigte Phaidra erhängte sich, nicht ohne einen Abschiedsbrief zu hinterlassen, in dem sie Hippolytos fälschlicherweise bezichtigte, er habe sie vergewaltigt. Als sein Vater Theseus zurückkehrte, seine tote Frau und den Brief fand, rief er Poseidon, den Meeresgott an, damit dieser seinen Sohn töte. Als Hippolytos in seinem Wagen der Küste entlangfuhr, schickte Poseidon riesige Wellen und ein Meeresungeheuer, um die Pferde von Hippolytos zu erschrecken. Der Wagen überschlug sich, und Hippolytos fand den Tod. Auf diese Weise kam Aphrodite zu ihrer Rache – auf Phaidras Kosten.

Psyche und Atalanta waren zwei sterbliche Frauen, die durch Aphrodites Einfluß verwandelt wurden. Im Mythos von Eros und

Psyche hatte Psyche das Unglück, so schön zu sein, daß die Männer sie «eine zweite Aphrodite» nannten. Folglich brachten sie ihr die Ehrerbietungen und den Respekt entgegen, die der Göttin zustanden, was Aphrodite beleidigte.

In diesem Mythos suchte Psyche die Göttin auf, deren Groll sie sich zugezogen hatte. Aphrodite trug ihr vier unmögliche Aufgaben auf, wobei eine jede zu Beginn Psyches Fähigkeiten zu übersteigen schien. Doch dank Hilfe von unerwarteter Seite waren Psyches Anstrengungen in allen vier Fällen von Erfolg gekrönt. Indem sie Psyche die Aufgaben stellte, wirkte Aphrodite als Wandlungskraft, durch die Psyche – eine Sterbliche, die die Eigenschaften einer verletzlichen Göttin aufwies – sich entwickelte.

Aphrodite spielte auch im Mythos von Atalanta – einer Sterblichen, die mit der jungfräulichen Göttin Artemis verglichen wurde – die Rolle der Wandlungskraft. Wie schon früher in diesem Buch erwähnt, verlor Atalanta einen Wettlauf und gewann einen Ehemann, als sie sich entschloß, die drei goldenen Äpfel von Aphrodite aufzulesen.

APHRODITE – DER ARCHETYP

Der Aphrodite-Archetyp steuert die Freude, die Frauen an Liebe und Schönheit, an Sexualität und Sinnlichkeit empfinden. Aphrodites Reich übt eine starke Anzeihungskraft auf viele Frauen aus; Aphrodite kann als der Persönlichkeit einer Frau innewohnende Kraft genauso fordernd wie Hera und Demeter (die zwei anderen starken instinktuellen Archetypen) sein. Aphrodite treibt die Frauen dazu an, sowohl ihre Funktion der Kreativität als auch ihre Funktion der Fruchtbarkeit zu erfüllen.

DIE GELIEBTE

Jede Frau, die sich in jemanden verliebt, der auch in sie verliebt ist, verkörpert in diesem Augenblick den Aphrodite-Archetyp. Da die Frau sich vorübergehend von einer gewöhnlichen Sterblichen in eine Göttin der Liebe verwandelt, fühlt sie sich attraktiv und sinnlich – eine archetypische Geliebte. Dominiert der Aphrodite-Archetyp in der Persönlichkeit einer Frau, so verliebt sie sich leicht und oft. Sie hat *es* – das, was den US-Stummfilmstar Clara Bow berühmt machte – nämlich Sex-Appeal. Sie verfügt über eine persönliche Anziehungskraft, die andere in ein erotisch aufgeladenes Feld zieht, das die sexuelle Bewußtheit steigert. Der «Spannungspegel» schnellt in die Höhe, und beide Menschen fühlen sich attraktiv und vibrieren, während sie zueinander hingezogen werden.

Werden Sinnlichkeit und Sexualität der Frauen erniedrigt – wie dies in der jüdisch-christlichen und der moslemischen Kultur oder in anderen patriarchalischen Gesellschaften der Fall ist –, wird die Frau, die Aphrodite, die Geliebte, verkörpert, als Verführerin oder als Hure betrachtet. Folglich kann die Frau, die diesen Archetyp auslebt, mit den geltenden moralischen Normen in Konflikt geraten. Aphrodite-Frauen können von der Gesellschaft geächtet werden. In Nathaniel Hawthornes klassischem Roman *Der scharlachrote Buchstabe*, der vom puritanischen Neuengland handelt, mußte Hester Prynne ein großes rotes «A» wegen Ehebruch («A» für adultery = Ehebruch) tragen. Und die Schauspielerin Ingrid Bergmann wurde wegen ihrer Liebesaffäre und späteren Heirat mit dem italienischen Filmregisseur Roberto Rosselini öffentlich verurteilt und ins Exil getrieben. In biblischen Zeiten wurden solche Frauen gesteinigt, und in islamischen Ländern wird dieses Verhalten auch heute noch mit dem Tod geahndet.

Das Sich-Verlieben

Verlieben sich zwei Personen ineinander, so sieht jede Person die andere in einem besonderen, intensiven (Aphrodite-goldenen) Licht, und beide fühlen sich von der Schönheit des anderen angezogen. Die Luft ist voller Magie; ein Zustand der Verzauberung und der Betörung wird heraufbeschworen. Beide fühlen sich schön, als etwas Besonderes, gott- oder göttinähnlicher als gewöhnlich. Das Energiefeld zwischen ihnen ist gefühlsmäßig geladen, und eine erotische «Elektrizität» wird erzeugt, die ihrerseits eine gegenseitige magnetische Anziehungskraft hervorruft. Im «goldenen» Raum, der sie umgibt, werden sinnliche Eindrücke intensiver erlebt: Musik wird deutlicher gehört, Düfte sowie Geschmack und Gefühle der geliebten Person werden klarer wahrgenommen.

Verliebt sich jedoch jemand in einen Menschen, der die Liebe nicht erwidert, fühlt sich die ungeliebte Person von entsetzlicher Sehnsucht und von unerwidertem Verlangen besessen. Sie wird immer wieder zur geliebten Person hingezogen und immer wieder von ihr abgewiesen. Die Intensität – die so herrlich ist, wenn die Liebe erwidert wird – verstärkt nun den Schmerz.

Das Aktivieren des Aphrodite-Archetyps

So wie es zwei mythische Versionen über Aphrodites Geburt gibt, so gibt es auch zwei Arten, auf die dieser Archetyp einem Menschen bewußt werden kann.

Erstere besteht in einer dramatischen Initiation: Plötzlich taucht Aphrodite vollentfaltet und furchteinflößend als ehrfurchtgebietende Gestalt aus den Gewässern des Unbewußten auf. Wird die Sexualität als Reaktion der Instinkte erlebt, die mit Liebe oder Zuneigung dem Mann gegenüber, der sie erregt, wenig zu tun hat, dann ist die Sexualität von der gefühlsmäßigen Nähe «abgespalten» – was metaphorisch gesehen ziemlich genau Hesiods Version von Aphrodites Geburt im Meer entspricht.

Viele Frauen erzählen in ihren Psychotherapie-Sitzungen von

der überwältigenden Bedeutung einer unerwarteten ersten sexuellen Reaktion: «Ich wurde von einer Leidenschaft erfüllt, von deren Existenz ich nicht einmal etwas ahnte. Es war zugleich wunderbar und erschreckend.» Haben sie erst einmal die Macht Aphrodites kennengelernt, fühlen sich viele junge Frauen zu sexueller Intimität hingezogen. Andere Frauen, die nun wissen, was geschehen kann, setzen sich diesem Einfluß erst gar nicht aus. Zwei meiner Patientinnen sind typische Beispiele für diese gegensätzlichen Reaktionen. Eine trachtete nach mehr: «Wenn ich zurückblicke, sehe ich, wie ich vorgab, ich fände Gefallen am Ausgehen, wie ich in der Tat aber nur den sexuellen Teil davon wollte.» Die andere Frau errichtete Schranken: «Ich flüchtete mich ins Studium, lehnte jede Verabredung ab und bestand darauf, auf eine Mädchenschule zu gehen. Ich malte mir aus, ich würde mich in einer Art geistigem Kloster aufhalten, bis ich sicher verheiratet sein würde. In der Zwischenzeit wäre es besser, mich nicht in Versuchung führen zu lassen.» Nach dem ersten Mal weiß eine solche Frau, daß sie, sobald ihr Körper erregt und ihre Aufmerksamkeit auf erotische Weise auf einen Mann gelenkt ist, vom unwiderstehlichen Wunsch, ihre diesbezügliche Erfahrung zu wiederholen, zur sexuellen Intimität getrieben wird. Sie will mit dem Mann verschmelzen, von der Leidenschaft zur orgastischen Erlösung getragen werden; sie will ihre gesteigerte sexuelle Erregung sich in der Klimax auflösen lassen, wo ihre Persönlichkeit in die überpersönliche orgastische Erfahrung eintaucht.

Der Aphrodite-Archetyp kann jedoch auch auf eine zweite Art aktiviert werden, das heißt durch eine Beziehung. Diese Möglichkeit kann als Analogie zu Homers Version betrachtet werden, wonach Aphrodite eine gewöhnliche Geburt hatte und als Tochter von Zeus und der Meeresnymphe Dione heranwuchs.

Vor der Erzeugung oder «Geburt» von Aphrodite, die durch den ersten Orgasmus beim Geschlechtsverkehr und durch eine neue Sehnsucht nach körperlicher Intimität angekündigt wird, müssen Vertrauen und Liebe wachsen sowie Hemmungen allmählich abgebaut werden. Eine verheiratete Frau, die vor ihrer Ehe mehrere Geliebte gehabt hatte und zwei Jahre verheiratet war,

344

bevor sie orgastisch wurde, staunte: «Es ist, als wüßte mein Körper nun, wie es geht.»

Aphrodite repräsentiert den Trieb, der das Weiterbestehen der Art gewährleistet. Als Verkörperung desjenigen Archetyps, der den Sexualtrieb und die Macht der Leidenschaft ausdrückt, kann Aphrodite eine Frau zu einem Gefäß der Fortpflanzung machen – sofern die Frau nicht ein Verhütungsmittel nimmt.

Im Gegensatz zu einer Frau, die unter dem Einfluß von Demeter steht und den Geschlechtsverkehr ausübt, weil sie ein Kind haben will, bekommt eine von Aphrodite beeinflußte Frau ein Kind wegen ihres Verlangens nach einem Mann oder wegen ihrer Sehnsucht nach einem sexuellen oder romantischen Erlebnis. Aphrodite flüstert der Frau ein, sie solle kein Verhütungsmittel nehmen, weil dies die momentane Leidenschaft mindern oder dem ersten Geschlechtsverkehr die Spontaneität nehmen würde. Läßt sich eine Frau auf diesem Gebiet von Aphrodite beeinflussen, so erhöht sich dadurch das Risiko einer unerwünschten Schwangerschaft.

Manche Frauen verspüren den Einfluß von Aphrodite, den Fortpflanzungstrieb, am stärksten während des Eisprungs, nämlich vierzehn Tage vor der Menstruation – wenn der Geschlechtsverkehr am ehesten zu einer Schwangerschaft führt. Zu diesem Zeitpunkt sind sie sexuell am empfänglichsten und haben erotische Träume oder vermissen sie den Sex am meisten, falls sie keinen Partner haben.

KREATIVITÄT

Aphrodite ist eine äußerst machtvolle Wandlungskraft. Durch sie fließen Anziehung, Vereinigung, Befruchtung, Reifungsprozeß und die Geburt neuen Lebens. Läuft dieser Prozeß auf einer rein körperlichen Ebene zwischen einem Mann und einer Frau ab, wird ein Kind gezeugt. Diese Reihenfolge ist auch bei allen anderen kreativen Prozessen dieselbe: Anziehung, Vereinigung, Befruchtung, Reifungsprozeß, ein neues Werk. Das kreative Ergebnis kann so abstrakt wie die enthusiastische Verbindung zweier Ideen sein, die schließlich zur Geburt einer neuen Theorie führt.

Kreatives Arbeiten entsteht aus einer intensiven und leidenschaftlichen Verbundenheit – es ist beinahe wie eine Liebesgeschichte, bei der der eine Mensch (die künstlerisch tätige Person) auf den «andern» einwirkt, um etwas Neues zu kreieren. Dieses «andere» mag ein Gemälde, eine Tanzform, eine musikalische Komposition, eine Skulptur, ein Gedicht oder Manuskript, eine neue Theorie oder eine Erfindung sein, etwas, das für eine Zeitlang faszinierend wirkt und von dem man ganz in Anspruch genommen wird. Kreativität ist für viele Menschen auch ein «sinnlicher» Prozeß; es handelt sich dabei um eine Sinneserfahrung des Augenblicks, die das Berühren, den Klang, die Einbildungskraft, die Bewegung und manchmal sogar den Geschmack und den Geruch umfaßt. Eine in einen kreativen Prozeß versunkene Künstlerin bemerkt oft, daß all ihre Sinne – wie wenn sie verliebt ist – stärker ausgeprägt sind und sie durch viele Kanäle Sinneseindrücke empfängt. Während sie an einer visuellen Gestaltung, einer schriftlichen Formulierung oder an einer Tanzbewegung arbeitet, können verschiedene Sinneseindrücke aufeinander einwirken, bis das Werk schließlich vollendet ist.

Genauso wie Aphrodite, die Geliebte, viele verschiedene Liebesgeschichten haben kann, genauso kann Aphrodite als kreative Kraft bewirken, daß eine Frau eine kreative Leistung nach der anderen erbringt. Neigt sich ein Projekt dem Ende zu, dann ergibt sich eine neue Möglichkeit, die sie fasziniert.

Manchmal sind sowohl der kreative als auch der romantische Aspekt von Aphrodite in einer einzigen Frau vorhanden. In diesem Fall wird die Frau von intensiven Beziehungen in Anspruch genommen, wobei sie vom einen Partner zum andern wechselt und gleichzeitig von ihrer kreativen Arbeit gefesselt ist. Eine solche Frau folgt all jenen Menschen und Dingen, die sie faszinieren; sie mag auch ein unkonventionelles Leben führen, wie dies zum Beispiel die Tänzerin Isadora Duncan und die Schriftstellerin George Sand taten.

346

Aphrodite ist derjenige Archetyp, der bei sinnlichen Erfahrungen oder Sinneserlebnissen am stärksten präsent ist. Aus diesem Grund wird Aphrodite aktiviert, wenn die Wahrnehmungskraft sowie ein Hier-und-Jetzt-Fokus entwickelt werden. Liebende sind auf den Geschmack, den Geruch und die Schönheit des anderen eingestimmt; Musik und taktile Stimulierung erhöhen ihre Freude. Sexualtherapeuten lehren die Methoden des sogenannten «sensate focusing» oder des «pleasuring», durch die ein Paar ermutigt wird, sich vom Augenblick ganz in Anspruch nehmen zu lassen, auf jegliches Zieldenken zu verzichten und zu lernen, wie man starke Gefühlsregungen genießen kann.

Durch Schuldgefühle und kritische Einstellungen werden Barrieren errichtet, so daß weder der Geschlechtsverkehr noch der künstlerische Prozeß genossen werden können. Solche Hindernisse tauchen auf, wenn die Menschen das Gefühl haben, Genuß, Spiel und andere «unproduktive» Aktivitäten sowie auch Sex seien verboten. Viele Menschen stempeln das Streben nach Liebe und Schönheit bestenfalls als frivol und schlimmstenfalls als Sünde ab. Der Artemis- und Athene-Archetyp fokussiert zum Beispiel darauf, Ziele zu erreichen, weshalb Artemis- und Athene-Frauen dazu prädisponiert sind, Aphrodites Genuß des Augenblicks zu entwerten. Aphrodite ihrerseits bedroht oft die Prioritäten des Hera- und Demeter-Archetyp – Monogamie oder Mutterrolle –, so daß Hera- und Demeter-Frauen häufig eine kritische Haltung gegenüber Aphrodite einnehmen. Andererseits bewirkt die Introversion des Persephone- und Hestia-Archetyps, daß Persephone- und Hestia-Frauen weniger empfänglich für «äußere» Reize sind.

Erkennen die Frauen Aphrodites Werk und wollen sie diesen Aspekt in sich selbst entwickeln, so vollziehen sie auf der geistigen Ebene einen äußerst wichtigen Schritt in Richtung einer Aktivierung dieses Archetyps. Sie müssen Aphrodite dann Zeit widmen und ihr die Möglichkeit geben, sich entwickeln zu können. Ein Ehepaar muß vielleicht einmal ohne die Kinder Ferien in einer entspannten Umgebung machen, wo beide sich amüsieren, miteinander reden und sich lieben können. Eine Frau lernt vielleicht auch jemanden zu massieren oder geht selbst zur Massage. Sie kann auch einen Kurs in Bauchtanz nehmen, ein gutes Mittel, um sich körperlich wohl zu fühlen und Freude am Körper zu entwikkeln – eine wichtige Voraussetzung, damit eine Frau den Geschlechtsverkehr genießen kann. Wenn eine Frau ihr Interesse an der Kunst und Poesie, am Tanzen oder an der Musik fördert, kann sie auf ästhetischem Gebiet ein ähnliches Ziel erreichen. Man kann die Fähigkeit entwickeln, sich völlig in eine visuelle, auditive oder kinästhetische Erfahrung zu versenken. Sobald man gefesselt ist, kann eine Wechselwirkung zwischen einem selbst und dem ästhetischen Medium stattfinden, aus der unter Umständen etwas Neues auftaucht.

APHRODITE – DIE FRAU

Seit die Göttin Aphrodite in ihrer unverhüllten Herrlichkeit dem Meer entstiegen ist, haben kurvenreiche, blonde, erotische Frauen, wie zum Beispiel die Filmstars Jean Harlow, Lana Turner und Marilyn Monroe die Göttin der Liebe personifiziert. Manchmal stimmt bei einer Frau die Figur, das blonde Haar und alles andere mit diesem Göttinnen-Typ überein, doch wird eine Aphrodite-Frau eher aufgrund ihrer Attraktivität als nur aufgrund ihrer Erscheinung erkannt. Der Aphrodite-Archetyp erzeugt ein persönliches Charisma – einen Magnetismus oder eine Elektrizität –, das, zusammen mit den körperlichen Attributen, eine Frau zu «einer Aphrodite» macht.

Ist Aphrodite ein aktiver Teil einer gewöhnlich aussehenden Frau, so zieht diese Frau Männer, die sich am anderen Ende des Zimmers befinden, zwar nicht quer durch den Raum an, aber diejenigen, die näherkommen, finden sie gewinnend und entzükkend. Viele recht gewöhnlich aussehende Frauen mit Aphrodite-Eigenschaften ziehen andere Männer mit der wie ein Magnet wirkenden Wärme ihrer Persönlichkeit und ihrer natürlichen, unbe

fangenen Sinnlichkeit an. Solch «gewöhnliche Lady Chatterleys»
scheinen immer Männer in ihrem Leben zu haben, während die
talentiertere, objektiv gesehen schöne Schwester unter Umständen neben dem Telefon sitzt und auf einen Anruf wartet, nicht
zum Tanzen aufgefordert wird und sich fragt: «Was hat sie, das ich
nicht habe?»

DIE JUNGE APHRODITE

Als Kind mag die kleine Aphrodite ein unschuldiges kokettes
Wesen an den Tag legen. Sie hat vielleicht eine ihr eigene Art, auf
Männer zu reagieren, sich für sie zu interessieren sowie eine unbewußte Sinnlichkeit, die die Erwachsenen zur Bemerkung veranlaßt: «Wart nur, bis sie erwachsen ist – sie wird eine Herzensbrecherin werden.» Sie liebt es, im Mittelpunkt der Aufmerksamkeit
zu stehen, schöne Kleider zu tragen, und sie hat es gern, wenn viel
Aufhebens um sie gemacht wird. Normalerweise ist sie kein
scheues Kind und wird wegen ihrer Stegreifvorführungen und anderer aufmerksamkeitsheischender Einlagen, mit denen sie ihre
Zuschauer schon als junges Mädchen entzückt, die «kleine Schauspielerin» genannt.

Viele Aphrodite-Mädchen im Alter von acht oder neun Jahren haben es eilig, erwachsen zu werden, sich schön zu kleiden und
sich zu schminken. Sie sind in Jungens vernarrt und sind als Teens
engagierte Fans von sexy aussehenden Sängern oder Rockgrup-
pen. Einige Aphrodite-Mädchen, die sich in der Pubertät befinden, sind sexuell attraktiv: Als frühreife junge Frauen sind sie sich
ihrer Sexualität bewußt und genießen das Machtgefühl und die
Anziehungskraft, die sie haben, wenn ältere Männer auf ihr nek-
kendes Flirten reagieren.

Es gibt Eltern, die ihre schöne Tochter herausputzen, damit sie eine kleine Aphrodite ist. Sie heben die Attraktivität ihrer Tochter hervor, veranlassen sie, die Erwachsenen zu küssen, lassen sie an Schönheitswettbewerben für Kinder mitmachen und schenken im allgemeinen ihrer weiblichen Attraktivität mehr Aufmerksamkeit als ihren anderen Attributen und Fähigkeiten. Kommt das Mädchen jedoch in die Pubertät und wird der Geschlechtsverkehr somit möglich, reagieren seine Eltern unter Umständen ganz anders. Ein weitverbreitetes destruktives Verhaltensmuster kann sich nun manifestieren: Die Eltern ermutigen ihre Tochter auf versteckte Art, sexuell aktiv zu werden, doch dann bestrafen sie sie. Diese Situation erlaubt es den Eltern, sowohl Voyeure als auch Moralapostel zu sein.

Die Väter können unterschiedlich auf die sich entwickelnde Sexualität ihrer Aphrodite-Töchter reagieren. Die Antwort vieler Väter auf die wachsende Attraktivität ihrer Töchter besteht oft darin, daß sie versehentlich und/oder unbewußt lautstarke Auseinandersetzungen provozieren, die eine gefühlsmäßige und körperliche Distanz zwischen den beiden schaffen. Die Töchter scheinen bei diesem Geschrei oft mit dem Vater zusammenzuarbeiten, was beide Parteien davor schützt, sich ihrer inzestuösen Gefühle bewußt zu werden. Manche Väter werden zu streng und verbieten ihren Töchtern jegliche Verabredung, oder sie werden aufdringlich und kontrollierend, nehmen ihre Töchter wegen ihrer Verabredungen ins «Kreuzverhör» und fragen jedem männlichen Besucher «ein Loch in den Bauch». Andere Väter hingegen verhalten sich verführerisch.

Auch die Mütter legen gegenüber ihren Aphrodite-Töchtern verschiedene Reaktionsweisen an den Tag. Manche Mütter werden streng und kontrollierend, reagieren übermäßig auf Teenager-Musik und auf die Art, wie sich die Tochter kleidet, auch wenn diese sich entsprechend ihrer Altersgruppe durchaus angemessen benimmt. Solche Mütter diktieren ihren Töchtern ihren eigenen «Kleiderstil», der das Gewicht auf das Verdecken legt und die Attraktivität in den Hintergrund drängt; unter Umständen verbieten sie auch viele Freizeitbeschäftigungen. Sie nehmen womöglich auch die Freunde ihrer Tochter, ob es sich nun um Burschen oder Mädchen handelt, genauestens unter die Lupe, oder sie mögen, wie eine Frau traurig bemerkte, entweder ihre Töchter oder die Burschen oder beide Parteien als «potentielle Sexbesessene» behandeln. Genau wie die Väter können auch die Mütter eine «Kerkermeister-Mentalität» gegenüber ihren Aphrodite-Töchtern entwickeln.

Es kann sein, daß die Mütter von Aphrodite-Töchtern häufiger aufdringlich sind als die Väter. Abgesehen davon, daß die Aufdringlichkeit vom Bedürfnis herrührt, die attraktive Tochter «im Auge zu behalten», leben die Mütter manchmal stellvertretend durch ihre Töchter und wollen jede Einzelheit über deren Verabredungen erfahren. Um solche Mütter zufriedenzustellen, müssen die Töchter bei den Burschen Erfolg haben.

Andere Mütter wiederum reagieren wetteifernd auf die auftauchenden Aphrodite-Eigenschaften in ihren Töchtern. Da sie sich durch die Attraktivität ihrer Tochter bedroht fühlen und auf deren Jugend eifersüchtig sind, werten solche Mütter ihre Tochter ab, stellen unpassende Vergleiche an, flirten mit dem Freund ihrer Tochter und unterminieren die aufblühende Weiblichkeit in mancher Hinsicht. Im Märchen *Schneewittchen und die sieben Zwerge* fragt Schneewittchens Stiefmutter wiederholt: «Spieglein, Spieglein an der Wand, wer ist die Schönste im ganzen Land?» Diese Märchengestalt repräsentiert die bedrohte (und deshalb feindselige), wetteifernde Mutter.

Die hilfreichsten Eltern schätzen die Aphrodite-Eigenschaften ihrer Tochter weder zu hoch ein, noch heben sie sie zu stark hervor, noch behandeln sie ihre Tochter als einen hübschen Gegenstand. Beide Elternteile bejahen die Attraktivität ihrer Tochter auf dieselbe positive Art, wie sie andere Eigenschaften, wie zum Beispiel Intelligenz, Freundlichkeit oder eine künstlerische Begabung bejahen.

Was das Ausgehen betrifft, stellen sie zudem Richtlinien auf und setzen Grenzen, die dem Alter und der Reife ihrer Tochter angemessen sind. Die Attraktivität ihrer Tochter, von der sich die Männer angezogen fühlen, wird als Tatsache behandelt, deren sich das Mädchen bewußt sein muß (für die sie jedoch nicht gescholten wird).

ADOLESZENZ UND ERSTE ERWACHSENENJAHRE

Die Adoleszenz und die ersten Erwachsenenjahre sind von größter Bedeutung für die junge Aphrodite-Frau, die zwischen der sich regenden Aphrodite in sich und der Reaktion anderer Menschen hin und her gerissen ist. Da für Mädchen ein anderer Maßstab gilt als für Jungen, muß das High-School-Mädchen, das sich genauso stark nach einer sexuellen Erfahrung sehnt wie ein von sexuellen Gedanken in Anspruch genommener junger Mann, die Konsequenzen abwägen. Gibt die junge Frau ihrem Trieb nach, so können ein schlechter Ruf, ein lädiertes Selbstwertgefühl und ein negatives Selbstbild die Folge sein. Dazu kommt, daß sie vielleicht von «braven Mädchen» gemieden wird, während junge Männer, die Sex im Kopf haben, sich unter Umständen um sie scharen, sie jedoch als ständige Freundin oder für das Tanzfest als «nicht gut genug» betrachten.

Kann der Aphrodite-Archetyp nicht kontrolliert werden, so ergeben sich noch weitere Probleme wie beispielsweise eine unerwünschte Schwangerschaft. Dazu kommt, daß eine aktive Aphrodite sich dem Risiko von Krankheiten aussetzt, die durch Geschlechtsverkehr übertragen werden.

Junge Frauen erhalten wenig Unterstützung, dank der sie lernen könnten, wie sie mit der insistierenden Aphrodite in sich umgehen sollen. Die Entscheidung, wie eine junge Frau ihre Sexualität ausdrückt, ist von großer Bedeutung und zeitigt ernsthafte Folgen. Manche junge Frauen unterdrücken ihre Sexualität, obwohl diejenigen, die starken religiösen Vorbehalten unterworfen sind, sich sowieso schuldig fühlen und sich dafür tadeln, daß sie «unannehmbare» Gefühle haben. Andere junge Frauen leben ihre Sexualität in einer festen Beziehung aus, eine Entscheidung, die sich als positiv erweisen kann, sofern auch Hera stark in der

Persönlichkeit vertreten ist; allerdings kann in diesem Fall eine frühe Heirat das Ergebnis sein.

Weist eine junge Frau sowohl starke Athene- als auch Aphrodite-Eigenschaften auf, so kann sie Sexualität mit Strategie kombinieren, was einen Selbstschutz darstellt. Eine solche Frau sagte: «Sobald ich einmal wußte, daß ich mich leicht verliebte und ebenso schnell wieder genug hatte, wobei diese Eigenschaft mit einem starken Sexualtrieb gekoppelt war, nahm ich es nicht allzu ernst, wenn ich mich verliebte. Was ich jedoch ernst nahm, war die Empfängnisverhütung; zudem achtete ich darauf, wer der Bursche war und daß dieser Teil meines Lebens geheim blieb.»

Geht eine Aphrodite-Frau ins College, dann sind die gesellschaftlichen Aspekte, die die Schule bietet, wahrscheinlich für sie die wichtigsten. Sie sucht sich unter Umständen eine «Party-Schule» aus – das heißt ein College, das eher für seine gesellschaftlichen Anläße als für das Studium bekannt ist.

In diesem Fall ist die Frau gewöhnlich weder auf akademische Ziele, die in weiter Ferne liegen, noch auf eine Karriere fokussiert. Ihr keimendes Interesse an einer beruflichen Laufbahn flaut ab, sobald sie merkt, daß sie schwierige Voraussetzungen erfüllen muß, für die sie kein Interesse aufbringen kann. Sie ist nur dann fähig, sich am College in die Arbeit zu stürzen, wenn ein Thema sie zu faszinieren vermag – was meist auf kreativem Gebiet, das Interaktionen mit anderen Menschen beinhaltet, der Fall ist. Sie kann sich zum Beispiel zur Schauspielerin ausbilden lassen und immer wieder neue Rollen einstudieren. Dabei vertieft sie sich jedesmal völlig in ihre Rolle, die ihr ihre angeborene Leidenschaft erschließt, und auf diese Weise kann sie die beste Schülerin der ganzen Schule werden.

BERUF

Ein Beruf, für den sich eine Aphrodite-Frau gefühlsmäßig nicht engagieren kann, interessiert sie nicht. Sie liebt Abwechslung und Intensität; Routinearbeiten wie Hausarbeit, Büroarbeit oder die Arbeit in einem Labor langweilen sie. Nur wenn sie kreativ völlig in Anspruch genommen wird, erbringt sie gute Leistungen. Dies ist der Grund, weshalb sie oft auf dem Gebiet der Kunst, der Musik, der Schriftstellerei, des Tanzes oder der Schauspielkunst tätig ist oder mit Menschen arbeitet, die für sie eine besondere Bedeutung haben; so kann sie zum Beispiel Lehrerin, Therapeutin oder Redakteurin sein.

Die Folge dieses Verhaltens ist, daß sie ihren Beruf entweder haßt und wahrscheinlich nur mittelmäßige Leistungen erbringt, oder daß sie ihn liebt und es ihr nichts ausmacht, wenn sie dafür einen Mehraufwand an Zeit oder Kraft leistet. Fast immer zieht sie einen interessanten und schlecht bezahlten Beruf einem besser bezahlten, aber langweiligeren vor. Sie kann es zu Erfolg bringen, weil sie das tut, was sie fasziniert, doch im Gegensatz zu Athene oder Artemis strebt sie nicht nach Erfolg.

Beziehungen zu Männern

Aphrodite-Frauen fühlen sich instinktiv von Männern angezogen, die nicht notwendigerweise gut zu ihnen oder gut für sie sind. Sofern andere Göttinnen keinen Einfluß haben, fallen die Entscheidungen von Aphrodite-Frauen oft ähnlich aus wie diejenigen der Göttin Aphrodite – sie wählen kreative, vielschichtige, launische oder emotionale Männer wie Hephaistos, Ares und Hermes. Solche Männer streben nicht nach beruflichen Spitzenpositionen oder einflußreichen Stellungen, und sie wollen weder Familienoberhaupt noch Ehemann, noch Vater sein.

Der introvertierte, empfindsame Hephaistos-Mann spürt unter Umständen unterdrückte Wut, die er zu kreativer Arbeit sublimiert. Wie der Schmiedegott mag er sowohl Künstler als auch (auf gefühlsmäßiger Ebene) ein Krüppel sein. Vielleicht hatte er eine ebenso schlechte Beziehung zu seinen Eltern wie Hephaistos. Auch er ist unter Umständen von seiner Mutter verstoßen worden, als er ihre Erwartungen nicht erfüllen konnte, und möglicherweise konnte er keine Beziehung zu seinem Vater entwickeln. Folglich hat er vielleicht eine Haßliebe-Beziehung zu Frauen, denen er verübelt, daß sie zwar ungeheuer wichtig für ihn sind, denen aber auch nicht getraut werden kann. Es ist auch möglich, daß er sich Männern gegenüber fast gar nicht verbunden fühlt, die er oft als ihm fremd erlebt und denen er sich unterlegen fühlt.

Der Hephaistos-Typ, bei dem es sich oft um einen äußerst introvertierten Mann handelt, fühlt sich bei gesellschaftlichen Anlässen unwohl, und er hat auch kein Talent für Plaudereien. Aus diesem Grund verweilen andere Menschen nicht lange in seiner Gesellschaft. Die Aphrodite-Frau ist vielleicht die Ausnahme. Mit ihrem Talent, ihre ganze Aufmerksamkeit auf den Menschen zu fokussieren, dem sie gerade begegnet, kann sie den Mann vielleicht aus der Reserve locken und ihn faszinierend finden.

Der Hephaistos-Mann, der sich attraktiv und von der Aphrodite-Frau angezogen fühlt, reagiert mit der für ihn charakteristischen Intensität, und es ist wahrscheinlich, daß eine leidenschaftliche Beziehung zwischen ihnen aufflammt. Die Frau wird von der Intensität seiner Gefühle angezogen und reagiert auf sein gefühlsmäßiges Feuer, das unter Umständen andere Frauen abstößt, auf die gleiche Art wie er. Sie erfaßt sein stark erotisches Wesen, das während gewissen Zeiten schlummert – und sich zusammen mit seiner Wut in seiner Arbeit sublimiert. Wenn sie seine Leidenschaft hervorruft, erschrecken vielleicht beide Liebenden über seine Gefühlsaufwallung. Ist er Handwerker oder Künstler, fühlt sie sich unter Umständen auch von den schönen Gegenständen, die er herstellt, angezogen, wodurch sie inspirativ auf seine Kreativität wirkt.

Liebt eine Frau einen Hephaistos-Mann, so ergeben sich viele Probleme je nach Art der Gefühle, die er verbirgt und je nach seiner psychischen Gesundheit. Im Extremfall kann er wie ein untätiger Vulkan sein und potentiell paranoid – ein Einzelgänger, dessen Arbeit möglicherweise keine Anerkennung findet, weil er so einsam und feindselig ist. Zudem treten mit großer Wahrscheinlichkeit Wut- und Minderwertigkeitsgefühle auf, aber auch die Angst, er könne die Aphrodite-Frau wegen ihrer Attraktivität oder wegen der Anziehungskraft, die sie auf andere Menschen ausübt, verlieren. Ist er wirklich wie Hephaistos, so kann er unter Umständen fähig sein, seine Eifersucht unter Kontrolle zu halten.

Ist eine Frau unter solchen Bedingungen mit einem Hephaistos-Mann zusammen, dann stellt sich bei ihr jedoch das Gefühl ein, sie lebe am Abhang eines tätigen Vulkans, und sie fragt sich, wann eine Eruption alles in den Himmel speit.

Gewisse Hephaistos-Aphrodite-Beziehungen klappen gut. In diesem Fall ist der Hephaistos-Mann ein introvertierter, kreativer Mann, dem eine ganze Palette von Gefühlen (nicht nur Wut) zur Verfügung steht, die er in der für ihn typischen sowohl intensiven als auch maßvollen Art erlebt. Er drückt diese Gefühle durch seine Arbeit und durch einige wenige wichtige Beziehungen aus. Er liebt die Aphrodite-Frau tief und leidenschaftlich, ist jedoch nicht besitzergreifend. Seine Intensität gibt ihr einen gefühlsmäßigen Halt, und seine Bindung an sie vermittelt ihr die Stabilität, die sie braucht.

Ein weiterer Typ Mann, der sich normalerweise von einer Aphrodite-Frau angezogen fühlt, ist unbeständig wie Ares (der Kriegsgott und Sohn von Hera und Zeus). Die tatsächliche Lebensgeschichte dieser Art von Männern weist möglicherweise eine starke Ähnlichkeit mit der mythologischen Familienstruktur von Ares auf: Er wurde von einer verbitterten Mutter aufgezogen, nachdem der Vater die Familie verlassen hatte. Er ist ein emotionaler, leidenschaftlicher, prahlerischer Mann, mit «Supermacho»-Allüren. Da es ihm an einem Vater als Rollenmodell und Erzieher mangelte und er es gewohnt war, seiner Mutter gegenüber seinen eigenen Willen durchzusetzen, ist er ungeduldig und hat eine nur geringe Frustrationstoleranz. Er übernimmt gern Verantwortung, verliert unter Umständen jedoch den Kopf, wenn er zum Handeln gedrängt wird, weshalb er keine gute Führungskraft ist.

Die Aphrodite-Ares-Kombination ist eine leicht entzündbare Verbindung. Beide haben die Neigung, im Hier und Jetzt zu leben. Beide sind eher reaktiv als reflexiv, sie sind Handle-jetzt-denke-später-Menschen. Wann immer sie zusammenkommen, lösen erotische Funken oder ihr feuriges Temperament lodernde Interaktionen aus. Für sie gilt nicht «Liebe statt Krieg», sondern «Liebe und Krieg». Die Aphrodite-Ares-Kombination war der

Ursprung von Liebesbeziehungen, bei denen sich das Verhaltensmuster Kampf-Versöhnung ständig wiederholt.

Aphrodite und Ares sind nicht die Ingredienzen, die für eine stabile Beziehung nötig sind. Abgesehen von Ares' gelegentlich aufflackerndem Unwillen ist ein prahlerischer-aufschneiderischer Machismo oft die Ursache für eine prekäre finanzielle Lage. Er ist unfähig, strategisch zu denken oder vorsichtig zu sein; in der Hitze des Gefechts kann er etwas sagen oder tun, was ihn seine Stelle kostet. Sofern auch die Frau Aphrodites Tendenz zur Treulosigkeit – oder zumindest zu Flirtereien – hat, bedroht sie seine Maskulinität noch stärker und ist der Auslöser dafür, daß seine besitzergreifende Neigung hervortritt. In diesem Fall wird er unter Umständen gewalttätig, und seine Ausbrüche, die Angst und Schrecken hervorrufen, können brutal sein.

Trotz ihres feuerspeienden Verhaltens ist es einigen Ares-Aphrodite-Paaren möglich, die Beziehung aufrechtzuerhalten und in relativer Harmonie zu leben. Bei einem solchen Paar weist er zwar eine Ares-Persönlichkeit auf – impulsiv, äußerst emotional und von Natur aus kämpferisch –, doch wuchs er in einer relativ gesunden familiären Struktur auf und ist deshalb im Grunde genommen nicht feindselig. Und sie hat genug Hera-Eigenschaften in sich, um eine dauerhafte Beziehung zu ihm zu entwickeln.

Auch ein Mann, der sich verhält, als wäre er für immer adoleszent, zieht viele Aphrodite-Frauen an, die eine Vorliebe für unreife, vielschichtige, subjektiv fokussierte Männer mit kreativen Fähigkeiten zu haben scheinen. Diese Männer gleichen Hermes, dem Götterboten, dem jüngsten aller Olympier. Die Aphrodite-Frau findet seine Redegewandtheit berauschend – vor allem, wenn er eine dichterische Ader hat –, und sie ist von seiner Fähigkeit, sich schnell von den (sowohl gefühlsmäßigen als auch gesellschaftlichen) Höhen zu den Tiefen zu bewegen, fasziniert. Ein Hermes-Typ kann ein Trickser, das heißt eine Art Bauernfänger sein, einer, der es liebt, etwas «langsamere» Geister zu übertölpeln. Er hat ein großes Potential, ist oft sehr talentiert, aber undiszipliniert, charismatisch und weder einer Arbeit noch einer Frau gegenüber verpflichtet. Es ist typisch für ihn, daß er in ihr Leben hineinschneit und sich dann gleich wieder davonmacht. Es ist genauso schwierig, ihn auf irgend etwas festzulegen wie Quecksilber festhalten zu wollen. Er hüllt sich in «Vielleichts» und spielt mit dem Gedanken, mit seiner Freundin zusammenzuleben oder sie zu heiraten, doch tut sie besser daran, nicht damit zu rechnen, denn er ist der letzte, der jemals eine Verpflichtung eingehen würde. Der Geschlechtsverkehr mit ihm ist unvorhersagbar und voller Energie. Er ist ein bezaubernder, feinfühliger Liebhaber, ein verspielter Peter Pan, der vielleicht nie erwachsen wird.

Aphrodite-Hermes-Kombinationen eignen sich sehr gut für einige Aphrodite-Frauen, weil beide Partner die Intensität des Hier-und-Jetzt schätzen und beide keine Verpflichtungen eingehen wollen. Ist jedoch sowohl der Aphrodite- als auch der Hera-Archetyp bei einer Frau sehr aktiv, so ist Hermes ein Partner, der ihr große Schmerzen zufügt. Eine solche Frau bindet sich sehr stark an ihn und wird von Eifersucht geplagt. Die Sexualität zwischen ihnen ist intensiv. Die Frau ist monogam und möchte heiraten, muß sich normalerweise jedoch mit einer Übereinkunft zufriedengeben, die seinem Bedürfnis, zu kommen und zu gehen, wann er will, entspricht.

Ein reifer Hermes-Mann ist jedoch in der Lage, sich für seine Arbeit und seine Beziehung einzusetzen (wie schon früher erwähnt, kann er unter Umständen eine Hestia-Frau heiraten); er eher ein Geschäftsmann oder ein Vermittler als ein unzuverlässiger Mann, der ewig adoleszent bleibt. Ist dies der Fall, dann kann das Hermes-Aphrodite-Paar eine ausgezeichnete Kombination sein. Ihre Beziehung kann Flirtereien und sogar Liebesaffären überstehen, weil keiner der Partner eifersüchtig oder besitzergreifend ist. Überdies kann ihre Beziehung eine dauerhafte sein, weil beide die Gesellschaft des anderen und dessen Lebensstil schätzen. Sie hält Schritt mit seiner nie ruhenden Art, die ihrer eigenen entspricht.

Sie können in einem Augenblick stark an den anderen gebunden und im nächsten unabhängig sein, was beiden paßt.

EHELEBEN

Ist sowohl der Aphrodite- als auch der Hera-Archetyp einer von mehreren Archetypen, die einen starken Einfluß ausüben, dann wird eine Ehe dank Aphrodites Präsenz durch Sexualität und Leidenschaft intensiviert und belebt. Es ist jedoch oft schwierig für eine Aphrodite-Frau, dauernd eine monogame Ehe zu führen. Sofern andere Göttinnen Aphrodite nicht dahingehend beeinflussen können, innerhalb der Schranken der Ehe zu bleiben, oder sofern die Ehe nicht eine ganz besonders glückliche Kombination ist, folgt die Frau wahrscheinlich dem Verhaltensmuster der serienmäßigen Beziehungen. Die Schauspielerin Elizabeth Taylor zum Beispiel, die von der Öffentlichkeit als moderne Aphrodite betrachtet wird, hat eine ganze Serie von Ehen geschlossen.

BEZIEHUNGEN ZU FRAUEN: DIE DAME, DER MAN NICHT
TRAUT

Es kann sein, daß andere Frauen, vor allem Hera-Frauen, einer Aphrodite-Frau Mißtrauen entgegenbringen. Je unbewußter oder je verantwortungsloser eine Aphrodite-Frau in bezug auf ihre Wirkung ist, die sie auf Männer ausübt, desto eher kann es sein, daß sie als trennendes Element wirkt. Sie kann zum Beispiel auf eine Party gehen und mit dem interessantesten der anwesenden Männer ein intensives, erotisch geladenes Gespräch führen. Auf diese Weise ruft sie bei vielen Frauen, die feststellen müssen, wie ihre Männer mit immer stärkerer Lebhaftigkeit reagieren, während die Alchemie der beiden eine goldene Aura um sie hüllt, Gefühle der Eifersucht und der Unzulänglichkeit sowie Verlustangst hervor. Werden Frauen (vor allem eine eifersüchtige oder rachsüchtige Hera) zornig auf die Aphrodite-Frau, so ist letztere oft entsetzt. Sie empfindet selten Feindseligkeit für andere Frauen, und da sie selbst weder besitzergreifend noch eifersüchtig ist, hat sie oft Schwierigkeiten, den Grund für die gegen sie gerichtete Feindseligkeit zu erraten.

Eine Aphrodite-Frau hat oft einen großen Kreis von Freundinnen (jedoch keine Hera-Frauen) und Bekannten, die ihre Spontaneität und Attraktivität schätzen. Viele von ihnen weisen genau wie sie Aphrodite-Eigenschaften auf. Andere scheinen als ihre Begleiter zu fungieren, die entweder ihre Gesellschaft schätzen oder die Liebesabenteuer der Aphrodite-Frau stellvertretend miterleben. Die Freundschaften einer Aphrodite-Frau sind jedoch nur von Dauer, sofern sich ihre Freundinnen nicht persönlich beleidigt fühlen, wenn sie die Pläne, die sie mit ihnen geschmiedet hat, nicht besonders ernst nimmt.

Eine lesbische Aphrodite-Frau unterscheidet sich von einer heterosexuellen Aphrodite-Frau nur in bezug auf ihre sexuellen Präferenzen. Auch sie bringt das Aphrodite-Bewußtsein in die Beziehung hinein und reagiert dann ihrerseits auf die von ihr erzeugte Alchemie. Sie ist in ihren Beziehungen stark engagiert, verliebt sich häufig und unterhält als Folge davon eine ganze Reihe wichtiger Beziehungen. Da sie «alles, was das Leben bietet» ausprobieren will, hat sie oft sexuelle Beziehungen sowohl mit Männern als auch mit Frauen. Weil sie nicht dem Bedürfnis unterworfen ist, gemäß den Vorstellungen, die Männer von Frauen haben, zu leben, macht eine lesbische Aphrodite-Frau – vielleicht mehr als ihr heterosexuelles Gegenstück – von Aphrodites Vorrecht Gebrauch und sucht sich ihre Geliebten selbst aus. Der alternative Lebensstil, den die lesbische Gemeinschaft bietet, entspricht ihrer unkonventionellen Art, die sie ihr Leben lang nicht verliert.

Ruth Falk vertritt in ihrem Buch *Women Loving*[2] die Annahme, daß lesbische Frauen manchmal die Aphrodite in sich selbst durch eine Beziehung mit einer anderen Frau entdecken. Die Autorin beschreibt, wie es ist, die Schönheit einer anderen Frau zu betrachten und sich selbst schön zu fühlen, eine andere Frau zu berühren und dabei das Gefühl zu haben, selbst berührt zu werden. Ihrer Ansicht nach «spiegelt» jede Frau die andere, was es beiden Frauen ermöglicht, ihre eigene weibliche Sinnlichkeit zu entdecken.

Aphrodite-Frauen haben Kindern gern, und auch die Kinder mögen Aphrodite-Frauen. Ein Kind spürt, daß es von dieser Frau nicht mit einem kritischen, sondern mit einem anerkennenden Blick betrachtet wird. Sie bringt die Gefühle oder Fähigkeiten des Kindes auf eine Weise hervor, die bewirkt, daß sich das Kind schön und angenommen fühlt. Oft flößt sie dem Kind ein Gefühl der Besonderheit ein, wodurch es Sicherheit gewinnen und seine Fähigkeiten und Talente entwickeln kann. Sie kann sich sehr leicht in das Wesen eines Spiels oder einer Phantasiewelt hineinfühlen. Sie scheint die Kinder zu bezaubern, so daß sie sich anständig benehmen, und sie kann sie mit ihrer ansteckenden Begeisterung zu dem, was sie interessiert, animieren. Dies sind wunderbare Eigenschaften einer Mutter. Sofern eine Aphrodite-Frau auch über Demeter-Eigenschaften verfügt, blühen ihre Kinder auf und entwikkeln Individualität.

Eine Aphrodite-Mutter vermag ihre Kinder zu fesseln, und die Kinder finden ihre Mutter schön und bezaubernd, doch wenn sie sich (weil ihr Demeter fehlt) nicht um das Bedürfnis der Kinder nach gefühlsmäßiger Sicherheit und Beständigkeit kümmert, dann ist sie inkonsequent, was für die Kinder negative Folgen haben wird. Die Kinder schwelgen dann einen Moment im Wissen, daß sie die totale Aufmerksamkeit ihrer Mutter haben, und sind im nächsten Augenblick untröstlich, weil ihre Mutter sich etwas anderem zuwendet. Eine meiner Patientinnen hatte eine Aphrodite-Mutter, die ihre Tochter immer wieder während längerer Zeit der Obhut einer Haushälterin überließ. Meine Patientin beschrieb die Rückkehr ihrer Mutter, die jedesmal ein besonderes Ereignis war, folgendermaßen: «Meine Mutter stürzte ins Haus, die Arme ausgestreckt und begrüßte mich. Ich hatte das Gefühl, die wichtigste Person der Welt zu sein.» Ihre Mutter brachte den «Sonnenschein mit sich»; es war, als wäre eine Göttin zurückgekehrt. Es spielte keine Rolle, daß meine Patientin es ihrer Mutter verübelt hatte, daß sie fort gewesen war und daß sie sogar die Nachricht ihrer Rückkehr mürrisch aufgenommen hatte – sobald sie sich wieder im charismatischen Aphrodite-Glanz der Mutter sonnen konnte, war alles vergessen und vergeben. Sie wuchs in einem Klima auf, in dem sie ständig unsicher in bezug auf ihre Fähigkeiten sein mußte (sie hatte außergewöhnliche Talente) und sie mußte gegen Minderwertigkeitsgefühle und Depressionen ankämpfen, die sich parallel zu den Gefühlen einstellten, die sie jedesmal, wenn ihre Mutter anwesend war, empfand.

Wird die unbeständige und intensive Aufmerksamkeit einer Aphrodite-Mutter auf einen Sohn fokussiert, so beeinflußt dies sowohl seine künftigen Beziehungen zu Frauen als auch sein Selbstwertgefühl und sein Potential für Depressionen. Seine Mutter erzeugt eine besondere Intimität zwischen ihnen beiden, die den sich entwickelnden Mann in ihrem Sohn verführt und ihn zu sich hinzieht, und dann wendet sie sich etwas anderem zu. Taucht ein Rivale in bezug auf die Zuneigung seiner Mutter auf – oft ein neuer Mann, manchmal auch etwas anderes, der oder das sie fasziniert – so wird ihm die Mutter weggenommen, wodurch er sich unzulänglich, überwältigt, machtlos, zornig und manchmal auch gedemütigt fühlt. Der Sohn empfindet eine persönliche Rivalität, ist einem Wettbewerb ausgesetzt, den er immer wieder gegen die Männer, die im Leben seiner Mutter eine Rolle spielen, verliert. Dies sind Gefühle, die den meisten Töchtern erspart bleiben. Als erwachsener Mann sehnt er sich nach der Intensität und der Besonderheit, die er früher einmal bei seiner Mutter gefühlt hat, doch will er jetzt derjenige sein, der die Lage unter Kontrolle hat. Aufgrund seiner Kindheitserfahrungen in bezug auf seine Mutter, mißtraut er der Treue einer Frau und ist unter Umständen unfähig, sich ihre Liebe zu bewahren.

DIE MITTLEREN LEBENSJAHRE

War Attraktivität die wichtigste Quelle der Lebensfreude einer AphroditeFrau, dann mag die Tatsache, daß sie es nicht verhindern kann, älter zu werden, sich vernichtend auf sie auswirken. Wird sie sich dessen bewußt, daß ihre Schönheit langsam am Verwelken ist, oder hat sie Angst vor dieser Realität, so mag sie ihre

Aufmerksamkeit anderen Gebieten zuwenden, wodurch sie sich nicht länger von einer anderen Person völlig absorbieren läßt. Sie ist sich unter Umständen nicht darüber im klaren, daß es genau diese Aphrodite-Eigenschaft – mehr noch als ihre körperliche Schönheit – war, von der sich andere Menschen angezogen fühlten.

In den mittleren Lebensjahren wird eine Aphrodite-Frau oft unzufrieden mit ihrer Partnerwahl. Sie stellt vielleicht fest, wie häufig sie von unkonventionellen Männern angezogen wurde, die manchmal auch nicht zu ihr paßten. Möglicherweise will sie nun heiraten – eine Möglichkeit, die sie früher unter Umständen verschmäht hätte.

Die mittleren Lebensjahre stellen für eine Aphrodite-Frau, die einer kreativen Beschäftigung nachgeht, jedoch kein Problem dar. Es ist charakteristisch für eine solche Frau, daß ihre Begeisterung nicht abnimmt und sie sich immer noch in eine Arbeit stürzt, die sie interessiert. Dazu kommt, daß sie sich nun von ihrer größeren Erfahrung inspirieren lassen kann und auch ihre Fähigkeiten, durch die sie ihre schöpferische Idee ausdrückt, weiterentwickelt hat.

DIE SPÄTEREN LEBENSJAHRE

Gewisse Aphrodite-Frauen verlieren die Fähigkeit nicht, die Schönheit des Menschen oder des Gegenstands, auf den sie fokussieren, zu sehen und immer ein wenig darin verliebt zu sein. Sie werden mit Anmut und Vitalität älter. Ihr Interesse an anderen Menschen oder ihre Verbundenheit mit der kreativen Arbeit ist weiterhin der wichtigste Aspekt ihres Lebens. Sie geben ihre jugendliche Haltung nicht auf, sondern ziehen unbefangen von Erfahrung zu Erfahrung, von Person zu Person, immer fasziniert von dem, was als nächstes kommt. Da es charakteristisch für sie ist, im Herzen jung zu bleiben, ziehen sie andere Menschen an und haben Freunde jeglichen Alters.

Psychische Schwierigkeiten

Es ist für eine Frau nicht einfach, wenn der Aphrodite-Archetyp in ihr unwiderstehlich ist. Frauen, die Aphrodites instinktiver Sexualität folgen, sind oft gefangen zwischen ihrem eigenen Verlangen nach sexuellen Beziehungen sowie ihrer Neigung, erotische Energie in anderen Menschen zu erzeugen einerseits und einer Gesellschaft andererseits, die eine Frau als promiskuitiv betrachtet, wenn sie sich gemäß ihrem Verlangen verhält, und sie als Kokotte sieht, wenn sie sich nicht so verhält.

Identifikation mit Aphrodite

Eine Frau, die sich am stärksten mit Aphrodite identifiziert, ist oft eine extrovertierte Frau von ausgeprägter Lebenslust mit einer sprühenden Persönlichkeit. Sie mag die Männer und zieht sie mit ihrer Attraktivität und ihrem Interesse, das sie ihnen entgegenbringt, an. Die Aufmerksamkeit, die sie ihnen schenkt, wirkt verführerisch, weil der Mann sich als etwas Besonderes und sexuell attraktiv fühlt. Diese Aufmerksamkeit löst bei ihm eine entsprechende Reaktion aus, wodurch eine erotische Anziehungskraft zwischen ihnen erzeugt wird, die zum Verlangen nach sexueller Intimität führt. Identifiziert sich die Frau mit Aphrodite, so reagiert sie auf diese Begierde, ohne die Konsequenzen zu berücksichtigen. Die Folgen können jedoch in einer Verurteilung durch die Gesellschaft, einer Reihe von oberflächlichen Beziehungen sowie einem möglichen Ausgenutztwerden durch Männer bestehen, die nur Sex bei ihr suchen und sonst gar nichts, was folglich zu einem niedrigen Selbstwertgefühl führt. Sie muß wissen, wie sie den Aphrodite-Archetyp in gewissen Situationen zähmen kann und wie sie in anderen Augenblicken reagieren sollte – wie sie geschickt das «Wann und mit wem» auswählt und wie sie es verhindern kann, daß sie durch den Archetyp in destruktive Situationen getrieben wird.

Ihre warme und aufmerksame Art, Beziehungen zu knüpfen,

kann von Männern, die irrtümlicherweise annehmen, sie sei besonders an ihnen interessiert oder fühle sich von ihnen sexuell angezogen, falsch verstanden werden. Lehnt die Aphrodite-Frau solche Männer ab, so wird sie unter Umständen als Herzensbrecherin oder als Kokotte betrachtet und beschuldigt, sie hätte die Männer zu ihrem Verhalten animiert. Solche Männer fühlen sich womöglich geprellt, sind verärgert über sie und können sogar feindselig und zornig reagieren. Als Gegenstand ungewollter Vernarrtheit und zorniger Ablehnung ist eine Aphrodite-Frau unter Umständen verletzt, wird selbst zornig und begreift vielleicht nicht, was sie getan haben sollte, um solche Reaktionen zu provozieren. Wird sich eine Aphrodite-Frau solcher Verhaltensmuster bewußt, dann kann sie lernen, das aufkeimende Verlangen eines Mannes, dem sie keinen Mut machen will, zu hemmen. Sie kann ihm klarmachen, daß sie für ihn unerreichbar ist, oder sie kann sich ihm gegenüber unpersönlicher verhalten.

DEN APHRODITE-ARCHETYP VERLEUGNEN

Wird eine Aphrodite-Frau in einer Atmosphäre aufgezogen, in der die Sexualität der Frau verurteilt wird, so versucht die Aphrodite-Frau unter Umständen, ihr Interesse an Männern zu unterdrücken, ihre Attraktivität herunterzuspielen und sie betrachtet sich vielleicht als schlecht, weil sie sexuelle Gefühle hat. Doch Schuldgefühle sowie Konflikte, die darauf zurückzuführen sind, daß sie ihre Aphrodite-Natur ausdrückt, führen zu Angstgefühlen und Depressionen. Und wenn sie ihre Rolle so gut spielt, daß sie ihre Sexualität und Sinnlichkeit von ihrem Bewußtsein abspaltet, verliert sie den Kontakt mit einem wichtigen Teil ihres wahren Ichs und büßt somit ihre Vitalität und Spontaneität ein.

SCHATTENSEITEN EINES LEBENS IM HIER UND JETZT

Aphrodite-Frauen neigen dazu, im Hier und Jetzt zu leben und das Leben so zu nehmen, als wäre es nichts weiter als eine Sinneserfahrung. Eine Frau, die vom Augenblick beherrscht wird, kann auf eine Weise reagieren, als würden sich für ihre Handlungen keine künftigen Konsequenzen ergeben und/oder als würden keine gegenwärtigen Loyalitäten bestehen, die vielleicht mit ihrem Verhalten kollidieren könnten. Bei dieser Verhaltensweise geht es um mehr als nur um eine impulsive Affäre, die für alle Beteiligten zerrüttend wirken kann. So kauft die Frau sich beispielsweise schöne Sachen, die sie sich nicht leisten kann, oder sie läßt andere Menschen, mit denen sie sich verabredet hat, immer wieder sitzen. Sie macht voller Begeisterung Pläne, und hat die ernste Absicht, sie auszuführen. Kommt die vereinbarte Zeit jedoch, so kann es sein, daß sie von jemand oder etwas anderem fasziniert ist.

Obwohl die Lektionen schmerzlich sind, ist die Erfahrung der beste Lehrmeister für eine Aphrodite-Frau. Sie lernt, daß die Menschen verletzt und verärgert sind, wenn sie sie nach dem Motto «aus den Augen, aus dem Sinn» behandelt. Überdenkt sie ihre finanzielle Situation nicht, bevor sie impulsiv das kauft, was ihr ins Auge sticht, muß sie feststellen, daß das Bankkonto überzogen ist und ihr Mahnungen in den Briefkasten flattern. Sie wiederholt die gleichen Verhaltensmuster, die ihr und anderen wehtun, solange, bis sie gelernt hat, der Hier-und-Jetzt-Tyrannei, die sie dazu gebracht hat, ein Leben zu führen, als gäbe es kein morgen, zu widerstehen.

Lernt eine Aphrodite-Frau über die möglichen Konsequenzen nachzudenken, bevor sie handelt, wird sie etwas weniger impulsiv reagieren und sich verantwortungsvoller benehmen. Gefühlsmäßige Prioritäten werden jedoch weiterhin den Vorrang vor praktischen Erwägungen haben. Dazu kommt, daß sie unter Umständen andere Menschen durch ihr Verhalten immer noch verletzt, auch wenn sie ihre Vorgehensweise zuvor erwägt, weil sie letzten Endes dem Ruf ihres Herzens folgt.

OPFER DER LIEBE

Es mag sein, daß Männer zum Opfer werden, wenn eine Aphrodite-Frau sie liebt und gleich darauf wieder verläßt. Sie verliebt sich äußerst leicht, wobei sie jedesmal ernsthaft davon überzeugt ist, den perfekten Mann gefunden zu haben. Im Zauber des Augenblicks hat er unter Umständen das Gefühl, er sei ein in eine Göttin verliebter Gott, der dann einfach fallengelassen und durch einen anderen ersetzt wird. Folglich läßt sie in ihrem Kielwasser eine Reihe von verwundeten, verschmähten, deprimierten oder zornigen Männern zurück, die sich ausgenützt und verstoßen vorkommen.

Eine Aphrodite-Frau macht unter Umständen eine Reihe von intensiven Liebesbeziehungen durch, wobei sie jedesmal vom Zauber (oder der archetypischen Erfahrung) des Verliebtseins überflutet wird. Um dieses Verhaltensmuster aufgeben zu können, muß sie lernen, jemanden mit Haut und Haaren zu lieben – jemanden, der ein unvollkommener Mensch und kein Gott ist. Zuerst muß sie lernen, sich dem Zauber oberflächlicher Vernarrtheit zu entziehen; normalerweise kann nur die Erfahrung eine solche Desillusionierung herbeiführen. Erst dann ist sie fähig, eine Beziehung lange genug aufrechtzuerhalten, um die menschlichen Schwächen ihres Partners und sich selbst akzeptieren zu können und um die menschliche Dimension der Liebe zu entdecken.

Der «Fluch» der Liebe

Die Macht, die der Göttin Aphrodite zukam, mit der sie bewirkte, daß andere sich verliebten, konnte auch eine destruktive Wirkung haben. So zwang Aphrodite zum Beispiel hin und wieder eine Frau dazu, jemanden zu lieben, der ihre Liebe nicht erwiderte oder nicht erwidern konnte. Außerdem erzeugte sie Leidenschaft, die beschämend oder verboten war, zu Konflikten oder Demütigungen führte und schließlich die Frau oder deren positive Eigenschaften zerstörte. Smyrna, Phaidra und Medea waren drei Frauengestalten der Mythologie, die auf solche Art mit einem Fluch belegt worden waren. Aus diesem Grund wurden sie «krank» vor Liebe. Und als Aphrodite auf Psyche zornig war, plante sie, daß Psyche sich in den «Niedrigsten der Menschen» verlieben sollte. Die Göttin war sich wohl bewußt, daß Liebe Leiden verursachen konnte.

367

Bei Frauen, die durch ihre Liebe in eine unglückselige Abhängigkeit geraten, kann es sich um moderne Opfer von Aphrodite handeln. Manche Frauen suchen bei Psychiatern Hilfe gegen ihr Elend. Mir sind im Lauf meiner Tätigkeit zwei charakteristische Verhaltensweisen aufgefallen. Beim ersten Verhaltensmuster ist die Frau in einen Mann verliebt, der sie schlecht behandelt oder erniedrigt. Wegen der paar «Krumen» Aufmerksamkeit, die sie hin und wieder von ihm bekommt, stellt sie alles andere in ihrem Leben zurück. Ihre Beziehung mag nur von kurzer Dauer sein oder sich über Jahrzehnte hinziehen. Charakteristischerweise stellen die Beziehung sowie die Bemühungen der Frau, sich selbst davon zu überzeugen, daß er sie trotz aller gegenteiligen Beweise wirklich liebt, eine Qual für sie dar. Sie ist deprimiert und unglücklich, aber dennoch höchst ambivalent in bezug auf eine Veränderung der Situation. Damit sie sich jedoch besser fühlen würde, müßte sie die destruktive Beziehung aufgeben, die eine süchtigmachende Wirkung auf sie ausübt.

Das zweite Verhaltensmuster erscheint noch hoffnungsloser. In diesem Fall ist die Frau in einen Mann verliebt, der klarstellt, daß er nichts mit ihr zu tun haben will. Er geht ihr wenn immer möglich aus dem Weg und fühlt sich von ihrer Liebe verflucht, die er nicht erwidern will. Auch hier mag der Bann während Jahren nicht von ihr weichen, was die Möglichkeit einer anderen Beziehung wirksam ausschaltet. Auf der Jagd nach dem geliebten Mann folgt die Frau ihm unter Umständen in eine andere Stadt (wie dies eine meiner Patientinnen tat), oder sie kann wegen Hausfriedensbruch verhaftet oder gewaltsam aus seinem Haus hinausgeworfen werden.

Es ist schwierig, sich von diesem Fluch Aphrodites zu befreien. Damit sich etwas verändert, muß die Frau die Destruktivität der Bindung erkennen und willens sein, die Beziehung aufzugeben. Enorme Anstrengungen sind nötig, um der Versuchung widerstehen zu können, ihn zu sehen und sich wieder an ihn zu binden. Sie muß dies jedoch tun, bevor sie ihre Gefühle anderweitig investieren kann.

Möglichkeiten der seelischen Entwicklung

Das Wissen um ihr archetypisches Muster ist eine hilfreiche Informationsquelle für alle Typen von Frauen, besonders jedoch für Aphrodite-Frauen. Dank diesem Wissen erkennen sie, daß es in ihrer «von der Göttin gegebenen» Natur liegt, sich leicht zu verlieben, erotische Anziehungskräfte zu erfahren und einen starken Sexualtrieb zu haben, der vielen anderen Frauen abgeht. Ein solches Wissen hilft Aphrodite-Frauen, sich für ihre Natur nicht schuldig fühlen zu müssen. Gleichzeitig müssen sie sich darüber klar werden, daß sie sich für ihre eigenen Interessen selbst einsetzen müssen, denn die Göttin kümmert sich nicht darum.

Obwohl andere Göttinnen-Archetypen in einer Aphrodite-Frau keine führende Rolle spielen mögen, sind sie normalerweise zumindest in latenter Form vorhanden. Aufgrund gewisser Lebenserfahrungen, die eine Frau macht, kann der Einfluß anderer Archetypen wachsen, wodurch Aphrodites Macht in der Psyche einer Frau ausgeglichen oder gemäßigt wird. Wenn eine Frau ihre Kenntnisse und Fähigkeiten entwickelt oder sich einer Ausbildung widmet, ist es wahrscheinlich, daß der Artemis- und Athene-Archetyp an Bedeutung gewinnen. Wenn sie heiratet und ein Kind bekommt, können Hera und Demeter einen stabilisierenden Einfluß ausüben.

Wenn sie durch Meditation den Hestia-Archetyp entwickelt, kann sie der extrovertierteren Anziehungskraft des erotischen Reizes unter Umständen besser widerstehen. Und indem sie Persephones Introversion entwickelt, kann es einer Aphrodite-Frau möglich sein, eine sexuelle Erfahrung in der Phantasie anstatt in der Wirklichkeit auszuleben.

Wird sich eine Aphrodite-Frau ihres Verhaltensmusters bewußt, und sie entscheidet sich dafür, es zu verändern, so daß weder sie noch diejenigen, die sie liebt, verletzt werden, tritt eine bedeutende Veränderung ein. Ist sie einmal in der Lage, Prioritäten zu setzen und danach zu handeln, kann sie Entscheidungen treffen und die Konsequenzen abschätzen. Der Psyche-Mythos beschreibt einen Weg der Entwicklung, dem sie folgen kann.

DER PSYCHE-MYTHOS: EINE METAPHER FÜR DIE PSYCHISCHE ENTWICKLUNG

Der Mythos von Eros (Amor) und Psyche ist von verschiedenen Analytikern Jungscher Richtung als Analogie für die Psychologie des Weiblichen verwendet worden – besonders erwähnt seien hier Erich Neumann und sein Buch *Amor und Psyche* sowie Robert Johnson mit *Die Frau*. Psyche ist eine schwangere Sterbliche, die danach trachtet, wieder mit ihrem Ehemann Eros, dem Gott der Liebe und dem Sohn von Aphrodite, vereint zu werden. Psyche erkennt, daß sie sich einer zornigen und ihr feindlich gesinnten Aphrodite unterwerfen muß, wenn sie sich jemals wieder mit Eros versöhnen will, weshalb sie vor der Göttin erscheint. Um sie zu prüfen, erteilt ihr Aphrodite vier Aufgaben.

Jeder der vier von Aphrodite gestellten Aufgaben kommt eine wichtige symbolische Bedeutung zu. Eine jede Aufgabe repräsentiert eine Fähigkeit, die Frauen entwickeln müssen. Jedesmal wenn Psyche eine Aufgabe meistert, erlangt sie eine Fähigkeit, die sie zuvor nicht besaß – eine Fähigkeit, die in der Jungschen Psychologie mit dem Animus oder dem männlichen Aspekt der Psyche einer Frau gleichgesetzt wird. Obwohl diese Eigenschaften von Frauen, die sich wie Psyche anstrengen müssen, um sie zu entwickeln, als «männlich» empfunden werden, sind es für Artemis- und Athene-Frauen natürliche Attribute.

Als mythologische Gestalt ist Psyche eine Geliebte (wie Aphrodite), eine Ehefrau (wie Hera) und eine schwangere Mutter (wie Demeter). Überdies geht sie während des Mythos in die Unterwelt und kehrt wieder zurück (wodurch sie auch Persephone gleicht). Frauen, für die Beziehungen am wichtigsten sind und die instinktiv oder gefühlsmäßig auf andere reagieren, müssen die Fähigkeiten entwickeln, die durch die einzelnen Aufgaben symbolisiert werden. Erst dann können sie die ihnen gebotenen Möglichkeiten abschätzen und entschlossen zu ihrem besten Nutzen handeln.

Aphrodite führt Psyche in ein Zimmer und zeigt ihr einen riesigen Berg von Samen, die sie zusammengemischt hat – Gerste, Hirse, Mohn, Erbsen, Linsen und Bohnen – und sagt ihr, sie müsse jede Getreide- oder Samenart vor dem Abend auf einen eigenen Haufen aussondern. Die Aufgabe scheint unlösbar, bis ein Heer von Ameisen, jene bescheidenen Tiere, ihr zu Hilfe kommt und Korn für Korn jeder Art auf seinen eigenen Haufen legt.

Auf ähnliche Weise muß eine Frau vor einer wichtigen Entscheidung zuerst einen Wust von einander widersprechenden Gefühlen und konkurrierenden Loyalitäten aussondern. Die Situation ist oft besonders verworren, wenn Aphrodite ihre Hände im Spiel hat. «Die Samen aussondern» ist dann eine innere Aufgabe, die erfordert, daß eine Frau ehrlich in sich hineinblickt, sorgsam ihre Gefühle, ihre Prioritäten und Motive überprüft, und das, was wirklich wichtig ist, von dem, was unbedeutend ist, aussondert.

Erwirbt eine Frau die Fähigkeit, in einer verworrenen Situation zu verharren und nicht zu handeln, bis Klarheit auftaucht, lernt sie, «den Ameisen» zu vertrauen. Diese Insekten entsprechen einem intuitiven Prozeß, der jenseits der bewußten Kontrolle funktioniert. Eine Frau kann sich auch durch bewußte Bemühungen Klarheit verschaffen, indem sie den vielen Elementen, die bei einem Entscheidungsprozeß vorhanden sind, auf systematische oder logische Art Prioritäten einräumt.

Als nächstes befiehlt Aphrodite Psyche, ihr das Goldene Vlies der furchtbaren Sonnenwidder zu bringen. Die Sonnenwidder sind rieisige, aggressive , gehörnte Bestien auf einem Feld, die sich gegenseitig mit ihren Hörnern bekämpfen. Würde Psyche zu ihnen gehen und versuchen, eine Flocke ihrer Wolle zu nehmen, würde sie sicherlich zertrampelt oder zermalmt werden. Die Aufgabe scheint erneut unlösbar zu sein, bis ein grünes Schilf ihr zu Hilfe kommt und ihr den Rat gibt, bis Sonnenuntergang, wenn die Widder sich zerstreuen und zurückziehen, zu warten. Dann kann Psyche gefahrlos Flocken des Goldenen Vlieses von den Büschen, die die Widder gestreift haben, herunterholen.

Symbolisch gesehen repräsentiert das Goldene Vlies die Macht, die eine Frau erwerben muß, wobei sie beim Versuch, sie zu erlangen, jedoch darauf achten muß, nicht vernichtet zu werden. Begibt sich eine Aphrodite-Frau (oder eine Frau vom Typus der verletzlichen Göttinnen) in die Welt des Wettbewerbs hinaus, wo andere Menschen aggressiv um Macht und hohe Positionen kämpfen, kann sie verletzt oder desillusioniert werden, sofern sie die Gefahren nicht erkennt. Unter Umständen verhärtet sie sich und wird zynisch; ihr umsorgendes und vertrauensvolles Ich wird zum Opfer, «mit Füßen getreten». Die gewappnete Athene kann mitten auf dem Schlachtfeld stehen und sich direkt an Strategie und Politik beteiligen, doch eine Frau, die wie Psyche ist, tut besser daran, zu beobachten, zu warten und die Macht allmählich und auf indirektem Weg zu erlangen.

Das Goldene Vlies erwerben, ohne Psyche zu zerstören, ist eine Metapher für die Aufgabe, Macht zu gewinnen und gleichzeitig eine mitfühlende Frau zu bleiben. Bei meiner psychiatrischen Arbeit habe ich festgestellt, daß es für jede Frau, die lernt, sich durchzusetzen, hilfreich ist, wenn sie diese Aufgabe nicht vergißt. Wenn sie nämlich nur darauf fokussiert, ihre Bedürfnisse oder ihren Zorn auszudrücken, dann werden Gespräche mit ihr zu entfremdenden Konfrontationen, die ihr nicht helfen, das zu erreichen, was sie will und sie nur in einem grellen, destruktiven Licht erscheinen lassen.

Aufgabe 3: Das Kristallgefäß füllen

Bei der dritten Aufgabe legt Aphrodite Psyche ein kleines Kristallgefäß in die Hand und teilt ihr mit, sie müsse es mit dem Wasser eines verbotenen Stroms füllen. Dieser Strom stürzt sich von einer Quelle auf dem Gipfel der allerhöchsten Klippe in die tiefsten Tiefen der Unterwelt, bevor er durch die Erde aufsteigt, um erneut aus der Quelle zu schießen. Metaphorisch gesehen repräsentiert dieser Strom den kreisförmigen Lebensstrom, in den Psyche das Gefäß tauchen muß, um es zu füllen.

Beim Betrachten des eisigen Flusses, der sich tief in eine zerklüftete Klippe hineingefressen hat und von Schlangen bewacht wird, erscheint ihr die Aufgabe, das Gefäß zu füllen, unlösbar. Dieses Mal kommt ihr ein Adler zu Hilfe. Der Adler symbolisiert die Fähigkeit, die Landschaft aus einer Perspektive der Distanz zu betrachten und niederzustechen, um das zu packen, was nötig ist. Dies ist eine atypische Perspektive für eine Frau wie Psyche, die mit ihrer ganzen Person so engagiert ist, daß sie «vor lauter Bäumen den Wald nicht sieht».

Es ist ganz besonders für Aphrodite-Frauen wichtig, in ihren Beziehungen eine gewisse gefühlsmässige Distanz zu schaffen, damit sie das ganze Muster sehen und wichtige Einzelheiten erkennen können, die sie befähigen, das herauszugreifen, was von Bedeutung ist. Dann kann die Aphrodite-Frau Erfahrungen assimilieren und ihre Lebensform gestalten.

AUFGABE 4: LERNEN, NEIN ZU SAGEN

Bei ihrer vierten und letzten Aufgabe befiehlt Aphrodite Psyche, mit einer kleinen Büchse in die Unterwelt zu gehen und die Büchse von Persephone mit einer Schönheitssalbe füllen zu lassen. Psyche setzt die Aufgabe mit dem Tod gleich. Diesmal ist es ein weitschauender Turm, der sie berät.

Diese Aufgabe ist mehr als der herkömmliche Test, bei dem der Mut und die Entschlossenheit des Helden auf die Probe gestellt werden, denn Aphrodite hat sie ganz besonders schwierig gestaltet. Es wird Psyche gesagt, sie werde bemitleidenswerte Menschen antreffen, die sie um Hilfe anflehen würden, und sie müsse dreimal «ihr Herz gegen unerlaubte Barmherzigkeit verschließen», die Bitten nicht beachten und weitergehen. Sollte sie dies nicht tun, müsse sie für immer in der Unterwelt bleiben.

Sich ein Ziel setzen und es angesichts der Bitte um Hilfe von anderen Menschen nicht aufgeben ist für alle Frauen besonders schwierig, ausgenommen für die Frauen mit einem jungfräulichen Göttinnen-Archetyp. Mütterliche Demeter-Frauen und gefällige Persephone-Frauen sind für die Bedürfnisse anderer Menschen am empfänglichsten, während Hera- und Aphrodite-Frauen sich irgendwo zwischen diesen zwei Kategorien befinden.

Die Aufgabe, die Psyche erfüllt, wenn sie dreimal nein sagt, besteht darin, eine Wahl zu treffen. Viele Frauen lassen es zu, daß ihnen etwas aufgedrängt wird und daß sie davon abgelenkt werden, etwas für sich selbst zu tun. Sie können das, was sie sich zum Ziel gesetzt haben oder was am besten für sie ist, solange nicht tun, bis sie lernen, nein zu sagen. Ob es ein anderer Mensch ist, der ihre Gesellschaft oder ihren Trost braucht oder ob es sich um die Anziehungskraft einer erotisch geladenen Beziehung handelt, spielt keine Rolle, denn eine Frau ist erst dann in der Lage, ihren Lebensablauf selbst zu bestimmen, wenn sie zu ihren besonderen Schwächen nein sagen kann.

Durch die vier Aufgaben entfaltet Psyche ihre Persönlichkeit. Sie entwickelt Fähigkeiten und Stärken, während ihr Mut und ihre Entschlossenheit auf die Probe gestellt werden. Ihre grundlegende Natur und ihre Prioritäten bleiben jedoch trotz aller Eigenschaften, die sie erwirbt, unverändert: Psyche legt Wert auf eine Liebesbeziehung, setzt dafür alles aufs Spiel und gewinnt.

13. Kapitel

Welche Göttin erhält den goldenen Apfel?

Wettbewerb, Konflikte und Bündnisse unter den Göttinnen treten – wie früher auf dem Olymp – in der Psyche der Frau auf. Welcher der Göttinnen schenkt eine Frau ihre Aufmerksamkeit? Welche ignoriert sie? Wie weit kann sie Entscheidungen selbst bestimmen? Diese inneren Gestalten, die machtvolle archetypische Verhaltensmuster repräsentieren, kämpfen um einen Ausdruck, genau wie die griechischen Göttinnen ihrerseits einmal um den goldenen Apfel wetteiferten – den Preis, der durch das Urteil des Paris verliehen wurde.

DAS URTEIL DES PARIS

Alle Olympier, mit Ausnahme von Eris, der Göttin des Streits und der Zwietracht (einer unbedeutenden Göttin), waren zur Hochzeit von Peleus, dem König von Thessalien, und der schönen Meeresnymphe Thetis geladen. Eris kam uneingeladen zum großen Anlaß und rächte sich für die Geringschätzung, die ihr entgegengebracht worden war. Sie unterbrach die Festlichkeiten, indem sie einen goldenen Apfel, der die Inschrift «Der Schönsten» trug, unter die versammelten Gäste warf. Er rollte über den Boden und sofort erhoben Hera, Athene und Aphrodite Anspruch darauf. Jede hatte das Gefühl, er stünde ihr zu. Sie konnten sich

375

untereinander selbstverständlich nicht darüber einigen, wer die Schönste von allen sei, weshalb sie sich an Zeus wandten und um ein Urteil baten. Er weigerte sich, die Wahl zu treffen, wies sie jedoch an, den Hirten Paris, einen Sterblichen mit einem Blick für schöne Frauen, aufzusuchen, der als Schiedsrichter fungieren sollte.

Die drei Göttinnen fanden Paris, der mit einer Bergnymphe an den Abhängen des Ida ein bukolisches Leben führte. Der Reihe nach versuchte jede der drei schönen Göttinnen ihn durch eine Bestechung in seinem Urteil zu beeinflussen. Hera bot ihm an, ihn zum Herrn über alle Königreiche Asiens zu machen, falls er ihr den Apfel zuspräche. Athene versprach ihm, ihn zum Sieger all seiner Schlachten zu machen. Aphrodite trug ihm die schönste Frau der Welt an. Ohne zu zögern ernannte Paris Aphrodite zur Schönsten, sprach ihr den goldenen Apfel zu – und lud so den ewigen Haß von Hera und Athene auf sich.

Dieses Urteil des Paris führte später zum Trojanischen Krieg. Paris der Hirte war ein Prinz von Troja. Bei der allerschönsten Frau der Welt handelte es sich um Helena, die Gemahlin von Menelaos, einem griechischen König. Paris zog seinen Preis ein, indem er Helena entführte und sie nach Troja zurückbrachte. Diese Tat entfachte einen Krieg zwischen den Griechen und den Trojanern, der zehn Jahre dauerte und mit der Zerstörung Trojas endete.

Fünf Olympier stellten sich auf die Seite der Griechen: Hera und Athene (deren Parteinahme für die griechischen Helden durch ihren Groll gegen Paris gefärbt war), zu denen sich noch Poseidon, Hermes und Hephaistos gesellten. Vier Gottheiten ergriffen Partei für die Trojaner: Aphrodite, Apollon, Ares und Artemis.

Das Urteil des Paris inspirierte überdies einige der größten Dichter und Dramatiker der westlichen Literatur zu ihren Werken. Die durch jenes Urteil ausgelösten Ereignisse wurden in der Ilias, in der Odyssee und in der Äneis (den drei großen klassischen Epen) sowie auch in den Tragödien von Äschylos, Sophokles und Euripides verewigt.

376

DAS URTEIL DES PARIS IM LICHT DER GEGENWART

Jede Frau der Gegenwart wird mit ihrem eigenen Paris-Urteil konfrontiert. Die Fragen lauten nicht anders als diejenigen, die einmal den olympischen Gästen gestellt wurden: «Welche Göttin erhält den goldenen Apfel?» und «Wer soll das Urteil fällen?»

WELCHE GÖTTIN ERHÄLT DEN GOLDENEN APFEL?

Im Mythos beanspruchen nur drei der anwesenden Göttinnen den Apfel für sich, nämlich Hera, Athene und Aphrodite. In der Psyche einer Frau können jedoch andere Göttinnen miteinander im Wettstreit liegen. Vielleicht wetteifern nur zwei um den Apfel, vielleicht aber auch drei oder vier – jede Kombination der sieben Göttinnen kann mit jeder anderen im Konflikt stehen. In jeder Frau wetteifern aktivierte Archetypen um die Vormachtstellung.

Was bedeutet es, wenn in Anlehnung an den Originalmythos – in dem Hera, Athene und Aphrodite um die Vorrangstellung miteinander wetteifern – «die Schönste» ausgewählt wird? Als ich den symbolischen Gehalt dieser drei Göttinnen untersuchte, fiel mir auf, daß sie die drei grundlegenden Richtungen repräsentieren könnten, die das Leben einer Frau nehmen kann – wobei es sich um Aspekte der Persönlichkeit einer Frau handelt, die oft miteinander in Konflikt stehen. Für Hera steht die Ehe an erster Stelle; das gleiche gilt für die Frau, die sich mit den Zielen Heras identifiziert. Athene legt Wert auf den Gebrauch des Intellekts, um auf geistigem Gebiet Meisterschaft zu erreichen; eine Frau, die Athene am schönsten findet, räumt der Karriere die Priorität ein. Aphrodite bewertet Schönheit, Liebe und Leidenschaft sowie Kreativität als die höchsten Güter, und die Frau, die gleichermaßen denkt, gibt der Vitalität ihres persönlichen Lebens den Vorrang gegenüber dauerhaften Beziehungen und Erfolgen.

Die Prioritäten dieser drei Göttinnen sind grundverschieden,

377

denn jede von ihnen gehört einer anderen Kategorie an. Hera ist eine verletzliche Göttin, Athene eine jungfräuliche und Aphrodite die alchemistische Göttin. Im Leben einer Frau herrscht einer dieser drei Archetypen, die durch diese Kategorien repräsentiert werden, üblicherweise vor.

WER SOLL URTEILEN? WER ENTSCHEIDET, WELCHE GÖTTIN DEN GOLDENEN APFEL ERHÄLT?

Im Mythos trifft ein sterblicher Mann die Entscheidung. In patriarchalischen Kulturen wird das Urteil von sterblichen Männern gefällt. Und wenn Männer entscheiden, wo eine Frau hingehört, dann wird die Auswahl selbstverständlich auf das beschränkt, was den Männern genehm ist. Die drei K – das heißt Kinder, Küche, Kirche – setzten zum Beispiel für das Leben der meisten deutschen Frauen die Grenzen fest.

Auf persönlicher Ebene umschreibt die Frage «Wer erhält den goldenen Apfel?» einen permanent stattfindenden Wettbewerb. Er beginnt mit den Eltern und Verwandten, wird auf Lehrer und Lehrerinnen sowie Klassenkollegen und -kolleginnen, Freunde und Freundinnen, Verabredungen, Ehemänner und sogar Kinder ausgedehnt – das Urteil des Paris wird mit jedem Überreichen oder Zurückbehalten der «goldenen Äpfel» immer wieder neu gefällt, und das Mädchen oder die Frau wird für das, was den andern gefällt, mit Anerkennung belohnt. So zum Beispiel wird das kleine Mädchen, das (dank Hestia) ein stilles, zurückhaltendes Wesen aufweist, das aber gleichzeitig (sei es dank dem Einfluß von Artemis, sei es dank Athene) eine gute Tennisspielerin ist und dessen mütterliche (Demeter-)Eigenschaften sich manifestieren, wenn es mit seinen kleinen Neffen zusammen ist, herausfinden, daß es für gewisse Dinge mehr Zustimmung erhält als für andere. Wird es vom Vater gelobt, wenn es gut Tennis spielt oder wenn es eine gute kleine Mutter ist? Worauf legt seine Mutter Wert? Lebt es in einer introvertierten Familie, die erwartet, daß die Familienmitglieder ihre Zeit still und für sich allein verbringen? Oder lebt es in einer extrovertierten Familie, die davon ausgeht, daß jeder, der für sich allein sein will, eigenartig ist? Wird von einem Mädchen erwartet, daß es sein Licht unter den Scheffel stellt und nicht zeigt, wie gut seine Rückhand ist, und soll es die Männer immer gewinnen lassen? Was macht es im Hinblick auf die Erwartung anderer Menschen?

Wenn eine Frau andere Menschen darüber entscheiden läßt, was für sie wichtig ist, wird sie die Erwartungen ihrer Eltern ausleben und sich den Verhaltensregeln anpassen, die in ihrer Gesellschaftsschicht vorherrschend sind. Andere Menschen bestimmen dann darüber, welche Göttin in ihrem Leben geehrt wird.

Entscheidet eine Frau selbst, «welche Göttin den goldenen Apfel erhält», und gründet sie ihr Urteil auf die Stärke, mit der eine Göttin in ihr präsent ist, dann werden alle Entscheidungen, die die Frau in ihrem Leben trifft, sinnvoll für sie sein. Sie kann von ihrer Familie und der Gesellschaft, in der sie lebt, dabei unterstützt werden oder auch nicht, aber sie wird auf jeden Fall das Gefühl haben, ihrer Natur gerechtgeworden zu sein.

DIE GÖTTINNEN IM WIDERSTREIT: DAS KOMITEE ALS METAPHER

In einer Frau können mehrere Göttinnen miteinander wetteifern, oder es kann eine Göttin allein herrschen. Jedesmal, wenn eine Frau eine wichtige Entscheidung treffen muß, kann zwischen den Göttinnen ein Wettkampf um den goldenen Apfel ausbrechen. Trifft in einem solchen Fall die Frau die Entscheidung, das heißt, sie ist es, die unter den einander bekämpfenden Prioritäten, Instinkten und Verhaltensmustern die Wahl trifft? Oder wurde der Weg, den sie einschlägt, für sie festgelegt – von der Göttin?

Joseph Wheelwright, ein Analytiker Jungscher Richtung und mein Mentor, vertritt die Ansicht, daß man sich das, was sich in unseren Köpfen abspielt, als ein Komitee vorstellen kann, bei dem verschiedene Aspekte unserer Persönlichkeit um einen Tisch herumsitzen – männlich wie weiblich, jung und alt, einige lärmend und fordernd, andere ruhig und ohne Kontakt zu den andern. Wenn wir Glück haben, sitzt ein gesundes Ich am oberen Tischende, das den Vorsitz führt, entscheidet, wann wer an der Reihe ist und das Wort erhält. Eine Person, die den Vorsitz hat, hält die Ordnung aufrecht, indem sie einerseits aufmerksam beobachtet und andererseits das Gespräch erfolgreich leitet – Eigenschaften, die auch ein gut funktionierendes Ich aufweist, was zur Folge hat, daß sich daraus ein adäquates Verhalten ergibt.

Den Vorsitz eines Komitees haben, ist keine einfache Aufgabe, vor allem dann nicht, wenn die in jeder Frau vorhandenen Göttinnen im Widerstreit miteinander liegen und jede ihren Anspruch auf Macht anmeldet und auch durchsetzen will. Kann das Ich einer Frau die Ordnung nicht aufrechterhalten, dann interveniert möglicherweise ein Göttinnen-Archetyp und bemächtigt sich der Persönlichkeit. Metaphorisch gesprochen herrscht dann jene Göttin über die sterbliche Frau. Oder das innere Äquivalent eines olympischen Kriegs kann ausbrechen, wenn archetypische Elemente, die gleich stark sind, miteinander im Widerstreit liegen.

Trägt eine Person einen inneren Konflikt aus, dann hängt das Ergebnis davon ab, wie die «Mitglieder» des «Komitees» dieser spezifischen Person zusammenarbeiten. Wie bei allen Komitees ist das Funktionieren der Gruppe sowohl von der Person, die den Vorsitz ausübt als auch von den Mitgliedern abhängig – davon, wer sie sind, wie vehement sie ihren Standpunkt vertreten, wie kooperativ oder streitsüchtig sie in bezug auf den Gruppenprozeß sind und wie groß die Ordnung ist, die die vorsitzende Person aufrechterhält.

EIN ORDENTLICHES VERFAHREN: DAS ICH FUNKTIONIERT GUT ALS VORSITZENDER, UND ALLE GÖTTINNEN HABEN DIE MÖGLICHKEIT, ANGEHÖRT ZU WERDEN

Die erste Möglichkeit besteht darin, daß es sich um ein ordentliches Verfahren handelt, das von einem beobachtenden Ich präsidiert wird, das aufgrund von adäquaten Informationen klare Entscheidungen trifft. Das Ich kennt die Mitglieder des Komitees und weiß Bescheid über ihre verschiedenen Bedürfnisse und Anliegen. Alle relevanten Aspekte der Persönlichkeit werden angehört, die Wirklichkeit wird berücksichtigt, und Spannungen sind erlaubt. Da jede Göttin für einen bestimmten Instinkt, eine bestimmte Wertvorstellung oder einen bestimmten Aspekt der Psyche der Frau (das heißt der Gesamtheit ihrer Persönlichkeit) spricht, hängt die Redezeit, die jeder Göttin zusteht, davon ab, wie stark dieser spezifische Archetyp ist, wie stark er vom betreffenden Punkt der Tagesordnung betroffen ist und wieviel Zeit das Ich (als Vorsitzender) der entsprechenden Göttin einräumt.

Eine Frau muß sich beispielsweise entscheiden, was sie am Sonntag tun soll. Hestia befürwortet das Alleinsein und schlägt einen ruhigen Tag zu Hause vor. Hera findet, sie sei verpflichtet, die Verwandten ihres Ehemannes zu besuchen. Athene erinnert sie daran, daß die Arbeit hinsichtlich eines Antrags, den sie einreichen wird, noch nicht abgeschlossen ist. Artemis tritt dafür ein, zu einer Frauen-Konferenz zu gehen.

Die Entscheidung einer Frau kann beispielsweise auch die Frage betreffen, was sie mit der zweiten Hälfte ihres Lebens anfangen soll. In diesem Fall hat jeder Aspekt ihrer Persönlichkeit, das heißt jede Göttin, ein wohlbegründetes Interesse am Ergebnis. Ist es zum Beispiel «nun, da die Kinder erwachsen sind» an der Zeit, eine unbefriedigende Ehe aufzulösen? Hier mag Demeter das Zünglein an der Waage spielen. Sie hatte sich mit Hera verbündet, um «wegen der Kinder» in einer unglücklichen Situation auszuharren. Wird sie nun ins Lager von Artemis überwechseln und sich für die Unabhängigkeit entscheiden?

Oder ist es an der Zeit, wieder zur Schule zu gehen oder Karriere zu machen, und auf diese Weise den Bedürfnissen von Athene oder Artemis Rechnung zu tragen?

Oder kommen nun endlich Demeter oder Hera an die Reihe, angehört zu werden? Hat die Frau ihre ganze Energie darauf fokussiert, Karriere zu machen oder hervorragende Leistungen im Berufsleben zu erbringen und spürt sie nun in den mittleren Lebensjahren – da sie ihr Ziel erreicht oder die höchste Sprosse der beruflichen Leiter erklommen hat –, daß dank Demeter der Mutterinstinkt in ihr aktiv wird? Oder weiß sie, daß sie einsam ist, mit Sehnsucht Paare beobachtet und nun heiraten will – da sie sich bis zu diesem Zeitpunkt geweigert hat, Hera Aufmerksamkeit zu schenken?

Oder ist die fehlende Göttin die ruhigste von allen – ist nun Hestia an der Reihe hervorzutreten, da in den mittleren Lebensjahren das Bedürfnis nach Reflexionen und der Suche nach spirituellen Werten geweckt wird?

Die mittleren Lebensjahre mögen eine neue Konstellation der Göttinnen oder die Vorherrschaft einer anderen Göttin als bisher bewirken. Dieser potentielle Wechsel ereignet sich in jeder neuen Lebensphase – das heißt in der Adoleszenz, im Erwachsenenalter, im Ruhestand, in der Menopause wie auch in den mittleren Lebensjahren. Beginnt eine Zeit des Übergangs, so berücksichtigt eine Frau, sofern das Ich ein ordentliches, reflektierendes, bewußtes Komitee präsidiert, die Prioritäten, Loyalitäten, Wertvorstellungen und Wirklichkeitsfaktoren. Sie forciert keinen Entschluß, wenn verschiedene Prioritäten miteinander in einem Konflikt stehen; die Entscheidung wird erst getroffen, nachdem das Problem klar dargelegt worden ist. Dieser Prozeß mag fünf Minuten dauern, wenn eine Frau sich entscheidet, was sie am Sonntag macht. Oder er kann fünf Jahre dauern, wenn sie erwägt, ihr Leben grundlegend zu verändern.

Ich habe zum Beispiel Frauen gekannt, die jahrelang versucht haben, die «Kinderfrage» zu lösen. Eine solche Frau fragt sich, wie sie sich zwischen Mutterinstinkt und Karriere entscheiden soll. Und was soll sie tun, wenn sie und ihr Ehemann verschiedener Ansicht sind – wenn ein Partner ein Kind will und der andere nicht? Was soll sie nun, da sie in ihren Dreißigern ist und die Mutterschaft zeitlich begrenzt ist, unternehmen?

All diese Fragen quälten die Künstlerin Georgia O'Keeffe, die nie ein Kind gehabt hat. Aus Laura Lisles Biographie wissen wir, daß Georgia O'Keeffe seit ihrer Kindheit den inneren Drang verspürte, Künstlerin zu werden. Überdies wissen wir, daß sie in ihren Mittzwanzigern einer Freundin folgendes anvertraut hat: «Ich muß ein Kind haben – falls nicht, wird mein Leben einfach nicht ausgefüllt sein.»[1] In der Zeit, als die «Kinderfrage» sich ihr in aller Dringlichkeit stellte, war sie gerade in Alfred Stieglitz verliebt, mit dem sie erst zusammenlebte und den sie dann heiratete. Er war einer der einflußreichsten Persönlichkeiten auf dem Gebiet der modernen Kunst. Seine Galerie und seine Meinung über die Kunst und die Künstler waren für den Ruf der Künstler ausschlaggebend. Stieglitz war davon überzeugt, Georgia O'Keeffe solle nicht Mutter werden, weil diese Aufgabe sie von der Malerei ablenken würde. Stieglitz, der dreißig Jahre älter als Georgia O'Keeffe und bereits Vater erwachsener Kinder war, wollte auch nicht noch einmal Vater werden.

Der Konflikt, der zwischen Stieglitz und Georgia O'Keeffe über die Kinderfrage bestand, 1918 begann und fünf Jahre dauerte, wurde anscheinend erst beigelegt, nachdem zwei einschneidende Ereignisse eintraten, die ausschlaggebend waren. Im Jahr 1923 wurden etwa hundert Gemälde von Georgia O'Keeffe ausgestellt. Es war vielleicht das erste Mal in ihrem Leben, daß sie die Bestätigung von außen erhielt, die Erfüllung ihres Traums, eine erfolgreiche Künstlerin zu werden, sei möglich. Im selben Jahr gebar die Tochter von Stieglitz einen Sohn und verfiel dann einer Post partum-Depression, von der sie sich nie wieder vollständig erholte.

Das Interesse an Stieglitz, an ihrer Beziehung zu ihm und an ihrer Karriere waren viele Aspekte von Georgia O'Keeffes Persönlichkeit, die sich gegen einen starken Mutterinstinkt stellten. Hera, Aphrodite, Artemis und Athene – sie alle waren gegen Demeter.

Obwohl die Konstellation der Göttinnen sowie die Umstände Georgia O'Keeffe zur Entscheidung veranlaßten, kein Kind zu haben, mußte sie diesen Entschluß fassen, ohne ihn später zu bereuen; im gegenteiligen Fall ist das Problem (das heißt irgendein Problem) nicht vollständig gelöst. Hat eine Frau das Gefühl, sie hätte keine Wahl gehabt und sei aufgrund äußerer Umstände oder durch einen inneren Zwang dazu getrieben worden, irgend etwas Wichtiges aufzugeben, ist sie wütend, machtlos und deprimiert. Der Groll unterminiert ihre Vitalität und hindert sie daran, sich vollständig auf das zu konzentrieren, was sie tut, unabhängig davon, wie sinnvoll die Aufgabe auch immer sein mag. Jede Frau muß, genau wie Georgia O'Keeffe, fähig sein, den Verlust von etwas Wichtigem durchzustehen und sich dann in eine kreative Arbeit zu vertiefen – wobei das Ich die Aufgabe hat, mehr als bloß ein passiver Beobachter zu sein, der das Mitspracherecht der Archetypen überwacht. Georgia O'Keeffe mußte die Folgen, die sich aus ihrer Entscheidung ergaben, aus freiem Willen billigen. Um dies zu tun, muß eine Frau sagen können: «Ich weiß, wer ich bin und kenne die gegenwärtigen Umstände. Ich bejahe diese Eigenschaften als die meinigen, und ich akzeptiere die Wirklichkeit, so wie sie ist.» Erst dann kann die an ein Problem gebundene Energie für andere Zwecke freigelegt werden.

Hin-und-her-gerissen-Sein: Das Ich ist unwirksam, während die miteinander wetteifernden Göttinnen um die Vorherrschaft kämpfen

Ein ordentliches Verfahren ist zwar die beste Lösung, doch handelt es sich dabei leider nicht um den einzigen Weg, auf dem ein innerer Konflikt beigelegt werden kann. Stellt sich das Ich stets willfährig auf diejenige Seite, die im Augenblick gerade an der Macht ist, resultiert daraus ein Verhaltensmuster des Hin-und-her-gerissen-Seins, da zuerst eine Seite «gewinnt» und das bekommt, was sie will, und dann die andere.

Eine verheiratete Frau ist zum Beispiel vielleicht sehr unentschlossen, ob sie eine Liebesbeziehung beenden soll oder nicht (sie weiß, daß, falls sie ihrer Liebesbeziehung kein Ende setzt, dies das Ende ihrer Ehe bedeutet). Ihr innerer Konflikt kann genauso unlösbar und endlos erscheinen wie einst der Trojanische Krieg. Eine Frau mit einem unwirksamen Ich bereitet der Affäre wiederholt ein Ende, nur um gleich darauf erneut hineingezogen zu werden.

Der Trojanische Krieg ist eine gute Metapher für diese Situation. Helena, die umkämpfte Beute, war wie ein passives Ich inmitten eines Ehe-oder-Affäre-Konflikts. Ein passives Ich ist wie eine Geisel, die zuerst im Besitz der einen und dann der anderen Partei ist.

Die griechischen Truppen hegten die Absicht, Helena zu ihrem Gatten zurückzubringen. Auf ihrer Seite befanden sich die Verfechter der Ehe. Zuvorderst war Hera, die Göttin der Ehe, die darauf bestand, daß der Kampf weiterginge, bis Troja zerstört und Helena zu ihrem Gatten Menelaos zurückgekehrt sei. Auch Hephaistos, der Schmiedegott, half den Griechen und machte Achilles einen Schild. Die Sympathie von Hephaistos für die Lage der Griechen ist verständlich, da er von seiner Gemahlin Aphrodite zum Hahnrei gemacht worden war. Ein weiterer Verbündeter der Griechen war Poseidon, der patriarchalische Meeresgott. Und Athene, Verfechterin der Rechte des Patriarchats, stellte sich selbstverständlich auf die Seite des rechtmäßigen Ehemanns.

Diese Olympier repräsentieren jene Strömungen in der Psyche der Frau, die dafür eintreten, daß die Ehe aufrechterhalten wird. Sie betrachteten die Ehe als heiliges Gelübde und rechtmäßige Institution, vertraten die Ansicht, die Frau sei Besitz des Ehemanns und hatten Mitgefühl mit dem Gatten.

Aphrodite, die Göttin der Liebe und Gewinnerin des goldenen Apfels, stand selbstverständlich auf der Seite der Trojaner. Interessanterweise traf dies auch auf Artemis und Apollon, die androgynen Zwillinge zu – die die nicht-stereotypen Rollen von Männern und Frauen symbolisieren können, die aber nur dann erlaubt sind, wenn die Macht des Patriarchats in Frage gestellt wird. Der vierte Olympier, der Partei für die Trojaner ergriff, war Ares, der Kriegsgott, der (wie Paris) sexuelle Beziehungen mit der Frau eines anderen Mannes unterhielt. Ares war der Geliebte der Aphrodite.

Diese vier Olympier symbolisieren Elemente oder Strömungen in der Psyche einer Frau, die im Fall einer Liebesaffäre oft zusammenwirken. Sie reden der sexuellen Leidenschaft und der Liebe das Wort. Sie setzen sich für die Autonomie der Frau ein und beharren darauf, daß ihre Sexualität ihr selbst gehört und nicht ein Gut der Ehe oder des Ehemanns ist. Diese vier rebellieren gegen die traditionellen Rollen und sind impulsiv. Folglich tun sie sich bei einer Liebesaffäre, die als Kriegserklärung gegen den Ehemann betrachtet werden kann, zusammen.

Folgt das Ich einer Frau passiv dem gegenwärtigen Gewinner des inneren Konflikts und dem äußeren Wettbewerb um sie, wird sie zwischen den zwei Männern des Dreiecksverhältnisses hin und her gerissen. Diese Ambivalenz schadet beiden Beziehungen und allen Betroffenen.

CHAOS IM KOMITEE: DAS ICH WIRD VON DEN WIDERSTREITENDEN GÖTTINNEN ÜBERWÄLTIGT

Brechen in der Psyche einer Frau heftige Konflikte aus und kann das Ich die Ordnung nicht aufrechterhalten, so ist es unmöglich, überhaupt ein ordentliches Verfahren einleiten zu wollen. Viele Mitglieder erheben die Stimme, mit dem Ergebnis, daß es zu einer inneren Kakophonie kommt – wie wenn die Göttinnen ihre Anliegen herausschreien würden und jede versuchte, die andere zu übertönen. Das Ich der Frau kann nicht verstehen, was die einzelnen Stimmen in ihr sagen, während sich gleichzeitig ein großer Druck in ihr entwickelt. Eine Frau, in der ein solches Chaos stattfindet, fühlt sich verwirrt und dazu gedrängt, etwas zu tun, und dies zu einem Zeitpunkt, zu dem sie keinen klaren Gedanken fassen kann.

Ich hatte einmal eine Patientin, eine Frau Mitte Vierzig, in der dieses «Komitee-Chaos» heraufbeschworen wurde, als sie im Begriff war, ihren Ehemann zu verlassen. Es war kein anderer Mann im Spiel, und es handelte sich um eine zwanzigjährige Ehe, die andere Menschen idealisierten. Solange die Frau die Trennung bloß erwog, konnte sie den vielen miteinander im Widerstreit liegenden Standpunkten auf mehr oder weniger rationale Weise zuhören. Als sie jedoch ihrem Ehemann mitteilte, was sie in Betracht gezogen hatte und ihn verließ, um die Dinge zu überdenken, brach das innere Chaos aus. Sie sagte, es hätte sich angefühlt, wie wenn «eine Waschmaschine in meinem Kopf laufen würde» oder «wie wenn ich in einer Waschmaschine steckte». Gewisse Aspekte ihrer Persönlichkeit reagierten mit Angst und Beunruhigung auf das, was eine zwar risikoreiche, aber für sie richtig erscheinende Entscheidung darstellte.

Für eine Weile war sie gelähmt – ihr Ich war vorübergehend überwältigt. Anstatt jedoch aufzugeben und zurückzukehren, kümmerte sie sich um ihr Bedürfnis, die Situation zu überdenken und blieb bei Freunden, bis sie etwas Klarheit gefunden hatte. Nach und nach nahm das Ich wieder seine gewohnte Stellung ein, und die Frau hörte und beachtete die Stimmen der Angst und Beunruhigung. Schließlich wurde sie geschieden, und ein Jahr später war sie endlich sicher, daß sie die richtige Entscheidung getroffen hatte.

In einer solchen Situation ist es hilfreich, mit jemandem über die widerstreitenden Ängste und Impulse zu reden oder sie niederzuschreiben, und auf diese Weise das Verfahren der Aussonderung der widersprüchlichen Standpunkte einzuleiten. Wird ein Wust von Problemen in die einzelnen Belange zerlegt, dann fühlt sich das Ich möglicherweise nicht länger überwältigt.

«Chaos im Komitee» ist oft ein vorübergehender Zustand, der sich während einer kurzen Zeitspanne, im Anschluß an eine erste chaotische Reaktion auf etwas, das als neu und bedrohlich empfunden wird, einstellt. Nach kurzer Zeit stellt das Ich die Ordnung wieder her. Kann das Ich die Ordnung jedoch nicht wiederherstellen, kann das geistige Chaos zu einem Zusammenbruch führen. Der Geist bleibt voll widerstreitender Emotionen, Gedanken und Bilder; es wird unmöglich, logisch zu denken, und die betreffende Person gleitet in ein psychisches Chaos ab.

BEVORZUGTE UND BENACHTEILIGTE MITGLIEDER DES KOMITEES: DER BEFANGENE VORSITZENDE BEVORRECHTIGT GEWISSE GÖTTINNEN UND WEIGERT SICH, ANDERE ANZUERKENNEN

Das befangene Ich nimmt als Vorsitzender nur von gewissen bevorzugten Mitgliedern Notiz. Es bringt andere zum Schweigen, die Bedürfnisse, Gefühle oder Standpunkte ausdrücken, die es als unakzeptabel betrachtet und als unzulässig erklärt. Es zensiert alles, was es nicht ansehen oder anhören will, so daß oberflächlich betrachtet kein Konflikt auftaucht. Der «Status der bevorzugten

Göttin» wird manchmal von einigen wenigen Göttinnen oder nur von einer einzigen eingenommen, deren Betrachtungsweise dominieren. Es handelt sich dabei um jene Göttinnen, mit denen sich das Ich identifiziert.

Unterdessen werden die Betrachtungsweisen und Prioritäten der in Ungnade gefallenen Göttinnen unterdrückt oder verdrängt. Sie schweigen unter Umständen, oder es mag so aussehen, als seien sie im Komitee nicht einmal vertreten. Ihr Einfluß wird dafür «außerhalb des Sitzungszimmers» – oder außerhalb des Bewußtseins gespürt. Gewisse Handlungen, psychosomatische Symptome und Gefühlsschwankungen können Ausdrucksweisen dieser zensierten Göttinnen sein.

Das «Ausagieren» ist ein unbewußtes Verhalten, das die durch widerstreitende Gefühle erzeugten Spannungen vermindert. So zum Beispiel verübelt es Barbara, eine verheiratete Frau, ihrer Schwägerin Susan, daß Susan stets annimmt, sie werde von Barbara im Auto mitgenommen. Barbara kann nicht nein sagen, ohne sich egoistisch und schuldig zu fühlen, und sie kann nicht zornig werden, weil Zorn nicht akzeptabel ist. Folglich stellt sich ihr Ich in seiner Funktion als Vorsitzender auf die Seite von Hera und Demeter, das heißt es unterstützt diejenigen Göttinnen, die darauf bestehen, daß Barbara eine gute Ehefrau ist, die sich um die Verwandten ihres Ehemanns kümmert und sich wie eine nährende, umsorgende Person verhält. Ihr Ich unterdrückt die jungfräulichen Göttinnen, die sich darüber ärgern, daß sie sich um jemand anderen kümmern müssen. Eine innere Spannung entsteht, die sie durch «Ausagieren» ablädt. Barbara «vergißt» die Vereinbarung, wonach sie Susan hätte abholen sollen. Hätte sie Susan absichtlich versetzt, wäre dies sehr unfreundlich von ihr gewesen – ein Verhalten, das Artemis oder Athene jedoch vielleicht bewußt befürworten würden. Indem Barbara die Vereinbarung jedoch «vergißt», agiert sie die Feindseligkeit aus und versucht, Susan in ihrem spezifischen Verhalten zu entmutigen. Barbara ist auf diese Art immer noch «frei» von ihrem eigenen Ärger und der Geltendmachung ihrer Unabhängigkeit.

Ein weiteres signifikantes Beispiel des Ausagierens wurde mir von einer meiner Patientinnen geliefert. Sie mußte für eine Nebenrolle in einem wichtigen Film vorspielen. Der Regisseur hatte sie gesehen und fand, sie sei für diese Rolle geeignet, weshalb er sie bat, es zu versuchen. Es war ihre große Chance. Die dreißigjährige Schauspielerin gehörte zum Ensemble eines kleinen Theaters mit wechselndem Repertoire und lebte mit dem Direktor des Theaters zusammen. Sie unterhielten seit drei Jahren eine Beziehung, die sie immer wieder abbrachen, nur um wieder von neuem anzufangen.

Ein Teil von ihr wußte, daß ihr Geliebter sich nicht damit abfinden würde, wenn sie mehr Erfolg hätte als er. Sie hatte diese Erkenntnis jedoch verdrängt – zusammen mit einer Anzahl weiterer Einsichten, was sie davon abhielt, ihn so zu sehen, wie er tatsächlich war. Als der Tag gekommen war, um für den Film vorzuspielen, bereitete sie sich darauf vor, probte bis zur letzten Minute und vertiefte sich dermaßen ins Proben, daß sie das «Zeitgefühl» verlor. Sie verpaßte die Vereinbarung.

Auf diese Weise «agierte» sie ihre Ambivalenz «aus» – obwohl sie die Rolle wollte und sich bewußt darum bemühte. Artemis vermittelte ihr den Ehrgeiz, und Aphrodite half ihr dabei, ihr Talent auszudrücken. Doch hatte sie unbewußt Angst davor, die Rolle zu bekommen und die Beziehung auf die Probe zu stellen. Hera setzte die Beziehung an erste Stelle, und Demeter beschützte den Mann davor, sich bedroht oder unzulänglich fühlen zu müssen. Die Entscheidung, nicht zu versuchen, die Rolle zu bekommen, war außerhalb ihres Bewußtseins gefällt worden.

Psychosomatische Symptome können der Ausdruck von Göttinnen sein, die zensiert wurden. Die unabhängige Frau mit Athene-Eigenschaften, die nie jemanden um Hilfe bittet und nie jemanden zu brauchen scheint, kann zum Beispiel Asthma-Anfälle oder Geschwüre entwickeln. Vielleicht ist dies der einzige Weg, auf dem es ihr Ich der abhängigen Persephone erlauben kann, ein wenig mütterliche Zuwendung zu bekommen. Oder der gebende Erdmutter-Typ kann sich als Frau mit einem labilen Bluthochdruck herausstellen. Ihr Blutdruck schießt von normal auf hoch, was oft der Fall ist, wenn sie besonders selbstlos zu handeln scheint. Obwohl sie nicht genug Artemis-Eigenschaften aufweist, um auf ihre eigenen Prioritäten fokussiert zu bleiben, fühlt sie Spannungen und Ärger, wenn sie vorschnell die Bedürfnisse anderer Menschen über die eigenen stellt.

Auch Stimmungsschwankungen können zensierte Göttinnen widerspiegeln. Die träumerische, entrückte Stimmung, die sich bei einer glücklich verheirateten Frau einstellt, wenn sie von einer Freundin hört, die einen anderen Weg als sie selbst eingeschlagen hat, können die sich regenden jungfräulichen Göttinnen-Archetypen sein. Jene vage Verstimmtheit, die von einer Karrierefrau verspürt wird, wenn sie die Periode bekommt, könnte eine unbefriedigte Demeter sein.

UMSCHALTEN: WENN MEHRERE GÖTTINNEN EINANDER ABLÖSEN

Frauen sagen von sich selbst oft, sie seien «mehr als eine einzige Person», wenn mehrere Göttinnen einander ablösen und immer wieder eine andere Göttin den stärksten Einfluß auf die Psyche der Frau ausübt. Carolyn zum Beispiel verkauft Versicherungspolicen in Höhe von mehr als einer Million Dollar pro Jahr; sie muß sich um Tausende von Einzelheiten kümmern und ist energisch hinter den Kunden her. Bei der Arbeit ist sie eine erfolgreiche Mischung aus Athene und Artemis. Zu Hause verwandelt sich der «Geschäftstiger» in eine einsiedlerische Hauskatze, die zufrieden um das Haus und im Garten herumstreicht und als introvertierte Hestia Gefallen an der Einsamkeit findet.

Lesli ist die ideale Person in ihrer Werbeagentur. Ihre Layouts sind spritzig. Dank ihrer Kreativität und Überzeugungskraft ist sie äußerst erfolgreich. Sie ist eine dynamische Mischung aus Artemis und Aphrodite, die sich bei ihrem Ehemann mühelos in die nachgiebige Persephone verwandelt.

Beide Frauen sind sich dessen bewußt, daß sie sich wie zwei verschiedene Personen verhalten, während sie von einer Facette ihrer Persönlichkeit auf die andere umschalten, doch sind die täglichen Veränderungen für sie völlig natürlich. In beiden Fällen haben sie das Gefühl, sich selbst – oder den Göttinnen, die sich abwechslungsweise durch sie ausdrücken – treu zu sein.

Viele Frauen, die sich darüber im klaren sind, daß sie oft von einem Persönlichkeitsaspekt auf den anderen umschalten, sind durch die «entweder-oder»-Möglichkeiten psychologischer Typen-Tests verwirrt oder erheitert, denn sie wissen ganz genau, daß ihre Antworten davon abhängen, wie sie sich gerade fühlen. Die Antworten werden dadurch beeinflußt, ob die Frau die Reaktionen der Berufsfrau oder der Privatfrau, der Mutter oder der Künstlerin in sich beschreibt, und wie sie reagiert, wenn sie allein oder mit einem Partner zusammen ist. Die Beantwortung der Fragen und folglich auch das Persönlichkeitsprofil scheinen oft davon abhängig zu sein, «welche Göttin» in der Frau den Test macht. Eine Psychologin bemerkte dazu folgendes: «Auf Parties bin ich extrovertiert, und es ist nicht nur eine Persona oder ein Party-Gesicht, das ich annehme, sondern ich amüsiere mich! Überraschen Sie mich jedoch dabei, wenn ich wissenschaftliche Forschungen betreibe, und Sie sehen eine ganz andere Person.» In der einen Umgebung ist sie eine spritzige Aphrodite, extrovertiert, gefühlsmäßig empfänglich und sinnlich. In der anderen Umgebung ist sie die sorgfältige Athene, die ein Projekt, das sie durchdacht hat, peinlich genau ausführt und nun das Material zur Untermauerung ihrer These zusammensuchen muß.

Gibt es einen vorherrschenden Göttinnen-Archetyp, der die Persönlichkeit einer Frau dominiert, dann entspricht ihr psychologischer Typen-Test der Jungschen Theorie. Die Frau ist entweder durchweg extrovertiert (und reagiert direkt auf äußere Ereignisse und auf Menschen) oder introvertiert (und reagiert auf ihre eignen inneren Eindrücke); sie benutzt entweder das Denken (indem sie rationale Überlegungen abwägt) oder das Fühlen (indem sie Wertvorstellungen abwägt), um Menschen und Situationen zu beurteilen, und sie wird sich auf die Informationen verlassen, die sie entweder durch die fünf Sinne oder durch die Intuition erhält. Manchmal ist nur eine der vier Funktionen (Denken, Fühlen, Empfinden, Intuition) gut entwickelt.

Sind zwei oder mehrere Göttinnen-Archetypen dominant,

entspricht die Frau jedoch nicht notwendigerweise einem einzigen psychologischen Typ. Sie mag sowohl introvertiert als auch extrovertiert sein, und zwar je nach den Umständen – und der vorherrschenden Göttin: eine extrovertierte Artemis oder Demeter mag unter Umständen «den goldenen Apfel» in einer bestimmten Situation besitzen, ihn jedoch der introvertierteren Hestia oder Persephone in einer anderen übergeben.

Gemäß der Jungschen Theorie sind Denken und Fühlen die wertenden Funktionen, Empfindung und Intuition die wahrnehmenden Funktionen. Ist eine dieser vier Funktionen am stärksten entwickelt, so ist theoretisch gesehen die ihr gegenüberliegende Funktion (die andere dieses Paars) die am wenigsten bewußte. Die Theorie stimmt mit der Praxis überein, wenn ein Verhaltensmuster einer Göttin die Grundlage der ganzen Persönlichkeit bildet: Eine Athene-Frau denkt zwar mit großer Klarheit, aber ihre Fähigkeit, Gefühle zu bewerten, ist praktisch inexistent. Dies mag jedoch nicht der Fall sein, wenn mehr als eine wichtige Göttin vorhanden ist. Gesellt sich zum Beispiel Artemis als aktiver Archetyp zu Athene, dann kann das Fühlen, im Gegensatz zur Theorie, genauso oder beinahe gleich stark entwickelt sein wie das Denken.

Unter diesen Umständen – das heißt, wenn die Göttinnen zusammenarbeiten und abwechslungsweise in einer Frau zum Ausdruck kommen – hängt die Frage «welche Göttin den goldenen Apfel erhält» von den Umständen und der zu lösenden Aufgabe ab.

BEWUSSTSEIN UND WAHL

Wird sich eine Frau (durch ihr beobachtendes Ich) der Göttinnen-Archetypen bewußt und entwickelt sie ein Verständnis für das Komitee als Metapher für einen inneren Prozeß, so verfügt sie damit über zwei sehr nützliche Instrumente der Selbsterkenntnis. Sie kann mit einem geschulten Ohr den Stimmen in sich zuhören, erkennen, «wer» gerade spricht und sich der Göttinnen bewußt werden, die sie beeinflussen. Repräsentieren diese Göttinnen einander widersprechende Aspekte ihrer Persönlichkeit, die sie miteinander in Einklang bringen muß, kann sie sich auf die Bedürfnisse und Interessen jeder Göttin einstimmen und dann für sich entscheiden, was am wichtigsten ist.

Sind gewisse Göttinnen zurückhaltend und schwer erkennbar – und wird ihre Präsenz nur durch eine Episode des Ausagierens, ein psychosomatisches Symptom oder eine Gefühlsschwankung vermutet – so braucht die Frau vielleicht Zeit und muß aufmerksam sein, um wahrzunehmen, wer diese Göttinnen sind. Dadurch, daß sie eine Vorstellung von den archetypischen Verhaltensmustern hat und den Kreis der Göttinnen kennt, mag es für sie einfacher sein, diejenigen Göttinnen zu identifizieren, die Anerkennung brauchen.

Da es sich bei allen Göttinnen um Verhaltensmuster handelt, die jeder Frau innewohnen, kann sich jede Frau ihres Bedürfnisses bewußt werden, mit einer bestimmten Göttin näher bekannt zu werden. In diesem Fall können die Bemühungen, den Einfluß einer bestimmten Göttin zu entwickeln oder zu stärken, erfolgreich sein. Als zum Beispiel Dana an ihrer Dissertation arbeitete, war es oft schwierig für sie, die Kraft aufzubringen, in den Bibliotheken zu recherchieren. Die Vorstellung, sie sei Artemis auf der Jagd, gab ihr jedoch den nötigen Impetus, in die Bibliothek zu gehen und die Artikel herauszusuchen, die sie brauchte. Das Bild, wonach sie sich als Artemis sah, aktivierte die Energie, die sie für diese Aufgabe benötigte.

Es kann einer Frau helfen, die in ihrer Psyche aktiven Archetypen zu erkennen, wenn sie die Göttin aktiv imaginiert. Sie kann sich eine Göttin im Geist vergegenwärtigen und dann, wenn ein lebendiges Bild aufsteigt, sehen, ob sie mit der visualisierten Gestalt ins Gespräch kommen kann. Durch die Anwendung der «aktiven Imagination» – wie diese von Jung entdeckte Vorgehensweise genannt wird – kann sie feststellen, daß sie Fragen stellen kann und Antworten erhält. Ist sie rezeptiv darauf eingestimmt, eine Antwort zu hören, die sie nicht bewußt erfindet, stellt eine Frau, die aktiv imaginiert, oft fest, daß sie so reagiert, wie wenn sie ein wirkliches Gespräch führen würde, was ihr Wissen über eine archetypische Gestalt, die ein Teil von ihr ist, vergrößert. Kann sich eine Frau erst einmal auf die verschiedenen Teile ihrer Persönlichkeit einstimmen, und kann sie zuhören, beobachten oder ihre verschiedenen Prioritäten und die miteinander wetteifernden Loyalitäten fühlen, so ist sie in der Lage, sie auszusondern und sich über den Grad der Bedeutung, die sie für sie persönlich haben, bewußt zu werden. Dann kann sie sich bewußt entscheiden: Wenn Konflikte entstehen, dann entscheidet sie, welchen Prioritäten sie den Vorrang gibt und welche Maßnahmen sie ergreifen wird. Daraus ergibt sich, daß sie mit ihren Entscheidungen innere Konflikte löst anstatt innere Kriege zu entfachen. Auf diese Weise wird sie allmählich eine Frau, die bewußt ihre Entscheidungen trifft und immer wieder für sich selbst beschließt, welche Göttin den goldenen Apfel erhält.

14. Kapitel

Die Heldin in jeder Frau

In jeder Frau gibt es eine potentielle Heldin. Sie ist die Hauptdarstellerin der eigenen Lebensgeschichte, das heißt einer Reise, die bei der Geburt beginnt und das ganze Leben andauert. Auf ihrem Lebensweg begegnet sie zweifellos dem Leiden; sie fühlt sich einsam, verletzlich, unsicher und muß Einschränkungen erfahren. Vielleicht entdeckt sie auch den Lebenssinn, entwickelt ihre Persönlichkeit, erfährt Liebe und Gnade und gelangt zur Weisheit.

Sie wird durch ihre Entscheidungen, durch ihre Fähigkeit zu vertrauen und zu lieben und durch ihre Bereitschaft, aus Erfahrungen zu lernen und Verpflichtungen einzugehen, geprägt. Schätzt sie bei auftauchenden Schwierigkeiten das ab, was sie tun kann, beschließt sie, was sie tun wird, und verhält sie sich ihren Gefühlen und Wertvorstellungen gemäß, dann übernimmt sie die Rolle der Heldin und Protagonistin ihres eigenen Mythos.

Obwohl das Leben voller Gegebenheiten ist, die man nicht selbst bestimmen kann, gibt es immer wieder Entscheidungsmomente und Schnittpunkte, die sich entscheidend auf Ereignisse auswirken oder den Charakter verändern. Um eine Heldin auf ihrer eigenen Heldenreise zu sein, muß eine Frau zu Beginn die Haltung einnehmen, daß ihre Entscheidungen von Bedeutung sind (oder sich zuerst so verhalten, «wie wenn dies der Fall wäre»). Lebt eine Frau gemäß dieser Prämisse, dann geschieht folgendes: Die Frau wird eine Person, die ihre Entscheidungen eigenständig trifft, eine Heldin, die sich selbst zu dem Menschen formt, der sie werden wird. Entweder entwickelt sie sich durch das, was sie tut oder nicht tut und durch die Meinungen, die sie vertritt, oder sie wird dadurch geschwächt.

Meine Patienten haben mir beigebracht, daß sie nicht nur durch das, was sie erlebt hatten, geformt wurden, sondern daß das, was in ihnen geschah, den Ausschlag gab. Was sie fühlten und wie sie innerlich und äußerlich reagierten, entschied in weit größerem Maß darüber, wer sie wurden, als der Grad des Unglücks, dem sie ausgesetzt waren. Ich habe zum Beispiel Menschen getroffen, die eine Kindheit voller Entbehrungen, Grausamkeiten, Schläge oder sexueller Mißbräuche überlebt haben. Dazu kommt, daß sie nicht (wie erwartet werden könnte) so wie die Erwachsenen wurden, die sie mißhandelt hatten. Trotz all der schlechten Erfahrungen, die sie mitgemacht hatten, waren sie anderen Menschen gegenüber mitfühlend, und zwar sowohl früher als auch in ihrem späteren Leben. Traumatische Erfahrungen hinterließen ihre Spuren, und diese Menschen waren nicht unversehrt, und doch überlebte in ihnen ein Kern des Vertrauens, eine Fähigkeit zu lieben und zu hoffen, sowie ein Gefühl, eine eigenständige Persönlichkeit zu sein. Als ich den Grund dafür zu erahnen begann, wurde mir allmählich der Unterschied zwischen Heldin und Opfer klar.

All diese Menschen sahen sich in ihrer Kindheit auf die eine oder andere Art als Protagonist eines schrecklichen Dramas. Jeder einzelne verfügte über einen inneren Mythos, ein Phantasieleben oder über imaginäre Begleiter. Ein Mädchen, das von seinem Vater mißhandelt, geschlagen und gedemütigt und von seiner depressiven Mutter nicht verteidigt wurde, erinnert sich daran, daß es als Kind zu sich selbst sagte, es sei nicht mit dieser ungebildeten, schrecklichen Familie verwandt, sondern in Wahrheit eine Prinzessin, die mit diesen Qualen geprüft werden sollte. Eine andere Frau, die als Kind geschlagen und sexuell belästigt worden war und die als Erwachsene nicht in das Schema paßte (wonach Erwachsene, die als Kinder geschlagen wurden, ihre *eigenen Kinder* schließlich ebenfalls schlagen), flüchtete sich in eine rege Phantasiewelt, in der das Leben ganz anders war. Eine dritte Frau sah sich als Kriegerin.

Diese Kinder dachten an die Zukunft und planten, wie sie ihren

Familien entkommen könnten, wenn sie alt genug dazu sein würden. Sie überlegten, wie sie in der Zwischenzeit reagieren sollten. Eine Frau sagte: «Ich habe stets darauf geachtet, daß mich nie jemand weinen sah» (sie begab sich zu diesem Zweck jeweils in die Natur und weinte dort, wo sie niemand beobachten konnte). Eine andere Frau sagte: «Ich glaube, mein Geist verließ meinen Körper. Ich bin jedesmal irgendwohin geflüchtet, wenn er mich zu berühren begann.»

Diese Kinder waren Helden und trafen ihre Entscheidungen selbst. Sie bewahrten sich, unabhängig davon, wie sie behandelt wurden, eine Art Selbstgefühl. Sie schätzten die Situation ein, entschieden sich, wie sie sich in der Gegenwart verhalten würden und machten Pläne für die Zukunft.

Als Helden waren sie keine starken und mächtigen Halbgötter wie Achilles oder Herakles, die in der griechischen Mythologie stärker als die Sterblichen waren und mehr Schutz genossen (wie die Superhelden in den Cartoons oder wie John Wayne-Gestalten). Diese Kinder waren als frühreife menschliche Helden eher wie Hänsel und Gretel, die ihren Verstand gebrauchten, als sie im Wald ausgesetzt wurden oder als die Hexe Hänsel mästete. Diese Kinder waren wie die Kaninchen in Richard Adams Roman *Unten am Fluß*, die der Vision nach einem neuen Zuhause folgten; sie waren klein und machtlos und wurden vom inneren Mythos getragen, daß sie, falls sie die Gegenwart aushalten könnten und ausharren würden, es später schaffen würden, zu einem besseren Ort zu gelangen.

Ayla, die in Jean M. Auels Romanen *Ayla und der Clan der Bären* und *Das Tal der Pferde* heldenhafte Reisen unternimmt, ist eine mythische Heldin des prähistorischen Eiszeitalters von Europa. Die Zeit, in der Ayla lebt, ist eine andere als die heutige und äußerst dramatisch, und auch gewisse Einzelheiten unterscheiden sich von denjenigen der Gegenwart, doch die Themen jener Zeit sind den Problemen, denen die heutigen Heldinnen entgegentreten müssen, erstaunlich ähnlich. Immer wieder muß sich Ayla entscheiden, was sie angesichts eines Widerstands oder einer Gefahr machen wird. Sie ist eine neolithische Waise der Cro-Magnon-

Rasse, die sie, weil sie eine Frau ist, entwertet und ihr bei dem, was sie tun kann Grenzen setzt. Ihre Erscheinung, ihre Fähigkeit zu kommunizieren und zu weinen, ihr Mut, ihr Denkvermögen – all diese Eigenschaften werden in dieser Kultur gegen sie verwendet. Als Reaktion auf Umstände, die sie nicht selbst gewählt hat, wächst jedoch ihr Mut. Was sich in *Das Tal der Pferde* zu einer Odyssee entwickelt, fing nicht als heroisches Abenteuer an (wie dies für Reisen, die von menschlichen Helden unternommen werden, typisch ist), sondern als Reise, bei der Ayla andere Menschen sucht, die wie sie selbst sind. Auf ähnliche Weise stellen gefühlsmäßige oder verwandtschaftliche Bande bei sterblichen Frauen oder Heldinnenmythen Schlüsselelemente dar. Eine Heldin ist eine Frau, die liebt oder lieben lernt. Sie reist entweder mit einem oder mehreren anderen Menschen oder sucht auf ihrer Reise die Vereinigung oder Wiedervereinigung.

DER WEG

Auf jeder Straße gibt es bedeutsame Kreuzungen, wo eine Entscheidung gefällt werden muß. Welchen Weg soll man einschlagen? Welcher Richtung soll man folgen? Soll ein Kurs gewählt werden, der mit den eigenen Prinzipien übereinstimmt oder soll man sich anderen anschließen? Soll man ehrlich sein oder mogeln? Soll man arbeiten oder studieren gehen? Soll man das Kind austragen oder abtreiben? Soll man eine Beziehung auflösen oder nicht? Soll man einen bestimmten Mann heiraten oder nein sagen? Soll man sich sofort in ärztliche Behandlung begeben, wenn man einen Knoten in der Brust entdeckt oder soll man das Wissen darüber beiseiteschieben? Soll man die Schule verlassen oder die Arbeitsstelle kündigen, um etwas Neues zu erleben? Soll man eine Affäre haben und dadurch die Ehe aufs Spiel setzen? Soll man aufgeben oder weitermachen? Welche Wahl soll man treffen? Welchen Weg einschlagen? Wie hoch darf der Preis sein?

Ich erinnere mich lebhaft an eine Lektion eines Wirtschaftskurses im College, die ich im Laufe der Jahre auch in der Psychiatrie für anwendbar befand: Der tatsächliche Preis für irgend etwas besteht in dem, was wir aufgeben, damit wir es haben können. Der Preis ist der Weg, der nicht eingeschlagen wird. Die Verantwortung übernehmen, um eine Entscheidung treffen zu können, ist eine entscheidende und keineswegs immer einfache Aufgabe. Das, was die Heldin charakterisiert, ist die Tatsache, daß sie die Entscheidung fällt.

Die Antiheldin richtet sich im Gegensatz dazu nach den Entscheidungen von jemand anderem. Anstatt sich aktiv zu entscheiden, ob sie dieses oder jenes will, willigt sie halbherzig ein, mit dem Ergebnis, daß sie oft ein Opfer aus eigenem Verschulden wird und dann sagt (nach dem Ereignis): «Ich habe dies nicht wirklich gewollt, es war deine Idee»; («Es ist alles deine Schuld, daß wir nun in Schwierigkeiten sind, daß wir hierhergezogen sind, oder daß ich unglücklich bin»). Oder sie fühlt sich in die Opferrolle gedrängt und beschuldigt den anderen: «Wir machen immer das, was du willst!» ohne zuzugeben, daß sie nie einen eigenen Standpunkt einnahm oder Farbe bekannte. Zu Beginn mag sie solch einfache Fragen wie: «Was willst du heute abend machen?» beantworten, indem sie sagt: «Was du willst», wobei ihre Gewohnheit, sich anderen stets zu unterwerfen, sich verstärkt, bis ihr schließlich ihr eigenes Leben aus den Händen geglitten ist.

Es gibt noch ein weiteres Antiheldinnen-Verhaltensmuster. Es wird von jener Art Frau verkörpert, die an den Kreuzungen stehenbleibt, sich nicht im klaren darüber ist, wie sie sich fühlt, der es nicht wohl dabei ist, Entscheidungen selbst zu fällen, oder die nicht gewillt ist, eine Wahl zu treffen, weil sie sich keine Möglichkeit verbauen will. Es handelt sich dabei oft um eine intelligente, talentierte, attraktive Frau, die mit dem Leben spielt, die sich von Beziehungen, die sich als zu ernsthaft erweisen oder von Karrieren, die zu viel Zeit oder Anstrengungen erfordern, distanziert. Ihre Haltung, sich nicht zu entscheiden, ist in Wirklichkeit eine Entscheidung zum Nicht-Handeln. Sie mag zehn Jahre damit zubringen, an der Kreuzung zu warten, bevor sie sich darüber klar wird, daß das Leben an ihr vorbeizieht.

Die Frauen müssen also Heldinnen werden, die die Entscheidungen in die Hand nehmen, anstatt die passive Frau, das Opfer, die Märtyrerin oder eine Schachfigur zu spielen und sich von anderen Menschen oder Umständen herumschieben zu lassen. Heldin zu werden ist für Frauen, deren Psyche von den verletzlichen Göttinnen-Archetypen beherrscht wird, eine neue Möglichkeit, spirituelles Verständnis zu erlangen. Sich mit Nachdruck für sich selbst einzusetzen ist eine heldenhafte Aufgabe für Frauen, die so willfährig sind wie Persephone, oder die wie Hera ihren Mann an die erste Stelle setzen, oder sich wie Demeter um die Bedürfnisse von allen anderen kümmern. Dazu kommt, daß die Selbstbehauptung der Art und Weise, wie solche Frauen erzogen wurden, zuwiderläuft.

Überdies ist die Notwendigkeit, eine entscheidungswillige Heldin zu werden, für viele Frauen, die fälschlicherweise angenommen hatten, sie seien dies bereits, ein unerwarteter Schock. Als Frauen vom Typ der jungfräulichen Göttin sind sie psychologisch gesehen möglicherweise genauso «gewappnet» wie Athene, genauso unabhängig von der Meinung der Männer wie Artemis oder genauso selbstgenügsam und einsiedlerisch wie Hestia. Ihre heldenhaften Aufgaben bestehen darin, den Mut zur Intimität aufzubringen oder gefühlsmäßig verletzlich zu werden. Für sie besteht die Wahl, zu der sie Mut brauchen, darin, daß sie jemand anderem vertrauen, jemand anderen brauchen oder für jemand anderen verantwortlich sind. Für solche Frauen mag es einfach sein, sich in der Öffentlichkeit klar zu äußern oder Risiken einzugehen. Für sie braucht es hingegen Mut, eine Ehe zu schließen und Kinder zu haben.

Die entscheidungswillige Heldin muß Psyches erste Aufgabe, die im «Samen aussondern» besteht, jedesmal dann wieder in Angriff nehmen, wenn sie sich an einer Kreuzung befindet und sich entscheiden muß, was sie tun soll. Sie muß rasten, um ihre Prioritäten und Motive auszusondern und auch die Möglichkeiten, die die Situation bietet, zu erkennen. Sie muß erkennen können, welche Entscheidungen ihr offenstehen, wie hoch der emotionale Preis sein könnte, welche Entscheidung sie wohin führen wird und was intuitiv für sie wichtig ist. Aufgrund ihrer Persönlichkeit und ihres Wissens muß sie sich entscheiden, welchen Weg sie einschlagen wird.

Hier berühre ich erneut ein Thema, das ich bereits in meinem ersten Buch *The Tao of Psychology* entwickelt habe, nämlich die Notwendigkeit, einen «Weg mit dem Herzen» zu wählen. Ich glaube, man muß zuerst überlegen und dann handeln und jede Entscheidung im Leben mit dem rationalen Denken forschend prüfen, die Entscheidung selbst jedoch darauf abstützen, ob man mit dem Herzen dabei ist oder nicht. Kein anderer Mensch kann Ihnen sagen, ob Sie mit Ihrem Herzen dabei sind, und die Logik kann keine Antwort liefern.

Wenn eine Frau diese Entweder-oder-Entscheidungen, die ihr Leben stark beeinflussen werden, fällen muß, so wird sie oft von einer anderen Person dazu gedrängt, eine Wahl zu treffen: «Heirate!», «Werde schwanger!», «Verkauf das Haus!», «Nimm eine neue Stelle an!», «Hör auf damit!», «Zieh um!», «Sag ja!», «Sag nein!». Sehr oft muß sich eine Frau mit dem Verstand und dem Herzen in einer «Dampfkocher-Atmosphäre» entscheiden, wobei dieses Klima durch die Ungeduld einer anderen Person geschaffen worden ist. Um eine entscheidungswillige Frau zu sein, muß sie darauf beharren, die Entscheidungen dann zu treffen, wenn die Zeit dazu reif ist, und dies im Wissen, daß es sich um ihr eigenes Leben handelt und sie diejenige ist, die mit den Konsequenzen leben muß.

Damit Klarheit aufsteigen kann, muß sie auch dem inneren Druck widerstehen, sich voreilig zu entscheiden. Anfänglich können Artemis oder Aphrodite, Hera oder Demeter mit ihrer charakteristischen Intensität oder ihrer instinktiven Reaktion dominieren. Sie versuchen möglicherweise, Hestias Gefühle, Persephones Nach-innen-Schauen oder Athenes klares Denken zu verdrängen. Doch diese letztgenannten Göttinnen vermitteln, sofern ihnen Aufmerksamkeit geschenkt wird, ein vollständigeres Bild, und sie erlauben einer Frau, Entscheidungen zu fällen, bei denen alle Aspekte ihrer Persönlichkeit berücksichtigt werden.

DIE REISE

Auf ihrer heldenhaften Reise sieht sich eine Frau Aufgaben, Hindernissen und Gefahren gegenüber. Durch die Art und Weise, wie sie darauf reagiert und was sie tut, verändert sie sich. Auf ihrem Weg findet sie das, was für sie von Bedeutung ist und es zeigt sich, ob sie den Mut hat, gemäß ihrem Wissen zu handeln. Ihr Charakter und ihr Mitgefühl werden geprüft. Sie wird die dunklen Schattenaspekte ihrer Persönlichkeit erforschen, wobei manchmal gleichzeitig ihre Stärken offenkundiger werden und ihr Selbstvertrauen wächst, oder sie von Angst überwältigt wird. Nachdem sie einen Verlust, Einschränkungen oder Niederlagen erlitten hat, wird sie vermutlich wissen, was Trauer bedeutet. Die Reise der Heldin ist eine Reise der Entdeckung und der Entwicklung, bei der die verschiedenen Aspekte der Frau in eine ganze aber doch vielschichtige Persönlichkeit integriert werden.

DIE MACHT DER SCHLANGE
ZURÜCKFORDERN

Jede Heldin muß die Macht der Schlange zurückfordern. Um das Wesen dieser Aufgabe zu verstehen, müssen wir auf die Göttinnen sowie auf die Träume von Frauen zurückgreifen.

Viele Hera-Statuen zeigen die Göttin mit Schlangen, die sich um ihr Gewand ringeln, während Athene mit Schlangen porträtiert wurde, die sich um ihren Schild schlingen. Bei den Schlangen handelt es sich um Symbole der vorgriechischen Großen Göttin des alten Europa, und sie dienen als symbolische Erinnerung an die Macht (oder waren Relikte der Macht), die die weibliche Göttin einmal gehabt hatte. Eine berühmte frühe Darstellung einer Göttin (Kreta 2000–1800 v. Chr.) zeigt eine Göttin mit nackten Brüsten, ausgestreckten Armen und einer Schlange in jeder Hand.

Die Schlange erscheint in den Träumen von Frauen oft als unbekanntes, furchteinflößendes Symbol, dem sich die Träumerin vorsichtig nähert, wenn sie zu spüren beginnt, daß sie das Leben in die eigenen Hände nehmen kann. Als Illustration dazu sei der Traum einer dreißigjährigen verheirateten Frau erwähnt, die bald geschieden und dann auf sich selbst gestellt sein wird: «Ich gehe einen Weg entlang; ich blicke vor mich hin und sehe, daß der Weg, auf dem ich mich befinde, unter einem großen Baum hindurchführt. Eine riesige, weibliche Schlange ist friedlich um den niedrigsten Ast gewunden. Ich weiß, daß sie nicht giftig ist und fühle mich nicht abgestoßen – in Wirklichkeit ist sie schön, aber ich zögere.» Viele Träume dieser Art kommen mir in den Sinn, Träume, in denen eine Frau Ehrfurcht vor der Macht einer Schlange hat oder sich ihrer Macht bewußt ist und nicht so sehr Angst vor ihrer Gefährlichkeit hat.

Jedesmal wenn eine Frau beginnt, Anspruch auf ihre eigenen Machtbefugnisse zu erheben, wenn sie Entscheidungen fällt oder wenn sich bei ihr ein neues Gefühl ihrer eigenen politischen oder psychischen oder persönlichen Macht einstellt, sind Träume, in denen Schlangen vorkommen, üblich. Die Schlange scheint diese neue Stärke zu repräsentieren. Als Symbol stellt sie die Macht, die die Göttinnen einst innehatten, sowie auch die phallische oder maskuline Macht, die repräsentativ für Animus-Eigenschaften ist, dar. Oft spürt die träumende Person, ob es sich um eine männliche oder weibliche Schlange handelt, was dazu beiträgt, die Art der Macht, die die Schlange symbolisiert, zu klären.

Parallel zu diesen Träumen setzt sich die Träumerin im wachen Zustand vielleicht gerade mit Fragen auseinander, die aufgeworfen wurden, nachdem sie eine neue Rolle angenommen hat und nun eine Position der Macht oder der Autonomie innehat. Sie mag sich zum Beispiel folgendes fragen: «Kann ich erfolgreich sein?»; «Wie wird mich die neue Rolle verändern?»; «Werden mich die Leute immer noch mögen, wenn ich mich durchsetzen kann?»; «Wird diese Rolle die Beziehungen gefährden, die mir am wichtigsten sind?» Die Träume von Frauen, die nie zuvor ein Gefühl ihrer eigenen Macht erfahren haben, scheinen solchen Frauen sagen zu wollen, sie sollten sich der Macht behutsam nähern, wie

403

sie dies bei einer ihnen unbekannten Schlange tun würden. Ich sehe die Frauen, die ein Gefühl ihrer eigenen Macht und Autorität entwickeln, als Frauen, die «die Macht der Schlange zurückfordern», welche den weiblichen Gottheiten und sterblichen Frauen verlorenging, als die patriarchalischen Religionen die Göttinnen ihrer Macht und ihres Einflusses beraubten und die Frauen zum schwächeren Geschlecht degradierten. Dann sehe ich vor meinem inneren Auge eine Terrakotta, die für mich die Möglichkeit repräsentiert, daß die Frauen mit Macht, Schönheit und nährenden Fähigkeiten ausgestattet, wiederauftauchen. Dabei handelt es sich um eine schöne Frau oder Göttin, die von der Erde emporsteigt und in jeder Hand eine Weizengarbe, Blumen und eine Schlange hält (eine Darstellung von Demeter; Museo Nazionale delle Terme, Rom).

DER MACHT DER BÄRIN WIDERSTEHEN

Die überwältigende Triebkraft des Mutterinstinkts kann für die entscheidungswillige Heldin – im Gegensatz zu ihrem männlichen Gegenstück – eine Bedrohung darstellen. Eine Frau mag, sofern sie Aphrodite und/oder Demeter nicht widerstehen kann, in einem ungelegenen Augenblick oder unter ungünstigen Umständen schwanger werden. In diesem Fall kann sie von dem von ihr gewählten Weg abgebracht werden – die entscheidungswillige Frau ist zur Gefangenen ihres Instinkts geworden.

So zum Beispiel verlor eine Bekannte von mir beinahe ihre Ziele aus den Augen, als sie den unstillbaren Drang verspürte, schwanger zu werden. Sie war verheiratet und arbeitete an ihrer Dissertation, als sie plötzlich von der Idee besessen war, ein Kind zu bekommen. Während dieser Zeit hatte sie einen Traum. In diesem Traum hielt eine große Bärin einen Arm der Frau mit den Zähnen fest und ließ nicht los. Die Frau versuchte erfolglos, sich zu befreien. Dann bat sie einige Männer um Hilfe, doch sie erwiesen sich als nutzlos. Die Frau wanderte herum, bis sie zu einer

Statue einer Mutterbärin mit ihren Jungen gelangte. Als sie die Hand auf die Statue legte, ließ die Bärin sie los.

Als sie über den Traum nachdachte, spürte sie, daß die Bärin den Mutterinstinkt symbolisierte. Bärinnen sind ausgezeichnete Mütter, die ihre verletzlichen Jungen nähren und leidenschaftlich verteidigen. Wenn es dann für die erwachsenen Jungen an der Zeit ist, für sich selbst zu sorgen, beharrt die Bärenmutter hartnäckig darauf, daß die sich sträubenden Jungen sie verlassen und in die Welt hinausgehen, um für sich selbst zu sorgen. Die Träumerin war in der Gewalt dieses Mutterschaftssymbols gewesen, das sie solange nicht losließ, bis sie das Bild einer Bärenmutter berührte.

Der Träumerin war die Botschaft des Traums klar. Würde sie versprechen können, an ihrer Absicht, ein Kind zu bekommen, bis nach der Dissertation festhalten (was bereits zwei Jahre später der Fall sein würde), könnte es sein, daß ihre Zwangsvorstellung von einer Schwangerschaft nun verschwinden würde. Und es kam dann auch so, daß ihre Besessenheit schwand, nachdem sie und ihr Ehemann sich für ein Kind entschieden hatten und sie sich selbst versprochen hatte, nach Beendigung der Dissertation schwanger zu werden. Daraufhin konnte sie sich wieder auf das Studium konzentrieren und wurde nicht mehr von den Gedanken an eine Schwangerschaft gestört. Solange sie an ihrem inneren Bild festhielt, hielt sie der Instinkt nicht mehr in seinem Bann. Sie wußte, daß sie der Macht der Bärin solange widerstehen mußte, bis sie im Besitz ihres Doktortitels war, sofern sie später einmal sowohl Karriere machen als auch Kinder haben wollte.

Die Archetypen existieren außerhalb der Zeit und sind an den Gegebenheiten des Lebens einer Frau oder an ihren Bedürfnissen nicht interessiert. Steht eine Frau unter dem Einfluß der Göttinnen, so muß sie als Heldin zu den Forderungen der Göttinnen, ja, nein oder «jetzt nicht» sagen können. Trifft die Frau die Entscheidung nicht bewußt, dann wird ein instinktuelles oder archetypisches Verhaltensmuster die Führung übernehmen. Eine Frau muß «der Macht der Bärin widerstehen», darf ihre Bedeutung jedoch nicht unterschätzen, wenn sie sich in den Klauen des Mutterinstinkts befindet.

TOD UND DESTRUKTIVITÄT ABWEHREN

In allen Heldinnenmythen muß sich die Protagonistin auf ihrem Weg stets mit etwas Destruktivem oder Gefährlichem auseinandersetzen, das sie zerstören könnte. Dieses Thema taucht auch häufig in den Träumen von Frauen auf.

So träumte zum Beispiel eine Rechtsanwältin, daß sie beim Verlassen der Kirche, die sie in ihrer Kindheit besucht hatte, von zwei wilden schwarzen Hunden angegriffen wurde. Sie sprangen die Frau an und versuchten, sie in den Hals zu beißen – «es fühlte sich an, als wollten sie mich an der Gurgel packen.» Als sie den Arm hob, um den Angriff abzuwehren, erwachte sie aus dem Alptraum. Seitdem sie eine Stelle bei einer Behörde angetreten hatte, hatte die Art und Weise, wie man sie behandelte, sie zunehmend verbittert. Die Männer nahmen des öfteren an, sie sei bloß eine Sekretärin. Sogar wenn sie wußten, wer sie war, fühlte sie sich häufig geringschätzig behandelt oder entwertet. Die Folge war, daß sie tadelsüchtig und feindselig wurde.

Zuerst hatte sie den Eindruck, der Traum sei eine übertriebene Darstellung ihrer gegenwärtigen Gefühlslage, als sei sie ständig «Angriffen ausgesetzt». Dann überlegte sie sich, ob es irgend etwas in ihr gäbe, das wie die wilden Hunde sei. Sie dachte darüber nach, was mit ihr an dieser Arbeitsstelle geschah, erschrak und war unglücklich über ihre Erkenntnis: «Ich verwandle mich in eine feindselige Hündin!» Sie rief sich die gütigen Verhaltensweisen und glücklicheren Zeiten in Erinnerung, die sie mit der Kirche ihrer Kindheit in Verbindung brachte und wußte, daß sie diesen Ort «verlassen» hatte. Der Traum war von ungeheurer Bedeutung. Die Persönlichkeit der Träumerin lief große Gefahr, von der Feindseligkeit, die sie verspürte und auch gegen andere richtete, zerstört zu werden. Sie wurde zynisch und feindselig. In der Wirklichkeit wie auch im Traum war *sie* in Gefahr und nicht die Menschen, gegen die sie ihre Bitterkeit richtete.

In ähnlicher Weise können die negativen Aspekte oder der Schatten einer Göttin zerstörerisch wirken. Die eifersüchtige, rachsüchtige oder empfindliche Seite von Hera kann wie Gift wirken. Eine Frau, die von diesen Gefühlen besessen ist und dies weiß, schwankt zwischen Racheakt und dem Gefühl des Schrekkens, über das, was sie gefühlt und getan hat, hin und her. Als Heldin in ihren Auseinandersetzungen mit der Göttin mag sie Träume haben, in denen sie von Schlangen angegriffen wird (die anzeigen, daß die Macht, die die Schlangen repräsentieren, für die Träumerin gefährlich ist. In einem solchen Traum schoß eine Giftschlange auf das Herz der Träumerin zu; in einem anderen Traum bohrte eine Schlange ihre Giftzähne in ein Bein der Träumerin und ließ es nicht mehr los. Im realen Leben versuchten beide Frauen über einen Treuebruch (ein hinterlistiges Verhalten) hinwegzukommen und sahen sich der Gefahr ausgesetzt, von vergiftenden Gefühlen überwältigt zu werden (wie der Traum über die wilden Hunde weist auch dieser Traum zwei Bedeutungsebenen auf; es handelt sich um eine Metapher für das, was mit ihr und in ihr geschah).

Sieht sich die Träumerin mit einer Gefahr in der Gestalt von Menschen konfrontiert, das heißt, wird sie von Männern oder Frauen angegriffen oder bedroht, so rührt die Gefahr oft von feindseliger Kritik oder von einer destruktiven Rolle her (während Tiere oft Gefühle oder Instinkte zu repräsentieren scheinen). Eine Frau war zum Beispiel wieder aufs College gegangen, als ihre Kinder die Volksschule besuchten; diese Frau träumte, daß «eine matronenhafte Gefängnisaufseherin» ihr den Weg versperrte. Die Gestalt, an der sie vorbei mußte, schien die negative Beurteilung, mit der ihre Mutter sie bedachte, sowie auch die Mutterrolle, mit der sie sich identifizierte, zu symbolisieren; der Traum wies darauf hin, daß diese Identifikation ein Gefängnis für sie darstellte.

Feindselige Beurteilungen, die innere Gestalten abgeben, sind oft destruktiv, wie zum Beispiel: «Du kannst dies nicht tun, weil du (schlecht, häßlich, unfähig, dumm, untalentiert) bist.» Wie auch immer die spezifische Litanei tönen mag, die inneren Gestalten sagen: «Du hast kein Recht, nach mehr zu streben»; ihre Botschaften können eine Frau vernichten und ihr Vertrauen oder ihre guten Absichten unterminieren. Eine solch aggressive

Kritik wird in Träumen oft von bedrohlichen Männern dargestellt. Die innere Kritik ist oft ein Äquivalent zur Opposition oder Feindschaft, der eine Frau in ihrer Umgebung begegnet; die Kritiker plappern gedankenlos die Botschaften ihrer Familie oder der Gesellschaft, in der sie lebt, nach. Aus psychologischer Sicht betrachtet repräsentiert jeder Feind oder Dämon, dem sich die Heldin im Traum oder Mythos gegenübersieht, etwas Destruktives, Primitives, Unentwickeltes, Verzerrtes oder Böses der menschlichen Psyche, das versucht, die Frau zu überwältigen und zu besiegen. Die Frauen, die von den wilden Hunden und gefährlichen Schlangen träumten, erkannten, daß sie, als sie mit verletzenden oder feindseligen Handlungen kämpften, die andere *gegen* sie richteten, gleichzeitig von dem, was *in* ihnen geschah, bedroht wurden. Der Feind oder Dämon mag ein negativer Teil der Psyche einer Frau sein, ein Schattenelement, das das bedroht, was mitfühlend und verantwortungsvoll in ihr ist; ihr Feind oder Dämon mag in der Psyche anderer Menschen sein, die sie verletzen, dominieren, demütigen oder kontrollieren wollen; oder, was oft der Fall ist, sie kann von beidem bedroht werden.

In *Ayla und der Clan der Bären* erregen Aylas Fähigkeiten zum Beispiel die Feindseligkeit von Broud, einen brutalen und stolzen Bandenführer, der sie demütigt und vergewaltigt. In *Unten am Fluß* müssen die Kaninchen, die die Pionierarbeit leisten, dem General, einem machtsüchtigen, faschistischen, einäugigen Kaninchen entgegentreten. Und die mutigen, samtpfotigen, kindergroßen Hobbits in *Der Herr der Ringe* kämpften gegen die böse Macht von Sauron von Mordor und seine gräßlichen Ringgeister.

Verlust und Kummer überleben

Weitere Themen im Leben von Frauen und in den Heldinnenmythen kreisen um Verlust und Kummer. Irgendwo auf dem Weg stirbt jemand oder muß jemand zurückgelassen werden. Der Verlust einer Beziehung spielt eine bedeutende Rolle im Leben von

Frauen, weil die meisten Frauen sich durch ihre Beziehungen und nicht durch ihre Leistungen definieren. Wenn jemand stirbt, die Frau verläßt, fortzieht oder sich ihr entfremdet, ist dies folglich ein doppelter Verlust: Der Verlust der Beziehung an und für sich, und der Verlust der Beziehung als Quelle der Identität.

Manch eine Frau, die in einer Beziehung die abhängige Partnerin gewesen ist, befindet sich erst nachdem sie einen Verlust erlitten hat, auf dem Weg der Heldin. Die schwangere Psyche war zum Beispiel von ihrem Gatten Eros verlassen worden. Bei ihren Bestrebungen, sich mit Eros wieder zu vereinen, übernahm sie die Aufgaben, dank denen sie sich entwickelte. Geschiedene und verwitwete Frauen jeglichen Alters müssen möglicherweise Entscheidungen treffen und sind unter Umständen das erste Mal in ihrem Leben auf sich selbst gestellt. Der Tod eines Geliebten und Begleiters veranlaßt zum Beispiel Atalanta, ins Königreich ihres Vaters zurückzukehren, wo der berühmte Wettlauf abgehalten wurde. Atalantas Vater kann mit dem Weg der Frauen, die nach dem Verlust einer Beziehung eine Karriere beginnen, in Parallele gesetzt werden. Und Ayla wurde dazu gezwungen, den Clan der Bären ohne ihren Sohn Durc zu verlassen, wobei sie einzig von ihren Erinnerungen und ihrem Gram begleitet wurde.

Metaphorisch gesehen ereignet sich ein psychologischer Tod jedesmal dann, wenn wir gezwungen werden, etwas oder jemanden loszulassen und um den erlittenen Verlust trauern müssen. Der Tod mag ein Aspekt von uns selbst sein, eine alte Rolle, eine frühere Stellung, Schönheit oder andere Eigenschaften der Jugend, die nun der Vergangenheit angehören und betrauert werden müssen, oder aber auch ein Traum, der sich nicht mehr verwirklichen läßt. Es mag aber auch eine Beziehung sein, die durch den Tod oder durch innere Distanz aufgelöst wurde, und uns trauernd zurückläßt.

Wird die Heldin in der Frau auftauchen und den Verlust überleben? Kann sie den Kummer zulassen und weitermachen? Oder wird sie aufgeben, verbittern oder von Depressionen überwältigt werden, und ihre Reise an diesem Punkt beenden? Wenn sie weitermacht, wählt sie den Weg der Heldin.

Den dunklen und engen Durchgang durchqueren

Bei den meisten Heldenreisen muß ein dunkler Ort durchquert werden – Höhlen in den Bergen, die Unterwelt, oder labyrinthähnliche Durchgänge –, bevor man schließlich im Licht auftaucht. Vielleicht sind auch Reisen durch trostlose Einöden oder Wüsten nötig, damit man in ein fruchtbares Land gelangt. Diese Reise ist vergleichbar mit dem Hindurchgehen durch eine Depression. In den Mythen wie auch im Leben muß die Reisende weitergehen, weiterhin funktionieren, das machen, was gemacht werden muß, in Kontakt mit ihren Begleitern und Begleiterinnen bleiben oder allein durchkommen, nicht innehalten oder aufgeben (auch wenn sie sich verloren fühlt) und in der Dunkelheit Hoffnung bewahren.

Die Dunkelheit mag jene düsteren, verdrängten Gefühle repräsentieren (die Gefühle des Zorns, der Verzweiflung, des Grolls, des Tadels, der Rache, des Verrats, der Angst und der Schuld), durch die die Menschen hindurchgehen müssen, wenn sie wieder aus einer Depression herauskommen wollen. Die Seele ist in einer dunklen Nacht gefangen, wenn das Leben ohne Licht oder Liebe sinnlos und wie ein kosmischer Witz erscheint. Der Weg, der normalerweise aus einer Depression herausführt, besteht im Sich-Grämen und im Vergeben. Dann können Vitalität und Licht zurückkehren.

Es ist hilfreich, sich darüber klar zu werden, daß Tod und Wiedergeburt, sowohl im Mythos als auch in den Träumen, Metaphern für Verlust, Depression und Genesung sind. Rückblickend gesehen erweisen sich viele solche dunklen Zeiten als *Rites de passage*, als eine Zeit des Leidens, in der eine Frau etwas Wertvolles gelernt und sich entwickelt hat. Oder sie mag, wie Persephone eine Zeitlang in der Unterwelt gewesen sein vorübergehend eine Gefangene, die später zu einer Führerin für andere wird.

DIE TRANSZENDENTE FUNKTION EVOZIEREN

In den herkömmlichen Heldenmythen gerät die Protagonistin, nachdem sie die Suche aufgenommen hat und Gefahren,
Drachen und der Dunkelheit begegnet ist und sie überwunden
hat, stets in die Klemme und ist unfähig, vorwärts oder rückwärts
zu gehen. In beiden Richtungen sind unter Umständen unüber-
windbare Hindernisse vorhanden. Oder die Protagonistin muß
vielleicht ein Rätsel lösen, bevor sich ihr ein Weg eröffnet. Was
soll sie nun tun, wenn das, was sie auf der bewußten Ebene weiß,
nicht genügt, oder wenn ihre ambivalenten Gefühle in der betreffenden Situation so stark sind, daß eine Entscheidung unmöglich
scheint? Was soll sie tun, wenn sie in einer ausweglosen Situation
gefangen ist?

Befindet sich die entscheidungswillige Heldin in einer ihr un-
klaren Situation, in der jeder Weg oder jede Entscheidung als potentiell unheilvoll oder bestenfalls als Sackgasse erscheint, besteht die erste Prüfung darin, daß sie sie *selbst* bleiben muß. In
jeder Krise ist eine Frau versucht, zum Opfer zu werden, anstatt
die Heldin zu bleiben. Wenn sie der Heldin in sich treu bleibt,
weiß sie, daß sie sich in einer unangenehmen Lage befindet und
besiegt werden kann, doch hält sie an der Möglichkeit fest, daß
sich etwas ändern kann. Wenn sie sich in das Opfer verwandelt,
wird sie andere für ihr Los tadeln oder das Schicksal verfluchen,
zu trinken anfangen oder Drogen nehmen, sich mit erniedrigen-
der Kritik selbst attackieren, sich völlig aufgeben oder sogar an
Selbstmord denken. Oder sie entsagt der Heldin in sich, indem
sie gelähmt, hysterisch oder von Panik überwältigt wird und impulsiv oder irrational handelt, bis jemand anderer die Führung
übernimmt.

Befindet sich die Heldin – in einem Mythos oder im Leben – in
einem Dilemma, so kann sie nichts anderes tun, als sie selbst zu
sein, ihren Prinzipien und Loyalitäten treu zu bleiben, bis ihr etwas Unerwartetes zu Hilfe kommt. Dadurch, daß sie mit der Erwartung in der Situation ausharrt, daß sich eine Antwort einstellt,

wird das innere Klima für das geschaffen, was Jung «die transzendente Funktion» nennt. Darunter versteht er etwas, das aus dem Unbewußten emporsteigt, um das Problem zu lösen oder um dem Ich (oder der Heldin), das (oder die) Hilfe von etwas über ihm (oder in ihr) braucht, den Weg zu zeigen.

Im Mythos von Eros und Psyche erteilte Aphrodite Psyche vier Aufgaben, die mehr von Psyche erforderten, als diese zu bewältigen wußte. Bei jeder Aufgabe war sie zu Beginn überwältigt, doch dann stellte sich Hilfe oder ein Rat ein – von Ameisen, von einem grünen Schilfrohr, von einem Adler und einem Turm. In ähnlicher Weise wußte Hippomenes, daß er, da er Atalanta liebte, sich am Wettlauf beteiligen mußte, um um ihre Hand anhalten zu können. Doch er wußte, daß er nicht schnell genug würde rennen können, um als Sieger aus dem Wettkampf hervorzugehen, und daß er somit bei diesem Versuch sein Leben verlieren würde. Am Vorabend betete er zu Aphrodite um Hilfe, und sie half ihm, sowohl den Wettlauf als auch Atalanta zu gewinnen. Und als die mutigen Kaninchen in *Unten am Fluß* in eine heikle Lage gerieten, kam Kehaar, die geräuschvolle Möwe, gerade zur rechten Zeit herbei – wie Gandalf der Zauberer bei den Hobbits. Bei all diesen Geschichten handelt es sich um Varianten ein und desselben Plots eines klassischen Westerns, wo die mutige, aber zahlenmäßig unterlegene Gruppe das Signalhorn hört und weiß, daß die Kavallerie kommt und sie retten wird. Diese Etwas-wird-uns-retten-Plots sind archetypische Situationen. Das Thema der Rettung zeugt von einer allgemein menschlichen Wahrheit, die eine heldenhafte Frau beachten muß. Wenn sie sich in einer inneren Krise befindet und nicht weiß, was sie tun soll, darf sie nicht aufgeben oder aus Angst handeln. Das Dilemma nicht aus dem Bewußtsein verdrängen, auf eine neue Erkenntnis oder auf eine Änderung der Umstände warten und meditieren oder um Klarheit beten – all dies regt eine Lösung seitens des Unbewußten an, dank der die Sackgasse transzendiert werden kann.

Die Frau mit dem Bären-Traum zum Beispiel steckte in einer persönlichen Krise und war mitten in ihrer Dissertation, als der

Drang nach einem Kind in ihr aufstieg. Der Mutterinstinkt hielt sie mit der unwiderstehlichen Intensität von etwas, das früher verdrängt worden war und nun sein Recht forderte, in der Gewalt. Vor dem Traum war sie in einer Entweder/oder-Situation, die auf beide Seiten hin unbefriedigend war, gefangen gewesen. Damit die Situation verändert werden konnte, mußte die Lösung gespürt und nicht logisch erdacht werden. Erst als der Traum sie auf einer archetypischen Ebene beeindruckte, und sie ganz sicher wußte, daß sie ihre Absicht, ein Kind zu haben, nicht aufgeben würde, konnte sie die Schwangerschaft getrost aufschieben. Mit dem Traum gab ihr das Unbewußte, das ihr zu Hilfe kam, eine Antwort auf ihr Dilemma. Der Konflikt löste sich auf, als sich ihr Verständnis dank dieser symbolischen Erfahrung vergrößerte, die ihr eine gefühlte Erkenntnis vermittelte.

Die transzendente Funktion kann auch durch synchronistische Ereignisse ausgedrückt werden, durch jene bedeutungsvolle Koinzidenz einer intrapsychischen Situation und eines äußeren Ereignisses. Ein synchronistisches Ereignis kann wie ein Wunder anmuten, das einen schaudern läßt. Vor einigen Jahren hat zum Beispiel eine Patientin von mir eine Selbsthilfegruppe für Frauen gegründet. Würde sie bis zu einem vereinbarten Zeitpunkt einen bestimmten Geldbetrag zusammenbringen können, dann erhielte sie von einer Stiftung einen Betrag in derselben Höhe, wodurch die Existenz der Gruppe gesichert wäre. Der vereinbarte Zeitpunkt rückte immer näher, doch die Frau verfügte noch nicht über den benötigten Betrag. Sie wußte jedoch, daß das Projekt einem dringenden Bedürfnis entsprach, weshalb sie nicht aufgab. Dann kam mit der Post ein Scheck über genau den Betrag, der ihr fehlte. Es handelte sich um die unerwartete Zahlung samt Zinsen eines Darlehens, das sie schon lange vergessen und zwei Jahre zuvor als nicht getilgte Schuld abgeschrieben hatte.

Die meisten synchronistischen Ereignisse geben nicht solch konkrete Antworten auf ein Dilemma. Dafür helfen sie normalerweise, ein Problem zu lösen, indem sie gefühlsmäßige Klarheit oder eine symbolische Einsicht vermitteln. Ich wurde zum Beispiel von einem früheren Verleger dazu gedrängt, dieses Buch von einer bestimmten Person neu schreiben zu lassen, deren Aufgabe darin bestehen würde, das Buch erheblich zu kürzen und die Ideen auf allgemeinverständlichere Art auszudrücken. Die «Es-ist-nicht-genug»-Botschaften, die ich während eines Zeitraums von zwei Jahren erhalten hatte, waren psychisch niederschmetternd gewesen, und ich war der ganzen Angelegenheit überdrüssig geworden. Ein Teil von mir (der sich wie eine willfährige Persephone fühlte) war bereit, die Arbeit jemand anderem zu übergeben, nur damit sie gemacht werden würde. Und ich ließ mich vom Wunschdenken beeinflussen, daß alles gut ausgehen würde. Während einer besonders wichtigen Woche – nach der das Buch der Person übergeben werden sollte, die es umschreiben würde – kam mir ein synchronistisches Ereignis zu Hilfe:

Ein englischer Autor, der in den Vereinigten Staaten zu Besuch weilte und dessen Buch von derselben Person unter ähnlichen Umständen umgeschrieben worden war, teilte genau in jener Woche einer Freundin von mir seine diesbezügliche Erfahrung mit. Er sprach das aus, was ich nie in Worte gefaßt hatte, wovon ich aber intuitiv wußte, daß es geschehen würde: «Die Seele war aus meinem Buch herausgenommen worden.» Als ich diese Worte hörte, spürte ich, daß mir eine Einsicht geschenkt worden war. Der englische Autor symbolisierte das, was mit meinem Buch geschehen würde, wodurch meine ambivalenten Gefühle sich auflösten und ich frei war, entschlossen zu handeln. Ich suchte mir selbst eine Person, die mein Manuskript redigierte und machte mich daran, mein Buch selbst fertigzuschreiben.

Ich vernahm die Botschaft dieses synchronistischen Ereignisses klar und deutlich. Weitere Vorfälle, die zusätzliche Einsichten oder Hilfe vermittelten, ereigneten sich kurz danach. Dankbar für die Lektion, die ich erhalten hatte, erinnerte ich mich an das alte chinesische Sprichwort, das den Glauben an die Synchronizität und die transzendente Funktion ausdrückt: «Wenn der Schüler bereit ist, kommt der Meister.»

Die Funktion der kreativen Einsicht weist eine Ähnlichkeit mit der transzendenten Funktion auf. Bei einem kreativen Prozeß hat der Künstler-Erfinder-Problemlöser, wenn noch keine bekannte Lösung des Problems existiert, das Vertrauen, daß es eine Antwort gibt, und er verharrt in der Situation, bis die Lösung auftaucht. Die kreativ schaffende Person befindet sich oft in einem Zustand der erhöhten Spannung. Alles, was gemacht werden kann oder was einem eingefallen ist, ist getan worden. Diese Person vertraut dann auf einen Reifungsprozeß, aus dem etwas Neues entstehen kann. Das klassische Beispiel dafür ist der Chemiker Kekulé von Stradonitz, der die Struktur des Benzolmoleküls entdeckte. Er kämpfte mit dem Problem, konnte es jedoch nicht lösen, bis er von einer Schlange träumte, die ihren Schwanz im Maul hielt. Er erfaßte intuitiv, daß ihm dieser Traum die Antwort übermittelte – das Kohlenstoffatom bildete eine Ringstruktur. Er überprüfte dann seine Hypothese und bewies, daß sie stimmte.

VOM OPFER ZUR HELDIN

Während ich über die Reise der Heldin nachdachte, stellte ich mit Überraschung fest, wie die Anonymen Alkoholiker (AA) eine Alkoholikerin oder einen Alkoholiker in eine Heldin oder einen Helden verwandeln. Die AA evozieren die transzendente Funktion und bringen den Mitgliedern anhand eines Programms bei, wie sie entscheidungswillige Menschen werden können.

Die Alkoholikerin beginnt ihren Entscheidungsprozeß damit, daß sie ihr trostloses Dilemma akzeptiert: Sie kann mit dem Trinken nicht fortfahren, und sie kann auch nicht damit aufhören. An diesem Punkt der Verzweiflung wird sie Mitglied einer Organisation, in der die Menschen, die die gleiche Reise unternehmen, einander helfen. Es wird ihr gesagt, sie müsse eine Macht anrufen, die größer sei als sie selbst, um aus dieser Krise herauszukommen.

Die AA unterstreichen die Notwendigkeit, das zu akzeptieren, was nicht verändert werden kann, das zu verändern, was möglich ist und den Unterschied zu erkennen. Dadurch, daß der betreffenden Person beigebracht wird, sich immer nur einen einzigen Tag vor Augen zu halten, zeigt das AA-Programm auf, was nötig ist, wenn sich ein Mensch in einem gefühlsmäßig prekären Zustand befindet und den Weg nicht klar sehen kann. Allmählich, Schritt für Schritt, wird der Alkoholiker oder die Alkoholikerin ein entscheidungswilliger Mensch. Er entdeckt, daß es Hilfe von einer Macht gibt, die größer als das Ich ist. Er stellt fest, daß die Menschen einander helfen und vergeben. Und er entdeckt, daß er Verantwortung übernehmen und Mitgefühl für andere haben kann. In ähnlicher Weise ist auch die Reise der Heldin ein Suchen nach Individuation. Indem sie auf diesem Weg reist, mag die Heldin das, was für sie von Bedeutung ist, finden, verlieren und wiederentdecken, und zwar solange, bis sie an diesen Werten in allen Situationen, in denen sie auf die Probe gestellt wird, festhält. Sie mag dem, was sie zu überwältigen droht, immer wieder begegnen, bis schließlich die Gefahr, daß sie ihre Individualität verliert, gebannt ist.

In meinem Büro hängt ein Bild, das das Innere einer mit Kammern versehenen Nautilusmuschel zeigt, das ich vor vielen Jahren gemalt habe. Es betont das Spiralmuster des Tieres und dient dem Zweck, sich daran zu erinnern, daß der Weg, den wir einschlagen, oft spiralförmig ist. Wir bewegen uns in Verhaltensmustern, die uns immer wieder in die Nähe unserer Nemesis bringen, der wir entgegentreten und die wir meistern müssen. Es handelt sich dabei oft um den negativen Aspekt einer Göttin, der uns überwältigen kann: Die Neigung, Demeter- oder Persephone-Depressionen anheimzufallen, eine Empfänglichkeit für Heras Eifersucht und Mißtrauen, die Versuchung, eine promiskuitive Aphrodite, eine skrupellose Athene oder eine unbarmherzige Artemis zu sein. Das Leben bietet uns wiederholt die Möglichkeit, dem entgegenzutreten, was wir fürchten, dessen wir uns bewußt werden oder was wir meistern müssen. Jedesmal, wenn wir uns auf dem spiralförmigen Weg auf den Ort zubewegen, der uns Schwierigkeiten bereitet, können wir darauf hoffen, daß wir bewußter werden und das nächste Mal weiser reagieren können, bis wir schließlich in der Lage sind, in Frieden und im Einklang mit unseren tiefsten Werten, den Ort dieser Nemesis zu durchqueren, ohne im mindesten negativ beeinflußt zu werden.

DAS ENDE DER REISE

Was geschieht am Ende des Mythos? Eros und Psyche sind wieder vereint, ihre Heirat wird auf dem Olymp gewürdigt, und Psyche gebiert eine Tochter namens Wollust. Atalanta entscheidet sich für die Äpfel, verliert den Wettlauf und heiratet Hippomenes. Ayla reist durch die Steppen von Europa, um andere Menschen zu finden, die wie sie selbst sind; dieser Teil des Romans endet im Tal der Pferde, wo Ayla mit ihrem Partner Jondalar zusammen ist und die günstige Aussicht besteht, daß sie von anderen Menschen akzeptiert werden. Es sei hier darauf hingewiesen, daß die Heldin, nachdem sie Mut und Verantwortungsbewußtsein bewiesen hat, im Gegensatz zum archetypischen Cowboyheld nicht allein gegen die untergehende Sonne reitet, und sie weist auch nicht den Charakter des erobernden Helden auf. Vereinigung, Wiedervereinigung und ein Heim sind Punkte, wo ihre Reise endet.

Der Weg der Individuation – die psychische Suche nach Ganzheit – findet sein Ende in der Vereinigung der Gegensätze; in der inneren Ehe von «männlichen» und «weiblichen» Aspekten der Persönlichkeit, die durch das östliche Bild von Yin und Yang, die in einem Kreis enthalten sind, symbolisiert werden kann. Abstrakter und nicht geschlechtsbezogen ausgedrückt resultiert die Reise zur Ganzheit in der Fähigkeit, sowohl aktiv als auch rezeptiv, sowohl autonom als auch intim sein zu können und sowohl zu arbeiten als auch zu lieben. Dabei handelt es sich um Teile unserer Persönlichkeit, die wir durch unsere Lebenserfahrung kennenlernen können, um Teile, die uns allen angeboren sind. Dies ist das menschliche Potential, mit dem wir unser Leben beginnen.

In den Schlußkapiteln von *Der Herr der Ringe* konnte den letzten Versuchungen, den Ring zu tragen, widerstanden werden, und der Ring der Macht wurde für immer zerstört. Die Hobbits, die diese Runde gegen das Böse gewonnen hatten, kehrten ins Auenland zurück. Auch die Kaninchen in *Unten am Fluß* hatten ihre heldenhafte Reise überlebt, und konnten in ihre neue, friedliche Gemeinschaft zurückkehren. T. S. Eliot schreibt in

The Four Quartets

We shall not cease from exploration
And the end of all our exploring
Will be to arrive where we started
And know the place for the first time.

All diese Geschichten nehmen ein recht unspektakuläres Ende – und weisen somit Parallelen zum realen Leben auf. Der ehemalige Alkoholiker hat vielleicht die Hölle durchquert, aus der er nun trocken und als gewöhnlicher Mensch wieder auftaucht. Die Heldin, die feindselige Angriffe abgewehrt, ihre eigene Macht wiedergewonnen und mit Göttinnen gekämpft hat, mag genauso gewöhnlich erscheinen – in Eintracht mit sich selbst. Doch wie der Hobbit im Auenland weiß sie nicht, ob oder wann ein neues Abenteuer, mit dem ihr Menschsein erneut auf die Probe gestellt wird, sich ankündigen wird.

Jedesmal, wenn die Zeit für mich gekommen ist, mich von einem Patienten oder eine Patientin nach Beendigung unserer gemeinsamen Arbeit zu verabschieden, sehe ich mich als jemanden, der diesen Menschen während eines schwierigen und wichtigen Abschnitts seiner Reise begleitet hat. Nun ist es für ihn an der Zeit, allein weiterzugehen. Vielleicht habe ich ihm Gesellschaft geleistet, als er sich in einer ausweglosen Situation befand. Vielleicht half ich ihm, den Weg zu finden, den er verloren hatte. Vielleicht harrte ich eine Zeitlang in einem dunklen Durchgang mit ihm aus. In erster Linie half ich ihm, klarer zu sehen und seine Entscheidungen selbst zu treffen.

Nun, da die Zeit gekommen ist, dieses Buch zu beenden, hoffe ich, daß ich für eine Weile Ihre Weggefährtin gewesen bin, mit Ihnen geteilt habe, was ich gelernt habe, und Ihnen geholfen habe, auf Ihrem eigenen und einzigartigen Weg ein entscheidungswilliger Mensch zu werden.

Anhang

DAS WHO'S WHO DER GRIECHISCHEN MYTHOLOGIE

Achilles, griechischer Held im Trojanischen Krieg, von Atalanta unterstützt.

Aphrodite, Göttin der Liebe und der Schönheit, von den Römern Venus genannt. Als untreue Gemahlin von Hephaistos, dem lahmen Schmiedegott, hatte sie viele Liebesaffären, aus denen viele Nachkommen hervorgingen. Ares, der Kriegsgott, Hermes, der Götterbote, und Anchises, der Vater von Äneas (von dem die Römer ihre Herkunft ableiten) waren einige ihrer bedeutendsten Liebhaber. Aphrodite ist die alchimistische Göttin.

Apollon, auch von den Römern Apollo genannt, der Sonnengott und Gott der bildenden Künste, der Heilkunst und der Musik. Er war einer der zwölf Olympier, Sohn des Zeus und der Leto, und der Zwillingsbruder der Artemis. Manchmal auch Helios genannt.

Ares oder Mars, wie er von den Römern genannt wurde, war der kampfeslustige Kriegsgott. Ares war einer der zwölf Olympier und der Sohn von Zeus und Hera. Laut Homer wurde er von seinem Vater verachtet, weil er seiner Mutter ähnlich war. Ares war einer der Geliebten von Aphrodite, und hatte drei Kinder mit ihr.

Artemis, die die Römer Diana nannten, war die Göttin der Jagd und des Mondes. Sie war eine der drei jungfräulichen Göttinnen, die Tochter von Zeus und Leto und die Zwillingsschwester von Apollon, dem Sonnengott.

Atalanta, eine sterbliche Frau, war eine hervorragende Jägerin und Schnelläuferin. Mit Hilfe von Aphrodites drei goldenen Äpfeln wurde sie in einem Wettlauf durch Hippomenes besiegt, der sie zur Ehefrau bekam.

Athene, den Römern als Minerva bekannt. Sie war die Göttin der Weisheit und der Künste der Frauen, die Schutzherrin von Athen und von zahlreichen Helden. Normalerweise wird sie in einer Rüstung dargestellt; zudem ist sie als die beste Strategin im Krieg bekannt. Sie erkannte nur einen Elternteil an, nämlich Zeus, wurde jedoch als die Tochter der weisen Metis, der ersten Gattin von Zeus betrachtet. Eine jungfräuliche Göttin.

Demeter, den Römern als Ceres bekannt. Demeter ist die Göttin der Kornfelder und des Ackerbaus. In ihrem wichtigsten Mythos wird ihre Rolle als Mutter von Persephone betont. Eine verletzliche Göttin.

Dionysos, von den Römern Bacchus genannt, Gott des Weinbaus und der Ekstase, wobei seine Anbeterinnen alljährlich versuchten, durch Gelage und Orgien in den Bergen, eine Verbindung zu ihm herzustellen.

Eros, der Gott der Liebe, den Römern als Amor bekannt; Gatte von Psyche.

Gäa oder Gaia, die Erdgöttin. Mutter und Gemahlin von Uranos (Himmel). Gaia und Uranos waren die Eltern der Titanen.

Hades oder Pluto, Herrscher der Unterwelt, ein Sohn von Rhea und Kronos, Entführer-Gatte von Persephone, und einer der zwölf Olympier.

Hekate war die Göttin der Wegkreuzungen und schaute in drei Richtungen. Sie wurde mit dem Unheimlichen und Mysteriösen in Verbindung gebracht und war eine Verkörperung der weisen Hexe. Sie wurde sowohl mit Persephone, die sie aus der Unterwelt begleitete als auch mit der Mondgöttin Artemis assoziiert.

Hephaistos, von den Römern Vulkan genannt, war der Schmiedegott und Schutzherr der Kunsthandwerker. Er war der zum Hahnrei gemachte Gatte von Aphrodite und der lahme oder klumpfüßige verstoßene Sohn von Hera.

Hera, den Römern auch als Juno bekannt, war die Göttin der Ehe. Als offizielle Gattin und Ehefrau des Zeus war sie die höchste Göttin des Olymps. Als Tochter von Kronos und Rhea war sie überdies die Schwester von Zeus und den anderen Olympiern der ersten Generation; von Homer wird sie als eifersüchtig und zänkisch dargestellt und als Göttin der Ehe verehrt. Als eine der drei verletzlichen Göttinnen personifiziert sie den Archetyp der Gattin.

Hermes, besser unter seinem römischen Namen Merkur bekannt, der Götterbote, Schutzherr des Handels, der Wege, der Wanderer und der Diebe. Er führte die Seelen zu Hades, war von Zeus gesandt worden, um Persephone zu Demeter zurückzubringen. Er hatte eine Affäre mit Aphrodite und wurde bei religiösen Haushalts- und Tempelritualen mit Hestia in Verbindung gebracht.

Hestia, auch als die römische Göttin Vesta bekannt; die jungfräuliche Göttin des Herdes und die am wenigsten bekannte Gottheit der Olympier. Ihr Feuer heiligte das Haus und den Tempel. Sie personifiziert den Archetyp des Selbst.

Kronos, von den Römern Saturn genannt, war einer der Titanen und jüngster Sohn von Gaia und Uranos, der seinen Vater entmannte und zum höchsten Gott wurde. Gatte von Rhea und Vater von sechs Olympiern (Hestia, Demeter, Hera, Hades, Poseidon, Zeus), der seine Kinder sofort nach deren Geburt verschluckte. Er seinerseits wurde von Zeus, seinem jüngsten Sohn, entmachtet.

Paris, Prinz von Troja, sprach den goldenen Apfel mit der Inschrift «der Schönsten» Aphrodite zu, die ihn damit bestochen hatte, daß sie ihm Helena, die schönste Frau der Welt, anbot. Paris nahm Helena mit nach Troja, wodurch der Trojanische Krieg entfacht wurde, denn sie war bereits mit Menelaos, einem griechischen König verheiratet.

Persephone, von den Griechen auch die Kore oder das Mädchen und von den Römern Proserpina genannt, war die entführte Tochter von Demeter und wurde Königin der Unterwelt.

Poseidon, der Meeresgott, ein Olympier, der unter seinem römischen Namen Neptun bekannter ist. Er vergewaltigte Demeter, während sie sich auf der Suche nach ihrer entführten Tochter Persephone befand.

Psyche, eine sterbliche Heldin, die die vier von Aphrodite gestellten Aufgaben löste und mit ihrem Gatten Eros wiedervereinigt wurde.

Rhea, Tochter von Gaia und Uranos, Schwester und Gattin von Kronos. Mutter von Hestia, Demeter, Hera, Hades, Poseidon und Zeus.

Uranos, auch als der Himmel, Himmelsvater oder Himmelsgott bekannt. Er zeugte mit Gaia die Titanen und wurde von seinem Sohn Kronos entmannt, der seine Genitalien in das

Meer warf, woraus (gemäß einer Version) Aphrodite geboren wurde.

Zeus, von den Römern Jupiter genannt, Herrscher des Himmels und der Erde und höchster Gott der Olympier, der als jüngster Sohn von Rhea und Kronos die Titanen stürzte und die Vormachtstellung der olympischen Götter als Herrscher des Universums begründete. Treuloser Gatte von Hera, der viele andere Ehefrauen, unzählige Affären und zahlreiche Kinder aus diesen Verbindungen hatte – von denen viele Olympier der zweiten Generation oder Helden der griechischen Mythologie wurden.

Göttin	Kategorie	Archetypische Rollen	Wichtige Bezugspersonen
Artemis (Diana) Göttin der Jagd und des Mondes	Jungfräuliche Göttin	Schwester Rivalin Feministin	Schwesterliche Gefährtinnen (Nymphen) Mutter (Leto) Bruder (Apollon)
Athene (Minerva) Göttin der Weisheit und der Künste der Frauen	Jungfräuliche Göttin	Vaterstochter Strategin	Vater (Zeus) Von ihr ausgewählte Helden
Hestia (Vesta) Göttin des Herdes und des Tempels	Jungfräuliche Göttin	Jungfräuliche Tante Weise Frau	Keine
Hera (Juno) Göttin der Ehe	Verletzliche Göttin	Ehefrau Bindungswillige Frau	Ehemann (Zeus)
Demeter (Ceres) Göttin der Kornfelder	Verletzliche Göttin	Mutter Ernährende	Tochter (Persephone) oder Kinder
Persephone (Proserpina) Mädchen und Königin der Unterwelt	Verletzliche Göttin	Mutterstochter Rezeptive Frau	Mutter (Demeter) Ehemann (Hades/Dionysos)
Aphrodite (Venus) Göttin der Liebe und der Schönheit	Alchemistische Göttin	Geliebte (sinnliche Frau) Kreative Frau	ihre Geliebten (Ares, Hermes) Ehemann (Hephaistos)

Göttin	Psychologischer Typus nach Jung	Psychische Schwierigkeiten	Stärken
Artemis	meistens extrovertiert meistens Intuition meistens Fühlen	Gefühlsmäßige Distanz, Unbarmherzigkeit, Wut	Kann sich selbst Ziele setzen und sie auch erreichen; Unabhängigkeit, Autonomie; Freundschaft der Frauen
Athene	eindeutig extrovertiert meistens Denken meistens Empfindung	Gefühlmäßige Distanz, List Mangel an Empathie	Gutes Denkvermögen sowie Fähigkeit, praktische Probleme zu lösen und Strategien zu entwickeln; verbündet sich gern eng mit Männern
Hestia	eindeutig introvertiert meistens Fühlen	Gefühlmäßige Distanz, Mangelnde Persona	Fähigkeit, die Einsamkeit zu genießen; Fähigkeit, auf spirituellem Gebiet Sinn zu finden
Hera	meistens extrovertiert meistens Fühlen meistens Empfindung	Eifersucht, Rachsucht, Wut; unfähig, destruktive Beziehung aufzugeben	Fähigkeit, eine lebenslange Bindung einzugehen; Treue
Demeter	meistens extrovertiert meistens Fühlen	Depressionen, Ausgebranntsein, fördert Abhängigkeit nicht geplante Schwangerschaft	Mütterlich und nährend in bezug auf andere Menschen; Großzügigkeit
Persephone	meistens introvertiert meistens Empfindung	Depressionen, Manipulation, Rückzug aus der Wirklichkeit	Kann rezeptiv sein; für Phantasie und Träume empfänglich; potentielle psychologische Fähigkeiten
Aphrodite	eindeutig extrovertiert eindeutig Empfindung	Serienmäßige Beziehungen Promiskuität; hat Mühe, Konsequenzen abzuschätzen	Versteht Freunde und Schönheit zu genießen; sinnlich und kreativ

Anmerkungen

Einführung

1. Betty Friedan: *Der Weiblichkeitswahn oder Die Selbstbefreiung der Frau*, Reinbek bei Hamburg, Rowohlt Verlag GmbH, 1966, S. 55–56.
2. Joseph Campbell: *Der Heros in tausend Gestalten*, Frankfurt am Main, Suhrkamp, 1978, S. 26.

1. Kapitel

1. Anthony Stevens: *Archetypes: A Natural History of the Self,* New York, Morrow, 1982, S. 1–5.
2. C. G. Jung: *Der Begriff des kollektiven Unbewußten* (1936) GW, Band IX/1, Olten, Walter Verlag, 1976, S. 56 und *Über die Archetpyen des kollektiven Unbewußten* (1934) GW, Band IX/1, Olten, Walter Verlag, 1976, S. 13.
3. Hesiod: *Theogonie*, Zürich, Artemis Verlag, 1984.
4. Marija Gimbutas: «Women and Culture in Goddess-Oriented Old Europe», in *The Politics of Women's Spirituality: Essays on the Rise of Spiritual Power Within the Women's Movement*, ed. Charlene Spretnak, New York, Doubleday, 1982, S. 22–31.
5. Robert von Ranke-Graves: *Griechische Mythologie*, Reinbek bei Hamburg, Rowohlt Verlag GmbH, 1960, S. 13.
6. Jane Ellen Harrison: *Mythologiy*, New York, Harcourt Brace Jovanovich, 1963 (Erstveröffentlichung 1924), S. 49.
7. Merlin Stone: *When God Was a Woman*, New York, Harvest/Harcourt Brace Jovanovich, by arrangement with the Dial Press, 1978, S. 228.

2. Kapitel

1. C. G. Jung: *Die psychologischen Aspekte des Mutterarchetypus* (1938), GW, Band IX/1, Olten, Walter Veralg, 1976, S. 95–96.
2. Maxine Hong Kingston: *Die Schwertkämpferin*, Ullstein, 1982.
3. Aufgrund klinischer Beobachtungen im Rahmen meiner psychiatrischen Tätigkeit gelangte ich zu der Schlußfolgerung, daß es während des Menstruationszyklus zu einem Wechsel der Göttinnen-Archetypen kommt. Für weitere Forschungsergebnisse, die einen Wechsel von einer Haltung der Unabhängigkeit und der Aktivität (oder Aggressivität) zu einer Haltung der Abhängigkeit und Passivität in Korrelation mit dem Menstruationszyklus dokumentieren, verweise ich auf Therese Benedek «The Correlations Between Ovarian Activity and Psychodynamic Processes», in Therese Benedek (Hrsg.): *Psychoanalytic Investigation*, New York, Quadrangle/New York, Times Book Co., 1973, S. 129–223.

3. Kapitel

1. Esther Harding: «Die Jungfrau-Göttin», in *Frauen-Mysterien*, Zürich, Rascher Verlag, 1949, S. 308.
2. «Fokussiertes Bewußtsein» wie es von Irene Claremont de Castillejo beschrieben ist, wird als Attribut des Animus oder des Mannes betrachtet: «Die Macht zu fokussieren ist das größte Geschenk des Mannes, nicht aber sein Privileg. Der Animus übernimmt diese Rolle für die Frau.» ... «Den Animus braucht sie, wenn sie fokussiertes Bewußtsein braucht, und das braucht sie heute die meiste Zeit.» Aus Claremont de Castillejo: *Die Töchter der Penelope*, Animus – Freund oder Feind?, Olten, Walter Verlag, 1979, S. 78–79. Ich verwende zwar die Terminologie von Claremont de Castillejo, doch bin ich nicht mit ihrer auf C. G. Jungs Konzept von der Psychologie der Frau beruhenden Annahme einverstanden, wonach fokussiertes Bewußtsein stets eine männliche Eigenschaft ist.
3. Marty Olmstead: «The Midas Touch of Danielle Steel», *United* (United Airlines Flight Publication), März 1982, S. 89.
4. Diese Zusammenfassung der psychoanalytischen Theorie über die Psychologie der Frau stützt sich auf folgende Werke von Sigmund Freud:
Sigmund Freud: «Drei Abhandlungen zur Sexualtheorie» (1905), Band V, Sexualleben, Studienausgabe S. Fischer, 1975.

Sigmund Freud: «Einige psychische Folgen des anatomischen Geschlechtsunterschieds» (1925), Band V, Sexualleben, Studienausgabe S. Fischer, 1975.

Sigmund Freud: «Über die weibliche Sexualität» (1931), Band V, Sexualleben, Studienausgabe S. Fischer, 1975.

5. Diese Zusammenfassung der Jungschen Theorie über die Psychologie der Frau stützt sich auf folgende Werke von C. G. Jung:

C. G. Jung: «Animus und Anima», Band VII, Zürich, Rascher Verlag, 1964, S. 207–232.

C. G. Jung: «Die Syzygie: Animus und Anima» (1950), GW, Band IX/11, Olten, Walter Verlag, 1976, S. 20–31.

C. G. Jung: «Die Frau in Europa» (1927), GW, Band X, Olten, Walter Verlag, 1974, S. 135–156.

6. C. G. Jung: «Animus und Anima», Band VII, Zürich, Rascher Verlag, 1964, S. 230.

7. C. G. Jung: «Die Frau in Europa» (1927), GW, Band X, Olten, Walter Verlag, 1974, S. 140.

4. Kapitel

1. Walter F. Otto: *Die Götter Griechenlands*, «Apollon und Artemis», Frankfurt am Main, Verlag G. Schulte-Bulmke, 1961, S. 88.

2. Kallimachos: *Die Dichtungen des Kallimachos*, «Hymnos auf Artemis», Zürich, Artemis Verlag, 1955, S. 75.

3. Lynn Thomas: *The Backpacking Woman*, New York, Doubleday, 1980, S. 227.

4. China Galland: *Women in the Wilderness*, New York, Harper & Row, 1980, S. 5.

5. Frances Horn: *I Want It All Now*, Marina del Rey, Calif.: De Vorss, 1979.

6. Laurie Lisle: *Portrait of an Artist: A Biography of Georgia O'Keeffe*, New York, Washington Square Press/Pocket Books/Simon & Schuster, published by arrangement with Seaview Books, 1981, S. 436.

7. Lisle: S. 430.

8. Esther Harding: *Frauen-Mysterien*, Zürich, Rascher Verlag, 1949, S. 296.

9. «Meleager and Atalanta», in *Bullfinch's Mythology*, Middlesex, England, Hamlyn, 1964, S. 101.

10. Diese Passage habe ich in Anlehnung an Walter F. Ottos Beschreibung von Artemis verfaßt.

11. Als Quelle diente mir Bernard Evslins Version des Mythos von «Atalanta», in *Heroes, Gods and Monsters of the Greek Myths*, Toronto, Bantam Pathfinder, published by arrangement with Four Winds Press, 1975, S. 173–190.

5. Kapitel

1. Hesiod: *Theogonie*, Zürich, Artemis Verlag, 1984.
2. Wilfred Sheed: *Clare Booth Luce*, New York, Dutton, 1982.
3. Walter F. Otto: *Die Götter Griechenlands*, «Athene», Frankfurt am Main, Verlag G. Schulte-Bulmke, 1961, S. 61.
4. So zum Beispiel stellten Henning und Jardim in ihrer Studie über funfundzwanzig erfolgreiche Geschäftsfrauen (die alle eine Spitzenposition bei national anerkannten Firmen innehatten) fest, daß all diese Frauen dem Athene-Muster entsprachen. Sie waren Vaterstöchter – Töchter, die Interessen und Aktivitäten mit ihren erfolgreichen Vätern teilten. In Analogie zu Metis, die von Zeus verschlungen wurde, handelte es sich bei ihren Müttern um Frauen, deren Ausbildung entweder ebenso gut oder besser als diejenigen ihrer Ehegatten war; von insgesamt fünfundzwanzig Müttern waren jedoch vierundzwanzig Hausfrauen, die fünfundzwanzigste war Lehrerin. Die Vater-Tochter-Beziehung wurde von diesen Frauen eindeutig als signifikant bezeichnet; an die Mutter-Tochter-Beziehung konnten sie sich nur vage und allgemein erinnern. Margaret Henning und Anne Jardim: «Childhood», in *The Managerial Woman*, New York, Pocket Books/ Simon & Schuster, 1978, S. 99–117.
5. Christine Downing: «Dear Grey Eyes: A Revaluation of Pallas Athene», in *The Goddess*, New York, Crossroad, 1981, S. 117.

6. Kapitel

1. *Die Homerischen Götterhymnen*, «An Aphrodite», Jena, Eugen Diederichs, 1927, S. 44.
2. *Homerische Hymnen*, «Hymnus an Aphrodite», Zürich, Manesse Verlag, 1983, S. 187.
3. Stephanie Demetrakopoulos: «Hestia, Goddess of the Hearth», *Spring*, 1979, S. 55–75.
4. T. S. Eliot: *Four Quartets*, New York, Harcourt Brace Jovanovich [kein Datum], Erstveröffentlichung 1943, S. 16.

430

5. C. G. Jung: *Die Archetypen und das kollektive Unbewußte*, «Über Mandalasymbolik», GW, Band IX/1, Olten, Walter Verlag, 1976, S. 377.
6. May Sarton: *Journal of a Solitude*, New York, Norton, 1973, S. 44–45.
7. Ardis Whitman: «Secret Joys of Solitude», *Reader's Digest* 122, Nr. 732 (April 1983), 132.

7. Kapitel

1. Irene Claremont de Castillejo: *Die Töchter der Penelope*, Olten, Walter Verlag, 1979, S. 14.

8. Kapitel

1. Murray Stein: «Hera: «Hera: Bound and Unbound», *Spring*, 1977, S. 108.
2. Nancy Reagan: *Quest* (1982). Ähnliche Ansichten von Nancy Reagan in *Nancy*, with Bill Libby, New York, Berkely, 1981.
3. Diana Trilling: *Mrs. Harris: The Death of the Scarsdale Diet Doctor*, New York, Harcourt Brace Jovanovich, 1981.

9. Kapitel

1. *Homerische Hymnen*, «Hymnos auf Demeter», Zürich, Manesse Verlag, 1983, S. 87.
2. C. G. Jung und K. Kerény: «Über das Wunder von Eleusis», in *Einführung in das Wesen der Mythologie*, Hildesheim, Gerstenberg Verlag, 1980, S. 251 ff.
3. Susan Issacs: «Baby Savior», *Parents Magazine*, September 1981, S. 81–85.
4. Pauline Bart: «Mother Portnoy's Complaints», *Trans-Action*, November-Dezember, 1970, S. 69–74.

10. Kapitel

1. Esther Harding: «Die Frau für jeden», in *Der Weg der Frau*, Zürich, Rhein-Verlag, [Datum unbekannt], S. 18–19.
2. Esther Harding: S. 31.
3. Hannah Green: *Ich hab dir nie einen Rosengarten versprochen*, Stuttgart, Radius-Verlag, 1973, S. 17.
4. Walter F. Otto: *Mythos und Kultus*, Frankfurter Studien zur Religion und Kultur der Antike, Band IV, Vittorio Klostermann, Frankfurt am Main, 1960, S. 107.
5. *Autobiography of a Schizophrenic Girl*, mit einer analytischen Interpretation von Marguerite Sechehaye, New York, Signet Books/New American Library, published by arrangement with Grune & Stratton, 1970.

11. Kapitel

1. C. G. Jung: «Die Probleme der modernen Psychotherapie», Band XVI, Zürich, Rascher-Verlag, S. 77.
2. Daniel J. Levinson: *The Seasons of a Man's Life*, New York, Ballantine Books, published by arrangement with Alfred A. Knopf, 1979, S. 109.
3. Toni Wolff: «Gedanken zum Individuationsprozeß der Frau», in *Studien zu C. G. Jungs Psychologie*, Zürich, Daimon Verlag, 1981, S. 273–276.
4. H. Peters: *Lou Andreas Salomé: Das Leben einer außergewöhnlichen Frau*, München, Wilhelm Heyne Verlag, 1981.
5. Robert Rosenthal: *Pygmalion im Unterricht: Lehrererwartungen und Intelligenzentwicklung der Schüler*, Weinheim und Basel, Beltz Verlag, 1971.

12. Kapitel

1. Paul Friedrich: *The Meaning of Aphrodite*, Chicago, University of Chicago Press, 1978, S. 79.
2. Ruth Falk: *Women Loving*, New York, Random House, and Berkeley, Bookworks, 1975.

13. Kapitel

1. Laura Lisle: *Portrait of an Artist: A Biography of Georgia O'Keeffe*, New York, Washington Square Press/Simon & Schuster, by arrangement with Seaview Books, 1981,S. 143.

14. Kapitel

1. T. S. Eliot: *Four Quartets*, New York, Harcourt Brace Jovanovich, [kein Datum], S. 59.

Das Buch

In diesem Buch wird eine neue Perspektive der Psychologie der Frau entworfen; sie stützt sich auf – bei den griechischen Göttern entlehnte – Frauenbilder, die seit über dreitausend Jahren in der menschlichen Vorstellungswelt lebendig geblieben sind. Diese Psychologie der Frau unterscheidet sich von sämtlichen Theorien, gemäß denen eine ‹normale› Frau als einem ganz bestimmten ‹korrekten› Modell, einem spezifischen Persönlichkeitsmuster oder einer bestimmten psychologischen Struktur entsprechend definiert wird. Es handelt sich hier um eine praktisch anwendbare Theorie, die auf der Erkenntnis der Vielfalt normaler Variationen zwischen den Frauen beruht. Jean Bolen schlägt so eine Brücke zwischen der feministischen Bewegung und der Psychologie C. G. Jungs. Das Ergebnis ist ein Buch für Frauen, die sich selbst, und für Männer, die Frauen besser verstehen wollen.

Die Autorin

Jean Shinoda Bolen ist Psychologin und Jungsche Analytikerin, Professorin für Psychiatrie an der Universität von Kalifornien in San Francisco und gehört zum Lehrkörper des C. G. Jung Instituts. Sie ist Delegierte der Amerikanischen Behörde für Psychiatrie, der Akademie für Psychoanalyse und der Orthopsychiatrischen Gesellschaft. Als Mitglied der Internationalen Gesellschaft für Analytische Psychologie ist sie auf der ganzen Welt durch ihre Vorträge und Bücher bekannt geworden. Jean Bolen lebt zusammen mit ihrem Mann und zwei Kindern in Mill Valley, Kalifornien.

Weitere Titel zur
weiblichen Spiritualität
bei Sphinx:

Zsuzsanna E. Budapest

Das magische Jahr
Mythen, Mondaspekte, Rituale
Ein immerwährender Frauenkalender

296 Seiten mit zahlreichen Abbildungen, Festeinband

Anna Perenna, die Urmutter der Zeit, die über den Jahreskreis
wacht, führt durch diesen Kalender: Auf ihrer Reise durch die
zwölf Monate vermittelt sie Naturmagie und Hexenwissen der
weisen Frauen von einst, enträtselt Zauber und Mythen aus
alten Zeiten und haucht längst vergessenen Feiern und Feier-
tagen vor allem der matriarchalischen Traditionen neues Leben ein.

Ein moderne Einführung in Rituale und Festkulturen vergan-
gener Tage, die den pazifistischen Charakter des Feierns für
unsere konfliktbeladene Zeit wiederentdeckt.

SPHINX

Jean Shinoda Bolen

Auf der Suche nach Avalon
Eine Frau entdeckt ihre Spiritualität
248 Seiten, Festeinband

Zwei Reisen, von denen diese spirituelle Autobiographie erzählt, führten Jean Shinoda Bolen in der Lebensmitte aus
der Krise ihrer Scheidung und spirituellen Haltlosigkeit zu
Erkenntnis und Heilung und zum Verständnis ihrer selbst als
archetypische Verkörperung der Göttin: Die erste, reale Reise
brachte die Autorin an einige große Wallfahrtsstätten West-
europas, während die zweite, zeitgleich ablaufende Reise – die
»Reise nach Avalon« – sie zu sich selbst, in ihr eigenes Inneres
führte.
Die Suche nach einem neuen Lebenssinn wurde für sie so sym-
bolhaft zu einer Suche nach dem geheimnisvollen Gral der
Artuslegende.

SPHINX